Peter Schulz-Hageleit

# Geschichtsbewusstsein und Psychoanalyse

Geschichte und Psychologie

Band 15

Peter Schulz-Hageleit

# Geschichtsbewusstsein und Psychoanalyse

Centaurus Verlag & Media UG

**Zum Autor:** Prof. Dr. Peter Schulz-Hageleit ist emeritierter Professor für Didaktik der Geschichte an der Technischen Universität Berlin.

**Bibliografische Informationen der Deutschen Nationalbibliothek**

Die Deutsche Nationalbibliothek verzeichnet diese Publikation in der Deutschen Nationalbibliografie; detaillierte bibliografische Daten sind im Internet über http://dnb.d-nb.de abrufbar.

Gedruckt auf säurefreiem und chlorfrei gebleichtem Papier.

ISBN 978-3-86226-119-2      ISBN 978-3-86226-858-0 (eBook)
DOI 10.1007/978-3-86226-858-0

ISSN 0936-5338

© *CENTAURUS Verlag & Media. KG, Freiburg 2012*
*www.centaurus-verlag.de*

Umschlagsgestaltung: Christian Haug
Umschlagsabbildung: Max Halberstadt. Sigmund Freud, Begründer der Psycho-
                            analyse, raucht eine Zigarette. Quelle:
                            www.commonswikimedia.org, abgerufen am 10.01.2012
Satz: Vorlage des Autors

# Inhaltsverzeichnis

## Erster Teil
## Einige Problem- und Aufgabenfelder

*Dritter Teil*
Erbschaften – Geschichtsbewusstsein – Vermächtnisse

10

## *Anhang*
## Materialien (psychohistorisch relevante Texte)

# EINLEITUNG
## Übersicht – Methodisches – Positionierung

### 1.1 ZU DEN BEGRIFFEN DES BUCHTITELS

Ursprünglich sollte das Buch den Wechselbeziehungen zwischen Geschichtswissenschaft und Psychoanalyse gewidmet sein, mithin einen rein wissenschaftssystematischen Anspruch vertreten. Nachdem die ersten Texte formuliert waren, merkte ich, dass die Wissenschaftssystematik mich weniger interessierte als vielmehr mein eigenes, lebensgeschichtlich bedingtes Nachdenken über Geschichte, das im Fokus psychoanalytischer Denkformen und Erfahrungen anders verläuft als auf der Schiene des akademisch-intellektuellen Diskurses. Die Verschiebung hat die Sache interessanter, aber auch schwieriger gemacht; denn die nunmehr festgelegten Titelbegriffe eröffnen unterschiedliche Geltungsbereiche mit je eigenen Ansprüchen und Komplikationen: Psychoanalyse ist eine Wissenschaftsdisziplin sowie eine *klinisch-therapeutische Arbeits- und Denkform*, deren Hilfe viele Menschen in Anspruch nehmen, besonders in Lebenskrisen, während das Bewusstsein unserer Geschichtlichkeit (akademisch als „Geschichtsbewusstsein" verkürzt und verfachlicht), *ein mentaler Grundzug menschlicher Existenz* ist, der mit zahlreichen weiteren Bewusstseinsinhalten konkurriert (Rechtsbewusstsein, Umweltbewusstsein, Kostenbewusstsein, Krisenbewusstsein, Zukunftsbewusstsein als Zukunftssorge usw.) und recht unterschiedlich ausgebildet sein kann. Inwieweit Geschichtsbewusstsein für ein sinnvolles Leben notwendig ist, das wird hier unter anderem die gar nicht so leicht zu beantwortende Frage sein.

Die gedankliche Verzahnung von Geschichtsbewusstsein *und* Psychoanalyse verweist auf eine erkenntnistheoretische Beziehungsdynamik, in der sich die Kontrahenten sozusagen gleichberechtigt auf Augenhöhe begegnen. Das scheinbar belanglose „und" zwischen den Titelbegriffen verweist darüber hinaus auf einen Standpunkt außerhalb der Psychoanalyse und der Geschichtswissenschaft (als dem professionalisierten Geschichtsbewusstsein). Dieser Standpunkt wird im Abschnitt 1.4 kurz skizziert.

In den nächsten zwei Kapiteln spielt das konfrontative „und" aber noch keine Rolle. Es wird dort um die Psychoanalyse des Geschichtsbewusstseins (2. Kapitel) und um das Geschichtsbewusstsein der Psychoanalyse (3. Kapitel) gehen.

Der in diesem Buch entwickelte Argumentationsgang lebt von der Spannung zwischen den *bewusst* und realitätsgerecht rekonstruierten oder erinnerten Segmenten der Vergangenheiten (Ereignisse, Lebensläufe, Lebensbedingungen usw.) und ihren Implikationen im *Unbewussten* als zentralem Konstrukt der Psychoanalyse. Ich maße mir nicht an, Geschichtswissenschaft und Psychoanalyse unter einem theoretischen Dach zu vereinen und diese Spannung damit aufzulösen. Was aber versucht werden kann (und immer wieder in Angriff genommen werden sollte), das ist ein verstärktes Ans-Licht-Bringen der unbewussten Wurzeln unseres Geschichtsbewusstseins. In Freuds Trieblehre ist das Unbewusste eng mit der Trieblehre verknüpft. In diesem Buch geht es vor allem darum, Unbewusstheiten auch als Reservoir von produktiven Lebensressourcen zu erkennen, die oft, allzu oft, sträflich vernachlässigt, verdrängt oder sogar gänzlich zerstört werden. Ohne die Existenz dieses Reservoirs gäbe es in der Praxis keine gelingenden Psychoanalysen, die ja immer wieder als große Befreiung erlebt werden. Auch denke ich beim Stichwort der „Gefühlserbschaften", das Freud ausgegeben hat (vgl. III. Teil), nicht nur an den Mythos vom Vatermord, sondern auch an die emotionalen Quellgründe guten Lebens, die in der frühen Kindheit erlebt, dann aber nicht weiter ausgebaut wurden.

## 1.2 GESCHICHTSBEWUSSTSEIN UND HOLOCAUST-BEWUSSTSEIN

*Geschichtsbewusstsein* war in den siebziger und achtziger Jahren des vorigen Jahrhunderts so etwas wie das *Mantra* der gesamten Geschichtsdidaktik, meinem Berufs- und Arbeitsfeld im engeren Sinn (vgl. 1.4). Es sind Hunderte von Publikationen zu diesem Begriff erschienen, der, umfassend definiert und schülergerecht pädagogisiert, Befreiung von den Lasten und Verwirrungen der Vergangenheit zu versprechen schien.

Die Geschichtsbewusstseinseuphorie erfüllte mich von Anfang mit Skepsis und Vorbehalten, erstens intellektuell-theoretisch, zweitens persönlich-lebensgeschichtlich. Auf beide Bereiche will ich kurz eingehen.

- Freud, die Psychoanalyse und das Unbewusste hatten schon bei meinem Start in die akademischen Diskurse (Dissertation 1972) ihren Platz in meinem Denken; das verband sich mit einer Zeitströmung der damaligen Jahre, die für eine Öffnung der Geisteswissenschaften für die Psychoanalyse relativ günstig waren.
- Meine Lebens- und Familiengeschichte sperrte sich sozusagen mit allen Fasern gegen eine glatte Aufnahme in ein ausbalanciertes Geschichtsbewusstsein: Meine Eltern waren begeisterte NS-Anhänger, mein Vater als

Mann der Waffen-SS in besonders exponierter Funktion, doch auch meine Mutter hat das Ihre zur unruhig-konflikthaften Konstellation meines Geschichtsbewusstseins beigetragen. Diese Umstände und die Tatsache, dass wir einige Zeit als Familie der Besatzungsmacht in der Nähe von „Litzmannstadt" gelebt hatten,[1] ließen sich nicht in die Lehre vom gleichsam autonomen, alle Umstände berücksichtigenden Geschichtsbewusstsein integrieren. Vor allem plagten mich (diffuse, lange Zeit unbewusste) Schuldgefühle, die sich nicht kognitiv-geschichtsbewusst auflösen ließen.

Der ebenso intim-persönliche wie auch intellektuell-theoretisch Suchprozess wurde beschleunigt und intensiviert durch eine Psychoanalyse, in die ich mich zur Hoch-Zeit der Geschichtsbewusstseinstheorie aus persönlichen Gründen als Patient begeben hatte: Eine Liebesbeziehung war gescheitert, nachdem schon meine Ehe, aus der drei Kinder hervorgegangen sind, in die Brüche gegangen war. Da kann was mit mir selbst nicht stimmen, dachte ich, ohne die auf verschiedenen Ebenen aufbrechenden Übertragungen auch nur ahnen zu können. Es ist hier nicht der Ort, die verschlungenen Wege der therapeutischen, erkenntnistheoretischen und lebenspraktischen Einsichten und Veränderungen nachzuzeichnen. Aber ein bis heute nachwirkendes Ergebnis, das direkt mit dem hier umrissenen Problemfeld zusammenhängt, ist festzuhalten: Auschwitz und der Holocaust erwiesen sich als unverrückbarer Dreh- und Angelpunkt meines Geschichtsbewusstseins, als die stärkste Antriebskraft im Nachdenken über Vergangenheit und Zukunft, als das historisch-epistemologisch „Eigentliche",[2] das ich zunächst einmal, vor weiter reichenden Schlussfolgerungen und diskursiven Ansprüchen, als „mein Ding" zu akzeptieren hatte.

Was hier umgangssprachlich als „mein Ding" bezeichnet wird, könnte wissenschaftlich angehoben auch mein lebensgeschichtlich bedingtes „Interpretament" genannt werden. Es handelt sich – in selbstpsychologischer Vermutung – um eine aus kindlichen Allmachtsfantasien erwachsene, persönliche Aufgabe, die nicht delegiert werden kann. Mein Ding äußert sich theoretisch auf jeder Seite dieses Buches, das aber unlesbar werden würde, wenn man die enge thematische Ver-

---

[1]    Die Nazis hatten die polnische Stadt Łódź 1940 nach dem deutschen General des Ersten Weltkrieges Karl Litzmann (1850-1936) umbenannt. Die Abtrennung der Kindheitserinnerungen von der Realgeschichte war lange Zeit so hermetisch, dass ich die beiden Namen, Łódź und Litzmannstadt, bis ins dritte Lebensjahrzehnt nicht auf ein- und dieselbe Stadt bezog.

[2]    *Das Eigentliche* ist der Titel eines Romans von Iris Hanika, der inhaltlich gut in den hier entfalteten Zusammenhang passt: Für Hans Framberg, den Roman-Protagonisten, der in einem Institut für „Vergangenheitsbewirtschaftung" arbeitet, sind die Verbrechen der Nazis „das Eigentliche", das ihn in einer unglücklichen, depressiven Grundstimmung festhält.

flechtung von individuellen-lebensgeschichtlichen und geschichtlich-allgemeineren Themen wirklich durchbuchstabieren würde. Daher hier nur einige auffällige punktuelle Überlappungen:

- die „Identitätsdiffusion", die ausdrücklich in der die Einleitung zusammenfassenden Graphik erwähnt wird, wird ausführlicher im Kapitel 6.4 thematisiert;
- das „Gift" im Geschichtsbewusstsein als psychohistorisches Element der Täter-Kinder (Kap. 8. 3) wäre ohne introspektiv ermittelte Befunde nicht zur Sprache gekommen;
- auch der gesamte II. Teil über den Historiker Hermann Heimpel wäre ohne die Verklammerung mit den Geschichten der „Väter" nicht zustande gekommen;
- schließlich kann die im 27. Kapitel thematisierte Idee des Vermächtnisses, das Geschichtsbewustein als Verantwortung artikuliert, als stilistisch angehobenes Äquivalent für „mein Ding" gelesen werden.

Mein Ding als ein intersubjektiv-diskursives Gesprächsangebot erfährt am Ende eine das Dialogische durchbrechende axiomatische Verallgemeinerung und besagt, pointiert zusammengefasst: Unser Geschichtsbewusstsein bleibt so lange im Netzwerk der Unbewusstheiten verfangen, wie es einer historisch-politischen, moralischen Grundorientierung entbehrt (vgl. III. Teil, *Vermächtnis*), die freilich nur für den Preis einer hermeneutischen Ich-Spaltung (besser Ich-Duplizität, vgl. Kap. 2.5) zu haben ist.

Gegen ein allgemeines und recht unverbindliches Geschichtsbewusstsein, in dem Auschwitz neutralisiert und verwissenschaftlicht wird und als ein Ereignis unter unendlich vielen weiteren Ereignissen fast verschwindet, wird im Folgenden also eine besondere Ausprägung des Geschichtsbewusstseins zur Geltung gebracht: das *Holocaust-Bewusstsein*, das für Deutsche – ist es nötig, das zu betonen? – in einem ganz anderen Bedeutungszusammenhang steht als für Juden.[3] Auschwitz ist eine grauenhafte historische Realität, die allen rationalen Erklärungen Hohn spricht. Einzelne Determinanten des Geschehens können rekonstruiert und erklärt werden; das Ganze überfordert aber unser um Klarheit bemühtes Denken um ein Vielfaches, macht uns hilflos, ratlos, mutlos. Und doch: Auschwitz war nicht das Ende der Geschichte…

Das Buch setzt den mit drei Punkten angedeuteten Abbruch des Gedankens in Argumentationen um, die ihr heuristisches Potenzial aus verschiedenen Quellen beziehen, was man akademisch gerne als Interdisziplinarität bezeichnet. Vor allem soll hier – ein Desiderat seit langem! – psychoanalytische und geschichtswissenschaftliche Denkformen in je eigener Kombination oder Konfrontation genutzt werden.

---

[3] Die Gegenüberstellung von Juden und Deutschen ist sachlich-sprachlich nicht korrekt, erscheint inzwischen aber oft in Texten, die auf klaren Grenzziehungen bestehen und ein gemeinsames Geschichtsbewusstsein für Opfer- und Täter-Traditionen mit Recht zurückweisen.

Das Holocaust-Bewusstsein, wenn es denn als Interpretament Anerkennung finden und Wirkungen entfalten sollte (dagegen spricht der allgemeine Hang zur Verdrängung), strahlt aus auf die geschichtsanalytische Diagnose der Welt von heute, die dabei ist, sich selbst zu zerstören, nicht durch die industrialisierte Massen-Vernichtung von Menschen wie unter den Nazis, sondern durch die Plünderung der eigenen Lebensressourcen sowie durch eine Technik, die einen fatalen, destruktiven Eigenlauf entwickelt hat. Wir sind nicht Herren, sondern Sklaven unserer Technik, wie der Philosoph Günter Anders immer wieder mahnend diagnostiziert hat.

## 1.3 PSYCHOHISTORIE, GESCHICHTSANALYSE, SUBTEXTE

In den verschiedenen Texten des vorliegenden Buches werden zur methodologischen Kennzeichnung der Argumentationsstruktur zwei Begriffe verwandt, die ihrerseits mehrfach determiniert sind und daher einer kurzen Erläuterung bedürfen. Unter *Psychohistorie* wird im Folgenden allgemein die Geschichte des Psychischen oder Seelischen verstanden, das epochalen Veränderungen unterliegt, das aber auch verblüffende Konstanten kennt, etwa im menschlichen Triebleben (vgl. z.B. Überschrift zum 15. Kapitel). Psychohistorie ist der Idee einer psychoanalytischen Geschichtsschreibung verpflichtet und insofern nicht deckungsgleich mit Mentalitätsgeschichte, die eher äußerlich nachweisbare Lebensstile und -einstellungen erforscht.

Psychohistorie hat eine besondere Prägung durch den Amerikaner Lloyd Demause erfahren, die hier aber *nicht* übernommen wird, vor allem wegen ihrer Nicht-Vereinbarkeit mit Psychoanalyse. Eine Leitinstanz des psychoanalytischen Gesprächs ist die Übertragungsdynamik mit ihren verschiedenen Formen und Inhalten. Genau diese Instanz thematisiert Demause aber nicht, von anderen methodologischen Fragwürdigkeiten abgesehen. In bewusster Abgrenzung von Demause spielte die Übertragungsdynamik bei der Arbeit an diesem Buch eine einflussreiche Rolle. Ich fragte mich immer wieder: Was hat die Geschichte mit mir gemacht? Was macht sie hier und jetzt mir? Und: Was mache ich mit der Geschichte?

Damit die psychoanalytische Dimension der folgenden Reflexionen terminologisch deutlich genug hervortritt, werden einige Gedankengänge ausdrücklich als *Geschichtsanalyse* gekennzeichnet. Der bisher meines Wissens ungebräuchliche Begriffe ist so etwas wie ein Platzhalter für die bisher nur rudimentär entwickelte Verbindung von Geschichtswissenschaft und Psychoanalyse, in der auch die jeweiligen subjektiven Übertragungen konstitutiv wichtig sind. Gerade das „Gespräch" mit der Geschichte sowie die spezifischen Auseinandersetzungen mit der NS-Geschichte erfordern eine Berücksichtigung der Übertragungsdynamik, die in der ersten Person bewusst zu machen ist.

Die Haltung des Analytikers wird nach Freud durch eine „gleichschwebende Aufmerksamkeit" bestimmt (Freud, 1912, *Ratschläge*...), mit der nicht nur die Mitteilungen des Analysanden inhaltlich registriert werden, sondern auch der emotionale, kommunikative Untergrund dieser Mitteilungen, mithin ihr Tonfall sowie das Zögern, die Erregung oder das Schweigen usw. bei bestimmten Themen. Das *Wie* im Gespräch ist ebenso wichtig wie das *Was*, wenn nicht sogar noch wichtiger.

Analog zur gleichschwebenden Aufmerksamkeit des Analytikers entwickeln Geisteswissenschaftler seit einiger Zeit Sinn für „Subtexte", die gleichsam zwischen den Zeilen oder auch „unter" den eigentlichen Texten liegen und auf unausgesprochene Tendenzen des Textes verweisen. Subtexte enthalten *latente* (versteckte) Botschaften, die in den *manifesten* Äußerungen gleichsam mitschwingen, aber nicht so wie diese eindeutig zu benennen sind. Subtexte enthalten Emotionalitäten, die in rationalen angelegten Sachtexten nicht integriert werden können. Ein Aufsatz kann dem Inhalt nach die reine Wissenschaft predigen, in Wirklichkeit aber die Vernichtung eines Gegners intendieren.

Nicht selten ist das Schweigen (über bestimmte peinliche Themen) der Subtext einer rhetorisch brillanten Problemerörterung.

In tiefenhermeneutischen Textinterpretationen (König 2008) spielt der spannungsreiche Unterschied zwischen manifesten und latenten Aussagen eine wichtige Rolle. Die vorliegende Abhandlung ist methodologisch dieser binären Linie von Textanalysen verpflichtet, die der innerpsychischen Dynamik zwischen Bewusstem und Unbewusstem Rechnung trägt.

## 1.4   EIN BLICK AUF BERUFLICHE IMPLIKATIONEN DES AUTORS

Der amtlichen Berufsbezeichnung nach bin ich weder Psychoanalytiker noch Historiker (im engeren Sinn der akademischen Zunft), sondern Geschichtsdidaktiker und als solcher nicht nur mit Fragen der methodisch geschickten Vermittlung von Geschichte in der Schule beschäftigt, sondern auch mit der Grundfrage konfrontiert, ob „wir" – wir Menschen, wir Deutschen, wir Kriegskinder, wir Akademiker, wir Männer usw. – überhaupt *aus Geschichte lernen* können. Wie könnte und sollte ein solches Lernen aus Geschichte inhaltlich und formal aussehen?

Dass diese Frage nicht mit Rezepten zu beantworten ist, sondern tiefer gehende Reflexionen und Recherchen verlangt, die den Umgang mit schwer beeinflussbaren Trieben und Herrschaftsinteressen, mit geschichtlich überlieferten Konflikten und Strukturen, mit menschlichen Schwächen und kollektiven Zwängen usw. einbeziehen, ist m.E. evident. Evident wäre dementsprechend auch die Notwendigkeit, Mechanismen der unbewussten Weitergabe von Handlungsmotivationen aufzuklären, individuell-persönlich und kollektiv-gesellschaftlich, doch die allgemeine und forschungsrelevante Anerkennung derartiger Mechanismen als Geschichtsfaktoren steht noch in den Sternen. Politisch-strukturell bleibt es beim Flickwerk an Schuhen, die durchgelaufen sind.

Können wir aus Geschichte lernen? Diese Frage ist zunächst in der ersten Person zu durchdenken: Kann (und will!) *ich* aus Geschichte lernen? Was habe ich, der Autor, jetzt rückblickend auf mehr als siebzig Lebensjahre, aus Geschichte gelernt? Eine Teilantwort ist dieses Buch, das insofern aus den tradierten Wissenschaftsrahmen fällt, als der Einbezug der Psychoanalyse nach einem kurzen Boom in den siebziger Jahren ausnahmslos preisgegeben wurde, während er in meiner eigenen Bildungsgeschichte eine immer größere Rolle spielte.

Direkte Bezüge zu meiner Profession als Geschichtsdidaktiker werden gleichwohl deutlich gemacht, vor allem im 26. Kapitel: *In Alternativen denken lernen* – diese allgemeine Zielangabe schwebt mir im Hinblick auf die historisch-politische Bildung vor;[4] dementsprechende fachinterne Veröffentlichungen sind in der Bibliographie vermerkt. Alternativen zum bisherigen Leben entwerfen und in Angriff nehmen, wenn dieses Leben hier und jetzt in eine Sackgasse geraten ist und nur noch Leiden generiert: das ist auch der psychoanalytischen Therapie vorgezeichnet, wenn die das Leiden verursachenden Ursachen geklärt und so der bewussten Ich-Steuerung zugänglich gemacht werden konnten.

Mein universitärer Job mit dem besonderen, lebensgeschichtlich bedingten Interesse am Lernen aus Geschichte begründet einen Standpunkt der Betrachtung, der weder in der Psychoanalyse noch im professionalisierten Diskurs über Geschichtsbewusstsein aufgeht. Man muss selbst kein Geschichtswissenschaftler sein, um die Erträge der Wissenschaft für die eigenen Fragestellungen nutzen zu können. Man muss auch kein Psychoanalyse-Profi sein, um Sinn für die unbewussten Wurzeln bestimmter Bewusstseinsformationen zu entwickeln.

---

[4]  Allgemeine und fachliche Ziele werden in der gegenwärtigen curricularen Sprachregelung als „Kompetenzen" formuliert. Was im Hinblick auf beruflich-praktische Qualifikationen (z.B. eine kompetente Reiseführerin, ein kompetenter Gärtner usw.) einleuchtend ist, wird in dem Maße problematischer, wie man sich von den praktischen Anwendungsmöglichkeiten der jeweiligen Kompetenz entfernt. Eine „Kompetenz" des Alternativ-Denkens als Zielangabe im Allgemeinen, ohne Verankerung in einem bestimmten Bezugsfeld, böte dem didaktischen Denken und Handeln keine sichere Anleitung.

## 1.5 EINE GRAPHIK ZUR ORIENTIERUNG IM GANZEN

Die Standortfrage ist in der hier vorliegenden Abhandlung von zentraler Bedeutung; denn, wie schon erwähnt, kann die Bewusstseinskonstellation des Autors zwar diskursive Ansprüche, aber keine allgemein verbindliche Theoriegeltung anmelden. Die epistemologisch wirksame Differenz zwischen dem Erfahrungshintergrund der Opfer und der Täter ist nicht aufzuheben und soll hier ausdrücklich auch nicht aufgehoben, sondern im Gegenteil bewusst gemacht werden.

Zur Orientierung des Lesers und zu meiner eigenen Selbstvergewisserung sei daher eine Graphik angefügt, in denen die wichtigsten Einflussfaktoren übersichtlich angeordnet sind.

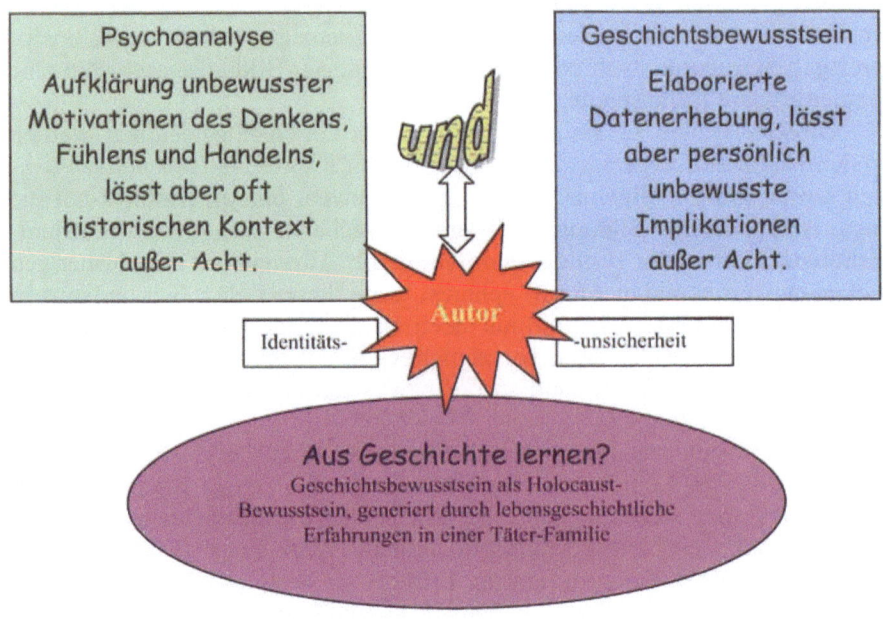

*Abb. 1*: Graphik zur Standortbestimmung des Autors

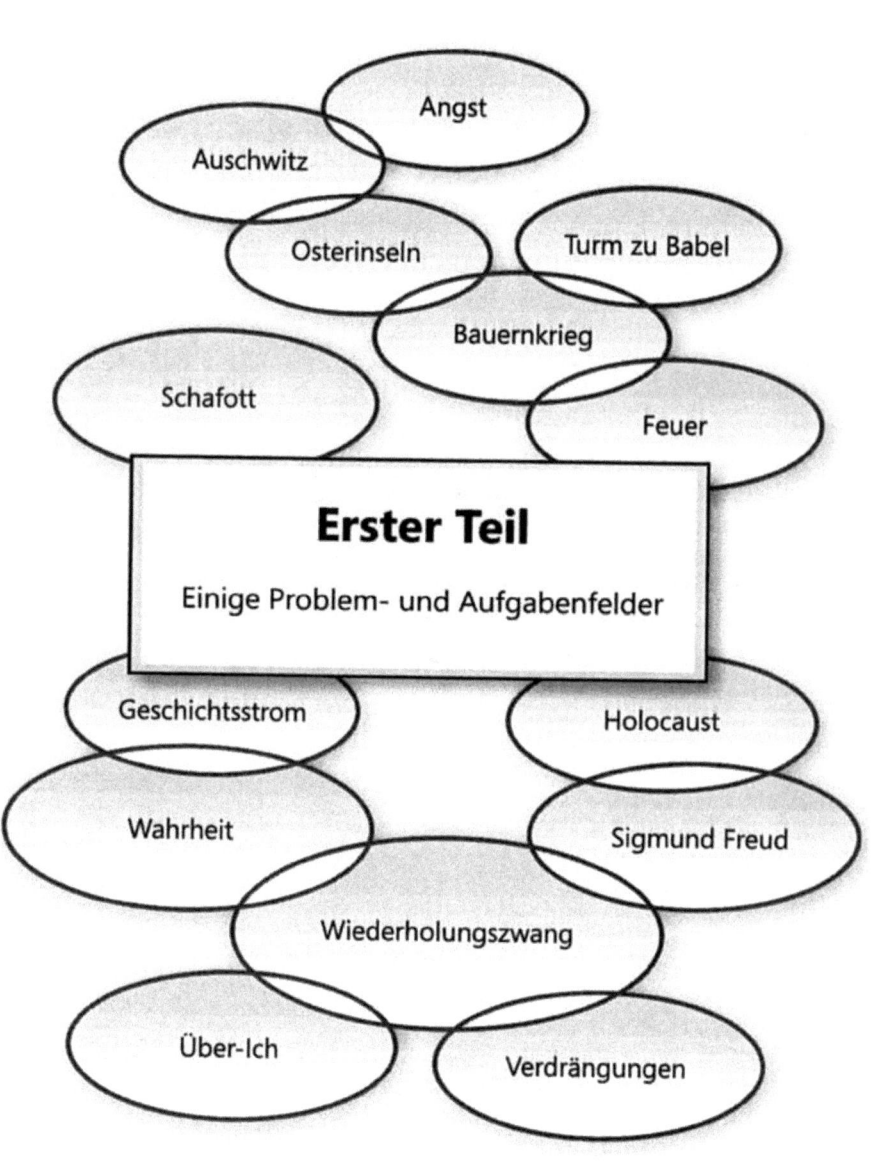

Wo Es und Überich herrschen,
muss **WIR** stärker Platz greifen –
persönlich, partnerschaftlich, lokal, global –,
interdependent in je eigener Weise **BEWUSST**.

Diese Leitidee ist eine Fortschreibung der Vision Sigmund Freuds, der die Unbewusstheiten des Es verstärkt dem Ich zugänglich machen wollte, zusammen gefasst in dem bekannten Satz „Wo es war, soll ich werden". (Neue Folge der Vorlesungen zur Einführung in die Psychoanalyse, Bd. 1, S. 516).

## 2. Zur Psychoanalyse des Geschichtsbewusstseins

### 2.1 GESCHICHTE UND GESCHICHTLICHKEIT ALS DIMENSIONEN UNSERES DENKENS, FÜHLENS UND HANDELNS

Obwohl es ein allen Ansprüchen genügendes, sozusagen klinisch einwandfreies Geschichtsbewusstsein lebenspraktisch nicht gibt, halte ich es für zweckmäßig, theoretisch-analytisch ein vital-lebendiges, kreatives, kritisch-selbstkritisches Geschichtsbewusstsein von einem weitgehend unproduktiven, vom Unbewussten her eingeschränktes Geschichtsbewusstsein zu unterscheiden und das Unbewusste in die Differentialdiagnose einzubeziehen. Mit einer riskanten Parallelisierung zu Diagnosen des Körperlichen könnte man auch ein gesundes von einem pathogen behinderten Geschichtsbewusstsein unterscheiden. Wichtig für den hier eröffneten Gedankengang ist weniger, *dass* es Einschränkungen bzw. „Behinderungen" des frei reflektierenden Geschichtsbewusstseins gibt, sondern vielmehr *wie* der betroffene Mensch selbst damit umgeht: Zwischen der pathogenen Verleugnung der Behinderung und ihrer erkenntnisklaren, vernünftigen Integration in das alltägliche Leben bestehen Abgründe.

Zu einem vitalen, lebendigen Geschichtsbewusstsein gehört *Wissen* über gegenwartsrelevante Vergangenheitssegmente sowie eine aus geschichtlich-lebensgeschichtlichen *Erfahrungen* gespeiste und insofern begründbare *Einstellung* zum bisherigen Verlauf der Geschichte, in der die eigene Lebensgeschichte ihren Platz hat. Kritisches und selbstkritisches Geschichtsbewusstsein ist voller *Konfliktstoff*, der keine endgültigen Ergebnisse zulässt, sondern Unruhe, Bewegung und Veränderung induziert und sprachlich dementsprechend zu kennzeichnen wären, etwa – wie in der Überschrift schon angekündigt – als historisches *Denken, Fühlen und Urteilen*, das sich vom eher statisch zu denkenden Bewusstsein abhebt.

Geschichtsbewusstsein auf der einen Seite und geschichtliches Denken, Fühlen und Urteilen auf der anderen Seite entspringen ein und derselben Quelle menschlich-geistigen Lebens, so wie, um einen Vergleich aus der Biologie zu wagen, See und der den See passierende Strom denselben Ursprung haben und zusammengehören, aber eine je eigene Dynamik entwickeln.

Zum Geschichtsbewusstsein als unabschließbarem Lebensprozess gehört die Dynamik von gesellschaftlich-kollektiven und persönlich-individuellen Unbewusstheiten, die das bewusste Denken, Fühlen und Urteilen auf die eine oder andere Weise beeinflussen. Nach dieser Mitwirkung des Unbewussten fragen wir, wenn je eigene Formen und Inhalte von Geschichtsbewusstsein psychoanalytisch einzuschätzen sind.

Unbewusstes ist nicht einfach der Gegenspieler oder die unumkehrbare Einschränkung des Bewussten, denn es kann, wie in der Einleitung schon angetippt, auch als Quellgrund langlebiger Erkenntnisinteressen und Forschungsvorhaben fungieren. Wer sich mit den Lebenswerken bekannter Historiker beschäftigt, wird immer wieder erstaunt sein, mit welcher Energie und Akkuratesse sie bestimmte Themenbereiche bearbeitet haben. Was hat zum Beispiel Edward Gibbon (1737-1794), den berühmten englisches Historiker der Aufklärung, inspiriert und angetrieben, über Jahrzehnte hinweg an seinem Werk *Decline and Fall of the Roman Empire* (sechs Bände) zu arbeiten? Sicherlich haben auch äußere Motivationen, die mit dem Geschichtlichen direkt nichts zu tun haben (Ehrgeiz, finanzielle Interessen), ihren Einfluss ausgeübt. Aber mit diesen Faktoren allein lässt sich, gerade bei Gibbon, die innige Beziehung des Autors zu seinem Thema nicht erklären. *Geschichtsschreibung ist nicht zuletzt der Versuch einer Symbolisierung unerträglicher traumatischer Geschehnisse und damit auch ein Versuch ihrer Bewältigung* (ausführlicher dazu 5. Kapitel über Traumatisierungen).[5]

Was die Schwächung, Einschränkung oder gar „Behinderung" der historisch-politischen Aufklärungsleistung durch Unbewusstes angeht, so regen die Begriffe *Widerstand* und *Abwehr*, auf die der folgende Unterabschnitt eingeht, einige weiterführende Gedankenschritte an.

## 2.2   ZUM UNBEHAGEN DES HISTORIKERS IN DER GEGENWART

Jede Psychoanalyse löst früher oder später *Widerstand* im Analysanden aus, sei es wegen eines besonders schwierigen Themas, dem sich der analytische Prozess annähert, sei es wegen einer Übertragung, die der Analysand gegenüber dem Analytiker entwickelt (er sieht in diesem, sagen wir, einen leibhaftigen Onkel, den er – warum auch immer – gehasst hat). Dieser Widerstand sei „durchzuarbeiten", lehrte Freud in einer oft zitierten Schrift aus dem Jahre 1914 mit dem Titel *Erinnern, Wiederholen und Durcharbeiten*. Angesichts der Zähigkeit, mit der Widerstände bestimmte Einsichten blockieren, auch und gerade dann, wenn der Widerstand als solcher benannt worden ist („Ich will darüber nicht weiter reden"), müsse der Arzt vor allem Geduld

---

[5]   Der hundertjährige wie auch der zweihundertjährige Todestag Gibbons (1894 u. 1994) waren in England Anlass zu gründlichen Auseinandersetzungen mit Gibbons Lebenswerk, allerdings nur in traditionell geschichtswissenschaftlicher Perspektive (McKitterick und Quinault 1997), d.h: psychohistorische Fragestellungen im Sinn des vorliegenden Buches wurden nicht thematisiert. – Gibbon unterschied Ereignisse an der Oberfläche des Geschehens (Politik einschließlich ihrer Dummheiten, Verbrechen, Kriege, Zufälle) von den tieferen allgemeinen Wirkfaktoren des historischen Wandels (vgl. Peter Gosh in McKitterick). Es ist höchste Zeit, dass in den Kanon der tieferen Wirkfaktoren individuelle und kollektive Unbewusstheiten aufgenommen werden.

aufbringen und dem „Kranken die Zeit lassen, sich in den ihm nun bekannten Widerstand zu vertiefen" (Freud, *Ergänzungsband*, S. 215). Die Abhandlung schließt mit folgenden Sätzen (ebd.):

„Dieses Durcharbeiten der Widerstände mag in der Praxis zu einer beschwerlichen Aufgabe für den Analysierten und zu einer Geduldsprobe für den Arzt werden. Es ist aber jenes Stück Arbeit, welches die größte verändernde Wirkung auf den Patienten hat und das die analytische Behandlung von jeder Suggestionsbeeinflussung unterscheidet. Theoretisch kann man es dem ‚Abreagieren' der durch die Verdrängung eingeklemmten Affektbeträge gleichstellen, ohne welches die hypnotische Behandlung einflusslos blieb."

Der Widerstand in der individuellen Psychoanalyse, allgemeiner klassifiziert als Abwehrverhalten, bildet eine Schnittmenge mit Komponenten des allgemeiner gültigen Geschichtsbewusstseins, das ja, wie der Begriff hervorhebt, nur das enthält, was bewusst und bewusstseinsfähig ist.

Geschichtswissenschaftler und Geschichtsdidaktiker, die das Konstrukt des Geschichtsbewusstseins auf ihre Programmfahnen geheftet hatten, behaupten oft, dass ein reflektierter Begriff von Geschichtsbewusstsein das Unbewusste impliziere. Doch auf diese Vereinnahmung und epistemologische Auflösung des Unbewussten können wir uns hier nicht einlassen, schon aus Gründen der Logik nicht. Das Unbewusste dem Bewussten einfach zuschlagen, das ist so, als wenn man sagte: Männer einschließlich von Frauen, Leben einschließlich des Todes, Liebe einschließlich des Hasses, das Gute einschließlich des Bösen, Licht einschließlich der Finsternis, Sinn einschließlich der Sinnlosigkeit usw. (zum letzten Begriffspaar vgl. etwa Müller und Rüsen 1997).

Gewiss gibt es, phänomenologisch argumentiert, enge Beziehungen zwischen Leben und Tod, und sicherlich hat es Berechtigung zu sagen: Der Tod gehört zum Leben, weil das Leben ohne den Tod etwas ganz anderes wäre. Der Tod gibt deswegen aber seine Eigenheit nicht her. Er lässt sich nicht vom Leben vereinnahmen und damit auflösen, sondern bleibt sein eigenständiger Gegenspieler. Die intellektuelle, aber auch seelisch-gefühlsmäßige Spannung zwischen Bewusstem und Unbewusstem ist analytisch durchzuhalten, andernfalls werden verschiedene geistige Lebensräume zu einem Einheitsraum, in dem alles durcheinander läuft.

Die Verleugnung des Unbewussten in Konzeptualisierungen des Geschichtsbewusstseins verstehe ich als ersten und wichtigsten Widerstand gegen Einsichten, die tatsächlich schwer zu akzeptieren sind. Eine Psychoanalyse des Geschichtsbewusstseins wird dem (großenteils unbewussten) Widerstand gegen die Akzeptanz bestimmter psychohistorischer Sachverhalte besondere Aufmerksamkeit schenken müssen. Ein Geschichtsbewusstsein, das sich selbst für autark hält, ist in psychoanalytischer Perspektive neurotisch zu nennen.

Freud deutete Widerstände gegen die Psychoanalyse in allgemeiner historischer Retrospektive als narzisstische Kränkungen, über die er folgendes schrieb: Die Menschheit habe bislang (Freud, *Vorlesungen zur Einführung in die Psychoanalyse*, Textausschnitt [2. Text] im Anhang), drei narzisstische Kränkungen erlebt. Die erste Kränkung sei der Menschheit durch Kopernikus zugemutet worden, der die Unhaltbarkeit unserer Vorstellung, den Mittelpunkt des Alls zu bilden, wissenschaftlich bewiesen hatte und damit heftigen Widerstand, vor allem auf Seiten der Kirche, ausgelöst hatte. Mit dem Nachweis, dass der Mensch dem Tierreich entstamme, habe Darwin uns die zweite große Kränkung zugefügt. Die dritte und „empfindlichste" Kränkung entspringe der Psychoanalyse, insofern sie dem Ich nachweise, „dass es nicht einmal Herr im eigenen Hause" sei.

Es ist tatsächlich schwer, diesen psychoanalytischen Lehrsatz zu akzeptieren und damit die Wirkungsmächte des Es und des Unbewussten sozusagen in Rechnung zu stellen, selbstverständlich nicht zur Legitimation von Unbesonnenheiten, sondern zur lebenslangen Aufgabe einer Sublimation von Triebenergien und einer Verwandlung von Es-Kräften in kontrollierte und reflektierte Ich-Aktivitäten: „Wo Es war, soll Ich werden" (Freud, *Neue Folge...*, Bd. I, S. 516).

Nicht Herr im eigenen Haus zu sein [nicht einmal professionell im Haus der eigenen Wissenschaft!] scheint nicht zuletzt für Historiker und Historikerinnen ein anstößiger Gedanke zu sein, der abgewehrt werden muss. Es gibt dafür viele Zeugnisse. Ich verweise exemplarisch auf ein Interview, das die durch ihre Forschungen über Mentalitäten, Geschlechterverhältnisse und Gefühle bekannt gewordene Historikerin Ute Frevert, geboren 1954, gegeben hat (*Thadden* 2008), nachdem sie zur Direktorin des Max-Planck-Instituts für Bildungsforschung in Berlin berufen worden war. Am Ende des Interviews schreibt Thadden zusammenfassend: „Nach 1945 hat lange eine Angst vor Gefühlen geherrscht, die Ute Frevert auch damit erklärt, dass die emotionale Verführung im Nationalsozialismus von den Historikern als verunsichernd empfunden wurde. Zu psychoanalytischen Thesen über Schuld, Angst und Verdrängung aber hält sie Distanz. ‚Meine Instrumente als Historikerin reichen nicht aus, um psychoanalytische Annahmen zu belegen.'"

Um welche psychoanalytischen „Annahmen" es sich handelt, erfahren wir nicht, aber wir können hier davon ausgehen, dass vor allem die *Grundannahme des Unbewussten* gemeint ist, die dem *Prioritätsanspruch des Bewussten* in der Tat epistemologisch entgegensteht und insofern nicht in die geschichtswissenschaftliche Erforschung der Vergangenheit integriert werden kann. Eng verbunden mit der pauschalen Ausgrenzung des Unbewussten ist die Angst vor Gefühlen, die ebenfalls in dem kleinen Interview angesprochen wird, indem Frevert bekennt, dass sie „gegen alles Gefühlige [?] regelrecht einen Affekt habe".

„Da meine Instrumente als Historikerin nicht ausreichen, um die Wirkungsweise der Psychoanalyse genauer einschätzen zu können, suche ich das Gespräch mit der Psychoanalyse, die ja insbesondere beim Thema Gefühle und Mentalitäten etwas zu sagen hat." Auch diese Reaktion wäre denkbar gewesen, ja: *denkbar* (und durchaus auch *möglich*, wie an Einstellungen anderer Historiker nachgewiesen werden könnte), aber im vorliegenden Fall eben nicht realisierbar; denn die Psychoanalyse und ihre „Annahmen" wurden ja abgewehrt und abgewählt, was in den so angelegten Werken eine drastische Einschränkung der gesamten Argumentationsbasis zur Folge hat.

Ist es möglich, mit rein geschichtswissenschaftlichen Mitteln „Selbstaufklärung" zu betreiben, wie es Ute Frevert im Sinn hatte (Assmann/Frevert 1999, S. 14)? Sicher, aber nur in engen Grenzen oder, um bei der Haus-Metapher zu bleiben, nur in einigen Räumen des Geschichtshauses. Etliche Räume im eigenen Haus, nicht die kleinsten, bleiben sozusagen unbewohnt, etwa so wie in Fontanes Roman *Effi Briest*, und erregen eben deswegen und wegen der Unheimlichkeit eines auffälligen Bildes („*der Chinese*") Angst. Oder, anders formuliert: Das Unbewusste, des Geschichtsbewusstseins dunkle Schwester, wird verleugnet und aus jedem Gespräch verbannt, wie das ja auch in lebensgeschichtlich-realen Zusammenhängen, etwa mit einem extrem behinderten Kind, geschehen kann und z.B. im Fall der Familie Erikson tatsächlich geschah (vgl. Erikson Bloland 2007).

Im Geschichtsbewusstsein der Geschichtsprofis wirkt unbewusst ein Unbehagen an der Gegenwart, das die entschlossene geistige Fokussierung auf die Vergangenheit motiviert und formiert. Die Abkehr von der Gegenwart, die ja überquillt von zahllosen verwirrenden Widrigkeiten, ist manchmal nicht mehr als die unausweichliche Nebenwirkung eines sachgerecht-genuinen Interesses an der Geschichte, oft aber auch eine geradezu panische Flucht, wie am Lebenslauf des schon erwähnten Edward Gibbon ausführlich dokumentiert werden könnte. Er, der den Siebenjährigen Krieg, den Amerikanischen Unabhängigkeitskrieg und die Französische Revolution als Zeitzeuge miterlebte, er, der (wegen der damit verbundenen Einkünfte) als Parlamentarier einige Jahre im *House of Commons* saß, interessierte sich für nichts anderes als für „seine" Geschichte des Untergangs Roms (vgl. Morison 2003); deutlicher kann das im Vor- und Unbewussten rumorende Unbehagen an und in der Gegenwart bei gleichzeitiger Hingabe an bestimmte Geschichtsthemen gar nicht zum Ausdruck kommen. Eine Psychoanalyse des Geschichtsbewusstseins hat derartigen Strukturgrundlagen der Historiographie Rechnung zu tragen.

Dem Unbehagen in der Gegenwart auf der einen Seite entspricht das Behagen in der Vergangenheit. Hier kann man sich sicher fühlen. Die Vergangenheit hält der Zergliederung stand, sie zerfließt nicht, während die Gegenwart gleichsam zwischen den Händen zerrinnt, kaum dass man meint, sie ergriffen und begriffen zu haben. Die Gegenwart ist voller undurchschaubarer Emotionen und Irrationalitäten und damit schwer zu erklären, während die Vergangenheit durch Kausalbeziehungen bestimmt ist (bzw. bestimmt zu sein scheint) und sich damit vernünftigen Erklärungen erschließt. So etwa lässt sich eine weitgehend unbewusste Denkstruktur des historisch-professionell fixierten Geschichtsbewusstseins zusammenfassen.

Verglichen mit der Vielfalt und Vielzahl von pathogenen Ausflüchten vor Konstellationen der unbequemen oder gar unerträglichen Gegenwart (die so manch einen zur Verzweiflung bringt oder gar in den Suizid treibt!), sind Historiker mit ihrer wissenschaftlich regulierten Rückwendung zur Vergangenheit Meister der Realitätsbewältigung. Sie flüchten nicht, weder vor den Schwierigkeiten der Quellenlage noch vor den inhaltlich bedrückenden Ergebnissen ihrer Forschungen, sondern halten stand. Sie machen in der Konfrontation mit der Vergangenheit vor, was in der Lebenspraxis einschließlich therapeutischer Interaktionen nicht oder nicht ohne weiteres gelingt.[6]

Die produktive Kehrseite des Unbehagens in der Gegenwart ist das Behagen in der Vergangenheit, die emotionale und kognitive Sicherheit, hier das dem eigenen Habitus entsprechende passende Arbeits- und Reflexionsfeld gefunden zu haben. Es wäre geschichtsanalytisch wenig einfühlsam gewesen, wenn nur die im Unbehagen wurzelnden Fluchttendenzen zur Sprache gekommen wären. Damit wären zahllose Auseinandersetzungen mit Geschichte von vornherein entwertet worden. Und ich selbst hätte mich damit auch nicht ganz ernst genommen.

Sicherlich steckt im Lebenswerk bekannter Historiker wie Eric Hobsbawm (geb. 1917) und Edward Gibbon motivational eine kräftige Portion Gegenwartsflucht, die wahrscheinlich mit dem Tod der Eltern (bzw. bei Gibbon mit dem Tod der Mutter) einsetzte.[7] Aber das schmälert die epochale Bedeutung ihrer bewundernswerten Werke nicht, im Gegenteil. Es bleibt psychohistorisch zu erforschen, inwiefern der so produktive Gang in die Vergangenheit durch die unbewusste Attraktion des Vergangenen, durch die Sehnsucht nach einem Verbundensein mit den Verstorbenen, angetrieben wurde.

Die dialektische Spannung zwischen Flucht in die Vergangenheit und Aufarbeitung eben dieser Vergangenheit muss uns bewusst sein bzw. be-

---

6   *Flüchten oder Standhalten* ist der Titel eines Buches von Horst-Eberhard Richter (1976). – Als Protagonist der Friedensbewegung verkörpert Richter, geboren 1923, dieses *Standhalten* bis ins hohe Alter hinein.

7   Beide Autoren haben Autobiographien hinterlassen, die freilich in Form und Inhalt sehr verschieden sind und auf dementsprechend unterschiedliche mentale Strukturen schließen lassen. Gibbon und Hobsbawm sind wohl so etwas wie „responsive Selbstobjekte" für mich geworden, sonst hätte ich sie nicht zustimmend erwähnen können.

wusst werden, wenn wir im Hinblick auf die Möglichkeiten einer besseren Zukunft emanzipatorisch in Bewegung bleiben wollen.

Eine Selbstbeobachtung zu meinem Alltag soll diesen Abschnitt abrunden. – Wann immer ich mir die Wochenzeitung *Die Zeit* kaufe – die beiden Geschichtsseiten werden immer gelesen, unabhängig von der Attraktion des Themas. Das sei eben mein berufsspezifisch gewachsenes Interesse an Geschichte, könnte man annehmen. Sicherlich, das ist ein Grund, aber ein eher unwichtiger. Wichtiger ist das deutlich spürbare Gefühl, dass das Geschichtliche weit entfernt ist und mich insofern nicht direkt berührt. Auch wenn an Grauenhaftes erinnert wird oder das Grauenhafte sogar als Fragment präsentiert wird: Es ist weit weg, abgeschlossen, erledigt, ungefährlich, nicht peinlich oder gar peinigend.

Die Auseinandersetzung mit Geschichte mildert oder suspendiert die Konfusion der Gegenwart und eröffnet Freiräume der Reflexion und der Kontemplation. Die gerade im konkreten Detail unerträgliche Geschichtslast ist so zu ertragen.

## 2.3    ZUR PSYCHOANALYSE DER BEDEUTUNG VON TATSACHEN

Ausgangspunkt der Überlegungen in diesem Unterkapitel sind historische *Tatsachen*, besser vielleicht als *Ereignisse* klassifiziert, die Einfluss auf den Gang der Geschichte ausgeübt haben und insofern Gewicht und Bedeutung haben sowie Wirkungen zeitigen. Dass Napoleon an einem bestimmten Tag an Verstopfung litt, kann wohl als Tatsache registriert werden; Einfluss auf den weiteren Verlauf der Geschichte hatte diese Tatsache aber nicht, es sei denn, man würde nachweisen, dass eben dadurch eine Schlacht verloren ging.

Die Profilierung des historisch Bedeutsamen marginalisiert zur einen Seite Myriaden unbedeutenden Einzelheiten, ohne zur anderen Seite hin die Unschärfe des Begriffs aufzuheben; denn: In die *Deutung* von Tatsachen und Tatsachenzusammenhängen (von Ereignissen und Ereignisketten), mithin in das Verleihen einer *Bedeutung*, gehen unausweichlich Elemente der eigenen Lebenserfahrung ein, der weltanschaulichen Orientierung und der professionellen, generations- und kohortenspezifischen sowie wissenschaftlichen Positionierung, die eine definitorisch allgemeingültige Festlegung der jeweiligen Bedeutung prinzipiell ausschließt. Was lässt sich psychoanalytisch über das Spannungsverhältnis zwischen den nackten Tatsachen „als solchen" und ihrer jeweiligen Bedeutung in Erfahrung bringen? Das ist hier unter anderem unser Thema.

Vergegenwärtigen wir uns zur weiteren Klärung dieses schwierigen Problemfeldes ein historisches Fallbeispiel: In den Jahren 1691/93 wurde das amerikanische Dorf Salem (in der Nähe von Boston) von einer Massenhysterie heimgesucht, die vom wahnhaften Glauben an die teuflischen Machenschaften von „Hexen" angetrieben wurde. Es ging los mit Anschuldigungen,

die von Kindern erhoben wurden und rasch ein Gewirr von weiteren Anschuldigungen, Vermutungen, Verfolgungshysterien und Teufelsängsten
auslösten. Die daraufhin eingeleiteten Hexen-Prozesse wurden „korrekt"
geführt – „korrekt" im Sinn der damaligen Rechtsvorstellungen, das heißt
u.a. mit schriftlichen Anklageerhebungen, Verhören usw., aber auch mit der
Folter, die als legitimes Mittel der Wahrheitsfindung galt. 150 Verdächtige
wurden inhaftiert, weitere 200 der Hexerei beschuldigt, 55 Menschen unter
Folter zu Falschaussagen gebracht, 20 Beschuldigte hingerichtet.

Es ist hier nicht der Ort, die *Salem Witch-Trials* als bloßen Tatsachenzu-
sammenhang zu rekonstruieren, zumal entsprechende Informationen (u.a.
über Wikipedia) leicht zu erhalten sind. Wichtig ist hier die Frage nach den
spezifischen Bedeutungen, die sich aus den *Verbindungen der Salem-Tatsa-
chen mit weiteren historisch-politischen Tatsachen* konstruktiv *ergeben haben.*

Nach den Hinweisen auf das Unbehagen der Historiker in und mit der
Gegenwart kann es nicht überraschen, wenn jetzt exemplifizierend festgestellt wird, dass sich ein Mega-Werk über die Salem Witch-Trials von fast
tausend großformatigen Seiten (Buchformat etwa DIN A 4) aller deutenden
Relationen enthält, die das Historisch-Immanente übersteigen (Rosenthal
2009). Wir haben eine komplette Dokumentation der damaligen Tatsachenzusammenhänge vor uns, so weit diese in der einen oder anderen Form in
Quellen nachzuweisen sind. Eine kaum noch überschaubare Schar von Mit-
arbeiterInnen war notwendig, um diese Dokumentation zu erstellen, die das
inständige Bemühen um lückenlose Aufklärung eindrucksvoll unter Beweis
stellt und die spezifischen Schwierigkeiten der Wahrheitsfindung im Historischen so veranschaulicht, dass es einer neidvollen Übertragung nahekäme,
wenn man den Respekt gegenüber dieser Leistung durch Kritik an Einseitigkeiten o.ä. entwertete.

Die Enthaltsamkeit gegenüber allen das Historisch-Immanente übersteigenden
Verbindungen ist ein Element der Historiker-Identität. Entsprechendes gilt mit umgekehrten Vorzeichen für viele Psychoanalysen, in denen lebensgeschichtliche
Realitäten kaum noch eine Rolle spielen, weil – so der theoretische Anspruch – die
unmittelbar gegebene Interaktion zwischen Analytiker und Analysand das Entscheidende sei. Das gilt insbesondere für die „Kleinianer" in London (vgl. Schafer 1997).

Wer sich in diesem Bereich weder zum Richter aufspielen und den eigenen Ansatz zur eigentlich „richtigen" Sichtweise erheben will, noch in der
Überfülle an Fakten und Problemkonstellationen untergehen will, muss sich
das eigene Erkenntnisinteresse und die Gegenwartsrelevanz des Themas bewusst machen, so dass Fakten aufeinander bezogen, geordnet und zu einer
Aussage formiert werden können. Das fällt Geschichtswissenschaftlern sehr
viel schwerer als Künstlern, die oft gar nicht anders können, als ausgewählte

Tatsachen mit anderen Tatsachen gedanklich zu verbinden und so Bedeutungen zu erschließen. Sehen wir uns ein Beispiel an.

Der gesellschaftskritische amerikanische Dramatiker Arthur Miller (1915-2005) hat zum Thema *Hexenjagd in der Geschichte* 1999 an der Harvard University einen Vortrag gehalten hat (in: Miller, *Widerhall...*) und das Historisch-Faktische mit seinem bekannten Theaterstück *Hexenjagd* (engl. *Crucible*) argumentativ miteinander verbunden. Die Verbindung ergab sich geradezu gebieterisch aus Millers damaliger Gegenwart in den fünfziger Jahren, die nach dem Senator Joseph McCarthy (1908-1957) benannt wurde. McCarthy hatte eine der Salem-Hysterie vergleichbare Stimmung des allseitigen Misstrauens verbreitet. Miller selbst war Opfer dieses gesellschaftlich aufgeheizten Misstrauens, das sich wie die Pest verbreitete und auch in Deutschland seine Spuren hinterließ.

Für den Schriftsteller Arthur Miller waren die realen Vorgänge in der McCarthy-Ära (1947-1956) sowie die damit verbundenen eigenen Erfahrungen ein anstrengendes, kostspieliges, bedrohliches, im Ganzen aber auch anregendes Amalgam für die Auseinandersetzung mit dem historischen Stoff und die anschließende dramaturgische Gestaltung. Sein Geschichtsbewusstsein hat durch die gedankliche und emotionale Verbindung der Vergangenheit mit der Gegenwart an Vitalität und Erkenntniskraft gewonnen, die aber mit der Vitalität und dem besonderen Erkenntnisinteresse der Historiker nicht zu verrechnen ist, wenn pädagogisierende Bewertungen des Geschichtsbewusstseins auf einer Notenskala zwischen 6 und 1 (wie auf Zeugnissen in der Schule) vermieden werden sollen.

Langfristig, das heißt die Lebensgrenzen einer Generation überschreitend, ergeben sich die Bedeutungen geschichtlich-lebensgeschichtlicher Tatsachen nicht nur aus der vielseitigen (horizontalen) Vernetzung mit weiteren Tatsachen (Geschehnissen) der Geschichte, sondern auch aus der vielschichtigen (vertikalen) Verwurzelung, die bis ins Unbewusste der kollektiven Erinnerungen reicht und daher viel Zeit braucht, um bewusst zu werden. Wenn ich bedenke, wie viele Entwicklungsschritte für mich persönlich nötig waren, um den Riss in meinem Geschichtsbewusstsein wahrnehmen und akzeptieren zu können (4. Kapitel), und wenn ich darüber hinaus in Erwägung ziehe, dass dieser spezifische Erkenntnisprozess transgenerationell auf die eine oder andere Weise weiter gehen und nie sein Ende finden wird, dann ist es wohl nicht übertrieben zu sagen, dass die Psychoanalyse der Bedeutung historischer Tatsachen erst am Anfang ist. Vor allem die mit C.G. Jung in eine Sackgasse geratene Erforschung von Unbewusstheiten, die von einer Generation zur nächsten transferiert werden, müsste neu eröffnet und weiter entwickelt werden.[8]

---

[8]  Mit der Thematisierung von „Archetypen" auf Kosten der Realgeschichte, die er sogar auf die Genese des NS ausdehnte (*Wotan, sein Wiedererwachen im Dritten Reich*) vermied C.G. Jung

Bedeutungen erschließen sich nicht ein für alle Male, sondern prozessual, Schritt für Schritt, nicht zuletzt in Gesprächen, die auf Herrschaftsansprüche verzichten. Die Psychoanalyse bietet die kommunikative Matrix für solche Gespräche.

## 2.4 GESCHICHTSBEWUSSTSEIN UND DENKSYSTEM: PROZESSUALE DYNAMIK VERSUS REGULIERTE ERGEBNISSUCHE

Das lebendige Geschichtsbewusstsein segelt zwischen verführerischen Gesängen dahin, die nach der griechischen Mythologie von den Sirenen angestimmt werden. Auf der einen Seite lauert die Verführung der theoretisch-methodisch regulierten Ergebnissuche, auf der anderen Seite die Verlockung eines lustvollen Navigierens in unbekannten Gewässern. An beiden kann das Geschichtsbewusstsein scheitern. In der regulierten Ergebnissuche rutscht alles durch die Maschen, was nicht von dem vorab geknüpften theoretisch-methodologischen Netz erfasst werden kann. Im ergebnisoffenen Navigieren wird die Möglichkeit sicherer Zwischenstationen des Erkennens verspielt, von denen aus man weiter operieren könnte.

Ohne jetzt die inhaltliche Vielfalt und Aussagekraft der Werke zu berücksichtigen, möchte ich als Beispiel für die regulierte Ergebnissuche Hans-Ulrich Wehlers fünfbändige *Deutsche Gesellschaftsgeschichte* nennen, die von Anfang bis Ende, mithin für mehr als dreihundert Jahre, ein- und dasselbe Strukturierungsschema verwendet. Als kontrastierendes Beispiel für eine ergebnisoffene prozessuale Dynamik sei sprachlich-symptomatisch auf die „unendliche Analyse" verwiesen, die es nicht nur als Theorie-Baustein gibt (Freud 1937), sondern auch als Lebenspraxis, zum Beispiel dann, wenn Analysen, fünfstündig in der Woche, die stärksten Phasen des Lebens sozusagen aufzehren, ohne wirkliche Befreiungen zu zeitigen.

Unendliche Analysen spielen sich auch auf der Objektebene des Geschichtlichen ab, wenn der Forscher sein Leben einem bestimmten Themenbereich widmet und dazu immer mehr Fakten beibringt, so dass am Ende, wenn es denn überhaupt ein Ende gibt, viele Bände mit Informationen, Erzählungen und Reflexionen gefüllt sind und die Nachwelt das Gesamtwerk überhaupt nicht mehr würdigen kann, von wenigen Liebhabern und Spezialisten abgesehen.

Wehlers Strukturierungsschema beruht auf vier geschichtsmächtigen „Achsen": Wirtschaft, soziale Ungleichheit, politische Herrschaft und Kultur. Das ist in dem Maße hilfreich und erkenntnisfördernd, wie die Grenzen einer solchen Geschichtsvermessung bewusst bleiben und nicht gegen Problembereiche abgeriegelt werden,

---

die Deutung historischer Tatsachenzusammenhänge sowohl im Hinblick auf die Relevanz im eigenen Leben als auch in geschichtstheoretischer Perspektive.

die auf den vier Achsen nicht oder nicht ausreichend zur Geltung kommen. Ich bezweifle, dass der Holocaust als Zivilisationsbruch in den genannten vier Begriffsrahmen seiner unfassbaren Dynamik entsprechend erörtert werden kann. Sicherlich kann man Tote zählen, Mittel der totalen Herrschaft analysieren, Hitlers „Charisma" herausheben, kausale Vernetzungen erschließen usw.: Aber ist damit der bis heute nachwirkende Holocaust wirklich erfasst?

Eine entsprechende Frage ist auch an die Teilung Deutschlands und die Geschichte der DDR zu richten, deren mentalitätsgeschichtliche Wirkungsgeschichte im Kalten Krieg im Vier-Achsen-Raster Wehlers gar nicht zum Tragen kommen kann. Dieser Mangel wird auch dadurch gefördert, dass Wehler in die Erfolgsgeschichte der BRD ganz verliebt ist, während die DDR (wie übrigens auch die westdeutsche Studentenbewegung) die Last seiner ganzen Abneigung zu tragen hat.

Odysseus, der Listenreiche, ließ sich bekanntlich, der griechischen Mythologie zufolge, auf Anraten der Zauberin Kirke, von seinen Kameraden an den Mast seines Schiffes binden und befal, die Anbindung mit weiteren Stricken zu verstärken, wenn er ein Zeichen zum Losbinden geben würde. Nur so konnte er den verführerischen Gesängen der Sirenen widerstehen.

Um den eigenen Kurs halten zu können, müssen wir Vorkehrungen treffen, die verhindern, dass wir den (im Mythos tödlichen!) Versuchungen auf der einen wie auch der anderen Seite erliegen. Zu diesen Vorkehrungen gehören so etwas wie die kritische Selbsthistorisierung (vgl. 12. Kapitel) sowie ein entsprechendes Festhalten an der Idee des geistigen Fortschritts, symbolisiert durch Odysseus' Schiff mit der Mannschaft, die gegen die Macht der eigenen Schwächen vorsorglich immunisiert wurde.[9]

Beide Disziplinen, sowohl die Geschichtswissenschaft als auch die Psychoanalyse, die hier als Taufpaten der Geschichtsanalyse fungieren, erliegen einem historisch-„natürlichen" Wandel und treiben diesen selbst aktiv voran. Als Beispiel für das professionalisierte Geschichtsbewusstsein sei auf die schon erwähnte Selbsthistorisierung der Historiker verwiesen, die noch vor rund zwanzig Jahren kaum denkbar war, inzwischen aber als Erkenntnisweg immerhin thematisiert wird (Stambolis 2010). Belege für eine psychoanalytische Theoriebildung, die auf Fortführung und Wandel angelegt ist, finden sich unter anderem schon bei Freud in seiner Schrift über den Todestrieb (*Jenseits des Lustprinzips*, 1920), die hier aber nicht inhaltlich zur Sprache kommen soll (vgl. 11. Kapitel), sondern methodologisch, weil Freud hier ein Beispiel produktiver Selbstzweifel bietet.

---

[9]  In der berühmten Abhandlung von Horkheimer und Adorno, *Dialektik der Aufklärung*, fungiert Odysseus als Vorreiter der modernen Aufklärung, die nach Auffassung der Autoren aber in Positivismus umgeschlagen und damit weitgehend gescheitert sei. 1997, fünfzig Jahre nach der ersten Publikation des Buches, erschienen zahlreiche Stellungnahmen (u.a. Assheuer 1997), die der einseitigen Sicht kritisch entgegen traten. Ob oder inwiefern Horkheimers und Adornos Argumentationen „unhaltbar" sind, wie Assheuer urteilt, kann hier aber nicht erörtert werden.

Im Unterschied zu anderen Autoren halte ich Freuds eigene Unsicherheit gegenüber dem neuen Begriff und Konzept (des Todestriebes) nicht für eine gedankliche „Immunisierung durch Scheinprüfung von Gegenargumenten" (Löchel 1986, S. 692), sondern für methodologisch-authentisch und führe dafür einige Zitate an:

„Es mag uns da Zweifel anwandeln, ob es überhaupt zweckdienlich war, die Entscheidung der Frage nach dem natürlichen Tod im Studium der Protozoen zu suchen." (= Selbstkritik am biologisierenden Argument)

„Wir kommen in den Verdacht, um jeden Preis eine Auskunft aus einer großen Verlegenheit gesucht zu haben." (= rhetorisch externalisierter Selbstzweifel)

„Man könnte mich fragen, ob und inwieweit ich selbst von den hier entwickelten Annahmen überzeugt bin. Meine Antwort würde lauten, dass ich weder selbst überzeugt bin noch bei anderen um Glauben für sie werbe." (= Festhalten an der Vorläufigkeit der Ergebnisse)

„Man kann dabei [das heißt beim Aufbau einer Theorie] glücklich geraten haben oder schmählich in die Irre gegangen sein." (= Festhalten an der Vorläufigkeit der Ergebnisse)

Außerdem erscheinen folgende Ausdrücke, einige mehrfach: „Lichtstrahl einer Hypothese" – [Lebenstriebe und Todestrieb als] „Gleichung mit zwei Unbekannten" – „Mythos" und „Mystik"– „Spekulation".

Freud beschließt seine Abhandlung mit einem Zitat aus einem Gedicht von Friedrich Rückert: „Was man nicht erfliegen kann, muss man erhinken." Dieses „Erhinken" gibt metaphorisch treffend auch das hier ins Auge gefasste Geschichtsbewusstsein wieder, das sich in der Spannung zwischen prozessualer Dynamik und regulierter Ergebnissuche weiter bewegt, aber eben „hinkend".

Wir verlassen jetzt das Minenfeld fachspezifischer Einseitigkeiten mit dem Versuch, im nächsten Abschnitt dieses Kapitels mentale „Spaltungen", die meistens pathologisch indiziert sind, als Chancen zu begreifen.

## 2.5 GESCHICHTSBEWUSSTSEIN ALS HERMENEUTISCHE ICH-„SPALTUNG"

Ein wichtiger Denkanstoß für diesen Unterabschnitt ging vom Begriff der *therapeutischen Ich-Spaltung* aus, mit der das beobachtende und das erlebende Ich im Patienten unterschieden und vom Psychoanalytiker für den therapeutischen Prozess genutzt wird. Ohne jedes Gefühl für diese beiden Artikulationsformen des Ich würde die Übertragungsdynamik Überhand nehmen und den Patienten gleichsam erdrosseln.

Die Verwendung des Begriffs Spaltung für einen therapeutischen Prozess ist widersprüchlich; denn dem üblichen psychoanalytischen Sprachverständnis zufolge verweist der Begriff Spaltung auf eine pathogene Konstellation: In der mentalen

Spaltung sind bestimmte Anteile unserer Persönlichkeit externalisiert oder so voneinander getrennt, dass sie nicht als etwas Eigenes erlebt werden. (Manch einer merkt nicht, wie arrogant und lieblos er mit anderen umgeht.) Wegen dieser Indizierung des Begriffs Spaltung sollte nach anderen Kennzeichnungen Ausschau gehalten werden, doch mir ist trotz etlicher Recherchen (Ich-Duplizität? Ich-Aufteilung? Ego-sharing?) nichts Überzeugendes eingefallen, und so soll es bis auf Weiteres sprachlich bei der Ich-Spaltung bleiben. Sachlich-inhaltlich geht es um die *Spannungstoleranz* im Ich zu thematisieren; denn es geht – bezogen auf unser Geschichtsbewusstsein – um das auszuhaltende, ja aktiv einzubringende Nebeneinander von libidinös grundierter persönlicher Haltung zur Welt und illusionsloser Auseinandersetzung mit den Realitäten der Geschichte.

Geschichtsbewusste Menschen müssen das Leben und die eigene Lebendigkeit libidinös besetzen, eben weil die Geschichte voller Tod und Verwesung, voller Gift und Verbrechen ist (auf die für das Geschichtsbewusstsein der Täter-Kinder so wichtige Gift-Metapher kommen wir im 8. Kapitel zurück). Ohne diese Wertschätzung des Lebens bei gleichzeitigem Gefühl für die eigene Lebendigkeit verkommt Geschichte zur Aufzählung von Kalamitäten oder zur parteipolitischen Rechtfertigung, mit der die eigentlichen Probleme verdrängt werden.

Der Widerspruch zwischen beiden mentalen Bereichen, dem innerlich-persönlichen und dem äußerlich-professionellen, ist oft sehr krass und scharf, so dass eine Neigung entsteht, das Private ebenso scharf vom Beruflich-Geschichtlichen abzutrennen, damit das Gute-Persönliche nicht vom Hässlich-Geschichtlichen kontaminiert wird. (Auch „das Gute" in uns – Mitgefühl, Liebe, Verantwortung, Trauer bei Verlust u.a.m. – kann verdrängt werden und wird oft verdrängt!) Einen anderen Weg der Ent-Spannung bietet die Religion, da und insofern sie Schutz durch Gott verspricht und Versöhnung verkündet. Auch das Wir-Gefühl von Gruppen, die in einem bestimmten Lebens- und Denkstil vereint sind, kann dazu beitragen, dass die dem Geschichtsverlauf widersprechenden Ich-Anteile abgesondert bleiben und so nicht stärker ins Bewusstsein treten.

Die Aktivitäten des Ich auf verschiedenen Ebenen spielt in verschiedenen Lebensbereichen eine je eigene Rolle. Als Lehrer achte ich zum Beispiel einerseits auf meinen Plan und auf mein Unterrichtsziel, andererseits aber auch auf die Aktionen und Reaktionen der Schülerinnen und Schüler, die auf eigene Weise mit den präsentierten Materialien umgehen. Ich habe ferner meine persönlichen politisch-moralischen Standards vor Augen und darf doch nicht vergessen, dass die Lernenden andere Standards kennen gelernt und übernommen haben.

Ich hatte früher Schwierigkeit, den StudentInnen diese pädagogische „Spaltung" aus pädagogischen Gründen begreifbar zu machen. Sie sagten mir, sinngemäß: „Wenn Sie eine bestimmte Sicht auf die Geschichte entwickelt haben und dementsprechende Werturteile fällen, dann wollen Sie doch auch, dass die SchülerInnen dieser Sicht zustimmen..."Nein, so einfach ist das nicht. Dieses Einfordern von Zustimmung mündet unausweichlich in Manipulation ein; die aber ist in der historisch-politischen Bildung ähnlich wie in der Psychoanalyse unbedingt zu vermeiden.

Entsprechende Überlegungen gelten auch für andere Berufe, etwa die des Arztes, des Therapeuten und Psychoanalytikers. Ihre Praxis hätte keinen Sinn, wenn sie die individuelle Heilung ihrer Patienten von einem pessimistischen Geschichtsbewusstsein abhängig machten und etwa sagen würden: Die Heilung des einen ändert ja nichts an der Krankheit der Gesellschaft im Ganzen.

Im lebendigen Geschichtsbewusstsein, so wie es hier epistemologisch entfaltet wird, muss beides Platz haben: die sachorientierte, „harte" Auseinandersetzung mit Geschichte und der Sinn für bessere Lebens- und Entscheidungsmöglichkeiten, die nicht als sachfremd verdrängt, sondern bewusst aufbewahrt werden und in Argumentations- und Handlungszusammenhänge auf die eine oder andere Weise eingehen.

Die hermeneutische Ich-Spaltung ist ein zentraler methodologischer *und* lebensgeschichtlich-persönlicher Leitgedanke dieses Buches, der ohne mannigfaltige Anregungen nicht zustande gekommen wäre. Ich möchte im Folgenden einige dieser Anregungen, die inhaltlich-thematisch und lebensgeschichtlich sehr verschiedenen Zusammenhängen entstammen, benennen. Es handelt sich um den schon erwähnten Edward Gibbon (1737-1794), Leopold von Ranke (1795-1886), Albert Schweitzer (1875-1965), Karl Jaspers (1883-1969), Eric Hobsbawm (geb. 1917) und Saul Friedländer (geb. 1932). Dass diese Autoren mit ihrem je eigenen Profil im Ganzen nicht künstlich auf eine Linie gebracht werden sollen, versteht sich dabei von selbst. Leitmotive der existenziellen und wissenschaftlichen Positionierung entstammen alle Male verschiedenen Quellen, deren Aussagespektrum nicht übersehen wird, wenn man sie nur an einigen Punkten miteinander verbindet.

*zu 1)* Das berühmte sechsbändige Werk Gibbons *The Decline and Fall of the Roman Empire* scheint der hermeneutischen Ich-Spaltung als Denkfigur zu widersprechen; denn es schildert den kontinuierlichen Verfall des einstmals so glänzenden römischen Reiches und scheint sich aller Orientierungen an besseren Lebensmöglichkeiten zu enthalten. Doch der erste Anschein trügt und Gibbons oft zitierter Satz, dem zufolge Geschichte kaum mehr sei als ein *register of crimes, follies and misfortunes of mankind*, erweist sich bei genauerem Hinsehen als Halbsatz, der, wenn er denn vollständig und richtig zitiert wird, inhaltlich den besten Beweis für das Wechselspiel im Ich und damit auch für die die Möglichkeit einer sozusagen libidinösen Besetzung des Lebens liefert. Im Ganzen liest sich Gibbons Urteil folgendermaßen (*Decline and Fall*... 3. Kapitel, a.a.O., S. 65 ):

„His reign [i.e. the reign of Antonius Pius, 138-161] is marked by the rare advantage of furnishing very few material for history; which is, indeed, little more, than the register of the crimes, the follies, and misfortunes of mankind. In private life, he was an amiable as well as a good man. The native simplicity of his virtue was a stranger to vanity or affectation."

Es gibt also ein „little more", an dem man sich sozusagen aufrichten kann. Die glänzende, wenn auch nur kurze Epoche der Antoninen – das war Gibbons realgeschichtlicher Rückhalt für das ich-bewusste Festhalten an besseren Lebens- und Geschichtsmöglichkeiten. Die bloße Schilderung des Verfalls wäre öde, niederdrückend, unerträglich, langweilig.

Ohne die Vorstellung von besseren Möglichkeiten vor Augen hätte Gibbon sein Werk nicht durchhalten können; allein die Wörter Verfall/Decline setzen die Vorstellung einer „besseren" Geschichte voraus, die in Gibbons aber nicht erfunden wurde, sondern real begründet ist. Die *New Encyclopedia Britannica* (15. Auflage, 2002, 1. Bd.) urteilt über Gibbons Bezugsfeld: „The Antonine period (138-180) was one of great internal peace and prosperity, when the sense of unity, the reconciliation of peoples, was greatest throughout the Roman Empire."

*zu 2)* Man müsse die Welt verstehen „und dann das Gute wollen", erklärte Leopold Ranke 1854 dem bayrischen König Maximilian II. auf dessen Anfrage (Ranke 1971, S. 445). Es sei beim Privatmann dasselbe wie beim Fürsten; „nur in der Potenz ist die Aufgabe verschieden." Vorbild für den Fürsten sei nicht Machiavelli. Rankes Bestreben war es vielmehr (ebd., S. 441), „Eure Majestät in ihren Tugenden zu befördern."

Die Welt realgeschichtlich, illusionslos „verstehen" und dann „das Gute" wollen – das war ein erster Schritt in das Bewusstsein einer Spannung zwischen Soll und Ist, dem leider jedoch keine weiteren Schritte folgten; denn Ranke war monarchisch gesonnen, und diese Gesinnung – noch dazu im Gespräch gegenüber einem Monarchen! – ließ es nicht zu, unverbindliche Allgemeinheiten (Einerseits und andererseits... „das Wahre liegt wohl in der Mitte" ... „nach bestem Wissen und Gewissen") zugunsten einer genaueren Positionierung hinter sich zu lassen. Immerhin: die Spannung zwischen der virtuellen oder tatsächlichen „Sittlichkeit" einzelner Persönlichkeiten und den destruktiven Tendenzen der Geschichte im Ganzen war angedacht. Es wäre eine Aufgabe der Ranke-Schüler und -Nachfolger gewesen, hier anzusetzen und die Haltung des Historikers dementsprechend mit emanzipatorischen Vorzeichen zu versehen. Genau das geschah aber bekanntlich nicht.

*zu 3)* Man hat Albert Schweitzer gefragt, ob er pessimistisch oder optimistisch sei. Er antwortete, dass sein Erkennen pessimistisch und sein Wollen und Hoffen optimistisch sei (Schweitzer 1991, S. 162). Das ist mit anderen Worten die hier ins Auge gefasste hermeneutische Ich-Spaltung, erweitert um das Hoffen in einer typisch religiösen Fassung, die ich selbst für mich nicht in Anspruch nehme.

Albert Schweitzer schrieb (Schweitzer 1991, S. 162 f.):

„Pessimistisch bin ich darin, dass ich das nach unseren Begriffen Sinnlose in seiner ganzen Schwere erlebe. Nur in ganz seltenen Augenblicken bich ich meines Daseins wirklich froh geworden. (...) So sehr mich das Problem des Elends in der Welt beschäftigte, so verlor ich mich doch nie in Grübeln darüber, sondern hielt mich an den Gedanken, dass es jedem von uns verliehen sei, etwas von diesem

Elend zum Aufhören zu bringen. (…) Das geistige und materielle Elend, dem sich unsere Menschheit durch den Verzicht auf das Denken und die aus dem Denken kommenden Ideale ausliefert, stelle ich mir in seiner ganzen Größe vor. Dennoch bleibe ich optimistisch. Als unverlierbaren Kinderglauben habe ich mir den an die Wahrheit bewahrt." (Psychoanalytisch kann angefügt werden, dass ein „Kinderglaube" auch verloren gehen und zurück erobert werden kann. Darauf gehen wir im III. Teil genauer ein.)

*zu 4)* Ähnlich wie Ranke vermochte der Philosoph Jaspers keinen Fortschritt in der „Sittlichkeit" zu erkennen, die er der „Substanz des Menschen" zuordnete. Umso wichtiger war es ihm, dass man selbst erkenne, „wofür man selber leben will." In einem Brief an Hannah Arendt vom 27. 11. 1954 schrieb er:

„Liebe Hannah!

(…) Was Ihre Sorge um totalitäre Entwicklungen aus der Massengesellschaft betrifft, so ist sie gewiss berechtigt. Sie selber stehen mit Ihrer Arbeit in dem geistigen Kampf gegen diese Möglichkeiten. Schließlich hat ja niemand den Gang der Geschichte in der Hand, auch nicht in einer theoretischen Vorstellung oder einer Prognose. Im Kampf der Fronten, die im Grunde niemand übersieht, kann man am Ende nur wissen, wofür man selber leben will. Die Perspektiven, die der Verstand und die äußerliche Erfahrung uns heute fast aufzwingen, sind schaurig. Es kommt geistig auch darauf an, die Gedanken zu entwickeln und die kritischen Positionen, die den zwingenden Charakter dieser Perspektiven aufheben."

*zu 5)* Eric Hobsbawm, geboren im Jahr der Oktoberrevolution (in der er ein Vermächtnis sah, an dem er lebenslang festhielt!), ist ein bedeutender Historiker *nicht obwohl* er lebenslang ein überzeugter Kommunist war, *sondern eben weil* er die Spannung zwischen der inneren Welt des Wünschens und der äußeren Welt der Destruktivkräfte ausgehalten hat und kreativ zu nutzen wusste. Wer die beiden Welten – die historisch-politische Welt außerhalb unserer Selbst auf der einen Seite und die eigene innere Welt mit ihren Wünschen und Ängsten auf der anderen Seite – nicht analytisch voneinander trennen und mental gleichzeitig zusammenhalten kann, der wird früher oder später doktrinär erstarren und seine eigene innere Welt für „die" Geschichte halten. Dass sein geistiger, aber auch emotionaler Lebensleitfaden weniger durch die Realität als vielmehr durch die Idee des Kommunismus entwickelt wurde (mithin mannigfaltigen Verdrängungen unterlag), ist nicht schwer zu ermitteln. Sein Lebenswerk mit Hilfe entsprechender Befunde zu verwerfen, würde aber nur die doktrinäre Erstarrung dokumentieren, die das lebendige Geschichtsbewusstsein immer wieder zu erdrosseln sucht.

Von den siebziger Jahren wurde Hobsbawms Mitgliedschaft in der Kommunistischen Partei Groß-Britanniens als eine „persönliche Merkwürdigkeit" angesehen, die man dem bekannten Historiker in dem neu entstehenden, digital und *jetpowered* vernetzten *Global Village* gerne zubilligte, zumal sie den Verkauf seiner Bücher eher steigerte als einschränkte (*Interesting Times*, S. 304).

Die Einschätzung der Kommunismus-Anhänglichkeit Hobsbawms darf im Übrigen nicht von deutschen Erfahrungen und Mentalitäten ausgehen, die schon beim bloßen Wort Kommunismus in irrational-heftige Wallungen geraten. Der Kommunismus in England und Frankreich artikulierte sich unter anderen Strukturbedingungen als in Deutschland und Nord-Amerika.

*zu 6)* Die geschichtsbewusste Verflechtung von persönlicher Wertung und objektivierender Darstellung ist auch im Werk von Saul Friedländer über *Das Dritte Reich und die Juden* (zwei Bände) gut dokumentiert. Es schreitet von einem entsetzlichen Vorgang zum nächsten voran, suspendiert aber weder das Mitgefühl, noch das Entsetzen und die „Fassungslosigkeit" als Haltung des Autors, im Gegenteil.

In seiner Laudatio anlässlich der Verleihung des Geschwister-Scholl-Preises an Saul Friedländer sagte Jan-Philipp Reemtsma (2007, S. 15 f.):

„Zufall und Willkür markieren die Stellen, an denen es auch hätte anders kommen können. Eine Erklärung ist um so überzeugender, scheint es, je deutlicher sie zeigt, dass es nicht hat anders kommen können. Wo ich aber darüber rede, dass es auch hätte anders kommen können, rede ich über Freiheit. Und wo ich über Freiheit rede, rede ich über Verantwortung. (...) Wenn Saul Friedländer heute der Geschwister-Scholl-Preis für dieses Buch verliehen wird, so wird es ihm für ein Buch verliehen, das zeigt, wie durch eine bestimmte Form der Darstellung Geschichte so geschrieben werden kann, dass in ihrer die Dimension der Freiheit, damit der Verantwortung und damit die der Moral nicht verschwindet."

Die das Registrieren der realgeschichtlichen Vorgänge begleitende moralische Selbstwahrnehmung hat nichts mit Moralisieren zu tun, das mit Recht kritisiert und als geschichtsfremd abgelehnt wird. Weder Friedländer noch Reemtsma „moralisieren" in dem Sinn, dass der bösen Realgeschichte ein Werturteil einfach übergestülpt wird. Sie suspendieren aber im Registrieren des historischen Elends nicht die Moral als Kern der eigenen Persönlichkeit. Das ist etwas ganz anderes als aufgesetztes, unglaubwürdiges „Moralisieren". „Durch Moral definiert man sich selbst" (Reemtsma 2005, S. 123) – und nicht die Geschichte.

Die Moral für sich selbst bewahren, im Kopf, im Leben, in Auseinandersetzungen, trotz und eben wegen der historisch-politisch vorherrschenden Unmoral – dieser Anspruch eint die hier zitierten Positionen trotz ihrer so verschiedenen lebensgeschichtlichen Verankerungen. Geschichtsbewusstsein ohne eine derartige Dialektik im Denken ist unreif, ungenießbar, ausgetrocknet oder gar angefault (welche Metapher am besten „passt", wäre an Inhaltsbeispielen zu präzisieren).

## 2.6 ZUR PREISGABE EINES KOLLEKTIVEN ICH-IDEALS

Lothar Gall, ein renommierter deutscher Historiker, geboren 1936, von 1992 bis 1996 Vorsitzender des Verbandes der Historiker Deutschlands, setzt seinem 635 Seiten umfassenden Werk über das *Bürgertum in Deutschland* einen Aphorismus von Friedrich Hebbel (1813-1863) voraus, der lautet.

Das Ideal. Es gibt keins,
als die verschwundene Realität
der Vergangenheit.

Das Leitmotiv der historischen Untersuchung, alle realgeschichtlichen Details überbrückend, ist damit verkündet! Es geht um Niedergang, Dekadenz, Scheitern, Verfall – motivgeschichtlich durchaus vergleichbar mit Thomas Manns Roman *Buddenbroocks*, auf den Gall vergleichend in mehreren Textpassagen eingeht (vgl. etwa S. 461 ff.).

„Zum Scheitern verurteilt" – das ist die wörtlich oder sinngemäß häufig wiederkehrende Formulierung (S. 19, 283, 326, 330f., 410), mit der Lothar Gall Hebbels Tagebuchnotiz narrativ einzulösen sucht, alternative Kontextualisierungen und Deutungen damit aber projektiv überspielt (vgl. folgenden Text).

---

*„Das Ideal.* Es gibt keins, als die verschwundene Realität der Vergangenheit."
*Zum Geltungsanspruch eines Zitats, das eine Geschichtsströmung aphoristisch-prägnant erfassen soll. –*

Der aus den Tagebüchern Friedrich Hebbels (1813-1863) entnommene Aphorismus fasst Lothar Galls Geschichtsdeutung prägnant zusammen, ist aber für das Denken Hebbels und seine Tagebücher nicht repräsentativ, da diese (vier Bände: 1838-1863) überquellen von Beobachtungen und Einfällen aller Art und dementsprechend auch Äußerungen mit gegenteiligem Sinn enthalten. Auf eine Äußerung, die inhaltlich das genaue Gegenteil des obigen Mottos vertritt, sei immerhin verwiesen; sie bezieht sich auf Schillers Idealismus, den Hebbel zur Bekräftigung der künstlerisch-geistigen Unabhängigkeit ausführlich zitiert und gegen Carl Gutzkow (1811-1878) ins Feld führt:

Der Künstler aber strebe, „aus dem Bunde des Möglichen mit dem Notwendigen das Ideal zu erzeugen" (Schiller, *Briefe über die ästhetische Erziehung des Menschen* [9. Brief], zustimmend zitiert bei Hebbel, Sämmtliche Werke, 11. Band, S. 135).

Gutzkow hatte die vom preußischen Kronprinzen (der spätere Friedrich Wilhelm IV., König von 1840 bis 1861) vorgeschlagene Stiftung eines Schiller-Preises mit fadenscheinigen Argumenten abgelehnt.

Wenn Lothar Gall dann in der weiteren Entfaltung seines Leitgedankens noch einmal das Motto zitiert und betont, dass Friedrich Hebbel die Absage an das Ideal „schon Mitte der dreißiger Jahre in sein Tagebuch notiert" (Gall, S. 357) und damit vorweg genommen habe, was nun „mehr und mehr zur Lebensanschauung weiter Kreise des Bürgertums" geworden sei (ebd.), dann ist das eine sachlich nicht begründete Vereinnahmung des Dichters für Zwecke der historiographischen Deutung, die zu dekonstruieren ist. Hebbel war in seiner künstlerischen Beschäftigung mit sich selbst ein denkbar ungeeigneter Prophet für Lothar Galls Geschichtsfatalismus.

Geschichte beweist, was man beweisen will.

Das Ideal. Es gibt keins. Es gibt nur die verschwundene Realität der Vergangenheit. Ist das der Kern eines geschichtswissenschaftlichen Geschichtsbewusstseins? Wir fragen: Hat das Ideal keine Gegenwartsbedeutung und keine Zukunft? Wäre der realgeschichtliche Untergang des Ideals, wenn er denn tatsächlich stattgefunden hat (gab es keine Ausnahmen von der Regel?) nicht zu betrauern? Und – Stichwort „eigene Verantwortung" –: Hat die Geschichtswissenschaft als Zunft nicht maßgeblich dazu beigetragen, dass das Ideal der „klassenlosen Bürgergesellschaft" (S. 253, 283), das politische Ziel, untergegangen ist und chauvinistischen Machtfantasien Platz gemacht hat?

Als wenn die Verbannung des Ideals in eine nicht mehr erreichbare Vergangenheit vor der Versuchung einer Renaissance (und damit vor der Gefahr erneuten Scheiterns?) geschützt werden müsste, besiegelt Gall seine Diagnosen des Öfteren mit Adverbien wie „endgültig" oder „definitiv" (S. 272, 306, 498, 500, vgl. auch „längst tot" S. 507). Drei Beispiele (S. 20, 272, 283, Hervorhebungen P. S.-H.) sollen die Stileigentümlichkeit veranschaulichen:

„...als sich am Ende die politische und vor allem auch die geistig-moralische Kraft des deutschen Bürgertums *definitiv* als längst innerlich morsch und brüchig erwies, da stürzte die ganze Fassade binnen weniger Jahre krachend zusammen."

„In der Tat spiegelt sich darin [nämlich in der Warnung des einstmals revolutionär gesinnten Bürgertums vor den Gefahren der Straße, die eine militärische Reaktion rechtfertigen würden] ein Vorgang von weitreichender Bedeutung: die *endgültige* Abkehr von den idealistischen Hoffnung und Erwartungen, die..."

„Für idealistische Naturen wie Friedrich Daniel Bassermann war es von lebensbestimmender Bedeutung, als sich dieses Programm [der bürgerlich-liberalen Bewegung] am Ende doch nicht durchhalten ließ, als sich der ganze Einsatz *definitiv* als vergeblich erwies."

Albert Bassermann (1867-1952), seinerzeit ein berühmter Schauspieler, mit dem Lothar Gall sein Werk abschließt, starb im Rückflug von New York nach Zürich, fast fünfundachtzigjährig. Damit niemand den Tod bemerkte und das Flugzeug nicht, wie es vorgeschrieben gewesen wäre, auf dem nächsten Flughafen landet (statt in Zürich), sprach Frau Else weiter mit dem Toten – eine „gespenstische Szene", aber auch voller „symbolischer Bedeutung", so schließt Gall sein Werk ab (S. 507); denn: „Auch jenes Bürgertum, dem Albert Bassermann entstammte und dem man jetzt, in den fünfziger Jahren, wieder so eifrig Leben zusprach, war in Wahrheit *längst tot* [Hervorhebung P. S.-H.], lebte nur noch fort in Beschwörungsformeln, die schon bald verhallten."

„Längst tot" – das stimmt nur in der von Gall vorgegebenen Perspektive, in der sogar die symbolisierende Deutung dem realgeschichtlichen Main-

stream unterworfen wird. Das ist ein neuralgischer Punkt im Geschichtsbewusstsein professioneller Historiker, die sich eine eigene Symbolwelt, unabhängig von den historischen Realien, gleichsam verbieten. Auf die Weise
wird die Preisgabe des kollektiven Ich-Ideals als Verdrängung wiederholt
und „endgültig" festgeschrieben. Eine Berufung an die nächste Instanz wird
ausgeschlossen. Die Geschichte der Geschichtsschreibung ist voller Vorgänge dieser Art.

Lothar Gall bringt die Lebensgeschichte des Albert Bassermann im letzten Kapitel unter, das er „Nachspiel" überschrieben hat. Für mich waren
Bassermanns Verweigerung des Hitler-Grußes im Theater vor versammel-
tem Publikum (S. 466 f.) sowie der Gang ins Exil mit seiner jüdischen Frau
Else Schiff (Frühjahr 1934) eher ein Vorspiel, eine Vorwegnahme der Zukunft, eine Ehrerweisung an das ansonsten tatsächlich preisgegebene Ideal,
ein „Vermächtnis", dessen besondere Bedeutung für die Bildung des Geschichtsbewusstseins im dritten Teil noch thematisiert werden soll.

Lothar Gall hat sein Werk dem Andenken seines Doktorvaters und Förderers Franz
Schnabel (1887-1966) gewidmet, der als Anhänger der Weimarer Republik 1936
bis 1945 nicht lehren und nicht publizieren durfte. Galls leiblicher Vater war im
Krieg „gefallen". Gall habilitierte sich 1967 bei Theodor Schieder (1908-1984),
dem Verfasser der damals noch nicht bekannten, heute berüchtigten „Polendenk-
schrift" von 1939 (ausführlicher dazu Götz Aly 1997 und Kröger/Thimme 1996).
Enge Verbindungen zwischen Historikern und ihren geistigen Vätern waren im
20. Jahrhundert auffällig häufig. Unaufgelöste Vater-Sohn-Beziehungen sind ein
Leitmotiv in der „Zunft" der Geschichtsprofis; darauf werden wir zurückkommen.

Man darf die Geschichte und das Geschichtsbewusstsein nicht den Scheu-
klappen-Perspektiven einiger Historiker überlassen – so wenig, wie „die"
Psychoanalyse Alleinbesitz einer bestimmten psychoanalytischen Denkrichtung ist. Was das von Lothar Gall thematisierte „bürgerlich-kollektive Ich-
Ideal" angeht, so ist es nicht historiographisch zu beerdigen, sondern zu
neuem Leben zu erwecken, persönlich zu verinnerlichen und für die Zukunft
zu retten. Ohne Ideal und Moral als Haltepunkte bei geschichtsbewussten
Recherchen kann das Schiff der Geschichtsschreibung den gefährlichen Kurs
zwischen Skylla und Charybdis schwer halten. Odysseus verlor auf der
Fahrt durch die Meerenge von Messina sechs seiner Gefährten; sie wurden
von Skylla gefressen.

Wir sind gelähmt durch das generelle Zuviel der Geschichte (vgl. 5. Kapitel). Wir werden betört durch technologische Verheißungen und politisches
Blendwerk (vgl. 7. Kapitel). Was an „Widerstand" gegen unbewusste Klam-
mern des Geschichtsbewusstseins psychoanalytisch-individuell zu bearbeiten
und so weit es geht aufzulösen ist, das kann und das sollte dem Geschichtsbewusstsein als politisiertes Erkenntnispotenzial zugute kommen.

# 3. Zum Geschichtsbewusstsein der Psychoanalyse

## 3.1 AUF DER SUCHE NACH PROZESSEN DER SUBLIMIERUNG IN DER GESCHICHTE

Wenn mich mein unvermeidbar eingeschränkter Blick auf die Psychoanalyse nicht täuscht, ist Freuds psychoanalytisch einseitiger Blick auf die Menschheitsgeschichte immer noch maßgebend für den Mainstream psychoanalytischer Publikationen, die auch Geschichtliches zu integrieren suchen. Ausnahmen von der Regel (z.B. Zuckermann 2004) und Differenzierungen sollen hier unberücksichtigt bleiben. Psychoanalytiker verbringen einen Großteil ihrer Lebenszeit hinter der Couch und nicht im Archiv. Eine Doppelqualifikation in Geschichtswissenschaft und Psychoanalyse ist berufspolitisch nicht vorgesehen, so wünschenswert sie theoretisch (im Sinn der hier entwickelten Argumentation) auch sein mag.

Wenn Psychoanalytiker den Inhaltsbereich klinischer Fallstudien und psychoanalytischer Theoriedebatten überschreiten, halten sie sich an Romane oder ähnliche Literaturerzeugnisse, da und insofern diese der anschaulichen Illustration unbewusster zwischenmenschlicher Mechanismen dienen. Die Realgeschichte wird nur einbezogen, wenn sie Krankheiten direkt verursacht hat; das gilt insbesondere für kriegerische oder genozidale Gewalterfahrungen, die sowohl bei Opfern wie auch bei Tätern üble Folgen gezeitigt haben und immer wieder zeitigen. (Täter suchen meines Wissens nie psychoanalytische Aufklärung und therapeutische Hilfe auf. Das ist ein schwer oder gar nicht überwindbares Hindernis für Forschung und gesellschaftlichen Fortschritt insofern, als zivilisatorisch-moralische Rückschritte eben durch jene Täter verursacht werden.)

Ein von der Klinik unabhängiges Geschichtsbewusstsein artikulieren Psychoanalytiker vor allem im Hinblick auf die Geschichte der eigenen Disziplin, die inzwischen mehr als hundert Jahre umfasst. Die 150jährige Wiederkehr der Geburt Sigmund Freuds im Jahr 2006) war Anlass zu mannigfaltigen berufsspezifischen Feiern und entsprechenden Publikationen. Die englische Online-Zeitschrift *Psychoanalysis and History*, die dem hier erörterten Erkenntnisinteresse zu dienen scheint, ist fast ausschließlich mit der Frühgeschichte der Psychoanalyse beschäftigt. Das Geschichtliche wird nicht seiner eigenen Dynamik entsprechend integriert.

Was wir brauchen, damit Aufklärung stärkere gesellschaftlich-lebenspraktische Wirkung entfaltet, ist erstens die weitere Expansion der Psychoanalyse als Human- und Kulturwissenschaft (einschließlich ihrer realgeschichtlichen Dimension), die Freud selbst schon ins Auge gefasst hatte, und zweitens der oben schon angedeuteten institutionell-organisatorischen Wandel, der die Grenzen zwischen Psychoanalyse und Geschichtswissenschaft aufhebt.

Max Horkheimer hat 1932 einen bis heute lesenswerten Aufsatz über das Verhältnis von Geschichte und Psychologie verfasst und der Psychologie die Rolle einer Hilfswissenschaft für die Geschichtsforschung zugewiesen. Obwohl er dabei, ganz im Sinn der hier entwickelten Überlegungen, eine „Psychologie des Unbewussten" (a.a.O., S. 20) vor Augen hatte, kann sein Gedankenentwurf für den hier vorliegenden Text nur mit starken Einschränkungen übernommen werden, weil das von ihm nicht in Frage gestellte Verbleiben auf der Objektebene der Forschung durch die ins Auge gefasste neue Superwissenschaft nach allen bisherigen Erfahrungen wenig Aussicht auf substanzielle Veränderungen verspricht. Psychoanalyse als gelegentliche und rein akademische Anreicherung der Geschichtswissenschaft, ohne psychoanalytische Selbsterfahrung des Historikers, büßt unausweichlich einen großen Teil ihres Aufklärungspotenzials ein. Endsprechendes gilt auf der anderen Seite für die berufliche Sozialisation der Psychoanalytiker, wenn die Geschichte als intellektuelle Ergänzung genutzt, aber nicht als Lebens- und Studienerfahrung integriert wird, etwa durch eine geschichtswissenschaftliche Dissertation.

Im Geschichtsbewusstsein der Psychoanalyse sind zentrale Begriffe aus ihrer Festlegung auf individuelle Lebensgeschichten und Therapien zu lösen und forschend auf Geschichte zu übertragen, ggf. mit neuen Vorzeichen zu versehen oder durch neue Begriffe zu ersetzen. Als Beispiel für einen Begriff, der auch historisch-kollektiv tragfähig ist, sei der Begriff *Sublimierung* genannt, der auch über die Generationen, ja über Jahrhunderte hinweg, Sinn zu machen verspricht. Peter Gay wies beispielsweise in seinem voluminösen Werk über Aggressionen im bürgerlichen Zeitalter nach (*Kult der Gewalt*, 1996, Zitat aus dem Klappentext), „daß es den Bürgern im 19. Jahrhundert durchaus hin und wieder gelang, im Interesse einer lebenswerten, zivilisierten Kultur aggressive Impulse abzuschwächen oder zu sublimieren: Als exemplarisches Beispiel führt er das Duell an – der blutige Zweikampf unterlag Regeln und Statuten, durch welche die hemmungslose Aggression in ihre Schranken verwiesen wurde." Dass diesen Sublimierungen kein dauerhafter Erfolg beschieden war (mit dem Ersten Weltkrieg brach der alte nationalistische Militarismus wieder durch), entwertet Begriff und Konzept der Sublimierung nicht, warnt aber vor einer Eingliederung in kausal-lineares Denken, das Rückfälle nicht wahr haben will (mit Rückfällen ist bekanntlich auch in individualgeschichtlich-therapeutischen Prozessen zu rechen).

Anwendungsmöglichkeiten psychoanalytischer Begriffe auf historisches Forschen und Denken versprechen m.E. auch die Begriffe *Abwehr* und

*Widerstand,* denn diese Reaktionsmodi wurden zu allen Epochen mobilisiert, wenn es darum ging, lästige Einsichten nicht wirksam werden zu lassen. Welche unbewussten Wurzeln hat die fast schon konstitutionelle Unfähigkeit zu historisch-kollektiven Reformen, die in etlichen realgeschichtlichen Umbrüchen zu diagnostizieren ist, denken wir etwa an den Untergang der DDR? Welche kollektiv unbewussten Dispositionen sind umgekehrt vonnöten, damit notwendige Gesellschaftsreformen in Gang kommen?

Auf *Verdrängungen* verweisen zwar schon viele wissenschaftliche populärwissenschaftliche Publikationen. Doch die Hinweise bleiben meistens oberflächlich und plakativ. Ohne die Dimension kritischer Selbsterfahrung und gesellschaftlich relevante Konsequenzen zum Beispiel in Form von wissenschaftlichen Einrichtungen können gelegentliche historische Verdrängungsdiagnosen keine Wirkung entfalten (die Erörterung wird unten, im Abschnitt 3.5.3, fortgesetzt).

Der historisch gebildete Psychoanalytiker wird in sich den Widerstand registrieren, den die Zunft der Historiker (der er im Fall der skizzierten Entwicklung angehören würde), gegen Psychoanalyse zur Geltung bringt. Der psychoanalytisch erfahrene Historiker wird in sich die auf die Geschichtsforschung eindringenden Motive des Unbewussten spüren. Dieses Nebeneinander zweier Disziplinen in *einer* Person, die ihr je eigenes Design entwickeln wird, passt besser in ein realistisches Zukunftsdenken als die akademische Hierarchisierung zweier geistesgeschichtlicher Traditionen in einem Studienfach, in dem, wie bei Horkheimer, die eine zur Magd der anderen gemacht werden soll.

## 3.2 DER TEUFEL – PSYCHOANALYTISCH UND GESCHICHTSANALYTISCH BETRACHTET

Zwischen dem Geschichtsbewusstsein der professionell oder „nur" persönlich intensiv mit Geschichte befassten Personen auf der einen Seite und dem Geschichtsbewusstsein der Psychoanalyse auf der anderen Seite scheinen unüberbrückbare Barrieren zu bestehen; denn:

- für die erste Gruppe ist der Wandel im Lauf der Zeit das Entscheidende; jede Epoche und jeder Mensch habe ein eigenes besonderes Profil, und eben das mache Geschichte so interessant, so wird argumentiert;
- für die zweite Gruppe ist die Konstanz des Trieb- und Seelenlebens das Entscheidende; zwar gebe es eine sich ständig erweiternde Vielfalt von Kombinationen der verschiedenen seelischen Wirkfaktoren; aber in ihren Grundstrukturen blieben sich die Menschen gleich. Es gelte, die „Mecha-

nismen" des Seelenlebens in seiner Komplexität zu erforschen, wo und wie immer es geht.

Geschichte war für Sigmund Freud kein Feld für genuin historische Recherchen (im Sinn der eben erwähnten idealtypisch konstruierten „ersten Gruppe"), sondern ein Reservoir von Fallbeispielen zur Anwendung und Illustration der als gültig vorausgesetzten Psychoanalyse.[10] In seiner Abhandlung über eine Teufelsneurose im 17. Jahrhundert (VII. Band, S. 283-319) verwandte Freud die Psychoanalyse dazu, die dämonologische Erkrankung eines Malers aufzuklären – zweifellos ein substanzieller Beitrag, der es auch an Geschichtskenntnis und Geschichtsbewusstsein nicht fehlen lässt, der aber die psychohistorische Thematik genau da abbricht, wo sie für Historiker interessant zu werden beginnt.

In einer Fußnote bemerkte Freud (S. 302): „Wenn es uns so selten gelingt, in unseren Analysen den Teufel als Vaterersatz aufzufinden, so mag dies darauf hinweisen, daß *diese Figur* der mittelalterlichen Mythologie bei den Personen, die sich unserer Analyse unterziehen, *ihre Rolle längst ausgespielt* hat. Dem frommen Christen früherer Jahrhunderte war der Glaube an den Teufel nicht weniger Pflicht als der Glaube an Gott." (Hervorhebung P.S.-H.)

Man müsste die Idee des Teufels als Vaterersatz, so fährt Freud in der Fußnote fort, kulturgeschichtlich weiter verfolgen und könne dann auch die Hexenprozesse in einem neuen Lichte sehen. Doch genau damit lockt uns Freud in eine epistemologische Sackgasse, so interessant die Anwendung der Psychoanalyse auf Religionsgeschichte auch sein mag; denn das exklusive Beharren auf der *Idee des Teufels als Vaterersatz* würde genau das marginalisieren, was real- und kulturgeschichtlich interessant ist, also u.a.

- der kulturgeschichtliche Ursprung der Teufelspakte im Alten und im Neuen Testament,
- die Veränderungen der Teufelsbund-Vorstellungen vom Mittelalter bis in die Neuzeit,
- die damit verbundenen Machtinteressen der Kirche an Deutungshoheit und Angsterzeugung,
- die Angst der Kirchenmänner vor der Macht der Frauen (Hexenprozesse),
- die Wirkungslosigkeit der Kritik am Teufelpaktglauben bei dem Maler und seinem Milieu,

---

[10] Die „Anwendung" psychoanalytischer Begriffe auf Geschichte, die prinzipiell zu begrüßen ist, stößt auf Grenzen, wenn die individuellen Kontexte damit einfach auf historisch-politische Komplexitäten übertragen werden, vgl. dazu Text 16 und Kommentar im Anhang.

- die Pathologie des Geredes vom „Teufel Hitler", mit dem sich der Chef des „Generalgouvernements" in Polen, Hans Frank, zur Zeit des Nürnberger Prozesses rauszureden und gleichzeitig neu zu profilieren suchte (Gross 2010),

um nur einiges anzutippen (weitere Informationen zur Geschichte des Bundes mit dem Teufel finden sich u.a. in: A. Neumann 2007).

Für den Wandel vom mittelalterlichen Glauben an den „Leibhaftigen" zur modernen Aufgeklärtheit liefern die im vorigen Kapitel (Abschnitt 2.3) erwähnten berühmt-berüchtigten Hexenprozesse von Salem, 1692/93, einen interessanten Beleg. Beim Beginn der Hexenhysterie herrschte Einigkeit darüber, dass der Teufel existiere und (mit der Erlaubnis Gottes) den Menschen durch die von ihm ausgesandten Geister Schaden zufügen könne. Die Hinweise der Ankläger auf den so erlittenen Schaden genügten vor Gericht als Beweise (*spectre evidence*). Doch es dauerte nicht lange, da meldeten sich Zweifel zu Wort, und der Teufel als ein vor Gericht einsetzbarer Urheber bestimmter geistiger Verwirrungen wurde stillschweigend fallen gelassen, während der Glaube an die böse Kraft der Hexen weiter sein Unwesen trieb (Rosenthal 2009).

Das ist kulturgeschichtlich relevant, psychoanalytisch aber nebensächlich, wenn wir uns mit Freuds Sicht identifizieren. Freud ging, wie schon betont wurde, zwar nicht geschichtsblind mit seinem Thema um. Aber er unterwarf die „Besessenheiten" früherer Epochen der modernen Neurosenlehre (Freud, *Eine Teufelsneurose...*, Bd. VII, S. 287): „Die Dämonen [vom Mittelalter bis in die frühe Neuzeit] sind uns böse, verworfene Wünsche, Abkömmlinge abgewiesener, verdrängter Triebregungen. Wie lehnen bloß die Projektion in die äußere Welt ab, welche das Mittelalter mit diesen seelischen Wesen vornahm; wir lassen sie im Innenleben der Kranken, wo sie hausen, entstanden sein."

In dem Maße, wie die Vergangenheit einer modernen Psychologie einverleibt wird (Dämonen als verworfene Wünsche und Projektionen, nicht als reale Wesen) verschwinden die Farben und die Eigendynamik dieser Vergangenheit, die sozusagen ihr eigenes Recht hat. Die psychoanalytische Sicht auf Geschichte hat etwas Kolonialistisch-Eroberndes, das selbst psychoanalytisch, im Hinblick auf unbewusste Implikationen, untersucht werden müsste.

In einem Psyche-Aufsatz des Jahres 1967 geht Henry Lowenfeld von dem ebenfalls schon erwähnten realhistorischen „Niedergang des Teufelsglaubens" aus und zitiert eingangs als Motto Goethes Mephisto, der im *Faust*, *Hexenküche*, darauf besteht, von den Hexen nicht mehr *Satan* genannt zu werden, da dieser als „der Böse" nicht mehr existiere, während die Menschen als „die Bösen" nach wie vor ihr Unwesen trieben. *„Den Bösen sind sie [die Menschen] los, die Bösen sind geblieben."* In diesem dichterischen Aphorismus deutet sich der kulturgeschichtliche Wandel an, der intensiver durchzuarbeiten wäre.

Ungeachtet der psychoanalytisch registrierten realgeschichtlichen Veränderungen besteht Lowenfeld aber darauf, dass der Teufel im Unbewussten weiter existiere und bei passenden Gelegenheiten wieder in Erscheinung trete, etwa im 20. Jahrhundert mit den Hasstiraden Hitlers, der damit auch das Unbewusste der Massen erreicht habe. Über das unerschöpfliche und im Grunde auch unveränderliche Reservoir des Unbewussten ist in dieser Perspektive das Mittelalter mit dem 20. Jahrhundert verbunden (und nimmt beiden Zeitaltern damit seine spezifischen Eigenheiten).

Sicherlich können wir Lowenfelds Diagnose psychohistorisch insofern zustimmen, als „das Böse", „das Teuflische", „das Dämonische" usw. nicht verschwunden und relativ leicht zu aktivieren ist. Doch „das Teuflische" ist schon sprachlich etwas anderes als „der Teufel", den vor allem die Kirche gerne für ihre Zwecke persönlich in Dienst nimmt. 2010 schob Papst Benedikt XVI. die Schuld an den sexuellen Übergriffen katholischer Priester – dem Teufel zu! Dieser Vorgang bestätigt Freud und die Macht unbewusster Kontinuitäten, aber auch die Notwendigkeit eines psychoanalytisch aufgeklärten lebendigen Geschichtsbewusstseins, das die *Geschichtsrealitäten* in ihrer je eigenen Dynamik nicht aus den Augen verliert. Der Teufel als Realität der katholischen Glaubenslehre ist kein Beleg für die Existenz eines Teufels als Person im Unbewussten.

Ohne die Niederlage im Ersten Weltkrieg und den Vertrag von Versailles hätte Hitler trotz seiner Teufel-Projektionen wahrscheinlich keine Chance gehabt. Ohne den Angst erzeugenden, blutig-brutalen Staatsterror und das medial suggestiv inszenierte Hitler-Charisma hätte es keinen auf Hitler gerichteten religiösen Erlösungswahn in der Bevölkerung gegeben. Der „immer im Unbewussten schlummernde Teufelsglaube" (Lowenfeld, S. 518) und andere Unbewusstheiten muten wie ein Joker an, den der Psychoanalytiker im Streit über die Dominanz von Geschichtsmächten unbemerkt aus der Tasche zieht. Das „Bedürfnis nach dem Teufel" als Metapher, mutiert unversehens zur unveränderbaren Geschichtsrealität.

Für Freud war die Triebdynamik eine maßgebliche Geschichtskraft, die er nicht mit anderen Kräften korrelierte, sondern – wie bekannt – als solche bis auf den Ursprung der Menschheitsgeschichte zurückführte. Das ist, pointiert zusammengefasst, Geschichtsmythologie, aber kein Geschichtsbewusstsein, so wie es diesem Buch vor Augen ist. Beim Stichwort *Mythologie* würde Freud übrigens gar nicht widersprechen, sondern freundlich zustimmend nicken. In seinen Vorlesungen zur

Einführung in die Psychoanalyse sagte er den interessierten Zuhörern (*Neue Folge...*, 1. Bd., S. 529): „Die Trieblehre ist sozusagen unsere Mythologie. Die Triebe sind mythische Wesen, großartig in ihrer Unbestimmtheit. Wir können in unserer Arbeit keinen Augenblick von ihnen absehen und sind dabei nie sicher, sie scharf zu sehen."

Sehen wir uns die Auswirkungen dieser „Mythologie" in ihrer Anwendung auf ein genuin geschichtliches Thema etwas genauer an.

### 3.3 WOODROW WILSON UND DAS SCHICKSAL DER MENSCHHEIT

Zusammen mit dem amerikanischen Diplomaten und Schriftsteller William Bullitt (1891-1967) hat Freud eine Studie über den amerikanischen Präsidenten Woodrow Wilson (Lebensdaten: 1856-1924;[11] Daten der Präsidentschaft: 1913-1921) verfasst, in der die oben diagnostizierte Einseitigkeit der Geschichtsauffassung (Überbetonung der individuellen Triebdynamik bei gleichzeitiger Vernachlässigung gesellschaftlich-politischer Faktoren) drastisch zum Ausdruck kommt.

Wegen des tendenziös abwertenden Charakters der ganzen Studie, die das Ansehen der Psychoanalyse gefährden könnte, wurde die Freud-Bullitt-Gemeinschaftsproduktion bisher „nicht in die – ansonsten um absolute Vollständigkeit bemühte – Gesamtausgabe der Schriften Freuds" aufgenommen (vgl. *Wirth* im Vorwort zu Freud/Bullitt). Der direkte Anteil Freuds am Gesamttext ist ungewiss, abgesehen von der Einleitung, die mit Sicherheit von Freud stammt. Die daraus sich ergebenden Streitfragen können in dem hier entfalteten Argumentationszusammenhang aber außer Acht gelassen werden; denn, so oder so: Es handelt sich um eine ernst zu nehmende psychoanalytische Studie, die wegen ihres historischen Inhaltsprofils unbedingt zu berücksichtigen ist. – Genauere Informationen über die Rahmenbedingungen der Buchentstehung bieten die Beiträge in der von Klaus Laermann übersetzten und von Hans-Jürgen Wirth 2007 herausgegebenen deutschen Ausgabe des Werkes (*Freud/Bullitt* 2007).

Woodrow Wilson ist mit dem Friedensprogramm der „Vierzehn Punkte", die zum Ende des Ersten Weltkrieges propagiert wurden, dem kollektiven Gedächtnis der Welt unauslöschlich eingeprägt. Ganz im Gegensatz zu Freud, dem die *Person* Wilsons „von Anfang an unsympathisch war" (Einleitung, S. 17), ist mir persönlich dessen *Friedensprogramm* prinzipiell sehr sympa-

---

[11]   Woodrow Wilson wurde im selben Jahr geboren ist wie Sigmund Freud. Ob bzw. inwiefern diese Tatsache Freuds Aufmerksamkeit fokussiert und die Abneigung verschärft hat (Wilson als sein „Alter Ego"?) bedürfte genauerer Studien.

thisch, und ich denke, dass emanzipatorische Ideen, auch wenn sie nicht direkt und sofort umgesetzt werden konnten, unsere Beachtung verdienen und mit dem politischen Scheitern der Person, die sie in Umlauf gebracht haben, nicht verworfen werden sollten. Wilson intendierte nicht weniger als eine *Richtungsänderung von der Kriegs- zur Friedenspolitik*. Dass er damit wenig erreichte, ist nicht nur ihm anzulasten, sondern auch, wenn nicht sogar vorrangig, anderen Staatsmännern sowie kollektiv-strukturellen Widerständen, die dem nationalen Egoismus entsprangen und einen giftigen Nährboden für die Entfesselung des Zweiten Weltkrieges bildeten. Im Unterschied zu Widerständen in der Analyse, die geradezu endlos sein können und den Psychoanalytiker entsprechend herausfordern, werden die gesellschaftlichen Widerstände gegen Wilsons Friedensprogramm in der Freud-Bullitt-Studie kaum gewürdigt. Beide Ebenen des Widerstands, die individuelle und die gesellschaftlich-kollektive, haben ihre Gründe, die zu verstehen sind.

Aus den Psychogramm Wilsons, das Bullitt und Freud rekonstruiert haben, möchte ich zusammenfassend folgende Komponenten hervorheben:

- prägender Einfluss der Religion in der frühkindlichen Sozialisation;
- der „unvergleichbare Vater", ein presbyterianischer Geistlicher, als stärkstes lebenslang wirkendes Vorbild;
- die Liebe zur wirkungsvollen Rede bei gleichzeitigem Zurückweichen vor harten, unbequemen Tatsachen;
- das illusionäre Bild von sich selbst, Friedensfürst und Menschheitsretter zu sein; das Fantasma der Selbstaufopferung in der Nachfolge Christi;
- Misstrauen und Ressentiment gegenüber jenen Menschen, vor allem Männern, die sich ihm nicht fügten;
- ein polarisierendes Denken und Handeln: Aufgewachsen im Süden der Vereinigten Staaten und beeindruckt vom Vater, der die Rassenintegration nicht förderte, partizipierte der hochmoralische Woodrow Wilson am rassistischen Denken der Weißen;
- eine Einschränkung der Freiheit im Handeln und Entscheiden, entstanden im Grundkonflikt zwischen Aktivität und Passivität dem Vater gegenüber;
- die Suche nach einem Mutterersatz, die seine persönliche Unfreiheit verstärkte. (Wilson war zweimal verheiratet. Details zu seiner Mutterfixierung sind mit Hilfe des Namenindexes [vgl. Ellen Louise Axson und Edith Bolling Galt] im Buch leicht in Erfahrung zu bringen.)

Diesen psychologischen Komponenten sind, wie schon angedeutet, realgeschichtliche Komponenten zur Seite zu stellen, die am Scheitern des Wilson'schen Friedensprogramms ebenso viel Anteil haben wie Wilson selbst.

In erster Linie ist hier die Mentalität der alliierten Staatsmänner zu nennen, die überhaupt nicht daran dachten, Wilson zu Liebe ihre Rache- und Vergeltungspläne gegenüber Deutschland aufzugeben (Freud/Bullitt, 2007, 22. Kap., S. 207):

„Für den Präsidenten als Träger und Garanten der materiellen Stärke Amerikas hatten sie größten Respekt; von Woodrow Wilson als moralischer Führungsfigur hatten sie gar keinen Respekt. Solange die materielle Unterstützung der Vereinigten Staaten für die Alliierten von vitaler Bedeutung war, beugten sie sich dem Präsidenten; doch Woodrow Wilson gelang es nie, einen europäischen Staatsmann trunken zu machen 'mit dem Geist der Selbstaufopferung'." (Das war in der Tat psychohistorisch zu viel verlangt.)

Auch die Errichtung des Völkerbundes veränderte in keiner Weise die Einstellung der Staatsmänner, die ja ihrerseits nicht frei und nur sich selbst verantwortlich waren, sondern von ihren Wählern, von der Öffentlichkeit und *pressure groups* abhingen. (Hitler und die deutsche Politik wurden in der Freud-Bullitt-Studie nicht thematisiert, was den bewusst gesetzten Eckdaten geschuldet war. Dagegen machte sich in der Wilson-Ära schon die Angst vor dem Bolschewismus bemerkbar! Die geradezu paranoide Kommunismus-Angst in den USA ist ein Leitmotiv ihrer Geschichte im 20. Jahrhundert.)

Freuds und Bullitts herbe Kritik an Wilsons großen Ankündigungen, denen keine konsequent entschlossenen, harten Entscheidungen und Taten folgten, verweisen auf die aus dem 19. Jahrhundert übernommene Annahme, dass Geschichte ein Werk großer Männer ist. (Ein geschichtswissenschaftlicher Heldenverehrer war z.B. der Engländer Thomas Carlyle, 1795-1881. In Deutschland beeinflusste Heinrich von Treitschke, 1834-1896, in diesem Sinn das öffentliche Geschichtsbewusstsein.)

Freuds/Bullitts diesbezügliche Einstellung kann mit zahlreichen Textstellen belegt werden, die an Deutlichkeit nichts zu wünschen übrig lassen; hier einige Belege (Hervorhebungen P. S.-H.):

„Selten hing in der Menschheitsgeschichte der zukünftige Verlauf der Ereignisse auf der Welt in so starkem Maß von einem Menschen ab wie von Wilson in dem Monat nach seiner Rückkehr nach Paris. Als er Clemenceau und Lloyd George am 14. März 1919 im Büro von House[12] im Hotel Crillon traf, *war das Schicksal der Welt von seinem Charakter abhängig.*" Freud/Bullitt, 2007, S. 244.

---

[12]   *House, Colonel Edward M.*, Freund und Vertrauter Wilsons. Sein persönlicher Gesandter bei den europäischen Nationen (1914-1916), Mitglied der amerikanischen Kommission bei den Verhandlungen über einen Friedensvertrag (1918-1919) sowie Mitglied der Kommission zum Entwurf eines Vertrags über den Völkerbund (Angaben übernommen aus der Personenübersicht, „Dramatis Personae", im Buch von Freud und Bullitt, S. 25).

„In dem Augenblick, in dem das Schicksal der Welt von seinem Charakter abhing, fand er in seinem Körper nicht die Kraft zu kämpfen. Die einzige Quelle maskulinen Muts, seine Reaktionsbildung gegen die passive Einstellung zu seinem Vater, war nicht gegen die führenden Politiker der Alliierten gerichtet, sondern gegen Lodge[13]." Ebd., S. 252.

„Der ganze Strom des Lebens aller Menschen *kann durch den Charakter eines Einzelnen in eine andere Richtung gelenkt werden.* Wenn Miltiades bei Marathon oder Charles Martell bei Poitiers geflohen wären, hätte sich die westliche Zivilisation anders entwickelt. Und alles Leben hätte einen anderen Verlauf genommen, wenn Christus vor Pilatus widerrufen hätte.[14] Als Wilson Paris verließ [und damit die Friedensverhandlungen den Alliierten überließ] nahm die Entwicklung der westlichen Zivilisation einen Verlauf, der keineswegs angenehm anzusehen ist." Ebd., S. 265

„Die psychischen Folgen seines moralischen Zusammenbruchs waren vielleicht ebenso schwerwiegend wie die politischen und wirtschaftlichen Konsequenzen. *Die Menschheit braucht Helden,*[15] und wie ein Held, der treu zu seiner Verpflichtung steht, dem menschlichen Leben insgesamt zu höherem Niveau verhilft, so senkt umgekehrt ein Held, der seine Pflicht verrät, dieses Niveau. Wilson predigte großartig, machte erstklassige Versprechen – und floh. Erst viel zu reden und sich dann aus dem Staub zu machen, entspricht weder den besten Traditionen Amerikas noch den edelsten Entwicklungslinien Europas." Ebd., S. 265.

Würde der 44. Präsident der Vereinigten Staaten von Amerika, Barack Obama, seit 20. Januar 2009 im Amt, bei Freud und Bullitt, wenn sie noch lebten, mehr Anerkennung finden? Ja, höchstwahrscheinlich! Obama hat seine Amtszeit ebenfalls mit einer fulminanten Rede eröffnet, eine neue Ära des Friedens angekündigt und seinen Worten erste schnelle Entscheidungen folgen lassen. An Konsequenz und „maskulinem Mut" fehlt es ihm offenbar nicht. Im Unterschied zu Wilson strahlt Obama darüber hinaus *Charisma* aus. Wie ein neuer Messias ist er von den Massen begrüßt und bejubelt worden.

Ob sich die Wirklichkeit weltweit so gestalten lässt, wie Obamas Programm das vorsieht, bleibt dennoch ziemlich ungewiss, weil ein Einzelner, so mächtig er auch sein mag, *à la longue*, nicht die Geschicke der Welt bestimmt, weder im Guten

---

[13]  *Lodge, Henry Cabot,* Vorsitzender des außenpolitischen Ausschusses des amerikanischen Senats, Führer der Opposition gegen den Friedensvertrag und den Vertrag über den Völkerbund (Quelle wie vorige Fußnote, S. 26).

[14]  Das ist eine kühne Annahme, auf die sich seriöse Geschichtsschreibung m. W. heutzutage überhaupt nicht einlässt, da fantasierte Geschichtsabläufe (*Was wäre gewesen, wenn...*) schnell in den Unwägbarkeiten neuer kausaler Vernetzungen stecken bleiben würden (ausführlicher dazu äußern sich Publikationen über „virtuelle Geschichte").

[15]  Allgemeine Sätze dieser Art sind, geschichtsanalytisch untersucht, stets nach ihrem Ich-Gehalt im „Subtext" zu befragen. Wer braucht Helden? Die Menschheit oder vielleicht nur die Person, die spricht? In welchem Wechselverhältnis stehen die beiden in Frage stehenden Subjekte?

noch im Schlechten. Schon ein halbes Jahr nach Obamas Amtseintritt war die geradezu chiliastische Begeisterung verflogen, und alle Seiten, Obamas Anhänger und die Obama-Regierung selbst, hatten mit heftigen Zweifeln zu kämpfen, ob sich bestimmte existenziell wichtige Reformen, vor allem die zum Gesundheitswesen, überhaupt einleiten lassen. Die Widerstände der in die Volksmassen manipulativ hineinwirkenden Interessenlobbys erwiesen sich als unerwartet mächtig (H. Richter 2010). Ein Kommentator rief fast schon verzweifelt seine Leser dazu auf, den Wandel nicht Obama allein zu überlassen, sondern sich kämpferisch für die angekündigten Reformen einzusetzen: „The end of euphoria should lead not do disillusionment, but to seriousness of purpose." (Tomasky 2009). Ein anderer Kommentator (Raleigh 2009) beklagt, dass die Unterstützung, die Obama zu einer triumphalen Inthronisation verholfen habe, dann aber abgeflacht sei, um abschließend zu fordern: „Obama needs the movement that got him elected more than ever."

Vom Volk, von der „Masse" hielt Freud bekanntlich überhaupt nichts. Der Mensch sei ein Herden- oder Hordentier, behauptete er in seiner Abhandlung über *Massenpsychologie und Ich-Analyse* von 1921. Die Masse brauche einen Leithammel als Führer, wenn sie lebensfähig agieren wolle. Die Hitler-Begeisterung der meisten Deutschen schien Freud Recht historisch Recht zu geben, doch auch dieser Zusammenhang beweist erstens nur, was allzu augenfällig war und bewiesen werden soll (die ebenfalls vorhandene Skepsis kam ja nicht in die Zeitung), und er gilt zweitens nicht unverändert für alle Zeiten: Die heutigen Friedens- und Menschenrechtsbewegungen bilden durchaus einflussreiche Gegengewichte zu dem Wahnsinn der von politischen Führern unablässig angeheizten Waffenproduktion und Aufrüstung. Die Zeiten ändern sich in ihren Grundstrukturen. Das wird in der psychoanalytischen Perspektive leicht übersehen.

So gesehen erscheint auch Wilsons „Scheitern" in einem neuen Licht. Ist der Nicht-Erfolg in einer gegebenen historisch-politischen Konstellation schon ein Scheitern im Ganzen? Brauchen nicht alle politisch- ethischen Revolutionsideen (Abkehr von Krieg und Ausbeutung, Hinwendung zu Frieden und Gerechtigkeit) sozusagen mehrere Anläufe, um überhaupt nur eine Spur in der Geschichte zu hinterlassen? In schon vorliegenden Abschnitten (2.2 und 3.1) sind Widerstände als Denkbarrieren im Geschichtsbewusstsein thematisiert worden. Wir können an dieser Stelle den mehr oder weniger unbewussten Widerstand gegen den Frieden als Idee und Aufgabe inhaltlich, konkret anfügen. Dieser Widerstand artikuliert sich oft als prinzipielle Ablehnung der Friedensidee, die von vornherein als „Utopie" abqualifiziert wird, was sprachlich bedeutet: Es gibt für das jeweilige Konzept keinen Ort in der Wirklichkeit, weder äußerlich noch innerlich. Ein Platz für den Frieden im Inneren der Menschen ist aber unabdingbar für Fortschritte in seiner Realgeschichte.

Wer Geschichte mit den Kategorien Erfolg/Sieg contra Niederlage/ Scheitern vermisst, dessen Geschichtsbewusstsein atmet sozusagen nur auf einem Lungenflügel und kann daher den frischen Wind der uneingelösten historischen Vermächtnisse weder würdigen noch genießen. Bemerkenswerterweise sind die kognitiv-emotionalen Haltungen der Geschichte gegenüber bei Freud und Bullitt auf der einen Seite und Historikern wie Hans-Jürgen Wehler auf der anderen Seite durchaus vergleichbar. Die Übereinstimmung heißt, überspitzt zusammengefasst: Wer sich nicht durchsetzt, verdient keine weitere Achtung. Dagegen machen wir uns hier bewusst, *dass Friedenssehnsüchte in der Geschichte der psychoanalytischen Akzeptanz und Würdigung bedürfen, auch wenn sie mit einer pathogenen Fixierung an Mutter und Vater und ihren religiösen Implikationen verquickt sind.*

Wilsons unaufgelöst ambivalente Beziehung zum Vater liefert gleichwohl den Einstieg in eine produktive Rezeption des psychoanalytischen Geschichtsbewusstseins; denn tatsächlich wäre die entschiedene innere Lösung vom Vater ein wesentlicher Schritt zur persönlichen Befreiung und damit gleichzeitig zu einem lebendigen, „beidseitig atmenden" Geschichtsbewusstseins gewesen.

Väter sind im Laufe der Geistesgeschichte autobiographisch immer wieder als üble Unterdrücker gebrandmarkt worden, denken wir nur an die Lebensläufe von Friedrich Nietzsche, Franz Kafka und Hermann Hesse. Nicht Herr im eigenen Haus zu sein (vgl. Kap. 2.2), bedeutet auch, dass väterliche Imagines unbewusst in uns wirken (und meistens, so wie bei Wilson, eher behindern als fördern). Die psychoanalytische Idee des Vatermordes ist für eine Theorie des freien Geschichtsbewusstseins eine Herausforderung, die allerdings weniger als Spekulation über die Urgeschichte denn als psychogenetisch notwendige innere Entledigung des introjizierten Vater zu verstehen ist. Diese Entledigung fällt umso schwerer fällt, je stärker das Verhältnis zum Vater ambivalent strukturiert ist, das heißt Liebe und Hass miteinander verbindet.

Aber: Die reflektierte, durchgearbeitete Liebe zum Vater als Dimension des Selbst-Bewusstseins (oder sagen wir in bewusster Überschreitung der persönlichen Lebenserfahrungen: die Liebe zum *Väterlichen* in der Geschichte) ist nicht nur keine Einschränkung des Geschichtsbewusstseins, sondern im Gegenteil: eine nie versiegende Quelle, aus der wir immer wieder schöpfen können.

Von den neueren Bestätigungen dieser Perspektive sei Alexander Mitscherlichs Buch über die *vaterlose Gesellschaft* genannt, das nicht nur die gesellschaftliche Realität nach dem Zweiten Weltkrieg behandelte, sondern darüber hinaus die grundsätzliche Möglichkeit, die „Utopie", eines von den väterlichen Herrschaftsansprüchen befreiten gesellschaftlichen Lebens in Aussicht stellte.

Eine vorsichtige Würdigung der Veränderungschancen im Laufe der Zeiten entwickelte Freud im Hinblick auf die Zukunft. Auf Dauer lasse sich die Stimme der Vernunft nicht unterdrücken,[16] schrieb er 1927 in seiner Abhandlung über *die Zukunft einer Illusion* (Bd. IX, S. 135-189). Mit der Verinnerlichung äußerer Zwänge seien seelische Veränderungen möglich, mithin ein Fortschritt im Ganzen. Wenn man es zustande brächte, die triebhaft dominierte, kulturfeindliche Mehrheit von heute zu einer Minderheit herabzudrücken, dann habe man sehr viel erreicht (ebd., S. 142 f.), „vielleicht alles, was sich erreichen lässt."

Auch die Psychoanalyse im direkten Vollzug drängt sozusagen in eine bessere Zukunft, indem sie die unbewussten Konflikte des Patienten entschlüsselt und der direkten Bearbeitung durch das bewusste Ich zuführt. Damit werden neue Lebensmöglichkeiten eröffnet. Wenn wir die individuelle psychoanalytische Therapie auf größere Zusammenhänge übertragen, bestünde die gemeinsame Aufgabe darin, kollektive Unbewusstheiten zu erkennen und einer Wir-Bearbeitung zugänglich zu machen. Etliche Psychoanalytiker haben sich diesen Ansatz zu eigen gemacht. Ich verweise exemplarisch auf Horst-Eberhard Richter und Vamik Volkan.

Fachlich kann Freud den Historikern nicht viel bieten. Er war eben der Gründer der Psychoanalyse und kein Historiker. Gleichwohl trägt das psychoanalytische Nachdenken über die Triebhaftigkeit der menschlichen Natur wesentlich zur Bildung eines modernen Geschichtsbewusstseins bei; denn die schier unaufhaltsame Zerstörung der Welt – nicht nur durch Kriege, sondern inzwischen auch durch andere Zivilisationsexzesse – bestätigt Freuds Kulturtheorie in ihren Grundzügen, leider. Vor allem aber ist die Psychoanalyse eine permanente Aufforderung zur Selbstaufklärung, die für Historiker ebenso gilt wie für Psychoanalytiker.

Schauen wir uns mit dieser Zwischenbilanz vor Augen einen weiteren Gedankenkomplex an, der charakteristisch ist für das Geschichtsbewusstsein der frühen Psychoanalyse.

---

[16] Freud, Bd. IX, S. 186. Wörtlich zitiert ist nicht von *Vernunft*, sondern von *Intellekt* die Rede: „Die Stimme des Intellekts ist leise, aber sie ruht nicht, ehe sie sich Gehört geschafft hat." Im Unterschied zur Philosophie machte Freud m. W. keinen grundsätzlichen Unterschied zwischen Intellekt/Verstand einerseits und Vernunft andererseits.

## 3.4   DER URMENSCH IN UNS – EINE PROJEKTION

Im Jahre 1915, also etwa ein Jahr nach Beginn des Ersten Weltkrieges, schrieb und veröffentlichte Sigmund Freud (1856-1939) zwei relativ kurze essayistische Abhandlungen (I.: *Die Enttäuschung des Krieges*; II.: *Unser Verhältnis zum Tod*), die er unter der Überschrift *Zeitgemäßes über Krieg und Tod* zusammenfasste.[17]

Von den Turbulenzen der Kriegszeit innerlich gepackt, versuchte Freud, sich über die Motive des blutigen Geschehens Klarheit zu verschaffen, nachdem er zwei Jahre zuvor in seinem Buch *Totem und Tabu* den Ursprung der Menschheitsgeschichte auf den Mord der Urhorde am Urvater zurückgeführt hatte – was für eine kühne Konstruktion oder gar Spekulation sagen wir heute. Lesen wir einige Passagen aus dem (II.) Essay von 1915:

- S. 52: „Der Urmensch hat sich in sehr merkwürdiger Weise zum Tode eingestellt. Gar nicht einheitlich, vielmehr recht widerspruchsvoll. Er hat einerseits den Tod ernst genommen, ihn als Aufhebung des Lebens anerkannt und sich seiner in diesem Sinne bedient, andererseits aber auch den Tod geleugnet. Ihn zu nichts herabgedrückt. Dieser Widerspruch wurde durch den Umstand ermöglicht, dass er zum Tode des anderen, des Fremden, des Feindes, eine radikal andere Stellung einnahm als zu seinem eigenen. Der Tod des anderen war ihm recht, galt ihm als Vernichtung des Verhaßten, und der Urmensch kannte kein Bedenken, ihn herbeizuführen. Er war gewiß ein sehr leidenschaftliches Wesen, grausam und bösartiger als andere Tiere. Er mordete gerne und wie selbstverständlich. Den Instinkt, der anderen Tiere davon abhalten soll, Wesen der gleichen Art zu töten und zu verzehren, brauchen wir ihm nicht zuzuschreiben.
  Die Urgeschichte der Menschheit ist denn auch vom Morde erfüllt. Noch heute ist das, was unseren Kinder in der Schule als Weltgeschichte lernen, im wesentlichen eine Reihe von Völkermorden."
- S. 56: „Gerade die Betonung des Gebotes: Du sollst nicht töten, macht uns sicher, dass wir von einer unendlich langen Generationsreihe von Mördern abstammen, denen die Mordlust, wie vielleicht noch uns selbst, im Blute lag." (...) „Wie verhält sich unser Unbewusstes zum Problem des Todes? Die Antwort muss lauten: fast genauso wie der Urmensch. In dieser wie in vielen anderen Hinsichten lebt der Mensch der Vorzeit unverändert in unserem Unbewussten fort."
- S. 57: So sind wir auch selbst, wenn man uns nach unseren unbewussten Wunschregungen beurteilt, wie die Urmenschen eine Rotte von Mördern.

---

[17]   Im Folgenden zitiert nach der Studienausgabe des Fischer-Verlages, Bd. IX 1974, S. 52-59.

Es ist ein Glück, dass alle diese Wünsche nicht die Kraft besitzen, die ihnen die Menschen in Urzeiten noch zutrauten; in dem Kreuzfeuer der gegenseitigen Verwünschungen wäre die Menschheit längst zu Grunde gegangen, die besten und weisesten Männer darunter wie die schönsten und holdesten Frauen.

- S. 59: „Der Krieg (...) streift uns die späteren Kulturauflagerungen ab und lässt den *Urmenschen in uns* [Hervorhebung P. S.-H.] wieder zum Vorschein kommen." (Der „Urmensch in uns" ist nicht nur bei Freud eine beliebte Denkfigur.)

In seiner *Moralgeschichte des 20. Jahrhunderts* widmet Jonathan Glover (2000) der primitiv-gewalttätigen Stammesmentalität als „Tribalismus" ein ganzes Kapitel. Die Generationsreihe von Mördern, von denen wir angeblich abstammen, findet sich auch bei Eissler (1992, S. 54) wieder, ohne kritischen Vorbehalt. Zu fragen ist aber, ob im Krieg oder bei anderen Gewalttätigkeiten wirklich „der Urmensch in uns" zu Geltung kommt oder ob nicht eher die eigene aktuelle Gewalttätigkeit mit dieser Denkfigur verschleiert werden soll und faktisch verschleiert wird. Was wissen wir eigentlich empirisch verlässlich über die Ur- und Frühmenschen? Waren sie „Mörder" in dem Sinn, wie wir heute Mord und Mörder definieren? Macht es Sinn, ihr Handeln mit einem Begriff zu beschreiben, der späteren Epochen entnommen ist? Machen wir die Urzeit (bzw. „die Wilden") nicht zum Projektionsfeld unserer eigenen Phantasien!

Deutliche Kritik an Freuds Geschichtsperspektiven hat u. a. Mario Erdheim geübt.[18] Er beginnt seine Kritik mit der berechtigten Feststellung, dass Freud seiner Zeit entsprechend ein ausgesprochen ethnozentristisches Weltbild hatte, dem zu Folge die europäische Kultur einen Höhepunkt der Geschichte darstellte und die „Wilden" eine frühere und niedere Entwicklungsstufe einnahmen. Mit dem Ersten Weltkrieg und mannigfaltigen ethnologischen Forschungen sei jedoch der „Ethnozentrismus der Europäer" ins Wanken geraten. Erdheim empfiehlt, die oben schon erwähnte Abhandlung über *Totem und Tabu* nicht als realgeschichtliche Studie zu lesen (als solche sei sie wenig ergiebig und sogar irreführend), sondern erstens als Aussage über Freuds eigene Unbewusstheiten in jener Zeit und zweitens als Herausforderung für eine Deutung unserer Gegenwart, in der ja an mörderischen Ambitionen kein Mangel sei. „Diese Barbarisierung und Heroisierung der Urzeit scheint lediglich eine Art Widerstand gegen andersartige Erkenntnisse

---

[18] Erdheim, Einleitung zur Taschenbuch-Ausgabe von Freuds *Totem und Tabu* (geschrieben 1912-1913) im Fischer-Verlag, 1991. Auf *Totem und Tabu* bezog sich Freud ausdrücklich in *Zeitgemäßes über Krieg und Frieden*. Beide Schriften liegen in der Entstehung zeitlich dicht beieinander..

gewesen zu sein", schreibt Erdheim (ebd. S. 11), und sie ist es noch heute, können wir zusammenfassend anfügen.

Auch psychoanalytische Studien haben selbstverständlich ihre „Subtexte", die geschichtsanalytisch erkannt und gedeutet werden müssen, nicht nur im Hinblick auf einzelne Aussagen (Beispiel: Freuds Eurozentrismus), sondern auch im Hinblick auf die die Aussagenstruktur (Beispiel: Überbewertung des Individuums im historischen Prozess).

Freud ist nicht völlig naiv in die hier diagnostizierten projektiven Irrtümer gestolpert. „Wie sich der Mensch der Vorzeit gegen den Tod verhalte, wissen wir natürlich nur durch Rückschlüsse und Konstruktionen", schrieb er in derselben Abhandlung von 1915 (*Zeitgemäßes...*, Bd. IX, S. 52), ohne jedoch den Vorbehalt inhaltlich weiter zu spezifizieren, weil er überzeugt war, „dass diese Mittel uns ziemlich vertrauenswürdige Auskünfte ergeben haben." Eine vergleichbare Einstellung haben wir bereits in Bezug auf das Theorem des Todestriebes (2.4) kennen gelernt.

Das sehen Historiker sicherlich anders, Psychoanalytiker inzwischen auch, wie mit den vorigen Verweisen auf Mario Erdheim schon angedeutet wurde. Erdheim war einer der wenigen, die psychoanalytische und psychohistorische bzw. geschichtsanalytische Kompetenz miteinander zu verbinden wussten. In einem Vortrag über *das Unbewusste in der Geschichte* (gehalten 1986 in Heidelberg, veröffentlicht 1988) unterschied er das (von Freud favorisierte) Unbewusste als *Konservator* vom Unbewussten als *Es*, das als „Innovationsmacht" (!) innere Bewegung sowie kulturellen Wandel auslöse und die Menschen immer wieder dazu bringe, „neue Bereiche der Realität aufzusuchen und in ihr Leben zu integrieren" (1988, S. 176). Die immerhin mögliche Innovation in der Zukunft wurde, wie skizziert wurde, auch von Freud nicht ausgeschlossen. Dieser gedankliche Vorstoß zur engeren Verbindung von Psychoanalyse und Geschichtsbewusstsein soll mit diesem Buch aufgegriffen, unterstützt und fortgesetzt werden.

## 3.5 AUFGABEN UND PROBLEME EINER PSYCHOANALYTISCHEN GESCHICHTSSCHREIBUNG – DREI BEISPIELE

### 3.5.1 DAS WÜNSCHEN ALS GESCHICHTSMACHT

Freuds Interesse an der Vergangenheit war psychoanalytisch selektiv, das heißt er griff sich das heraus, was die psychoanalytische Theorie bestätigte oder zu bestätigen schien. So schrieb er bedeutende, oft zitierte Werke zur Vor- und Frühgeschichte, zu Mythen, Religions- und Kulturgeschichte, während die schriftlich dokumentierte Ereignis- und Machtgeschichte – das eigentliche Forschungsfeld der Historiker – Freuds professionelle Aufmerksamkeit nicht herauszufordern schien.

Eine psychoanalytische Geschichtsschreibung der Zukunft wird diese Abstinenz überwinden und die Eigendynamik des Geschichtlichen, die nicht ohne Weiteres in ein psychoanalytisches Strukturschema passt, verstärkt berücksichtigen müssen, wenn der das Fachliche überschreitende kulturhistorische Anspruch der Psychoanalyse nicht in Vergessenheit geraten soll.

Was hier unter „Eigendynamik des Geschichtlichen" zu verstehen ist, wird deutlicher bewusst, wenn wir auf die Triebtheorie als *Letzterklärung* menschlicher Motivation heuristisch, hypothetisch verzichten und unsere Aufmerksamkeit jenen historisch-politischen Vorgängen zuwenden, die nicht offenkundig durch Triebhandlungen (Aggressionen, Sexualität, Machtdemonstrationen usw.) gesteuert wurden/gesteuert werden. Für neuere Ansätze der Psychoanalyse renne ich damit wahrscheinlich offene Türen ein,[19] was aber dem hier thematisierten psychohistorischen Forschungsinteresse wenig nützt, da auch die psychoanalytische Kritik an der Triebtheorie der geistig-seelischen Dynamik des Individuellen verbunden und verpflichtet bleibt und den Schritt in historisch übergreifende Zusammenhänge nicht wagt.

Die Eigendynamik des Geschichtlichen kann auch am Wirkungsgefüge von Erfindungen illustriert werden. Was die Erfindung der Dampfmaschine ausgelöst hat (James Watt, 1765), wird in Schulbüchern anschaulich dargestellt, und es lohnt sich durchaus, diese Entwicklungen nachzuvollziehen, die ja auch in mehreren Museen eindrucksvoll präsentiert werden. Sicherlich wird man auch in diesem Bereich schnell auf den militärischen Nutzen der neuen Technik, vor allem der Eisenbahnen und damit auf die aggressive Macht- und Herrschaftsgier vor allem bestimmter Kreise stoßen, die jede Erfindung für ihre persönlichen Interessen ausnutzen, ja oft auch missbrauchen. Aber diese eher pessimistische Sicht auf Geschichte würde ein anderes Potenzial in den Hintergrund drängen, das nach psychoanalytisch ergänzender Recherchen und Reflexionen verlangt. Gemeint sind der Wunsch und *das Wünschen als Geschichtsmacht.* Endlich von den natürlichen Ressourcen unserer Welt (Wind, Sonne, Mineralien) unabhängig sein! Unbegrenzt aus dem Vollen schöpfen können (Illusion der Atomindustrie)! Die Natur und die ganze Welt so behandeln, als wäre sie eine nie versiegende Mutterbrust, an der man beliebig lang und beliebig viel saugen kann. Dieser Wunsch durchzieht die Weltgeschichte, und er zeigt auch gegenwärtig seine Macht, obwohl die Einsicht in die Begrenztheit der Naturressourcen inzwischen ge-

---

[19] An dieser Stelle kann schlicht und einfach auf Informationen des Internet verwiesen werden, das über die Triebtheorie und ihre Kritiker gut informiert. Erich Fromm (1900-1980) ist einer der Autoren, die gesellschaftliche Prägungen und historische Konstellationen, abweichend von Freud, in ihre Forschungen einbezogen haben.

wachsen und verschiedene realitätsgerechte Änderungen in der Energiepolitik ins Leben gerufen hat.[20]

Der Wunsch nach unbegrenzten Lebensressourcen, dessen innere Wirkungsmacht großenteils unbewusst bleibt, ist nur ein Beispiel für weitere Wunsch-Fantasien, die zum Teil tatsächlich verwirklicht wurden (wie z.B. das Fliegen, wir erinnern uns an den antiken Mythos von Dädalus und Ikarus), zum Teil aber auch in immer neuen Sackgassen illusionären Denkens enden: Der Glaube an die wissenschaftliche Erfassung und technologische Machbarkeit des Lebens, etwa in der Hirnforschung, verschlingt mit einschlägigen Forschungen gewaltige Summen und lässt bestimmte kritische Fragen nach Moral und „gutem Leben" (ein Kernbegriff der antiken Philosophie) überhaupt nicht mehr zu.

Dass Wünsche in Erfüllung gehen können, kommt des Öfteren in Märchen zum Ausdruck, die mit diesen Hinweisen auf eine ansonsten wenig beachtete Dimension des menschlichen Denkens und Fühlens der psychoanalytischen Aufmerksamkeit sicher sein können. Geschichtsanalytisch ginge es aber darum, das Wünschen und Begehren als Geschichtsmacht im Kontext der Realgeschichte zu erkennen und anzuerkennen, ja sogar im Ausblick auf die Zukunft zu pflegen, ohne deswegen den Irrweg von Illusionen und totalitären Utopien zu beschreiten.

### 3.5.2 „DIE GANZE GRAUSAME GESCHICHTE DER MENSCHHEIT STECKT IM ÜBERICH..."

Freuds Strukturmodell des psychischen „Apparats" mit den Instanzen Ich, Es, Überich wird hier als bekannt vorausgesetzt. Vertraut sein dürfte auch der oft zitierte Ausspruch „Wo Es war, soll ich werden" (*Vorlesungen, Neue Folge...*, Bd. I, 516), der bedeutet, dass die großenteils unbewussten, dem Körper eingeschriebenen Triebkräfte der bewussten Kontrolle des Ich zugeführt und damit ihrer gemeinschaftsfeindlichen Tendenz entzogen werden. Da hier der Anküpfungspunkt für den vorliegenden Unterabschnitt liegt, sei der berühmte Satz im Kontext wiedergegeben:

„Ihre Absicht [d.h. die Absicht der Psychoanalyse] ist ja, das Ich zu stärken, es vom Über-Ich unabhängiger zu machen, sein Wahrnehmungsfeld zu erweitern und seine Organisation auszubauen, so dass es sich neue Stücke des Es aneignen kann. Wo es war, soll ich werden.

---

[20] Der Startschuss für eine ernsthafte Beschäftigung mit diesem Problem war 1972 der Bericht des *Club of Rome* über die *Grenzen des Wachstums*, der faktisch zunächst gar nichts bewegt hat. Es muss uns, den Menschen, kollektiv, sozusagen unter den Nägeln brennen, wenn substanzielle Änderungen in Gang kommen sollen.

Es ist Kulturarbeit etwa wie die Trockenlegung der Zuydersee."

Unser Anknüpfungspunkt ist der Nebensatz, der vorsieht, das Ich „vom Überich[21] unabhängiger zu machen". Er deutet eine weitere psychoanalytische Zukunftsvision an, die in der Nachfolge Freuds von verschiedenen Autoren auf die bekannte Formel gebracht wurde, in der aber das das Überich nunmehr den Platz des Es einnimmt: *Wo Überich war, muss ich werden* (vgl. Beland, S. 105).

Damit ist abermals eine Zukunftsperspektive angesprochen. Für unser Thema ist es aber relevant, die oft verhängnisvoll-destruktive Arbeit des Überich in der Vergangenheit in Augenschein zu nehmen. An Materialien fehlt es nicht. Um sie geschichtsanalytisch richtig einschätzen zu können, muss das Überich als Begriff dialektisch gesehen werden: als innerer Tyrann, aber auch als Humanisierer. Schuldgefühle und das Gewissen sind Antriebsaggregate für schöpferische Kulturleistungen, aber auch pathogene Despoten, die projektiv, das heißt fokussiert auf andere, zu vernichten suchen, was sie selbst quält.

Die Überschrift zu diesem Unterkapitel enthält nur die Hälfe eines Zitates, das im Ganzen zitiert folgendermaßen lautet (Beland, S. 97):

„Die ganze grausame Geschichte steckt im Überich, wenn auch anderseits die schöpferischen Leistungen des Schuldgefühls die Verarbeitungsmöglichkeiten gegenüber der traumatischen Geschichte in Gang setzen."

Diese Spannung zwischen Überich-Pathologien und schöpferischen moralischen Leistungen, wäre ein hervorragend wichtiges Thema für eine psychoanalytische Geschichtsschreibung, die in Deutschland auf ihren Gründer wartet. Wann und wie gelingt die schwierige Balance, wann und warum gelingt sie nicht? Geschichte bietet auch für diese Fragen genügend Material an. Ich habe im geschichtsdidaktischen Kontext des Öfteren auf Personen verwiesen, die sich dem jeweiligen Zeitgeist und seiner destruktiven Struktur nicht unterworfen haben, sondern der Güte des Herzens gefolgt sind. Paradebeispiele aus der Geschichte des Christentums sind die Bergpredigt Jesu, Franz von Assisi (1181[82]-1226) und der Jesuitenpater Friedrich Spee (1591-1635). Allerdings zeigt gerade die Religionsgeschichte, welche üblen Handlungen ein kollektives sadistisch-grausames Überich auslösen kann. Kaum war das Christentum zur Staatsreligion erhoben, verfolgten die Christen Andersgläubige mit eben dem intoleranten Ingrimm, der sie zuvor zu Verfolgten gemacht hatte.

An Paradebeispielen in der weltlichen Geschichte, sowohl im pathologischen als auch im schöpferisch-gesunden Zusammenhang, fehlt es ebenfalls

---

[21] Über-Ich oder Überich? Es existieren verschiedene Schreibweisen. Ich wähle die Schreibweise ohne Bindestrich.

nicht. Ich erinnere hier nur an die viele Epochen und Generationen umfassende Geschichte der Menschenrechte, die behindert wurden, so oft es nur ging, und bis heute in Frage gestellt werden, theoretisch und praktisch, etwa durch die Überlegung, ob Folter als Menschenrechtsverletzung par excellence unter bestimmten Umständen doch wieder erlaubt werden sollte.

Folter könnte als Ausgeburt des Triebes verstanden werden. Doch der Trieb entfaltet nach Freud keine Befriedigung im Töten oder gar Quälen. Die perverse Lust, andere zu quälen, entstammt dem korrupten Überich, der blinden Übereinstimmung mit einer grausamen übergeordneten Autorität, sei es Gott, ein Führer, die Nation oder eine überdrehte, ins Wahnhaft abhebende Idee wie etwa Pflicht und Ehre.

„Du bist nichts, dein Volk ist alles" – dieser Kernsatz der nazistischen Ideologie ist die politisch praktisch auf die Spitze getriebene Verwirklichung einer Enteignung des Gewissens zur Herstellung eines bedingungslosen Gehorsams im Dienst der rassistisch-völkischen Lebenseinstellung. Wenn dein Volk „alles" ist, dann ist auch alles erlaubt, was dem Volk schadet, schaden könnte, zu schaden scheint...

*Exkurs* – Als Historiker möchte man gerne die erste ausdrückliche Verkündung dieser Maxime im Sinn ihres Ursprungs, ihrer „Quelle", wissen. Einen *direkt-wörtlichen* Ursprung konnte ich nicht finden. Nach allem, was man über die ideologische Genese des Nationalsozialismus weiß, ist das preußische Pflichtbewusstsein aber zumindest als eine Quelle dieser verheerenden Nichtachtung der eigenen Person zu verstehen. Margarete Dörr (1989) lässt in ihrer verdienstvollen Dokumentation eine Pfarrerstochter zu Wort kommen (Bd. I, S. 270 ff.), die sich einen Ausspruch Friedrichs II., des Großen, zueigen gemacht hat, nämlich: „Es ist nicht nötig, dass ich lebe, wohl aber dass ich meine Pflicht tue." Die Vernetzung mit einem harten Überich wird besonders augenfällig, wenn die Tagebuch-Autorin in der untergehenden Welt von 1944 schreibt: „Immer wenn ich weich werden will, wird mich das Flammenauge des Großen König ansehen, und ich werde ihn sprechen hören: ‚Es ist nicht nötig, dass ich lebe, wohl aber dass ich meine Pflicht tue.'"

Wurmser hat auf dem Cover seines Buches mehrere Augen platzieren lassen. Das Auge und der Blick können geschichtsanalytisch zu bösen Kontrolleuren oder Verfolgern mutieren.

Abgeleitet aus der „völkischen" NS-Ideologie, die Hitler in *Mein Kampf* propagiert hatte, wurde der Satz „Du bist nichts, dein Volk ist alles" zum damals allgegenwärtigen Schlagwort, das den Alltag über Spruchbänder, Losungsworte und ähnliche Medien mental dominierte. „Jeder Tag wurde mit einem markigen Spruch begonnen, wie zum Beispiel ‚Du bist nichts, dein Volk ist alles'" berichtet zum Beispiel eine 1929 geborene Frau in einem Interview, das unter anderem die Kinderlandverschickungen zur Sprache brachte (Sonia Haji, Zugriff 25. Juli 2010).

Preußen als Staat wurde von den alliierten Siegermächten 1947 aufgelöst – sehr zum Bedauern des gesellschaftlichen Geschichtsbewusstseins, das seine Treue zu Preußen 1981 mit einer großen Ausstellung zur Geltung brachte (Korff und Ranke 1981) und 2001 abermals der glorreichen Geschichte gedachte, dieses mal historisch plausiblerem Anlass, denn 1701, also 300 Jahre zuvor, hatte sich Friedrich I. selbst zum preußischen König gekrönt.

Das durch die Weltkriege, den Holocaust und die Teilung Deutschlands beschädigte gesellschaftliche Geschichtsbewusstsein erhielt so seine Wohlfühl-Pflaster, deren zweifelhafter Wert wirksame und nachhaltige Aufklärung verdient hätte.

Der Nazismus ist überwunden, aber pathologische Überschätzungen der eigenen „Sache", die alle möglichen Rechtsbrüche rechtfertigt, gibt es nach wie vor in Hülle und Fülle.

Das psychoanalytische Grundlagenbuch über Überich-Pathologien hat Léon Wurmser geschrieben. Es enthält sich – leider, und das ist symptomatisch – aller Übergriffe ins Historische (von literarischen oder mythologischen Assoziationen abgesehen), obwohl Stichworte wie Angst, Ehre, Gewissen, Loyalität, Macht, Rache u.a.m. auch ohne Archivrecherchen Stoff für historisierende Vertiefungen des Themas geboten hätten. Mit psychoanalytisch-klinischen Fachberichten sind Historiker nicht hinter dem Ofen hervorzulocken, und das ist ein Grund für den Mangel an Tiefendimensionen im gesellschaftlichen Geschichtsbewusstsein.

### 3.5.3 VERDRÄNGUNGEN AUFKLÄREN – EINE UNENDLICHE ANALYSE

Ein Hauptarbeitsgebiet zukünftiger psychoanalytischer Geschichtsforschung werden höchstwahrscheinlich *Verdrängungen* sein, die den Geschichtsprozessen in Worten und Taten massenhaft eigen sind, so dass jegliche Aufarbeitung immer nur einen Ausschnitt erhellt, während das meiste im Dunkeln bleibt oder nach kurzer Beachtung rasch wieder dem Vergessen anheim fällt (vgl. 5. Kapitel über das generelle Zuviel der Geschichte).

Mit ihrer nachdrücklichen Thematisierung der unbewussten Dynamik werden Verdrängungen im psychoanalytischen Sinn anders erforscht als in der Geschichtswissenschaft, die sich an das Offenkundige und Sichtbare hält, an das, was im Archiv gesichert ist und gesichtet werden kann, mithin an *materiell nachweisbare Unterdrückungen* störender Sachverhalte, wie wir sie vor allem aus der Geschichtspolitik kennen. Psychohistorisch werden wir beide Formen der Verdrängung jedoch nicht gegeneinander setzen, sondern im Gegenteil als wechselseitige Verstärkungen dann thematisieren, wenn Schnittmengen realgeschichtlich zu erkennen sind; es bedarf äußerer Anhaltspunkte, um auch der inneren Dynamik auf die Spur zu kommen.

Nehmen wir uns zur Illustration dieser Idee ein Beispiel vor: die Christianisierung des Abendlandes, die unter Theodosius, römischer Kaiser von 379 bis 395, aggressive und destruktive Formen angenommen hatte.

Edward Gibbon widmet diesem Vorgang das 28. Kapitel seiner sechsbändigen Geschichte des Römischen Reiches. Er beschreibt, wie die „heidnischen" Kulte verboten und die antiken Tempel zerstört oder in christliche Kirchen umgewandelt wurden (äußere, politisch gewollte Unterdrückung). Dagegen gab es Widerstand (vgl. etwa Symmachus, 345-402), der am Ende aber vergeblich war. Das Christentum wurde Staatsreligion, für die Christen ein Triumph, den sie genossen, nutzten und zur unumstößlichen Selbstrechtfertigung ausbauten, für die späteren Aufklärer dagegen eher ein Anlass zum Bedauern und zur Kritik, die auch in Gibbons Texten zu spüren ist.

Während Gibbon, der Aufklärung verpflichtet, die Verdrängung der antiken, polytheistischen Vielfalt und Toleranz ausdrücklich und mehrfach beim Namen nennt, werden die jüdischen Wurzeln des Christentums und die judenfeindlichen Tendenzen antiker Historiker (man denke nur an den Exkurs über die Juden in den *Historien* des Tacitus, 5. Buch) nur nebenbei erwähnt (innere mentalitätsgeschichtliche Verdrängung). Auch seine eigene Antipathie gegen die Juden, die im 23. Kapitel durchschimmert (und wahrscheinlich dadurch gemildert wurde, dass die Juden sich nicht von den Christen vereinnahmen ließen), ist ihm offenbar nicht bewusst. Er wollte ja distanziert urteilender Historiker sein, fern von allen religiösen Leidenschaften. Auf „die erste kulturgeschichtliche Verdrängung des Judentums" vom dritten zum vierten Jahrhundert folgte also eine zweite Verdrängung in der Aufklärung. Über beide Vorgänge und die dritte Verdrängung durch die Nazis referiert Blumenberg 1997 in stringenter psychoanalytischer Argumentation, die allerdings, wie oben schon im Hinblick auf Beland vermerkt, real- und lebensgeschichtlich sozusagen angereichert werden müsste, wenn ein argumentatives Ausweichen der professionellen Geschichtswissenschaft verhindert werden soll.

Die Geschichte ist ein unerschöpfliches Reservoir für Verdrängungen aller Art, die sich aber nicht abarbeiten und ein für alle Male erledigen lassen; denn Verdrängungen setzen sich fort und entstehen neu, ansteckenden Krankheiten nicht unähnlich. Das Verdrängte steckt in uns, in mir, in jedem Menschen, in jeder Epoche, auch in der Aufklärung, die damit aber nicht der intellektuellen Verdammnis anheim fallen darf, sondern im Gegenteil: nach mehrfacher Fortsetzung verlangt. Diese Fortsetzungen anzustoßen, das wäre eine Aufgabe psychoanalytischer Geschichtsschreibung.

## 3.6 DER VERGANGENHEIT TROTZEN – DIE ZUKUNFT LIEBEN

Im Unterschied zur Indolenz gegenüber der Realgeschichte mit ihrer unübersehbaren Vielfalt an Konflikten, Strukturen, Ideen, Lebensformen, rätselhaften Verläufen und Umbrüchen sowie exotischen Details usw. war Freuds Haltung der Zukunft gegenüber differenziert und aufgeschlossen, getragen von vorsichtig abwägender Hoffnung, in manchen Redewendungen sogar utopisch. In einem Brief an Albert Einstein von 1932/33 nahm er für sich und andere Pazifisten eine geradezu „konstitutionelle Intoleranz" gegen den Krieg in Anspruch, um im Anschluss daran zu überlegen (Bd. IX, S. 286):

„Wie lange müssen wir nun warten, bis auch die anderen Pazifisten werden? Es ist nicht zu sagen, aber vielleicht ist es keine utopische Hoffnung, dass der Einfluss dieser beiden Momente, der kulturellen Einstellung und der berechtigten Angst vor den Wirkungen eines Zukunftskrieges, dem Kriegsführen in absehbarer Zeit ein Ende setzen wird. Auf welchen Wegen und Umwegen, können wir nicht erraten. Unterdes dürfen wir uns sagen: Alles, was die Kulturentwicklung fördert, arbeitet gegen den Krieg."

Dieser ins Politische vorwärts drängende Gedanke stößt in Psychoanalyse als Theorie und Praxis auf seine Grenzen, wenn Träume analysiert werden, die nach Freud „in jedem Sinn" der Vergangenheit entstammen.

„Zwar entbehrt auch der alte Glaube, dass der Traum uns die Zukunft zeigt, nicht völlig des Gehalts der Wahrheit. Indem uns der Traum einen Wunsch als erfüllt vorstellt, führt er uns allerdings in die Zukunft; aber diese vom Träumer für gegenwärtig genommene Zukunft ist durch den unzerstörbaren Wunsch zum Ebenbild eben jener Vergangenheit gestaltet." Freud, Traumdeutung, Bd. II, S. 588.

Diesem Festkleben des Traumes an der Vergangenheit hat Ernst Bloch entschlossen das „Träumen nach vorwärts" entgegen gesetzt, in vielen sprachlichen und inhaltlichen Varianten, die hier nicht weiter thematisiert werden können.[22] Im Alter den ideologischen Zwängen enthoben, für Freud und gegen Bloch Partei ergreifen zu müssen (oder umgekehrt – wie auch immer!), lasse ich Freud und Bloch nebeneinander gelten, mit je eigenen Einschränkungen, um selbst nicht in der Vergangenheit stecken zu bleiben.

In der Gegenwart die Chance der Zukunft sehen, in der Vergangenheit uneingelöste Möglichkeiten freilegen: mit dieser Haltung begegnet der gute Therapeut seinem Patienten, mit dieser Haltung schützen wir unser Geschichtsbewusstsein vor melancholischer Verdüsterung, die abgewehrt wer-

---

22 Das „Träumen nach vorwärts" thematisiert Bloch schon im Vorwort zu seinem monumentalen Werk *Das Prinzip Hoffnung*, dann in zahlreichen Gedankenvariationen quer durch alle drei Bände und schließlich noch einmal ausdrücklich zum Abschluss S. 1616 ff.

den muss und allzu leicht in die narzisstische Illusion einer intellektuell omnipotenten Herrschaft über Geschichte umschlägt. Geschichte ist weder zu beherrschen noch zu heilen. Wir können nur versuchen, uns selbst zu beherrschen und zu heilen, aber auch das gelingt bekanntlich nur unzulänglich.

Mit dem Versuch, die Stagnationen und Regressionen der Geschichte in uns selbst zu überwinden, stimmen wir in Freuds Offenheit gegenüber der Zukunft ein. Mehr ist kaum möglich. Dass nicht jede Zukunft zu lieben oder, fachlich ausgedrückt, libidinös zu besetzen ist, sondern das gute, das graduell bessere Leben der Zukunft, versteht sich dabei von selbst.

Freud hatte lebenslang mit einer massiven Ablehnung seines Werkes zu rechnen. Die Ablehnung artikuliert sich auch heute noch, nicht zuletzt unter Historikern. Eine emotionale Dimension in Freuds Haltung zum Leben und zur Geschichte war *Trotz*, den Peter Gay in seiner Freud-Biographie herausgearbeitet hat. Freud hat vielleicht geahnt, dass seine schlimmsten Befürchtungen nicht nur bestätigt, sondern sogar noch übertroffen werden. Hätte er seine oben zitierten Worte nach den NS-Erfahrungen zurückgenommen? Ich glaube nicht. Er liebte das Leben und die Zukunft. *Trotz alledem!*[23]

Es widerspricht, dem ersten Anschein nach, dem Begriff *Geschichts*bewusstsein, dass *Zukunfts*vorstellungen konstitutiv für die jeweilige Konstellation des Bewusstseins sein sollen. Doch genau so ist es. Unsere Vorstellungen von der Zukunft einschließlich aller konkreten Utopien wirken in die Sicht auf die Vergangenheit ein und bringen Möglichkeiten und Realitäten ans Tageslicht, die zuvor im Dunkeln lagen. Das Geschichtsbewusstsein ist aus dem Gefängnis bestimmter historische Erfahrungen zu befreien. Dabei kann die Psychoanalyse nachhelfen, individuell und kollektiv.

---

[23] Gay 1989 über *Trotz als Identität* bei Freud S. 670-686. – *Trotz alledem* ist der Titel und das refrainartige Leitmotiv eines Gedichts von Ferdinand Freiligrath (1810-1876), das geschrieben wurde, als die Revolution von 1848 nicht mehr vorankam und die reaktionären Kräfte sich immer stärker durchsetzten.

# 4. Auschwitz und
# der Riss im Buch der Geschichte

## 4.1 LEBENSGESCHICHTLICH-SUBJEKTIVE ERFAHRUNGEN UND GESCHICHTLICH-OBJEKTIVIERENDE BEGRIFFE

Ich möchte diesen Abschnitt mit einer geschichtlichen Erklärung zur Metaphorik der Kapitelüberschrift beginnen, die dem Leser möglicherweise etwas umständlich vorkommt. Das Zusammenspiel von persönlichen Erfahrungen und Begriffen mit symbolischer oder metaphorischer Bedeutung gehört aber wesentlich zum langfristigen Durcharbeiten der Vergangenheit.

Das „Buch der Geschichte" wurde, wie etwa der Biographie Johann Georg Hamanns (1730-1788) zu entnehmen ist, in aufklärerisch-didaktischen Zusammenhängen dem „Buch der Natur" an die Seite gestellt. Die Lesbarkeit beider Bücher beschäftigte viele Intellektuelle des ausgehenden 18. Jahrhunderts, unter denen Johann Gottfried Herder (1744-1803) einen hervorragend wichtigen Platz einnahm; die Buch-Metapher übernahm er vom älteren Hamann.

Im „Buch der Geschichte" vergegenständlichte sich also vor rund 250 Jahren eine besondere Ausprägung des Geschichtsbewusstseins, das auf die Zukunft setzte. Dieses Buch hatte keinen Riss, im Gegenteil: es war in sich geschlossen und sicher verwahrt durch den Glauben an Einheit, Kontinuität, Humanität und Vernunft.

In Luthers Bibelübersetzung von 1521/22 erscheint das hebräische *sefer chajim* (etwa göttliches Verzeichnis) als „Buch des Lebens", das vor allem in der Offenbarung des Johannes einen wichtigen Platz einnimmt: Wer im Buch der Lebens verzeichnet ist, wird gerettet, wer dort nicht verzeichnet ist, wird vernichtet. Hätte Luther einen anderen Ausdruck gewählt (Buchrolle? Zeichensystem? Verzeichnis?), wenn das Buch seit Gutenbergs Bibeldruck von 1455 nicht schon zur alltäglichen, materiell-greifbaren Erfahrung geworden wäre? Die Frage ist rhetorisch und verlangt daher nicht nach einer empirisch gesicherten Antwort; sie verweist aber auch mit dieser Offenheit auf die bildhaften, metaphorischen Sprachelemente, die unser Denken bestimmen und meistens vorbewussten kulturellen Zusammenhängen entstammen (Metaphern als Schlüssel zum Unbewussten werden im 8. Kapitel ausführlicher thematisiert).

Dass das jeweilige Schulgeschichtsbuch „die" Geschichte enthalte, ist eine nicht nur bei Schülerinnen und Schülern weit verbreitete Vorstellung, die auch mit modernen Dekonstruktionen schwer aufzulösen ist.

Der dem Buch der Geschichte zugefügte *Riss* entstammt der lebensgeschichtlichen Retrospektive des Autors, der 1945 mit ungezählt vielen anderen Kindern abrupt aus der laufenden Geschichte gerissen wurde (die doch in der kindlichen Wahrnehmung unaufhaltsam aufwärts und voran zu gehen schien), indem man ihm erklärte, dass er nie und niemandem sagen dürfe, der Vater sei in der SS und Hitler unser Gott. Die noch im Frühjahr 1945 zum neuen Schuljahr ausgegebenen NS-Schulbücher (ich wurde in die erste Klasse eingeschult) wurden von den Besatzungsmächten eingezogen, sehr zur Empörung meiner Mutter, die in ihrer Erzählung betonte, dass die Bücher, da selbst bezahlt, doch ihr Eigentum gewesen seien.

Über den Bruch, Abbruch, Einbruch oder Umbruch, der hier als Riss im Buch der Geschichte metaphorisiert wird, gibt es zahlreiche lebensgeschichtliche Zeugnisse, die weiter unten, Abschnitt 4.3, mit einiger Ausführlichkeit zu Wort kommen sollen. Dabei wird es weniger um den materiellen, politisch-gesellschaftlichen Umbruch gehen (Ende des Krieges und der Nazi-Herrschaft, Beginn der Besatzung) als vielmehr um das Phänomen der nicht-integrierbaren lebensgeschichtlichen Erfahrung, die retrospektiv als Riss oder Bruch im eigenen Geschichtsbewusstsein begrifflich gefasst wurde.

Mit diesem Zusammenspiel von lebensgeschichtlich-subjektiver Erfahrung und geschichtlich-objektiver Kenntnis vor Augen könnte die Kapitelüberschrift auch heißen: Zum Riss in meinem Buch der Geschichte – oder auch: Der Riss in meiner Lebensgeschichte. Der Vater war entthront, entehrt, entwertet (und doch bald wieder gegenwärtig). Mein infantiles Größenselbst hatte eine verheerende Niederlage erlitten. Aber es geht hier nicht nur um meine Lebensgeschichte und ihre Deutung. Für die verallgemeinernde Metapher gibt es gute Gründe, die im Folgenden skizziert werden sollen.

Zu meinen persönlichen Unterlagen gehört ein altes Familien-Fotoalbum aus der Kriegszeit, in dem die letzten Seiten rausgerissen sind. Was noch zu sehen ist, illustriert zur Genüge, was verheimlicht werden sollte. Es handelt sich um Fotos aus dem Getto Lódź (in der NS-Benennung: Litzmannstadt), in dessen Nähe wir als Besatzer-Familie eine Weile gelebt haben.

Die aus dem Fotoalbum herausgerissenen Seiten sowie die in der persönlichen Erfahrungs- und Reflexionsgeschichte begründete Riss-Metapher belegen auf der lebensgeschichtlich-familiären Seite, was der Begriff „Zivilisationsbruch" (Dan Diner) auf der geschichtstheoretischen Seite als Gesamtdeutung anbietet.

„Angesichts von Auschwitz war Auschwitz nicht vorstellbar. Nicht nur sakral imprägnierte, auch ein historisch informiertes Vorstellungsvermögen glitt an dem alle vorausgegangenen Erfahrung dementierenden Geschehen ab. Gegenüber einer grundlosen Vernichtung brechen das Handeln regulierende semantische Welten in sich zusammen. Das die Vorstellungskraft übersteigende Ereignis kontaminiert Sinngehalt von Sprache und Begriff. Mit dem Zusammenbruch aller Fundamente ontologischer Sicherheit büßen die geläufigen Mittel des Erkennens und Verstehens ihren die Wirklichkeit spiegelnden Sinn ein." Dan Diner 2007, S. 25.

Im später einsetzenden Entsetzen über den Zivilisationsbruch, in den ich existenziell eingebunden war, ist der leibhaftig erlebte Riss im Buch der eigenen Geschichte geschichtsanalytisch aufgehoben. Beides gilt nebeneinander und ineinander: der Zivilisationsbruch und der Riss im Buch meiner Geschichte.

Die emotionale Seite dieses Vorgangs kommt mit Ausdrücken wie Fassungslosigkeit, sprachloses Entsetzen, Schock, Lähmung, Gefühlssperre, Unmöglichkeit des Verstehens u.a.m. zur Geltung. Klinisch-diagnostisch spielt der Begriff Trauma eine zentrale Rolle, auf die wir im nächsten Kapitel ausführlicher eingehen werden.

Gegen diese sprachliche Dramatisierung werden Begriffe und Beschreibungen zur Geltung gebracht, die das Geschehen versachlichen, damit aber auch entschärfen und neutralisieren. Festgelegt im Interesse, den eigenen Denkansätzen Kontinuität zu verleihen, findet der Zivilisationsbruch zum Beispiel in Wehlers Deutscher Gesellschaftsgeschichte praktisch keine Berücksichtigung. Auch die psychohistorische Diskussion über die den Bruch psychologisch bewirkenden Traumatisierungen konnte oder wollte Wehler nicht rezipieren. Das kann als eine dem geschichtswissenschaftlichen Denken geschuldete Konvention verstanden werden, aber auch als massive Verdrängung, mit der sich der Autor vor dem „Zusammenbruch aller Fundamente ontologischer Sicherheit" schützt; wahrscheinlich haben wir es mit einer Mischung aus beiden Quellgründen des Unbewussten zu tun.

Das historiographisch-objektivierende Insistieren auf Kontinuität ist leichter zu verstehen, wenn wir ein subjektives Bedürfnis nach einem inneren *Lebensgefühl* der Kontinuität in die Betrachtungen einbeziehen. Wenn dieses Lebensgefühl zerstört wird oder nicht zustande kommt, drohen schwere neurotische oder gar psychotische Störungen, wie wir aus psychoanalytischen Studien erfahren (Kennedy 2003). Ohne direkten Bezug zu Wehler oder andere geschichtswissenschaftliche Zeugnisse urteilt Jan Assmann (in Jordan 2007, S.100), dass die Geschichtsschreibung jeglichen Bruch „durch die Rekonstruktion von Zusammenhängen zu überwinden" suche, um damit ein in sich zusammenhängendes *Gedächtnis* zu errichten (das heißt zu konstruieren).

Bruch, Zusammenbruch, Riss, Trauma auf der einen Seite – Kontinuität, Entwicklung, Erzählung und Erklärung auf der anderen Seite: Wir stehen kognitiv-geschichtsanalytisch in der Spannung zwischen diesen Polen und sind gehalten, introspektiv darauf zu achten, welcher Deutungsrichtung in welchem Zusammenhang wir den Vorzug geben. Methoden und Begriffe sind Symptome oft unbewusster Entscheidungen. Werfen wir noch einen Blick auf ein weiteres Beispiel.

Das Heft 04/2010 des Zeit-Magazins Geschichte ist dem Rahmenthema „1938 – Abschied von der Zivilisation" gewidmet. Abschied ist sprachlich positiv konnotiert, auch wenn er schmerzhafte Züge enthalten kann. *Abschied* von der Zivilisation ist etwas ganz anderes als Zivilisations*bruch*, der 1988 kurz und prägnant von Dan Diner als Deutung eingebracht wurde und seitdem aus dem geschichtskritischen Diskurs nicht mehr eliminiert werden kann. Abschied verhält sich antinomisch zu Bruch. Mit dem Wort Abschied wird das Unversöhnliche, Unüberbrückbare, Schreckliche des Bruchs praktisch aufgelöst und in sein Gegenteil verkehrt.

Weitere spezifische Begriffe finden sich u.a. in Stambolis 2010, die das, was in der vorliegenden Retrospektive als Riss und als Zivilisationsbruch erscheint, etwa als „Zeitenbruch 1945" kennzeichnet (S. 30), was bedeutet, dass der ereignisgeschichtlich-äußere Einschnitt sachlich-epochal klassifiziert, damit aber seiner Verflochtenheit mit dem Zivilisationsbruch und entsprechender psychohistorisch-biographischer Bedeutung entzogen wird.

## 4.2 DIE HISTORISCHEN TATSACHEN – SCHAM UND VERMÄCHTNIS

Auschwitz! Einige Stichworte zur Erinnerung der Fakten:

Die Wannsee-Konferenz am 20. Januar 1942 beschließt einen europaweiten Organisationsplan zur Deportation und Vernichtung der Juden in Europa; das System der Konzentrations- und Vernichtungslager wird ausgebaut; das namenlose Elend des täglichen Geschundenwerdens, der Todesangst und des qualvollen Todes in den Gaskammern wütet in ganz Europa und vergiftet die Welt; die Banalität des Bösen greift um sich; dagegen kann die Banalität des Guten nur minimal wenig ausrichten; Rassenwahn und Gewissenlosigkeit, Täter, Mittäter und Mitläufer bestimmen das Geschehen während des Krieges; Schuld und diffuse Schuldgefühle, Scham und Verschweigen sind mentalitätsgeschichtliche Kennzeichen der Nachkriegszeit; die überlebenden Opfer vererben ihre Traumata an die nachfolgenden Generationen; die Kinder und Kindeskinder der Täter leben wie gelähmt im Bannfluch des Massenmords, der das Buch der Geschichte gleichsam zerrissen hat.

Die Zahl der Ermordeten ist so groß, dass man sie nach Millionen rechnet und die Zahl mit Hunderttausenden abrunden muss. Allein für Auschwitz werden 1,1 bis 1,5 Millionen Todesopfer errechnet. Der als „Endlösung" bezeichnete Massenmord an den Juden hat nach vorsichtigen Schätzungen (Hilberg) 5,1 Millionen Menschen auf dem Gewissen. Zum Vergleich sei die Bevölkerungszahl von Berlin im Jahre 2006 genannt: 3,4 Millionen. Alle Einwohner Berlins und seiner Umgebung lägen also ermordet danieder, wenn man die Ergebnisse der NS-Massenvernichtung ins heutige Zivilleben überträgt.

Neben den unfassbaren Quantitäten übersteigen *Einzelszenen* das Potenzial unserer nachvollziehenden verweilenden Vorstellungskraft. Ich will hier eine Szene wiedergeben, die Reemtsma in einem Aufsatz über Gedenkstätten (2004, S. 62 f.) festgehalten hat:

„Der ehemalige Häftling des Lagers Melk, Ladislaus Szücs, schreibt in seinem Buch *Zählappell* (1995] von einem der vielen Zählappelle, bei denen es geschah: ‚Vor meiner Reihe auf dem Boden [lag] ein todgeweihtes älteres Menschenwrack, röchelnd. Da kam der berüchtigte holländische Kapo und schrie ihm zu, dass er aufstehen solle, wobei er ihm Fußtritte versetzte. Da der Unglückliche vielleicht gar nicht mehr hörte, nahm der Kapo eine lange Gerte und begann, dem unten Liegenden die Augen aus der Höhle zu drücken. Der unselige Gequälte schrie vor Schmerzen auf. Darauf der Kapo: ›Wozu brauchst du noch deine Augen; in ein paar Stunden bist du tot und erkennst deinen Jehova schon an seinem Knoblauchgeruch.‹ Ich schaute weg und kämpfte mit dem Brechreiz und schämte mich ob meinem Menschsein.'

Bewusstsein und Scham – dafür, dass beides geweckt und geübt werde, sind Gedenkstätten da. Nicht nur sie, aber insbesondere sie." So weit Reemtsma in seinem Artikel über Gedenkstätten.

Die Scham über bestimmte historische Tatsachen geschichtsbewusst vor Augen zu haben: Das gehört zum historischen *Vermächtnis*, wenn man es denn annehmen will. Auf die eher positiv konnotierten Vermächtnisse (Vermächtnis als Aufforderung eine wertvolle psychohistorische Hinterlassenschaft aufzugreifen) werden wir im 27. Kapitel eingehen.

## 4.3 „ZIVILISATIONSBRUCH" ALS WISSENSCHAFTLICH-SACHLICHES FAZIT – DESORIENTIERUNG ALS PSYCHOHISTORISCHE FOLGE DES HOLOCAUST (verschiedene Zeugnisse)

Auschwitz bildet einen Fremdkörper im Geschichtsbewusstsein sowohl der Opfer und ihren Nachkommen, als auch der Deutschen, sofern sie den Gedanken an das kollektiv verübte Verbrechen an der Menschheit tragen und ertragen können. Fremdkörper im Innern bilden keine Gemeinsamkeit, keine Brücke.

Es ist notwendig, die unausweichliche Disparität der Perspektiven deutlich vor Augen zu haben, damit keine das Geschichtsbewusstsein verdunkelnde Ganzheitsideologie entsteht. Mit dieser Disparität im Bewusstsein möchte ich im Folgenden einige Zeugnisse von Personen präsentieren, die die NS-Zeit und den Holocaust in der einen oder anderen Weise erlebt haben, diese Erlebnisse aber nicht im Lebensganzen integrieren konnten.

- Deutsche nichtjüdische Kinder müssen 1945 im wahren Sinn des Wortes „schlagartig" vergessen, was sie in den Jahren zuvor gelernt hatten.

  *„Eine meiner ersten Erinnerungen an die neue Zeit: Ich habe mir eine gewaltige Ohrfeige eingefangen. Ich weiß nicht mehr, wer zuschlug, ob Else oder Barbara, ich weiß nur, dass ich durch die Küche flog. Ich musste erwachsen werden, um zu begreifen, warum. Dreikäsehoch, wie ich war, hatte ich dem Sinn nach gefragt: Wo ist denn die Liebe zum Führer geblieben, warum sagt keiner mehr Heil Hitler? Vielleicht hätte ich fragen sollen: Warum hat es je irgend jemand gesagt?"* Bruhns, 2004, S. 385f.

- Während der Hitler-Gruß und die Ohrfeige, die ihn in Zukunft verhindern soll, bald vergessen sind und erst später, oft nostalgisch eingefärbt, erinnert werden, prägt sich die traumatisierende Auschwitz- und Holocaust-Erfahrung der Verfolgten, wenn sie denn überlebten, in das Körpergedächtnis ein, ohne lange Zeit Worte finden zu können.

  *„Seit Ende des Zweiten Weltkriegs sind bereits über fünfzig Jahre vergangen. Vieles habe ich vergessen, vor allem Orte, Daten und die Namen von Menschen, und dennoch spüre ich diese Zeit mit meinem Körper. Immer wenn es regnet, wenn es kalt wird oder stürmt, kehre ich ins Ghetto zurück, ins Lager oder in die Wälder, in denen ich so lange Zeit verbracht habe. Die Erinnerung hat im Körper anscheinend lange Wurzeln. (...) Der Hunger zum Beispiel. Bis heute wache ich nachts hungrig auf. Hunger- und Durstträume kehren Woche für Woche wieder, und ich esse, wie nur Leute essen, die einmal gehungert haben – mit einem sonderbaren Appetit."* Appelfeld, 2005, S. 57 und 95.

- NS-Mitglieder und NS-Mitläufer, die dem Vaterland mit bestem Wissen und Gewissen einfach nur „dienen" wollten, verstanden nach dem Debakel der militärischen Niederlage die Welt nicht mehr und implodierten psychologisch:

  *„'Opa', eine trockene, ja lederne Seele mit einer tiefen Sehnsucht nach Ordnung und Ruhe, war Blockwart gewesen. (...) Die ‚Niederlage' hatte ihm einen gewaltigen Schlag auf die knochige Brust versetzt und ihn verstummen lassen. (...) Der verstummte, bedächtig seine Suppe löffelnde ‚Opa' hatte auch sein Lachen verloren. (...) In seinem Inneren war etwas unwiderruflich **zu Bruch gegangen**."* Richard von Schirach, 2005, S. 225.

- Die wissenschaftliche Sachlichkeit als Abwehr der unerträglichen Eindrücke wurde oft erst nach vielen Jahren der intensiven Beschäftigung mit dem Holocaust durchbrochen, durch scheinbare Nebensächlichkeiten, wie der nachfolgende Bericht veranschaulicht. Ein 1941 geborener Geschichtsdidaktiker wird aufgefordert, eine Quelle vorzustellen, die ihn besonders intensiv beschäftigt habe (Schneider 2008) und berichtet daraufhin über die geschichtswissenschaftliche Arbeit an einem Aktenbestand, der bei dem Abtransport von Juden aus Hannover entstanden war und u.a. die Liste der konfiszierten Wertgegenstände enthält.

*„Bei der Durchsicht dieser Akten stieß ich eines Tages auf das oben wiedergegebene Dokument [nämlich die Aufstellung der konfiszierten ‚Vermögenswerte']. Selbst nach vielen Jahren der Beschäftigung mit dem Holocaust und der damit unweigerlich verbundenen Gewöhnung an einen sachlichen Umgang mit Schilderungen selbst grausamster Verbrechen, ist es nicht vorauszusehen, wann einen plötzlich eine Filmszene oder ein Dokument emotional so anrührt, dass man alle professionelle Sachlichkeit hinter sich lässt und sich im eigentlichen Sinn tief ‚betroffen' fühlt. Mir ging es so mit dieser einfachen Liste, die so gar nicht danach aussieht, Emotionalität hervorzurufen. Es war wohl die Alltäglichkeit der aufgeführten Gegenstände, die Gabeln und Messer, Serviettenringe, Zuckerstangen und Tortenheber, **die den Schock herbeiführte,** aber auch die Menge der Uhren. Ich versuchte mir vorzustellen, was der Beamte des Finanzamtes Hannover-Waterlooplatz, der die abgenommenen Gegenstände und die Liste am 13. Juni 1942 von der Gestapo übernommen hatte, wohl empfunden hatte, als er die Liste ordnungsgemäß in einer Akte ablegte. Was hatte er sich unter ‚Judenevakuierung' vorgestellt, bei der den Betroffenen vorher die Uhren abgenommen wurden und in einem Fall sogar der Ehering, obwohl das in den Vorschriften ausdrücklich ausgenommen war? Hatte er mit jemand darüber gesprochen – mit Kollegen, Freunden, seiner Frau – oder hatte er Stillschweigen bewahrt, wie von ihm erwartet wurde?"* Hans-Dieter Schmid, 2008, S.166-167.

- Opfer der NS-Geschichte fallen in „das schwarze Loch" des Nicht-Erzählbaren; das gilt vor allem für Kinder, die vom NS-Terror erfasst wurden:

*„Neulich sprachen wir hier in Göttingen beim Nachtisch von Engpässen, die wir erlebt haben, etwa ein Aufzug, der steckenbleibt, Tunnel, die zu lang sind, wie der geplante unterm Ärmelkanal, wir sprachen über alles, was klaustrophisch wirken kann, und auch, schon näher an meiner Erfahrung, von den Luftschutzkellern in der Kindheit einiger Anwesenden. Ich hatte meine Fahrt im Viehwaggon anzubieten und habe natürlich unentwegt daran gedacht, aber soll ich das beisteuern? Diese Geschichte hätte das Gespräch derart gedämpft, den Rahmen dermaßen gesprengt, dass nur ich noch gesprochen, die anderen mehr oder minder betroffen, bedrückt, geschwiegen hätten, mundtot gemacht von meinem Erlebnis. Ich erzählte also statt dessen etwas anderes, aus dem Leben einer Münchner Freundin, die bei einem Bombenangriff die halbe Schulklasse*

*verlor, während sie Glück hatte, nur an die Wand geschleudert zu werden. Über eure Kriegserlebnisse dürfte und könnt ihr sprechen, liebe Freunde, ich über meine nicht. Meine Kindheit fällt in das schwarze Loch dieser Diskrepanz.*" Ruth Klüger, 1992, S. 109.

- Die Vorstellungskraft der Täter-Kinder versagt vor der Realität, dass ihre Väter Massenmord organisiert haben. Richard von Schirach, der Sohn von Hitlers „Reichsjugendführer" (Reichsstatthalter in Wien von 1940-1945), schrieb seinem Vater, der im Spandauer Gefängnis einsaß, in aller Unschuld, dass er das Tagebuch der Anne Frank lese und von dem Buch stark beeindruckt sei.

*„Als die mich bewegende Geschichte der Anne Frank ohne Antwort blieb, hakte ich einmal nach, aber ohne Ergebnis. Daß mein Vater in irgendeiner Weise mit dem Los der kleinen Anne Frank und ihrem Schicksal, das mir so nahegegangen war, zu tun haben könnte, lag jenseits meiner Vorstellungskraft.* " Schirach, 2005, S. 135.

- Das Blackout der Täter-Kinder setzt sich fort bis ins Erwachsenenalter. Als erfolgreicher Abiturient ist Richard von Schirach ausersehen, eine Rede zu halten. Er hält sie:

*„Ich spreche mit bezwingendem Ernst über ‚Die Barbaren des zwanzigsten Jahrhunderts'[24], über den Aufstand der Massen,[25] die Mechanisierung und Bezifferung der Welt, den Niedergang der Kultur, ich zitiere Gasset − ‚Haltet euch abseits, dient einem einzigen Herrn, eurer Wahrheit, eurem Werk, alles andere wir nur von der unmittelbaren Utilität bestimmt' − und Goethe − die Rede wird mit Anerkennung in der Landeszeitung erwähnt. Aber wir alle, unsere Lehrer eingeschlossen, leiden an Bewußtseinsblindheit. Als hätte es den Nationalsozialismus nie gegeben, verliere ich kein Wort über die Verrohung, die Brutalisierung und den Zivilisationsbruch, der wenige Jahre zuvor stattgefunden hat.* " Schirach, 2005, S. 273-274.

- Die KZ-Insassen werden in einer Weise ihrer Menschenwürde, ja ihres Menschseins beraubt, dass sie sich selbst nicht mehr für Menschen halten und die körperliche wie auch geistig-seelische Rückkehr des Menschseins nach dem Überleben des Holocaust mit tiefer Freude, aber auch mit Skepsis registrieren. Das ist ein mehrmals angesprochenes Motiv in

---

[24]  Worauf bezog sich der junge Schirach mit dieser Anspielung? Eine bestimmte Quelle konnte ich nicht ermitteln. Dem Sinn nach entstammen *die Barbaren des zwanzigsten Jahrhunderts* offenbar dem Denken Nietzsches, das nationalsozialistische Ideologen für ihre Zwecke funktionalisiert hatten.

[25]  Das Buch *Aufstand der Massen* (span. 1929, deutsch 1931) machte den spanischen Philosophen Ortega y Gasset (1883-1955) berühmt. Es wurde bis in die Gegenwart vielfach aufgelegt und nicht zuletzt in den fünfziger Jahren des vorigen Jahrhunderts viel gelesen, auch in meiner Familie, das sich von dem adelig-elitären Stil Ortegas beeindrucken ließ.

Primo Levis Buch mit dem Titel *Ist das ein Mensch?* Auschwitz ist eine Wunde, die keine Ruhe gibt, die immer spürbar bleibt. Mit Entsetzen erwähnt Levi in der Einleitung seines Buches den österreichischen Philosophen Jean Améry, der von der Gestapo gefoltert worden sei und sich 1978 das Leben genommen habe. Levi selbst (1919-1978) stürzt mit 68 Jahren in den Treppenhausschacht seines Wohnhauses, wahrscheinlich Freitod.

- Außer den Entbehrungen bis zur todesnahen Erschöpfung zerreißen Misshandlungen und Folter das Vertrauen in die Welt und ihre Menschen:

  *„Wer gefoltert wurde, bleibt gefoltert. Unauslöschlich ist die Folter in ihn eingebrannt, auch dann, wenn keine klinisch objektiven Spuren nachzuweisen sind. (...) Wer der Folter erlag, kann nicht mehr heimisch werden in der Welt. Die Schmach der Vernichtung lässt sich nicht austilgen. Das zum Teil schon mit dem ersten Schlag, in vollem Umfang aber schließlich in der Tortur eingestürzte Weltvertrauen wird nicht wiedergewonnen."* Améry, 1980, S. 64 und 73.[26]

- Die Unauslöschlichkeit bestimmter Erfahrungen, die den Kern der Persönlichkeit umschließen und zu erdrücken drohen, wird auch in psychoanalytischen Studien bestätigt, die sich aus Therapien mit NS-Opfern ergeben haben. Weder die Traumatisierten noch die Therapeuten finden Worte, um zu beschreiben, was in und durch die Traumatisierung geschah. Sprachlosigkeit als empirische Einlösung der Riss-im-Buch-Metapher.

In einem mannigfaltige Forschungsergebnisse zusammenfassenden Text heißt es: *„Das Trauma wird zum ‚schwarzen Loch' in der psychischen Struktur* [vgl. oben Zitat Ruth Klüger]. *Unintegrierte Trauma-Fragmente brechen später wieder ins Bewusstsein ein, überwältigen das Ich, das diese Bruchstücke aber nicht strukturieren und integrieren kann. Sie in ein übergeordnetes bedeutungsvolles Narrativ einzubinden, ist ohne Hilfe nicht möglich. Da das traumatische Erleben das Netz von Bedeutungen eines Menschen unterbricht, kann es auch nicht bedeutungsgebunden beschrieben werden. Der Halt, den Bedeutungen geben, existiert in diesem Augenblick nicht mehr, die traumatische Erfahrung kann nicht ‚contai-*

---

[26] Im Vorgriff auf den zweiten Teil des Buches und die Erörterung der Frage, ob man bedrückende Geschichtserfahrungen „bewältigen" könne, sei hier auf den Untertitel zu Amérys Buch verwiesen: *Bewältigungsversuche eines Überwältigten.-* Dass sich Geschichtswissenschaftler als mehr oder weniger aktive Unterstützer der Überwältigungen nach 1945 als Geschichtsbewältiger andienten, erinnert mich an den verführerischen Gesang der Sirenen in der Odyssee, dem so mancher Seefahrer zum Opfer fiel.

*ned' werden.*[27] *Sie ist direkt in der Struktur der Erfahrung verankert. Um diese psychologisch zu beschreiben, müssen wir zu Metaphern Zuflucht nehmen. Am häufigsten werden die Metaphern des Fremdkörpers, des Lochs, der Lücke in der psychischen Textur, der Krypta oder des leeren Kreises verwendet.* " Bohleber, 2000, 823.

- Was in individuellen Therapien diagnostiziert wurde, gilt aber auch für den gesamtgesellschaftlichen Kontext, schlussfolgert ein anderer Psychoanalytiker:

  *„Die nationalsozialistische Vernichtung der europäischen Juden ist nicht integrierbar. Sie bleibt als ,gestauter Schrecken', als Verlust von ,Weltvertrauen' in den Überlebenden erhalten. Diese Vernichtung ist nicht umkehrbar, nicht ,wiedergutzumachen', sie ist nicht heilbar. Sie wird über die Beziehung, über die Ängste, über das Schweigen und Sprechen und auch mittels gestischer Handlungen tradiert.* " Grünberg, 2000, S. 1031.

- Auch die Psychoanalyse war nach 1945 gleichsam gelähmt und zerrissen. Der Nationalsozialismus kam in persönlich-„privaten" Psychoanalysen etliche Jahre überhaupt nicht vor. Die Ausgrenzung des psychohistorisch Wesentlichen in Psychoanalysen war (oder ist immer noch?) eine Gefahr, wie an einem von Dan Diner referierten Beispiel (1987, S. 189) drastisch deutlich wird: Festgelegt auf die in den achtziger Jahren grassierenden Ängste vor einem Atomschlag, übersah ein Analytiker die manifest auf Auschwitz verweisenden Elemente im Traum eines Patienten (Lagerhalle, Rampe, Sperrgebiet) und beließ es bei der Diagnose einer „Realangst", die sicherlich ernst zu nehmen war, die aber erst in Verbindung mit der tiefer sitzenden Geschichtsangst ihre volle Bedeutung offenbart hätte.


## 4.4 „DAS BLUTEN EINER ZETRSTREUTEN SCHRIFT" – ZUR POSTMODERNEN ABSAGE AN DIE „GROSSE ERZÄHLUNG"

Nach Auschwitz kann es keine große Erzählung (engl. *master narrative,* frz. *grand récit*) mehr geben. Theorien und Imperien oder andere Großsubjekte der Geschichte (als da waren Vernunft und Wissenschaft, Aufklärung und Fortschritt, „der" Mensch und „die" Menschheit, Geschichte als Heilsgeschichte und als Wirken Gottes usw.) sind abgelöst worden von Detailforschungen, verschiedenen Erzählungen, Geschichten und Bekenntnissen, die

---

[27]  Nach dem psychoanalytischen Konzept des „Containings" nimmt der Psychoanalytiker unerträgliche Gefühle des Patienten in sich auf und gibt sie ihm bei passender Gelegenheit so zurück, dass sie für den Patienten annehmbar sind (vgl. Auchter und Strauss 2005, S. 52).

sich allesamt wechselseitig verständigen müssen, um auch nur die Ahnung eines Gesamtzusammenhanges entstehen zu lassen.

Einer der postmodernen Autoren, die, mit dem Blick auf Auschwitz, das Ende des *grand récit* diagnostiziert haben, war Jean-François Lyotard (1924-1998). Wir leben, so Lyotard, in tausendfachen Differenzen, die aber nicht einfach konkretistisch aufzuzählen seien, sondern einen permanenten *Widerstreit* konstituieren, der sprachanalytisch ansatzweise erhellt, aber nie vollständig erfasst werden könne.

Wenn wir uns ältere Beispiele ansehen, etwa Schillers Antrittsvorlesung von 1788 zur Frage *Was heißt und zu welchem Ende studiert man Universalgeschichte?* wird die postmoderne Kritik an der großen Erzählung im Buch der Geschichte auf Anhieb plausibel, auch ohne den Blick auf Auschwitz, der Schiller noch nicht möglich war. Allein der unkritisch-eurozentriert verwendete Begriff „Universalgeschichte", mit dem der Glaube an den emanzipatorischen Fortgang der Gesamtgeschichte, ausgehend von Europa als einer idealisierenden Konstruktion, festgeschrieben wurde, stößt heute mit Recht auf entschiedene Kritik bis hin zur zornigen Ablehnung der Aufklärung überhaupt.

Schiller war ein Anhänger der Philosophie Kants; die Zivilisierung der „gesetzlosen Wilden" [!] gehörte bei beiden Denkern zur Aufstiegsbewegung der Moderne. Frühere Zeiten haben uns, so dozierte Schiller (1759-1805) im überfüllten Hörsaal, ein „Vermächtnis an Wahrheit, Sittlichkeit und Freiheit" hinterlassen, das jeder Mensch vermehren und an die nächsten Generationen weitergeben könne. Ist eine derartige Perspektive heute noch konsensfähig? Sicherlich finden wir in der Vergangenheit auch Zeugnisse des Strebens nach Wahrheit, Sittlichkeit und Freiheit, aber wir finden im Übermaß auch das Gegenteil, die Verdrehung dieser Werte in moralisch-menschlichen Morast: die zum System erhobene Lüge, die sadistische Perversion, die Versklavung und Verkrüppelung des Geistes und der Körper.

Edward Gibbon, der ansonsten hier so geschätzte englische Historiker der Aufklärung, meinte sogar, die wilden Völkern des Erdballs als „die gemeinsamen Feinde der zivilisierten Gesellschaft" stigmatisieren zu können (*Decline...*, Ende des 38. Kapitel): Was für eine grandiose Verdrängung der kolonialistisch-destruktiven Ausbeutung der Welt, die sich zu Gibbons Lebzeiten u.a. mit den „Entdeckungsfahrten" des James Cook (1728-1779) ankündigte. Was – darüber hinaus – für eine illusionäre Fehleinschätzung der Zukunft, von der Gibbon erwartete, dass sie nicht nur Wissen, Glück und Reichtum, sondern „vielleicht auch" die „Tugend des Menschengeschlechts" vermehren würde.

Die allgemeine Skepsis der Postmoderne, die zum Teil einem sprachanalytischen, ja sogar sprachspielerischen Umdenken geschuldet ist, wird durch Auschwitz bestätigt, vertieft und verschärft. Auch in dieser Hinsicht kann noch einmal Lyotard zitiert werden (*Der Widerstreit*, 1989, S. 106):

„Das Schweigen, das den Satz ‚Auschwitz war ein Vernichtungslager'
umgibt, ist kein Gemütszustand, sondern ein Zeichen dafür, daß etwas Unge-
äußertes, Unbestimmtes zu äußern bleibt. Dieses Zeichen bewirkt eine Verkettung von Zeichen. Die Unbestimmtheit der unabgegoltenen Bedeutungen,
die Vernichtung dessen, wodurch sie bestimmt werden können, der Schatten
der Negation, der die Wirklichkeit bis hin zu ihrer Verflüchtigung aushöhlt,
mit einem Wort: das den Opfern zugefügt Unrecht, das sie zum Schweigen
verurteilt: all das, und nicht eine Gemütsverfassung, ruft nach unbekannten
Sätzen, um den Namen Auschwitz weiter zu verketten."
    Das Schweigen weise darauf hin, „dass Sätze schmerzvoll und unabge-
golten auf ihr Ereignis warten und dieser Schmerz das Gefühl ist. Aber der
Historiker muß dann auch mit dem Monopol, das dem kognitiven Regelsys-
tem von Sätzen über die Geschichte eingeräumt wird, brechen und das Wagnis auf sich nehmen, auch dem Gehör zu schenken, was im Rahmen der
Regeln der Erkenntnis nicht darstellbar ist. Jede Wirklichkeit enthält diese
Forderung, insofern sie unbekannte mögliche Bedeutungen enthält. In dieser
Hinsicht ist Auschwitz die wirklichste Wirklichkeit. Sein Name markiert die
äußerste Grenze, an der sich die Kompetenz der Geschichtswissenschaft zurückgewiesen sieht." Lyotard, 1989, S. 106-107.
    Auschwitz zersprengt, so Lyotard weiter, die bislang übliche „Erfah-
rung", die mit Wir-Sätzen artikuliert werden könne. Das hinter der Chiffre
Auschwitz aufscheinende Unheil habe im Grund keinen Namen, der sich mit
anderen Namen verknüpfen lasse; Auschwitz sei, sprachphilosophisch betrachtet, unlesbar. Das Sprechen „nach Auschwitz" führe dementsprechend
zu keinem greifbaren „Resultat", nicht einmal zu einem vorläufigen, das ansonsten im dialektischen Denken entsteht. Auschwitz sei kein „Beispiel", das
mit anderen Beispielen in Beziehung gesetzt werden könnte, sondern ein
nicht definierbares „Modell". Auch das Sprechen „nach" Auschwitz (1998),
das Lyotard angesichts der Unmöglichkeit eines angemessenen Ausdrucks
„über" Auschwitz in den Vordergrund stellt, bietet keinen verlässlichen Ausgangspunkt. Denn welches Ende wird denn mit diesem „Nach" bezeichnet?
Welcher Beginn sei zu erkennen? Auch das „Nach" verweise also auf die be-
deutungsleere Kontingenz von Auschwitz.
    Lyotard beruft sich auf Derrida, wenn er des Weiteren argumentiert: Die
durch Auschwitz in das abendländische Denken eingeführte Spaltung verur-
teile die spekulative Logik zur „Unordnung eines Unendlichen" und bewirke
so einen Riss im „philosophischen Tympanon", durch den „das Bluten einer
zerstreuten Schrift" dringe. Lyotard, 1998, S. 18 mit Bezug auf Derrida.
    Das Bluten einer zerstreuten Schrift – was für ein Sprachbild! Ins Kör-
perlich-Leibhaftige gewendet ist Auschwitz eine Wunde, die nicht verheilt.
Auschwitz als „Wunde" ist eine häufig gebrauchte Metapher, doch ihre ver-

sachlichte Version – „Vergangenheit, die nicht vergeht" (Peisker 2005) – wird ebenso häufig vorgebracht, bis jetzt jedenfalls. Dass das durch den Holocaust ausgelöste, unruhig nach Erklärung suchende Denken und Forschen überfordert oder erschöpft ist, diese Sichtweise macht nur Sinn, wenn man auf ein deutlich fassbares Ergebnis aus ist. Das aber wird es nie geben. Der Prozess ist das Ergebnis.

## 4.5 DER HOLOCAUST IM GESCHICHTSGANZEN (Diskussion)

*Vorbemerkung* – Auch wenn der Holocaust die dem zivilisatorischen Aufstieg der Menschheit gewidmete große Erzählung im Kern getroffen und damit als Mythos der europäischen Selbsttäuschung entlarvt hat, gehen sowohl die Geschichte selbst als auch das Nachdenken über den Verlauf der Geschichte weiter. Das kann gar nicht anders sein, und das ist, banal gesagt, auch gut so, weil nur so Impulse der Kurskorrektur entspringen können. Sehen wir uns einige Deutungsansätze an, die den Holocaust nicht mehr bedrohlich vor Augen, sondern gleichsam im Rücken haben.

### 4.5.1 DIE GESCHICHTE DER MENSCHHEIT: SACKGASSE, KUMULATIVER LERNPROZESS, GRATWANDGERUNG ODER WAS...?

Ist die Zivilisation insgesamt in eine Sackgasse geraten? War der Holocaust der infernalische Paukenschlag, der die Selbstzerstörung der Menschheit angekündigt hat? Oder haben wir im Gegenteil Anlass, einen kumulativen, kollektiven Lernprozess anzunehmen, der das planetarische Unheil immer noch rechtzeitig abzuwenden versteht? Oder trifft die Metapher einer Gratwanderung eher den Kern der Geschichtsturbulenzen, die schwindelnde Höhen und schwindelnde Tiefen erlebt hat und weiterhin erleben wird?

Abermals sind wir auf der Suche nach dem treffenden Begriff, der angesichts der Problemkomplexität aber nicht dogmatisch verkündet werden kann, weil er eben wegen der Problemkomplexität unausweichlich verschiedenen Brechungen unterliegt, unter anderem der einer „hermeneutischen Ich-Duplizität", in der, wie oben (2.5) dargelegt wurde, beides nebeneinander existiert: die kognitiv nicht integrierbare Fassungslosigkeit und die Integration der NS-Verbrechen in einem Geschichtsbewusstsein der kritischen Zukunftssorge.

Die Rede vom Riss im Buch der Geschichte und vom Bruch der Zivilisation impliziert, dass der Geschichtsverlauf bis zum Holocaust tendenziell positiv beurteilt wird. Genau das wird aber von verschiedenen Seiten bezweifelt. Der Prozess der Zivilisation habe keine Verfeinerung der Sitten bewirkt, wie sie etwa Norbert Elias nachgewiesen hat, sondern im Gegenteil ein permanentes Anwachsen blutiger Gewalt, von den ersten Feuerwaffen und der Guillotine über den Holocaust bis zur Atombombe. Sicherlich konstituiere der Holocaust mit der industrialisierten Vernichtung der Juden etwas Einmalig-Neuartiges, absolut Sinnloses. Aber was heißt das schon: Bietet die Geschichte nicht unablässig Einmalig-Neuartiges und absolut Sinnloses? Vor allem rechtfertige diese Heraushebung nicht die geradezu emphatisch beschworene These, dass der Holocaust sich allen Begriffen des Verstehens und Erkennens entziehe, ganz abgesehen davon, dass mit dieser Grundeinstellung wissenschaftlicher Forschungsethos untergraben werde.

Geschichtliches Verstehen, Erkennen und Erklären stoße auch bei anderen Geschehnissen auf seine Grenzen. Die Zivilisation im Ganzen brüte Unheil aus, von Anfang an, so könnte zusammenfassend die These vom Holocaust als Zivilisationsbruch relativiert und in den Diskurs zurückverwiesen werden. Die Grundfrage nach der kritischen Einordnung des Holocaust ist indirekt mit der geschichtstheoretischen Grundfrage verbunden, ob man Geschichte naturwissenschaftlich erklären könne, etwa so wie Blitz und Donner. Um die Frage wird bisher ein großer Bogen gemacht.

## 4.5.2 GLOBLISIERUNG, PLURALISIERUNG, DIVERSIFIZIERUNG

„Das Buch der Geschichte" ist, wie eingangs kurz erläutert wurde, ein abendländisch-europäisches Motiv, das ein gerüttelt Maß an Eurozentrismus implizit voraussetzt und daher in anderen Erdteilen und Kulturen eine andere oder gar keine Bedeutung hat. Was wäre denn „das Buch der Geschichte" in indischer, islamischer oder kosmologischer Sicht? Dementsprechend ist der Riss im Buch der Geschichte eine narzisstische Übertreibung, die vom Irrweg der abendländischen Geschichte nur ablenkt. Tiefgehende Einschnitte in der Geschichte hat es schon immer gegeben. Anstatt wie gebannt auf das eine Thema zu starren, sollte man sich auf die historisch-politische Vielfalt der pluralisierten Welt einlassen und überlegen, welcher Trend Erforschung und Unterstützung verdient.

Man kann sich auch ohne Rekurs auf den Holocaust von der „Meistererzählung" verabschieden, um der Vielheit des Geschichtlichen das Tor zu öffnen, denken wir nur an die bis vor Kurzem noch völlig übersehene Frauen- und Geschlechtergeschichte (Hausen 1998), die hier exemplarisch für viele weitere Initiativen vergleichbarer Art genannt wird.

### 4.5.3 DIE GESCHICHTE GEHT WEITER – WIR GEWINNEN ABSTAND UND VERGESSEN

Nach dem Zweiten Weltkrieg wurde die *Zeitgeschichte* als neue Wissenschaftsdisziplin eingefordert und dementsprechend ein Institut für Zeitgeschichte in München gegründet, was freilich nur gegen etliche massive Widerstände gelang. Unter Zeitgeschichte verstand und versteht man jene in die Gegenwart hineinragende Epoche, die zumindest ein Teil der noch Lebenden bewusst miterlebt hat (eine chronologisch trennscharfe Definition ist weder bekannt noch überhaupt zweckmäßig), was bedeutet, dass sich die Epochengrenzen kontinuierlich zur Gegenwart hin verschieben.

Während in den fünfziger Jahren die beiden Weltkriege und der Holocaust zentrale Themen der Zeitgeschichtsforschung bildeten, lässt man heute im Allgemeinen – detaillierte Definitionskontroversen können hier außer Acht bleiben – die Zeitgeschichte 1945 beginnen. Auschwitz und der Holocaust-Diskurs sind damit schon fast außen vor. In dem Maße, wie sie Gegenstand von öffentlichen Kundgebungen und Kontroversen bleiben, überdauern sie das Verschwinden in der Geschichte noch eine Weile. Doch es ist abzusehen, dass Auschwitz seinen herausgehobenen Sonderstatus Schritt für Schritt verliert und die von etlichen Historikern so inständig eingeforderte Historisierung (vgl. 12. Kapitel) voll durchschlägt.

Neue Themen (Migration, Armut, Klimawandel, Ressourcenknappheit, Atomkraftdesaster u.a.m.) überdecken und „verdrängen" den Holocaust. Die Toten werden untergepflügt, die geistigen Friedhöfe eingeebnet, die Risse im Habitus der ersten und zweiten Generation, wenn es sie denn überhaupt gab, sind in der dritten und vierten Generation kaum noch zu erkennen. Jede Generation hat ein Recht auf Vergessen (Nietzsche 1873, Ricoeur 1997, Weinrich 2000) – und auf Neuanfang. Wer nicht vergessen kann, schiebt das Unabgegoltene endlos vor sich her – wie Sisyphos, der dazu verurteilt war, einen Felsbrocken bergauf zu wälzen: Kaum war der Fels bis nach oben gewuchtet, rollte er wieder abwärts.

Es gibt genug neue Felsbrocken, die zu bewegen sind. Die Geschichte geht weiter. Es bleibt aber geschichtsanalytisch zu fragen, welchem „Felsbrocken" wir uns zuwenden. Und: Welche gesellschaftlichen Strömungen und persönlichen Motive eben diese Zuwendung beeinflusst haben.

## 4.5.4 EUROPA ALS MISSIONARIN EINES NEUEN UNIVERSALISMUS? VORSICHT!

Die Absage an die alte Meistererzählung, die durch den Holocaust ihre innere ideologische Substanz eingebüßt hat, wird durch die libidinöse Besetzung von Zukunftsideen und -konstrukten relativiert und mit anderen Vorzeichen versehen. Die Schatten der Vergangenheit sollen im Licht der Zukunft zwar nicht verschwinden, aber doch aufgehellt und damit der kollektiven Identität leichter eingepasst werden.

Ein solches Konstrukt ist das vereinte Europa, das in seinen besten aufklärerischen Traditionen beschworen und als Motor für einen „neuen Universalismus" imaginiert wird (z.b. von Rüsen 2006 und 2008). Als Wunsch und Hoffnung kann dieser neue Universalismus, der die alten Ethnozentrismen überwinden soll und in der „Form eines dynamischen, interkulturellen Diskurses" (Rüsen 2006, S. 251) zu denken ist, nur begrüßt werden. Als politisierte Fantasie eines Größenselbst löst er aber eher Skepsis aus. Europa als Anführer einer zu befriedenden Menschheit? Europa als Begründerin einer Geschichtskultur, die Maßstäbe für die ganze Welt setzt? „Wir Europäer" als Subjekte einer neuen Meistererzählung, in der die bedrückenden Erfahrungen der Vergangenheit aufgehoben und zukunftsfähig integriert werden? Der Holocaust als Teil der deutschen (in Zukunft dann der europäischen) „Identität"?

Geschichtsanalytisch gesehen mahnen derartige Fragen eher zur sprachlich-inhaltlichen Vorsicht als zur enthusiastischen Zustimmung. Es ist nachvollziehbar, wenn etwa gesagt wird: „Die Verantwortung für die Schoah ist Teil der deutschen Identität."[28] Die politische und psychohistorische *Verantwortung* für die Schoah ist aber etwas anderes als die Schoah selbst, die ihre Täter und ihre Opfer hat und dementsprechend unterschiedliche Selbst-Definitionen einfordert. Ich möchte weder im Geschichtsbuch der NS-Verbrechen unlöschbar eingetragen bleiben, noch im Gummibegriff eines neuen europäischen Universalismus verschwinden. Ich denke, es genügt, die Schoah als Dimension historisch-politischer Erfahrungen vor Augen zu haben die einen weiterführenden, einen existenziell fundierten und praktisch unendlichen Diskurs einfordern.

Als Leser involviert in die Emphase, mit der manche Autoren Europa als Heilsweg in die Zukunft beschwören, fiel mir spontan Goethes Faust ein, der im Halbschlaf die Osterbotschaft hört (Chor der Engel: „Christ ist erstanden!") und in wohl gesetzten Hexametern murmelt: „Die Botschaft hör' ich wohl, allein mir fehlt

---

[28] Das sagte der damalige Bundespräsident Horst Köhler vor dem Parlament im Jerusalem am 2. Februar 2005. In etlichen Presseerklärungen wurde die Verantwortung aber eliminiert, so dass die Schoah zum Teil der deutschen Identität gemacht wurde, vgl. z.B. Überschrift und Köhlers Redetext in *Jüdische Allgemeine* 10. Februar 2005.

der Glaube." Entsprechendes gilt auch für „Sinn" als „Kategorie historischen Denkens" (Rüsen in Jordan 2007, S. 263), die mit beträchtlichem publizistischen Aufwand gegen die Angst vor Sinnverlust und die Sinnlosigkeiten der Geschichte (vgl. Kap. 6.7) ins ideologische Rennen geschickt wurde. „Sinn" als Inbegriff des Gesunden und Ganzheitlichen ist so etwas wie ein Gegenbegriff zum „Riss" im Geschichtsbewusstsein.

Den alten europäischen Überlegenheitsanspruch mit neuen humanistischen Etiketten versehen und so aufrecht erhalten: das ist in der Perspektive dieses Buches anachronistisch und narzisstisch-überheblich. Aus indischer Sicht ist Europa Provinz (Chakrabarty 2010).

Glaubensbotschaften, auch säkularen Profils und Inhalts, sind nicht richtig oder falsch; sie können nicht bewiesen werden so wenig wie Metaphern für Geschichte; sie gehen vielmehr in das Arsenal der Verarbeitungsmodi ein, über deren Bestand und Wirkung das gesellschaftliche Geschichtsbewusstsein der Zukunft entscheidet.

Geschichtsbewusst thematisiert im Erfahrungs- und Denkhorizont eines europäischen Universalismus bzw. einer neuen europäischen Identität verliert der Holocaust seine schmerzende Schärfe, die er in einer direkten lebensgeschichtlichen und nationalgeschichtlichen Konfrontation unausweichlich ausübt. Diese Konfrontation war eine Generationsaufgabe, die großenteils übersehen oder übersprungen wurde.

Wir wenden uns im folgenden Kapitel der Frage zu, inwiefern Geschichte traumatisierende Wirkungen zeitigen kann. Das Trauma wirkt wie eine Versteinerung im Geschichtsbewusstsein, das einer vitalen Lebendigkeit bedarf, wenn es Lösungen von Irrwegen der Vergangenheit bewirken soll.

# 5. Individuelle Traumatisierungen
## und das generelle „Zuviel" der Geschichte

## 5.1 TRAUMA – BEGRIFF UND BEGRIFFSFELD

Wer traumatisiert ist, wird seines Lebens nicht mehr ganz froh; denn das Trauma (*gr.* Wunde, Verletzung) hat in der Psyche des Betroffenen Schäden hinterlassen, die ebenso wenig überspielt werden können, wie – sagen wir – Asthma oder Herzrhythmusstörungen. Das Trauma, zum Beispiel eine Todesangst auslösende Gewalterfahrung, durchbricht die inneren Schranken der Realitätskontrollen, bringt die Seele durch den Einbruch nicht-integrierbarer Einwirkungen durcheinander und prägt sich dem Unbewussten ein, das sich einem therapeutischem Vorgehen in dieser Konstellation besonders hartnäckig verschließt, weil allein die Möglichkeit eines Wiedererlebens in der psychoanalytischen Interaktion panische Angst auslöst und daher so weit wie möglich vermieden werden muss.

Als *posttraumatisches Belastungssyndrom* (engl. *Posttraumatic Stress Disorder*, PTSD), sind die hier – einleitend – ins Auge gefassten seelischsozialen Störungen in die medizinische Terminologie eingegangen, die sich mit Hilfe elektronischer Suchmaschinen ohne Schwierigkeiten genauer erfassen lassen.

Von den klinisch nachweisbaren Traumata und ihren Nachwirkungen in bestimmten Personen sind Traumatisierungen im größeren historisch-gesellschaftlichen Kontext zu unterscheiden, die auf den ersten Blick ähnlich zu sein scheinen, im Ganzen aber andere Wirkungen entfalten und daher auch begrifflich auf eigene Weise erfasst werden sollten, was in den folgenden Unterkapiteln zu erörtern sein wird.

Wenn wir die pathogenen Überforderungen der Ich-Kräfte und entsprechende Folgeerscheinungen als allgemeinen Nenner verschiedener Traumatisierungen begreifen, erscheint Geschichte psychohistorisch als ein permanentes *Zuviel* für die gesellschaftlichen Wir-Kräfte, die eigentlich erste Hilfe und weiteren Aufbau, einen Prozess der Gesundung, den Ausgleich der Verluste usw. in Gang zu bringen hätten.

Ich übernehme den Begriff des *Zuviel* von Anita Eckstaedt (1989), die ihn auf „Hörigkeitsverhältnisse" generationeller NS-Verklammerungen bezieht, und übertrage ihn auf den hier zur Debatte stehenden größeren Zusammenhang. Eckstaedt bezog sich ihrerseits auf Faimberg 1987, die auf der Grundlage von Fallvignetten eine „Geschichtswerdung" durch die unbewusste *Ineinanderrückung der Generationen* diagnostizierte; ein Zuviel erschien hier als „Objekt, das immer anwesend ist." Die antagonistischen empirischen Inhaltsbezüge (dort Erbschaften der Täter-Tradition, hier Erbschaften der Opfer-Tradition) müssen bewusst bleiben, wenn der übergreifende Begriff des *Zuviel* eine heuristische Kraft bewahren soll.

Atom- und Naturkatastrophen, industrielle Vernichtungen der Natur und der Tierarten, Millionen und Abermillionen von Hungertoten, Seuchen und Siechtum, Betrügereien im globalisierten Umfang, Traumatisierungen durch Krieg, Migration, Ausgrenzungen – die Zeitungen sind fast täglich voll mit Katastrophen, die zum großen Teil dem übersteuerten Zivilisationsprozess sowie den Egomanien bestimmter Herrschaftsinteressen geschuldet sind und in ihren Folgen nur notdürftig gelindert werden können. Mit einleuchtenden Argumenten forderte der französische Philosoph André Glucksmann (1991) im Rückblick auf das 20. Jahrhundert eine „Moral der Ersten Hilfe".

Das generelle Zuviel der Geschichte erzeugt Angst, die verdrängt werden muss; darauf gehen wir im folgenden (6.) Kapitel ein.

Zwischen klinisch diagnostizierbaren Traumatisierungen und dem generellen Zuviel der Geschichte besteht ein gewaltige Spanne, die nur im gedanklichen Höhenflug überbrückt werden kann. Der Trauma-Begriff erfährt seit einiger Zeit eine inflationäre Ausweitung und Verwendung, so dass es in der Gegenbewegung zweckmäßig erscheint, seine Tragfähigkeit immer wieder zu überprüfen und zu fragen, ob und inwiefern er im Spannungsfeld von Psychoanalyse und Geschichtsbewusstsein noch Einsichten eröffnet. Bestimmte Differenzierungen, auf die wir noch eingehen werden, dürfen nicht verloren gehen, das gilt nicht zuletzt für die Unterscheidung zwischen den Opfern von Traumatisierungen und den Traumatisierungen auslösenden Akteuren, die ihre nicht-bewältigten Vergangenheiten ebenfalls mit sich rumschleppen, aber doch nicht als Trauma im klinischen Sinn.

Eine fulminante Kritik an „ontologisierenden" Trauma-Theorien, die sich von der klinisch-empirischen Wirklichkeit der Trauma-Forschung ablösen und damit auch Ziele und Möglichkeiten der Therapie negieren, hat Weilnböck, Psychotherapeut in Zürich, 2007 publiziert. Sein Plädoyer für eine therapeutische und kulturelle Praxis der De-Traumatisierung wechselt mehrfach den Standpunkt der Kritik und entwickelt damit eine packende gedankliche Dynamik. Der Autor argumentiert ebenso leidenschaftlich wie kenntnisreich und dokumentiert gleichzeitig die unaufhebbare Spannung zwischen kollektiv-geschichtlichen und individuell-therapeutischen Perspektiven. Individuen können „geheilt" werden, zumindest so weit, dass die Unerträglichkeiten des Traumas benannt, ertragen und lebenspraktisch integriert werden. Ohne diese Aussicht hätte der Trauma-Therapeut überhaupt keinen Rückhalt. Inwiefern Entsprechendes für die Perspektive auf Geschichte in Anspruch genommen werden kann, ist unsicher, inhaltlich und methodologisch.

Diagnostisch gibt es zwischen Psychoanalyse und Geschichtsdeutung sicherlich zahlreiche Übereinstimmungen. Je weiter wir uns jedoch von der klinischen Diagnose entfernen und uns auf das unübersehbare Feld der Psychohistorie und der Ontologie begeben, umso größer werden auch die Unterschiede, und der Trauma-Begriff droht im Gedankenebel zu verschwinden. Zur deutlichen Kennzeichnung dieser Unterschiede wird der Trauma-Begriff in diesem Buch nicht auf die ganze Geschichte bezogen.

## 5.2 GESELLSCHAFTSSTRUKTUR UND INDIVIDUELLER LEBENSANFANG – ZUR BEDEUTUNG DES ÜBER-ICH

Angewiesen auf Schutz und Fürsorge der Erwachsenen, mit nur unentwickelten schwachen eigenen Ich- und Abwehrkräften ausgerüstet, leiden Kinder besonders lange und heftig an den Folgen von Traumatisierungen, die im späteren Leben oft gar nicht bewusst sind und so vom Un- oder Vorbewussten her, oft in merkwürdigen symptomatischen Verkleidungen, ihre Wirkung ausüben. Als Ursachen sind nicht nur äußere Brutalitäten anzunehmen, sondern auch scheinbar folgenlose und lebensübliche Entbehrungen oder Zumutungen wie etwa unausweichliche Einschränkungen der Fürsorge, Liebe und Kommunikation, als Willkür und Grausamkeit empfundene Bestrafungen, existenzielle Desorientierungen durch Auflösung oder Vernichtung der gewohnten Umwelt, Tod eines Elternteils oder gar beider Eltern, Empathie-Unfähigkeit der Eltern und was dergleichen mehr sein kann.

In die familiären Konstellationen wirken *Kräfte struktureller Gewalt* ein,[29] die politisch, weil sie sich mit mediengerechten Direkt-Maßnahmen nicht oder nur symptomatisch bekämpfen lassen, gerne marginalisiert werden, aber eben deswegen ins Zentrum der hier entfalteten Überlegungen gehören.

In seiner Abhandlung über *das destruktiv-alllwissende Überich* schreibt Beland (2008, S. 240):

„Alle gegenwärtigen Kriege, ABC-Waffen, Hungersnöte, Umweltzerstörungen, alle vom Gesetz her nicht beseitigten Diskriminierungen und sozialen Ungerechtigkeiten, alle globalen wirtschaftlichen Kriminalitäten und in-

---

[29] Der Begriff *strukturelle Gewalt* wurde vom norwegischen Friedensforscher Johan Galtung, geb. 1930, in den politischen Diskurs eingebracht. Galtung dachte freilich mehr an materielle, körperlich einschränkende Lebensbedingungen (z.B. beengte Wohnverhältnisse, mangelhafte Ernährung u.ä.) als an psychohistorische Faktoren wie „verweigertes Verstehen" und Empathieunfähigkeit.

humanen Gesetzmäßigkeiten, nach denen verfahren wird, alle inhumanen und anthropologischen Theorien oder Rechtsbestimmungen, alles dies, wenn es als gefährliche Dummheit und als Missbrauch seelische Unbegreiflichkeit und körperliche Verstümmelungen von Kindern zur Folge hat, alles dies wird, wenn es die Säuglingszeit traumatisch erreicht, als verweigertes Verstehen traumatisch wirken und verinnerlicht werden."

Niemand wird bezweifeln, dass es verheerende Folgen hat, wenn die Gewalt der Geschichte „traumatisch die Säuglingszeit erreicht"? Leider hat sich dazu bisher kein forschungsrelevantes Problembewusstsein entwickelt, von Problemlösungen ganz zu schweigen. Traumata wirken im Unbewussten, auch wenn ihre Entstehungen faktizistisch rekonstruiert werden können, und sie konstituieren dem entsprechend, wenn man sich an die bisherige methodologische Selbstbeschränkung der Zunft hält, kein geschichtswissenschaftliches Thema.

Über Traumatisierungen in der Säuglingszeit findet sich in den Archiven *direkt nichts.* Also können sie auch nach den ungeschriebenen Verhaltensregeln der „Zunft" prinzipiell ausgeblendet werden. Historiker sind mit dem bewussten methodisch kontrollierten Rekonstruieren der Grauenhaftigkeiten vollauf beschäftigt. Und bevor sie mit dem Rekonstruieren der Grauenhaftigkeiten am Ende sind, sind neue Grauenhaftigkeiten eingetreten und warten darauf, dokumentiert, begriffen und „verdaut" zu werden, was aber, wie gesagt, nicht oder nur äußerst mangelhaft gelingen kann.

Beland vollzieht einen ersten Schritt von der individuellen, therapeutischen Perspektive in die Eigendynamik der Geschichte, indem er die Prädestinationslehre Calvins als „kollektiv religiösen Versuch von Bewältigung des allwissenden Überichs in der Geschichte" deutet (S. 242-246). Diesem Schritt müssten in Zukunft weitere Schritte folgen, die der transgenerationellen psychohistorischen Wirkung des religiösen Dogmas nachgehen und einerseits kollektive Auswirkungen der frühkindlichen Traumatisierungen aufzeigen, andererseits aber auch Gegenbewegungen, Befreiungen, „Heilungen" zu würdigen wissen. Zum Glück ist ja weder die von Beland (typischerweise an einem literarischen Beispiel aufgezeigte) „Oblomoweritis" (das Versinken in Lethargie) noch Calvins Prädestinationslehre allgemein gültiges Lebensgesetz, sondern eine Geschichtskraft unter vielen, die auf realgeschichtliche Verifizierung warten.

Das ganze Gegenteil einer Oblomoweritis wirkte im Leben des berühmten englischen Historikers Eric Hobsbawm (geb. 1917), der – Mitglied der Kommunistischen Partei Englands bis zu ihrer Auflösung –, rastlos bis ins hohe Alter von einer geistigen oder körperlich-kommunikativen Aufgabe zur nächsten drängte. Eine Störung in der Überich-Struktur ist aber auch bei ihm angesichts der Tatsache anzunehmen, dass die Verbrechen Stalins ihn offenbar kaum zu berührten, auch nicht im Rückblick nach dem Zusammenbruch des Kommunismus. Er schien wie im „Schatten eines unsichtbaren Zensors" zu schreiben (Judt 2009, S. 124). Lebensgeschichtlich traumatisiert durch den frühen Tod seiner Eltern (1929 starb der Vater, 1931 die Mutter), griff er emphatisch nach dem Versprechen der Welterrettung durch den Kommunismus und hielt sich daran bis ins hohe Alter fest. Eine geschichtsanalytisch gründliche Studie über sein Leben und Werk tut not.

## 5.3  ERINNERTE TRAUMATA SIND KEINE ERLITTENEN TRAUMATA
Zur psychohistorischen Wirkungen einiger historischer Ereignisse

### 5.3.1 *Erstes Beispiel*: MASSADA DARF NIE WIEDER FALLEN

Die Felsenfestung der Massada, in Israel zwischen dem Toten Meer und der judäischen Wüste gelegen, ist eine eindrucksvolle Touristenattraktion, die an den erbitterten und letztlich suizidalen Widerstand der jüdischen Zeloten[30] gegen die römischen Eroberung erinnert (73 nach unserer Zeitrechnung). Nach dem Fall Jerusalems hatten sich die jüdischen Patrioten in die geographisch sehr gut gelegene Festung Massada zurückgezogen, doch auch dort konnten sie der römischen Übermacht auf Dauer nicht widerstehen. Anstatt sich zu ergeben, kämpften sie verzweifelt weiter und begingen, als die Eroberung nicht mehr abzuwenden war, Massenselbstmord.

Ein ähnlicher Vorgang wird über die Felsenstadt Gamla berichtet, deren todesmutiger Widerstand gegen die Römer ein „Symbol für die jüdische Seele" bilde, wie die Jüdische Allgemeine Zeitung (23. 12. 2009) berichtete.

Etliche Jahre, von 1965 bis 1991, schworen jüdische Rekruten nach der militärischen Grundausbildung „Massada darf nie wieder fallen" (entsprechend: „Gamla darf nicht wieder fallen"). Inzwischen findet dieses militärische Zeremoniell nicht mehr statt, da man den Vergleich mit den fanatischen Zeloten scheut.

Übte die Zerstörung des Tempels und der Fall der Festung Massada auf die Juden kollektiv traumatisierende Wirkungen aus? Das heißt psychohistorisch: Hatte der Vorgang existenziell stark schädigende, klinisch nachweis-

---

[30]  „Zeloten" (grch. *Anhänger*, *Eiferer*): jüdische Partei des 1. Jahrhunderts in Palästina, die dem Anbruch der Messias-Zeit mit Kampfentschlossenheit näher zu kommen suchte; sie rief schließlich zum offenen Aufstand auf und entfesselte den Jüdischen Krieg gegen die Römer, der mit der Zerstörung des Tempels in Jerusalem und der Stadt sein Ende fand (70 n. Chr.). Eine Gruppe der Zeloten hielt sich bis 73 n. Chr. noch in der Festung Massada" (Brockhaus 1981).

bare Folgen? Das ist hier die Frage, die aber weder mit einem glatten *Ja* noch mit einem glatten *Nein* zu beantworten ist. Dass die Israelis der Existenz ihres Staates und damit auch ihrer persönlichen Existenz nicht ganz sicher sein können, kann wohl nicht bezweifelt werden. Ob zur Kennzeichnung dieser historisch bedingten Sorge das starke Worte Trauma passt, ist jedoch nicht ebenso sicher. Zu fragen ist, welche Rolle das damalige Trauma in der weiteren Geschichte der Juden gespielt hat.

Bedenken wir: Es wurde für einige Jahre, genau wie Volkan lehrt, aus der Fülle weiterer möglicher Ereignisse herausgehoben („gewählt") und zum Leitgedanken einer existenziellen Behauptungsideologie gemacht, dann aber politisch gestrichen, aus der Schwurzeremonie der jungen Soldaten herausgelöst, „abgewählt", um in der Terminologie Volkans zu bleiben. Ein Trauma im klinischen Sinn lässt sich aber nicht abwählen.

Sicherlich: Ein aus ferner Vergangenheit in die Gegenwart geholtes Trauma aktiviert unausweichlich weitere geschichtlich-allgemeine oder lebensgeschichtlich-besondere Traumata nachfolgender Zeiten. Das beschworene Massada-Trauma hat mehr oder weniger bewusst die totale Vernichtungsdrohung und die verbrecherische Vernichtungsrealität des Holocaust in Erinnerung gebracht. Und wenn wir noch einige Schritte weiter Richtung Gegenwart gehen, dann muss auch die von alltäglichen Raketenangriffen begleitete Drohung der radikalen Palästinenser, die Juden zurück ins Meer zu werfen, von wo sie mit illegalen Einwandererschiffen gekommen sind, um das Land (1948) gewaltsam zu besetzen, auf dieser Linie in Rechnung gestellt werden.

Oft wird dementsprechend behauptet: Kollektive, Großgruppen und Nationen leiden ähnlich wie manche Individuen unter sequentiellen oder kumulativen Traumatisierungen. Doch diese Schlussfolgerung wäre riskant und nur mangelhaft gesichert. Was sich in einer individuellen Lebensgeschichte kumulativ verstärken und zu einer Wirkungseinheit verdichten kann, das verliert in der Verteilung über mehrere Generationen oder gar Jahrhunderte seine existenziell spürbare Spannung, wird Geschichte, weit genug entfernt, dass ich mich sachlich und mit ruhigem Blick damit auseinandersetzen kann. Was hat denn ein israelischer Rekrut von 2010 mit dem Fall der Massada zu tun? Sicherlich, er weiß und versteht, wie der historische Rückgriff gemeint ist. Aber das erinnerte Trauma ist nicht das erlebte Trauma.

Die Massada konstituiert für Israelis von heute keine traumatische Programmierung, sondern bildet *einen* Programmpunkt in ihrer Geschichtspolitik, die ihrerseits das kollektive Geschichtsbewusstseins beeinflusst aber nicht determiniert. Zusammen mit weiteren Programmpunkten dieser Art kann je nach individueller oder kollektiver Konstellation und Politisierung eine politische Einstellung, eine Prägung oder gar Fixierung entstehen, ein „Habitus", wie Bourdieu formulieren würde, der aber vom Trauma besser zu unterscheiden ist.

### 5.3.2 *Zweites Beispiel*: DIE AUSWIRKUNGEN DES BAUERNKRIEGES VON 1525/26

Das revolutionäre Aufbegehren der Bauern in der frühen Neuzeit wurde von den Feudalherren mit unerhörter Gewalt und Rachsucht niedergeschlagen und hat die gesamte Bauernschaft als politische Kraft für mehrere Generationen, bis ins 18. Jahrhundert hinein, aus dem Rennen geworfen. Traumatisierung als massive Einschränkung der ansonsten relativ frei verfügbaren Ich-Kräfte durch brutale Überwältigung des Ichs in seinen Handlungs- und Selbstbestimmungsmöglichkeiten – diese Kennzeichnung könnte hypothetisch auf die Großgruppe der Bauernschaft angewendet werden, zumal der Bauernkrieg von religiös-chiliastischen Hoffnungen auf eine grundlegende Reform des Lebens inspiriert wurde und genau in diesem Punkt ausgehöhlt und in sein Gegenteil verkehrt wurde. Luthers obrigkeitsergebene Predigten, man denke etwa an seine „treue Vermahnung zu allen Christen, sich zu hüten vor Aufruhr und Empörung" von 1521/22, und an seinen Aufruf „wider die räuberischen und mörderischen Rotten der Bauern" von 1525 haben das Ihre zur Verdrängung dieses theologischen Vorgriffs auf ein gerechteres Leben im Hier und Jetzt beigetragen. Die Frage, ob für diese und verwandte Konstellationen die historisch-kollektive, ja sogar kumulative Traumatisierung als mentalitätsgeschichtliche Kennzeichnung den Vorgang angemessen kennzeichnet, ist zumindest nicht von vornherein zu verneinen.

Kumulativ wäre die Traumatisierung im historischen Kontext insofern, als es die katastrophale Erfahrung des Bauernkrieges kein Einzel- und Ausnahmeereignis blieb, sondern eher als Fortsetzung früherer Verhängnisse und erneuter Auftakt mit ähnlicher Wirkung zu verstehen ist. Seuchen, die Pest, Hungersnöte und früher Tod, Ausbeutung durch das Feudalsystem, Vernichtung bäuerlicher Existenzen durch das sogenannten „Bauernlegen", Verödung von Dörfern, Hexenwahn und dann, rund hundert Jahre später, der Dreißigjährige Krieg mit seinen massenhaften Verwüstungen ganzer Landschaften verhinderten eine mental-kollektive Erholung und eine Sammlung der Wir-Kräfte, die Voraussetzung für ein widerständiges Handeln gewesen wäre.

Der politisch-gesellschaftlichen Kraftlosigkeit der Bauern auf der einen Seite entsprach die Schockwirkung auf Seiten der Herrschenden, die „natürlich" alles taten, um weitere Aufstände von vornherein zu verhindern. Die

Rechtspflege regelte durch ein Netz von obrigkeitsfreundlichen Bestimmungen, dass die Bauern untertänig und schollenpflichtig blieben.

In seinen Überlegungen über die *Folgen des Bauernkrieges* verband Friedrich Engels darüber hinaus die Niederlage des Bauernkrieges mit dem Scheitern der März-Revolution (1848/49), auch wenn diese von anderen Gesellschaftsschichten getragen wurde (Vogler 1983). Diese Verbindung ist in Erwägung zu ziehen, psychohistorisch-empirisch aber ähnlich ungesichert wie etwas die Verbindung des 17. Juni 1953 mit der friedlichen Revolution von 1989/90. Um eine Abfolge von Niederlagen mit dem Begriff der politisch-kumulativen Traumatisierung kennzeichnen zu können (was heuristisch, wie gesagt, nicht abwegig ist), bedürfte es freilich, wie ebenfalls schon angedeutet wurde, psychohistorischer Detailstudien, die den Zusammenhang zwischen individuellen Lebensverläufen und geschichtlichen Strömungen in einen plausiblen Zusammenhang brächten. Derartige Studien gibt es meines Wissens noch nicht. Die im 19. Jahrhundert sich entfaltende politische Dynamik des Nationalismus wirkte auf viele Menschen wie eine Befreiung von früheren Demütigungen (Sieg der Preußen über die Franzosen, Gründung des deutschen Reiches), erwies sich im Ganzen aber nicht als „Heilung", sondern als Irrweg der totalen Verblendung, die den Ersten Weltkrieges auslöste.

### 5.3.3 *Drittes Beispiel*: 1806 – DIE KAPITULATION VON MAGDEBURG

Eins der schrecklichsten Ereignisse des Dreißigjährigen Krieges, das historiographisch untersucht, literarisch gestaltet (Ricarda Huch) und als „Abenteuer" verfilmt wurde (u.a. in *Arte*, Die großen Schlachten, 8.3. 2008), war die totale Zerstörung Magdeburgs ab 20. Mai 1631 durch Feuer, das auch nicht ganz geklärten Gründen ausgebrochen war, nachdem das katholische Heer unter Tilly und Pappenheim die Stadt erobert hatte. In einer Monographie über den Dreißigjährigen Krieg lesen wir (Wedgwood 1994, S. 252 ff.):

„Tilly und Pappenheim hatten nicht Zeit, dem Ursprung des Feuers nachzuforschen; von dem entsetzlichen Anblick bestürzt, trieben sie ihre betrunkenen, zügellosen und erschöpften Soldaten zur Bekämpfung des Feuers zusammen [denn die Stadt sollte zur Selbstversorgung erobert, aber nicht zerstört werden]. Der Wind war zu heftig; in wenigen Minuten war die Stadt ein Glutofen, und die Holzhäuser stürzten in Flammen und Rauchwolken krachend zusammen. Jetzt erscholl der Ruf, das Heer zu retten, und die kaiserlichen Offiziere bemühten sich vergeblich, ihre Leute ins Freie zu treiben. Schon waren ganze Viertel durch Rauchwände abgeschnitten, so dass alle Soldaten, die sich beim Plündern aufhielten, sich verirrten oder stocksteif betrunken in Kellern lagen, umkamen.

Bis tief in die Nacht hinein brannte die Stadt und schwelte noch drei Tage lang, ein wüster Haufen verkohlter Balken rund um den hochstrebenden gotischen Dom [in den sich viele Magdeburger gerettet hatten]. (...) Der Großteil der Nahrungsmittel in der Stadt war verbrannt, aber als die Soldaten zurückkamen, um in den Ruinen zu plündern, fanden sie da und dort Keller mit Fässern voll Wein, die den Flammen entgangen waren; und die zwei Tage hindurch betrunken herumtorkelnden Soldaten waren außer Rand und Band und nicht mehr zu halten. (...)

Von den dreißigtausend Einwohnern Magdeburgs waren ungefähr fünftausend am Leben geblieben, meistens Frauen. Diese hatten die Soldaten sich zuerst gesichert und ins Lager geschleppt, bevor sie zur Plünderung zurückkehrten." (...) Die Nachricht kam über Europa wie ein Schreckensschlag. (...) Tillys Name sollte in der Geschichte für immer mit Magdeburg verknüpft fortleben."

Durch Schulbücher, Familienchroniken, Stadtgeschichte, Bilder Ereignisrelikte in den Straßen (der Dom: in der Darbietung für Touristen damals erfüllt von traumatisierten Menschen!) ist den Magdeburgern das Schreckensereignis von 1631 in Erinnerung geblieben. Da es lange vor dem 20. Jahrhundert die moralischen, materiellen und existenziellen Verheerungen des Krieges in verdichteter Form präsentiert, kann man im Sinne Kühners heuristisch auch von einem symbolvermittelten Trauma sprechen, das sich kollektiv-mental bemerkbar machte, als 1806 die Stadt erneut erobert werden sollte, dieses Mal durch französische Soldaten, die im Zuge der napoleonischen Eroberungskriege die Stadt belagerten. Damit kommen wir zur Frage, ob das Trauma des 30jährigen Krieges 175 Jahre später noch seine Wirkungen als Trauma hat entfalten können.

Am 14.Oktober 1806 wurde die preußisch-sächsische Armee in der Doppelschlacht von Jena und Auerstedt entscheidend geschlagen. Ob oder wie lange Magdeburg, Stadt und Festung, sich gegen die französische Übermacht hätte zur Wehr setzen können, war ungewiss, doch zum Kampf kam es gar nicht. Am 9. November 1806 kapitulierte Magdeburg kampflos; der 70jährige Festungskommandeur General Franz Kasimir von Kleist (1736-1808) hatte nach einigem Hin und Her so entschieden.

Wie nicht anders zu erwarten, wurde die Kapitulation in den älteren preußischen Darstellungen als Schmach und militärische Schande verurteilt, während neuere Einschätzungen auch die Möglichkeit in Erwägung ziehen, dass Kleist sich von Vernunft und Verantwortung habe lenken lassen (Tullner und Möbius 2007). Das ist aber nicht das hier zur Diskussion anstehende Thema. *Hat die Erinnerung an das „Trauma" von 1631 die Kapitulation von 1806 beeinflusst?* – das ist hier unsere Frage.

Die Antwort lautet: Die Zerstörung Magdeburgs im Jahr 1631 war für die *damaligen* Betroffenen ein Trauma. Als *Traumasymbol* ging das Ereignis in die Geschichte ein. Als Magdeburg 1806 erneut von Belagerung und gewaltsamer Eroberung bedroht war, verstärkten die über das Traumasymbol vermittelte Erinnerung reale und realistisch begründete Ängste, die ihren Einfluss im Entscheidungsprozess ausübten. General von Kleist war kein preußisch fanatischer junger Widerstandsheld, sondern ein alter, kranker Mann, der den Mangel an Kriegsbegeisterung in der Stadt deutlich registrierte und darüber hinaus rätselte, was der König Friedrich Wilhelm III. wohl gemeint haben konnte, als er ihm einige Wochen zuvor gesagt hatte: „Machen Sie mir die Stadt nicht unglücklich." Es waren vor allem die reichen und einflussreichen Kaufleute der Stadt, die Waren, Wohlstand und Leben im Kampf gefährdet sahen und daher die Stimme des Traumasymbols in sich deutlicher hörten als andere.

### 5.3.4 *Viertes Beispiel*: DIE ANGST DER KÖNIGE VOR DEM SCHAFOTT

Am 30. September 1862 hielt der damalige preußische Ministerpräsident Otto von Bismarck (1815-1898) vor der Budgetkommission des preußischen Abgeordnetenhauses eine Rede, die den Zweck hatte, eine kostspielige Heeresreform ohne Zustimmung des Abgeordnetenhauses durchzusetzen. Dabei fiel der oft zitierte Satz:
„Nicht durch Reden oder Majoritätsbeschlüsse werden die großen Fragen der Zeit entschieden – das ist der große Fehler von 1848/49 gewesen –, sondern durch Eisen und Blut."
König Wilhelm I. (1797-1888), der sich mit der Niederschlagung der März-Revolution als „Kartätschenprinz" einen Namen gemacht hatte, hielt sich an diesem Tag, dem Geburtstag seiner Frau Augusta, in Baden-Baden auf. Beunruhigt durch die martialische Rede seines Ministers und die diesbezüglichen Pressekommentare, in seiner Sorge bestärkt durch seine Frau Augusta, die von Bismarcks Machtpolitik nicht viel hielt, trat der König „in den ersten Tagen des Oktober" die Rückreise nach Berlin an, um sich Klarheit zu verschaffen. Bismarck, seinerseits beunruhigt, reiste ihm bis Jüterbog entgegen, um ihm vor weiteren Einflüssen abzuschirmen und seine eigene Politik zu verteidigen. In seinen *Gedanken und Erinnerungen* (Zweites Buch, V. Kapitel, a.a.O., S. 218) schildert er die Begegnung folgendermaßen:

„Ich hatte einige Mühe, durch Erkundigungen bei kurz angebundenen Schaffnern des fahrplanmäßigen Zuges den Wagen zu ermitteln, in welchem der König allein in einem gewöhnlichen Coupé erster Klasse saß. Er war unter der Nachwirkung des Verkehrs mit seiner Gemahlin sichtlich in gedrückter Stimmung, und als ich um die

Erlaubnis bat, die Vorgänge während seiner Abwesenheit darzulegen, unterbrach er mich mit den Worten:

‚Ich sehe ganz genau voraus, wie das alles endigen wird. Da vor dem Opernplatz, unter meinen Fenstern, wird man Ihnen den Kopf abschlagen und etwas später mir.'

Ich erriet, und es ist mir später von Zeugen bestätigt worden, dass er während des achttägigen Aufenthalts in Baden mit Variationen über das Thema Polignac, Strafford, Ludwig XVI. bearbeitet worden war.[31] Als er schwieg, antwortete ich mit der kurzen Phrase: ‚Et après, sire?' – ‚Ja, après, sind wir tot!' erwiderte der König. ‚Ja', fuhr ich fort, ‚dann sind wir tot, aber sterben müssen wir früher oder später doch, und können wir anständiger umkommen? Ich selbst im Kampf für die Sache meines Königs, und Ew. Majestät, indem Sie Ihre königlichen Rechte von Gottes Gnaden mit einem eigenem Blute besiegeln, ob auf dem Schafott oder auf dem Schlachtfelde, ändert nichts an dem rühmlichen Einsetzen von Leib und Leben für die von Gottes Gnaden verliehenen Rechte. Ew. Majestät müssen nicht an Ludwig XVI. denken; der lebte und starb in einer schwächlichen Gemütsverfassung und macht kein gutes Bild in der Geschichte. Karl I. dagegen, wird er nicht immer eine vornehme historische Erscheinung bleiben, wie er, nachdem er für sein Recht das Schwert gezogen, die Schlacht verloren hatte, ungebeugt seine königliche Gesinnung mit seinem Blute bekräftigte? Ew. Majestät sind in der Notwendigkeit zu fechten. Sie können nicht kapitulieren. Sie müssen, und wenn es mit körperlicher Gewalt wäre, der Vergewaltigung entgegen treten.'

Je länger ich in diesem Sinne sprach, desto mehr belebte sich der König und fühlte sich in die Rolle des für Königtum und Vaterland kämpfenden Offiziers hinein…"

Der Text illustriert recht deutlich, welche mentalen Auswirkungen eine Geschichtswunde (hier an der Körperschaft von Königshäusern) haben kann, je nach Bedingungsfeld verschiedene. Während der König mit Sorge an die Hinrichtungen seiner Königskollegen in früheren Zeiten und anderen Ländern zurückdachte und in dem Maße zur Vorsicht neigte, wie parlamentsloyale Pressekommentare sowie seine Gemahlin ihren Einfluss ausüben konnten (er hatte sogar die Abdankung in Erwägung gezogen), verwandelte er sich unter dem Einfluss der Ansprache Bismarcks zu einem „für Königtum und Vaterland kämpfenden Offizier" – sicherlich sehr zur Freude Bismarcks, der nun die Vorbereitung des Krieges gegen Frankreich ungehindert in Angriff nehmen konnte.

Bismarck appellierte psychologisch ebenso geschickt wie wirksam an narzisstische Größenfantasien des Königs, die zusätzlich ideologisch aufge-

---

[31] Fürst Polignac (Minister Karls X. von Frankreich) wurde durch die Juli-Revolution von 1830 auf Lebenszeiten eingekerkert. Strafford (Minister Karls I. von England) wurde 1641 hingerichtet, der König selbst acht Jahre später. Der französische König Ludwig XVI. wurde 1793 guillotiniert.

bläht wurden: Historisch-sachlich war es weder selbstverständlich, ein Recht der Könige „von Gottes Gnaden" in Anspruch zu nehmen, noch irgendwie begründet, das eigene Handeln als Notwehr zu legitimieren: Wem drohte denn im Konflikt Bismarck/König-Parlament welche „Vergewaltigung"?

Angst vor revolutionären Unruhen und ihre möglichen tödlichen Folgen bewegte unbewusst sicherlich auch König Maximilian II. von Bayern, als er Deutschlands größten Historiker Leopold von Ranke zu Vorträgen nach Bayern einlud, nachdem dieser eine Berufung und ähnliche festere Verpflichtungen abgelehnt hatte. Was denn (der hingerichtete französischen König) Ludwig XVI. hauptsächlich falsch gemacht habe, fragte Maximilan den Historiker (Ranke 1971, S. 428), nachdem dieser die Schrecken der Revolution ohne jede Scheu vor der Sensibilität des Themas dargelegt hatte.

Die königliche Angst vor dem Schafott erfuhr im weiteren Verlauf der Geschichte, wie allgemein bekannt ist, keinerlei Bekräftigung, im Gegenteil: Sie löste sich auf in Siegesrausch und nationalistischer Machtemphase. Hingerichtete Könige als Traumasymbole verschwanden in der Rumpelkammer der Geschichte. Die Geschichtswunde am Körper des Königtums schien endgültig ausgeheilt; niemand dachte mehr an sie, bis zur erneuten kollektiven Traumatisierung durch die Niederlage im Ersten Weltkrieg, die Wilhelm II. ins komfortable holländische Exil verwies. Wie wäre die Geschichte mit einer Abdankung seines Großvaters verlaufen? Eine derartige Frage beflügelt die Fantasie, verlässt aber das Gebiet seriöser fakto-logischer Geschichtsforschung, die auch für Psychohistorie und Geschichtsanalyse der verpflichtende Referenzrahmen bleibt.

*Geschichtsanalytische Schlussbemerkungen zum „Vatermord" in geschichtlicher Perspektive.* – Wer sich mit Hinrichtungen oder Absetzungen von Königen und verwandten Themen beschäftigt, gerät innerlich unausweichlich in den Sog einer (meistens unbewussten) Psychodynamik, die in der Psychoanalyse metaphorisch als „Vatermord" zusammengefasst wird. In dem Maße, wie das Verhältnis zum eigenen Vater und zu inneren Vater-Imagines unaufgeklärt und unfrei ist, leidet auch die Versachlichung des Themas, das verdrängt oder in der einen oder anderen Weise seiner Brisanz beraubt wird.

Der zitierte Bismarck-Text hatte mich selbst als Student stark beeindruckt (ohne diesen starken Eindruck hätte ich mich nicht ihn erinnert), weil im emotionalen Untergrund der sachlichen Beschäftigung mit dieser Quelle vorbewusste Assoziationen angesprochen wurden, die den eigenen Vater betrafen, seine Rolle als Soldat der Waffen-SS und damit auch die Fantasie einer Bestrafung, die sich realgeschichtlich am Nürnberger Prozess orientierte.

Realgeschichtlich in die Gegenwart verlängert, stößt die *Angst der Könige vor dem Schafott* als psychohistorisches Thema u.a. auf die Hinrichtung (oder sollten wir besser sagen: die Exekution?) Saddam Husseins am 30. Dezember 2006, die von Häme und Rachegefühlen begleitet wurde, sowie des libyschen Diktators Gadaffi, der unter ungeklärten Umständen erschossen wurde (Nachrichten vom 20./21. Oktober 2011). Beide Fälle verweisen auf die unerhörte Schwierigkeit, sich der „Väter" zu entledigen, ohne dabei Hass- und Rachgefühle auszuleben, die symptomatisch zivilisatorische Stagnationen festschreiben.

2011 wurde die südlichen Mittelmehrländer von Rebellionen und Revolutionen erschüttert, in denen sich die lange unterdrückte Empörung Luft machte und Änderungen erzwang. „Empört euch!" (frz. *Indignez-vous!*) ist der Titel einer 32seitigen Kampfschrift von Stéphane Hessel, geb. 1917, die eine große internationale Leserschaft gefunden hat . Empörung ist gut und notwendig, Hass und Rache sind schlecht und zu überwinden. Als Thema einer kritischen Theorie der Gesellschaft ist Empörung bereits abgehandelt worden (Iser 2008). Eine analoge psychohistorische Untersuchung, aber auch das Verhältnis der Väter zu ihren Söhnen und Töchtern, sowohl in individualgeschichtlichen als auch in generationsspezifischen Kontexten, steht noch aus.

### 5.3.5 Auschwitz: IN TAUSEND JAHREN NICHT VERGESSEN

Haben wir Deutschen jemals Angst vor der totalen, kollektiv-nationalen Vernichtung gehabt und entsprechende Vorgänge am eigenen Leib erlebt? Gibt es so etwas wie einen „Volkskörper", eine gemeinsame kollektive „Seele" oder gar einen kollektiven „Leib", in dessen Eingeweiden die Individuen ähnliche oder gar identische Empfindungen haben? Ich neige dazu, die Frage mit einem vorsichtigen *Ja* zu beantworten, bezweifle aber, dass die Angst realgeschichtlich jemals der totalen national-ethnischen Vernichtung galt – im großen Unterschied zu den Juden, die früher oder später wohl merkten, dass die NS-Maßnahmen nicht nur ausgewählten Individuen, sondern ihrem ganzen Volk galten.

Halten wir uns an die Fakten.

Nach dem Ersten Weltkrieg blieb Deutschland als politische Einheit im Ganzen erhalten und im Vollbesitz seiner staatlichen Souveränität. Am Ende des Zweiten Weltkriegs und danach sorgte zwar der Morgenthau-Plan für erhebliche Unruhe;[32] auch grassierte die von den Nazis geschürte Angst vor der Rache der Überlebenden. Zu einer politisch-militärischen Entmachtung dieser Art kam es jedoch nicht, von weitergehenden, etwa genozidalen Maßnahmen ganz zu schweigen.

---

[32] Der Plan sah eine Umwandlung Deutschlands in ein Agrarland und harte Vergeltungsmaßnahmen gegen die Kriegsverbrecher vor. Er wurde nach dem amerikanischen Finanzminister Henry M. Morgenthau (1891-1967) benannt, der seine Vorstellungen im September 1944 veröffentlichte, in der Politik der USA aber keine Zustimmung geschweige denn Anwendung fand, was Goebbels aber nicht hinderte, den Morgenthau-Plan propagandistisch auszunutzen.

Im Gegensatz dazu hat die traumatisierende Angst vor der kollektiv-totalen Auslöschung unter den Juden, die hier als die Hauptbetroffenen stellvertretend für eine längere Reihe von Glaubensgemeinschaften und Ethnien genannt werden, eine Grundlage in realgeschichtlichen Erfahrungen, die nach der Befreiung der Konzentrationslager (Majdanek im Juli 1944, Auschwitz am 21. Januar 1945) keineswegs an Schrecken verloren, da das ganze Ausmaß des Horrors nun erst allmählich bekannt werden und schärfer ins Bewusstsein dringen konnte.

Ein eindrucksvoller Nachweis über diese Angst vor der psychisch-materiellen und psychisch-ideellen Auslöschung sind die Tagebücher von Viktor Klemperer (1881-1960), der der Verfolgung entging, nicht zuletzt dank der Liebe und Loyalität seiner nicht-jüdischen Frau Eva.

Dass die Juden als Glaubensvolk ausgelöscht werden sollten, ohne Sinn und Zweck, mutwillig, dem blinden Hass gehorchend, dass der Plan mit bürokratischer Sachlichkeit und industriellem Know-how über einige Jahre hinweg konsequent verfolgt wurde, bis den Tätern das grausige Handwerk gelegt wurde, das kann nicht so aufgearbeitet werden wie anderen Ereignisse, das können die Betroffenen und ihre Kinder nicht vergessen, auch in hundert oder gar tausend Jahren nicht. Insofern ist hier der Begriff des historisch-kollektiven Traumas angemessen.

Während das Vergessen in vielen Lebensbereichen lebensnotwendig ist (ein Mensch, der nichts hinter sich lassen und vergessen kann, ist ein Sisyphos der permanenten und sinnlosen Wiederholung), gilt für Auschwitz gerade das Gegenteil: ein Vergessen wäre lebensgefährlich. Im jüdischen Gedächtnis *kann* Auschwitz nicht in Vergessenheit geraten, im kulturellen Gedächtnis der Menschheit *darf* Auschwitz nicht in Vergessenheit geraten (Weinrich 2000), weil die Menschheit sich damit selbst in Frage stellen würde.

## 5.4 GESCHICHTSANALYSE ALS ARBEIT AM BEGRIFF

### 5.4.1 EINE BEGRIFFLICHE ALTERNATIVE ZUM TRAUMA-BEGRIFF: GESELLSCHAFTLICH WIRKSAME GESCHICHTSERFAHRUNGEN

Die Zeit heilt zwar nicht alle Wunden, aber sie nimmt ihnen die Unerträglichkeit des Schmerzes im Augenblick der Verwundung selbst. Es kann ja nicht bezweifelt werden, dass sich die unmittelbaren Wirkungen, die von traumatisierenden historisch-politischen Ereignissen und Strukturen ausgehen (Kriege und andere Gewalterfahrungen, Todesängste, Ohnmachtsgefühle, Entbehrungen, Verluste von Angehörigen usw.), transgenerationell verflüchtigen oder sogar auflösen, zumal sie erstens oft einem Prozess der öffentlichen Aufarbeitung unterliegen und zweitens durch Ereignisse mit heilender Wirkung überlagert werden, so dass eine Fixierung auf ein und dasselbe Trauma biologisch-transgenerationell nur als Konstruktion verhandelt werden könnte.

(Ereignisse mit pathogener Wirkung können die psychohistorische Konstellation auch kumulativ verschlimmern; das wurde in anderen Zusammenhängen schon betont und muss hier nicht noch einmal erörtert werden.)

Es ist also bei der Analyse von Traumatisierungen in und durch Geschichte grundsätzlich zu überlegen, ob das Trauma von früher begrifflich auf je eigene Art zu erfassen ist, den Umständen der Verarbeitungen entsprechend, zum Beispiel als gesellschaftlich *strukturell wirksame Geschichtserfahrung*, um zunächst einen recht allgemeinen Begriff zu nennen. Das Trauma im etymologischen Sinn des Begriffs als Geschichts*wunde* verstanden, wäre den unauslöschlichen Einprägungen vorbehalten, die biologisch-klinisch zu diagnostizieren, etwa als vererbte körperliche Schäden (z.B. Missbildungen bei Neugeborenen durch das Entlaubungsgift Agent Orange im Vietnam-Krieg und die Verkrüppelung innerer Organe durch die Giftgaskatastrophe in Bhopal/Indien, 1984), aber auch als mentalisierte Spätfolgen früherer Ich- und Wir-Schädigungen, die in den nachfolgenden Generationen Wirkungen zeitigen. Hier sind zur Konkretisierung des Phänomens noch einmal die Kriegskinder zu nennen, die lebenslang gekämpft und durchgehalten haben, im Verlauf des weiteren Lebens aber ihren eigenen Kindern erhebliche Belastungen zumuteten, ohne diese als solche wahrzunehmen, und in den reifen Jahren, wo der vom Berufsstress befreite Lebensgenuss zu seinem Recht kommen könnte, auffällige Symptome des Burn-outs zeigen.

Was die eine Generation nicht „schafft", nicht bewältigt und integriert, muss die nächste Generation austragen. Diese Feststellung hat den Stellenwert eines geschichtsanalytischen Lehrsatzes, der in psychoanalytischen Fallstudien eine empirisch gesicherte Basis hat.

Geschichtsanalyse ist nicht zuletzt Arbeit am Begriff, hier am Begriff Trauma: Das Nachdenken über den „passenden" Begriff bildet einen Dreh- und Angelpunkt unserer existenziell selbstkritischen Einstellung zur Geschichte; es endet oft in Zweifeln, Vorläufigkeiten, neuen Fragen, Kehrtwendungen. Ohne die begriffliche Anstrengung ginge die Differenz zwischen Trauma-Tätern und Trauma-Opfern verloren, und das wäre der Tod des kritischen Geschichtsbewusstseins. Sicherlich hatten auch Täter und Täter-Nachkommen nach 1945 mit Gewissensbissen, unbewusst delegierten Schuldgefühlen und Identitätsdiffusionen zu kämpfen, aber sie waren nicht traumatisiert und sollten daher nicht in einem Atemzug zusammen mit traumatisierten KZ-Opfern genannt werden. Psychoanalytische Therapien, die erhellen, wie viel den Kindern der Täter von ihren Eltern aufgebürdet und zugemutet wurde, wie schwer es ihnen dementsprechend fiel, eine eigene Identität zu entfalten, dürfen nicht zum Fehlschluss führen, dass wir im Grunde alle traumatisiert und Opfer der Geschichte seien. Gerade in diesem Punkt bleibt die Spannung zwischen Geschichtsbewusstsein und Psychoanalyse unauflösbar bestehen.

Wir unterscheiden daher zwischen ererbtem Trauma (vgl. Tas und Wiese 1995) und ererbter Schuld (Kattermann 2010), ohne deswegen die realgeschichtlichen und psychohistorischen Überschneidungen zu übersehen. Die Kinder und Enkel der Täter konzentrieren sich eher auf die ererbte Schuld als auf das ererbte Trauma, eine Entscheidung, die generationspezifisch und lebensgeschichtlich neu erlittene Traumata ja nicht annulliert. Doch geschichtsanalytisch hat so oder so nicht der Begriff das letzte Wort, sondern die eigene Positionierung im Kampffeld der Begriffe, die sich einem Gespräch ohne Dominanz- und Rechthabe-Ansprüche öffnen müsste, wenn geistiger Fortschritt intendiert wird (ausführlicher dazu 10. Kapitel). Das obstinate Bestehen auf geschichtswissenschaftlicher Richtigkeit und Deutungsüberlegenheit, das unter anderem vom Verlangen nach der Verfügungsgewalt über die Geschichte als Mutter aller Erkenntnisse unbewusst inspiriert wird, annulliert die eigentlich wichtigen Inhaltsfragen. Kontrolliert und in mit Augenmaß diskutiert macht beispielsweise die Kontroverse zwischen *Intentionalisten* (Hitler hat den Judenmord von Anfang im Sinn gehabt) und *Strukturalisten* (der Judenmord war das Ergebnis einer eskalierenden Entwicklung destruktiver Strukturen) durchaus Sinn. Zum Selbstzweck und Profilierungssujet erhoben mutiert diese Kontroverse aber zum Verdrängungsmotor, weil sie eine direkte Konfrontation und Auseinandersetzung mit dem Judenmord und damit auch mit der eigenen strukturell im Denken wirkenden Geschichtserfahrung („Trauma"?) gar nicht mehr zulässt.

Wer die Anstrengung der Begriffsbildung und Begriffsreflexion auf sich nimmt, wird sich mit verschiedenen Erklärungsmodi auseinander setzen müssen, auch auf psychohistorischer Ebene. Der folgende Unterabschnitt dient dieser Auseinandersetzung, ohne diese abschließen zu können und abschließen zu wollen.

## 5.4.2 „ERWÄHLTE" UND „SYMBOLVERMITTELTE" TRAUMATA

Um ethnisch-religiöse Konflikte verständlich machen und einer Verständigung zuführen zu können, hat der amerikanische Psychoanalytiker Vamik D. Volkan den Begriff des *erwählten Traumas* geprägt, der psychohistorisch durchaus plausibel ist, aber verschiedene Probleme impliziert, u.a. durch die oben schon angedeutete Vermischung von Täter- und Opferperspektive aus politisch opportunen Gründen.

Wenn ein Trauma nicht aktuell erlitten, sondern im Rückblick auf die Geschichte „erwählt" wird, dient das nach Volkan der Verdrängung früherer Demütigungen und Niederlagen bei gleichzeitiger Wiedergewinnung neuer narzisstischer Macht- und Größengefühle. Für die Serben war beispielsweise die Niederlage gegen die Türken 1389 auf dem Amselfeld ein wesentliches Antriebsmoment für den Versuch, militärisch neue nationale Größe und Einheit zu erobern. Man lese dazu etwa die Rede des damaligen Serben-Führers Milosević am 28. Juni 1989 anlässlich der 600jährigen Wiederkehr der Schlacht 1389 auf dem Amselfeld.

Doch die politische „Wahl" eines Traumas passt nicht in die hier favorisierte Definition des medizinisch-psychoanalytischen Traumabegriffs, der einer bewusst getroffenen „Wahl" geradezu entgegensteht, denken wir noch einmal an das Hereinbrechen von lebensbedrohlichen Gewalterfahrungen, die alles andere als wünschenswert sind und innerlich nicht verarbeitet werden können. Geschichte liefert sei eh und je Scheinargumente zur Legitimation einer bestimmten Politik, und dieser hinreichend bekannte Missbrauch der Geschichte (Macmillan 2009) sollte nicht durch diagnostische Begriffe der Psychoanalyse sanktioniert werden.

Dass ethnisch-religiöse Konflikte, die mit schier unversöhnlichem Fanatismus ausgetragen werden, psychoanalytisch empathischer Vermittlung bedürfen, wird damit überhaupt nicht in Frage gestellt, im Gegenteil. Es geht hier, wie schon gesagt, nicht um begriffliche Festlegungen, sondern um Begriffsuche im Feld der Begegnungen von Geschichte/Geschichtsbewusstsein auf der einen Seite und Psychoanalyse auf der anderen Seite. Welcher Begriff besser für eine nicht wertende geschichtsanalytische Diagnose geeignet wäre, soll hier und jetzt nicht entschieden werden. Die oben in Erwägung gezogene Formulierung *gesellschaftlich-strukturell wirksame Geschichtserfahrung* weist in die Richtung für weitere Recherchen und Reflexionen.

Was bei Volkan als „erwähltes Trauma" thematisiert wird, erscheint bei Al Gore mit Bezug auf amerikanische Veröffentlichungen als „nachempfundene Traumatisierung" (engl. *vicarious traumatization*).[33] Unter den Beispielen, die Al Gore zur Konkretisierung seines Theorie-Begriffs ausgewählt hat, findet sich auch das oben erwähnte Beispiel aus der serbischen Geschichte.

---

[33] In der deutschen Übersetzung erscheint „vicarious traumatization" als „stellvertretende Traumatisierung". Das ist übersetzungstechnisch sicherlich korrekt, inhaltlich aber eher verwirrend, weil wir uns verstehend dem Trauma eines anderen annähern, das Trauma selbst aber nicht an Stelle eines anderen übernehmen können.

Ergänzend sei eine Beobachtung von Al Gore selbst zitiert (a.a.O., S. 49, vgl. engl. S. 32):

„Im Frühsommer 2001 waren meine Frau Tipper und ich in Griechenland. Während unseres Aufenthalts machte auch der Papst dort einen historischen Besuch und sah sich mit Tausenden wütender Demonstranten konfrontiert, die Transparente trugen und Beschimpfungen skandierten. Was war der Anlass? Er lag nicht weniger als 800 Jahre zurück: Die Ritter des vierten Kreuzzuges [1202-1204] hatten in Konstantinopel Station gemacht, die Stadt eingenommen und so geschwächt, dass die Türken bei ihrem späteren Ansturm leichtes Spiel hatten. Daher die Wut – noch 800 Jahre danach."

Die These in dem hier entwickelten Argumentationszusammenhang lautet: Nach 800 Jahren ist niemand mehr *direkt* traumatisiert. Inwieweit ein Individuum oder ein Kollektiv ein Trauma, das mehrere hundert Jahre zurückliegt, nachempfinden oder „stellvertretend" noch einmal erleben kann, ist ein heuristisch anregender Gedanke, aber weder eine geschichtsanalytisch haltbare Diagnose noch ein hinreichender Grund für die Übernahme des Begriffs. Die Wut der Demonstranten wurde *unter anderem* durch eine politisch wirksame Geschichtserinnerung inspiriert.

Ein anderer schon zitierter Überbrückungsbegriff heißt *symbolvermitteltes Trauma*, den Kühner 2007 methodologisch sehr vorsichtig in die Diskussion über „kollektive Traumata" eingebracht hat, wohl wissend, dass ein Symbol als solches keine traumatisierende Wirkung ausüben kann (diese Annahme liefe auf Aberglauben hinaus), sondern der Personen und Institutionen bedarf, die den historischen Ursprung des Traumas *verkörpern*, agieren und repräsentieren.

Als Symbole im psychoanalytischen Sinn fungieren konkrete Objekte, Bilder, Fantasien oder bestimmte Worte, die mit starker Bedeutung aufgeladen sind. In Kühners Abhandlung spielt der Terroranschlag auf die Türme des World Trade Centers am 11. 09. 2001 eine zentrale Rolle. In der Tat ist es nachvollziehbar, dass das von den Augenzeugen erlittene Trauma sich über Bilder, Stichworte oder das bloße Datum an einen größeren Kreis von Menschen, ja, an große Teile der gesamten Nation weiter vermittelt, insbesondere dann, wenn das Ereignis politisch instrumentalisiert wird, wie es ja unter Präsident Bush geschehen ist. Die Übergangszone zwischen geschichtsbewusst vertretbarer, ja notwendiger Vermittlung und Instrumentalisierung zu politisch einseitigen Zwecken ist das psychohistorisch und geschichtsanalytisch Interessante.

Symbolvermittelte Traumata, wenn man denn mit diesem Konzept arbeiten will, verlieren im Laufe der Zeit ihre pathologischen Spezifika. Das wird überzeugend deutlich, wenn wir den 11. 09. 2001 mit historisch entlegenen Ereignissen vergleichen, die wahrscheinlich zunächst eine ähnliche Wirkung gezeitigt hatten. Sehen wir uns zum Vergleich kurz das sogenannte Gunpowder-Plot an, das in der englischen Geschichte eine bedeutende Rolle spielt. Am 5. November 1605 wurde in London Guy Fawkes, Katholik, Sprengstoffexperte, auf frischer Tat gefasst, als er im Keller des Parlamentsgebäudes ein gewaltige Explosion vorbereitete, die den protestantischen König von England, Jakob I., seine Familie, die Regierung und alle Parlamentarier töten sollte. Dieser Vorgang erregte gewaltiges Aufsehen, ist als *gunpowder plot* aus den englischen Geschichtsbüchern nicht mehr wegzudenken und wird jedes Jahr als Volksfest in Erinnerung gebracht. Jedes englische Schulkind kennt das vor einer Wiederkehr der Gefahr warnende Gedicht: „Remember, remember, the fifth of november...".

Welche Wirkungen zeitigte dieses Ereignis? Eins ist sicher. Niemand war, so meine geschichtsanalytische These, langfristig „traumatisiert". Wahrscheinlich erlebte die königliche Familie einen Schock und Ängste wegen der offenkundigen Attentatsgefahren, die nicht das erste Mal zu Tage getreten waren. Aber Schock und Ängste dieser Art sind keine Traumatisierung. Die politische Handlungsfähigkeit schien nicht beeinträchtigt. Ein Jahr nach dem Komplott wurde der 5. November zum *Memorial Day* erhoben, damit man für alle Zeiten der überstandenen Gefahren gedenke. Die Engländer freuen sich auf ihre *bonfire night*, weil damit ein zusätzlicher Urlaubstag ansteht.

(Die alltagsgeschichtlichen Bedeutung des englischen Gedenktages ähnelt etwa der des 17. Juni in Westdeutschland, insofern dieser Tag die Erinnerung an den niedergeschlagenen Aufstand 1953 in Ostdeutschland pflegen sollte, mehrheitlich aber ziemlich schnell zu einem weiteren Urlaubs- und Ferientag „umfunktioniert" wurde.)

Kühner geht in ihrer Abhandlung auch auf die Frage ein, inwiefern sich traumatisierende Ereignisse im allgemeinen Geschichtsbewusstsein auswirken, und betont darüber hinaus sogar, dass sie die systematische Auseinandersetzung mit kollektivem Erinnern für einen der sinnvollsten Zugänge zu den als ‚kollektive Traumata' bezeichneten Phänomene" halte (S. 92). Ihre realgeschichtlichen Belege beschränken sich jedoch auf Gewalterfahrungen des 20. Jahrhunderts (Genozid an den Armeniern, Auschwitz, Vietnam) und verbleiben daher in den Berührungszonen des unmittelbaren Erlebens und Agierens, das sich transgenerationell in den betroffenen Personen Geltung verschafft. Die sich verändernde Rolle bestimmter Traumata im Verlaufe von Jahrhunderten, in denen

- unausweichlich viel vergessen wird und viel Neues geschieht (einschließlich weiterer individueller und kollektiver Traumata!); in denen
- Triebstrukturen sich als konstant-resistent erweisen, aber sich auch ganz allmählich verändern (das bedürfte genauerer Untersuchungen); in denen
- das Verdrängte wiederkehrt oder, was wahrscheinlicher ist, ein zweites und drittes Mal aus dem Bewusstsein verbannt wird; in denen

- einzelne Turbulenzen, auch wenn sie mit katastrophaler Wucht über viele Menschen hereinbrachen, im unübersehbaren Strom der Geschichte einige Generationen später kaum noch wahrzunehmen sind. (Wer weiß denn heute noch etwas vom Erdbeben in Lissabon 1755, das damals die Gemüter in Europa erschütterte?)

Heuristisch allgemein kann sicherlich die gesamte Menschheitsgeschichte als Abfolge unbewältigter Traumata gedeutet werden. Diese Perspektive enthöbe uns aber der Anstrengung des Begriffs, in dem Möglichkeiten der Ent-Traumatisierung immerhin anklingen. Was war „zu viel" in dieser meiner Geschichte? Was war in dieser oder jener Epoche generationsspezifisch nicht oder nur unzureichend zu verarbeiten? Wissenschaftlich genauer und empirisch nachweisbar werden wir uns also auf engere Ausschnitte konzentrieren müssen. Diagnosen des individualgeschichtlichen historisch-politischen „Zuviel" sind im Hinblick auf ein generelles Zuviel der Geschichte zu extrapolieren.

## 5.5  DER TURMBAU ZU BABEL

Ein eindrucksvolles Symbol für das Zuviel der Geschichte ist der Turmbau zu Babel. Nach der alttestamentarischen Erzählung (Genesis 11, 1-9) ist eine von Gott höchst persönlich bewirkte generelle Sprachverwirrung die hauptsächliche Folge des völlig überzogenen Bauprojektes (der Turm sollte ja bis zum Himmel reichen), und in der Tat kann schon ein permanentes wechselseitiges Nicht-Verstehen psychohistorisch „traumatisierende" Wirkungen auslösen. Weitere Folgen, die der Bibel-Text nicht direkt nennt, ergeben sich für jeden, der die Symbolik auf sich wirken lässt: der unerklärliche, rätselhaft plötzliche Abbruch eines kollektiven Vorhabens, das höchsten Ehrgeiz befriedigen sollte; die Unfähigkeit einer kritisch-retrospektiven Aufarbeitung der Vergangenheit; die nicht ausgleichbare Verschleuderung von Lebensressourcen, die für die weitere Zivilisationsentwicklung notwendig gewesen wären: Mit der Sprachverwirrung hörten die Menschen auf, an der Stadt zu bauen. Darum nannte man die Stadt, dieses Symbol der damaligen Weltzivilisation, *Babel*, das heißt *Wirrsal* (Gen.11. 9).

Nicht ahnend, dass die DDR eines Tages an ihrem eigenen Zuviel (Fixierung an eine illusionäre Befreiungsidee und an paranoide Gesellschaftsstrukturen, an Realitäts- und Wahrheitsverleugnungen, an Spaltungen in gutes Leben hier und schlechtes Leben dort usw.) zugrunde gehen würde, hat der kommunistisch orientierte Dichter Johannes R. Becher (1891-1958) den

Sozialismus als *Turm von Babel* in einem Gedicht der der fünfziger Jahre zusammenstürzen lassen.

### Turm von Babel

Das ist der Turm von Babel
Er spricht in allen Zungen.
Und Kain erschlägt den Abel
Und wird als Gott besungen.

Er will mit seinem Turme
Wohl in den Himmel steigen
Und er will vor keinem Sturme,
Der ihn umstürmt sich neigen.

Gerüchte aber schwirren,
Die Wahrheit wird verschwiegen.
Die Herzen sich verwirren –
So hoch sind wir gestiegen!

Das Wort wird zur Vokabel,[34]
Um sinnlos zu verhallen.
Es ist der Turm von Babel
Im Sturz zu nichts zerfallen.

Der Literaturhistoriker Hans Mayer (1907-2001) hat das Motiv aufgegriffen und zum Titel eines Buches gemacht, das die Geschichte der DDR in seiner Perspektive rekapituliert. Im Roman *Der Turm* von Uwe Tellkamp werden die Inhumanitäten und Kuriositäten des Zuviel in einem Gesellschaftssystem geschildert,[35] das an seinen eigenen Widersprüchen allmählich zugrunde geht.

Das alttestamentarische Scheitern des Babel-Projektes kann nicht nur als Leitmotiv und Symbol für die Geschichte der DDR (bzw. des sowjetisch dominierten Ostblocks im Ganzen) gelten, sondern weiter darüber hinaus unser Nachdenken über die gesamte Zivilisationsgeschichte anregen, insofern diese wissenschaftlich-technisch immer höher hinaus will. Der bemannte

---

[34] Der dem Wort *Sozialismus* geltende Satz gilt im Grunde für alle Wörter, die von großer Hoffnung getragen wurden: Welche Leitidee (Nächstenliebe, Freiheit, Gerechtigkeit, Wahrheit...) verkommt den nicht täglich neu zur „Vokabel"?

[35] Der reale Hintergrund in beiden Bücher ist die Welt der Schriftsteller und Künstler, die eine eigene herausgehobene gesellschaftliche Einheit bildeten, mithin einen „Turm", der im Aufbau stecken blieb und allmählich verfiel.

Raumflug zum Mars beschäftigt, hoch dotiert, gewaltige Forschungsinstitutionen.

2008 wurde in Berlin eine materialreiche, eindrucksvolle Ausstellung gezeigt, die sowohl die Realität als auch die Symbolik Babylons in allen ihren wissenschaftlichen und künstlerischen Konkretisierungen zu präsentieren suchte. Zu fragen ist aber, welche Wirkung der Turmbau zu Babel als Symbol des geschichtlichen Zuviel in uns entfalten kann, psychohistorisch-individuell und psychohistorisch-kollektiv. Dass alle Wörter, die von großen, allzu großen Hoffnungen getragen werden, zu bloßen Vokabeln verkommen können, ist eine allgegenwärtige Gefahr in Vergangenheit, Gegenwart und Zukunft.

## 6. Unbewusste Angst – ein arger Widersacher des lebendigen Geschichtsbewusstseins

### 6.1 ALLGEMEINE HINWEISE ZUM PROBLEMFELD

Angst wächst in dem Maße zu einem großen Widersacher des Geschichtsbewusstseins an, wie sie unbewusst bleibt, im Psychisch-Verborgenen rumort und das Ich verunsichert, ohne sich dabei zu erkennen zu geben. Im Unterschied dazu ist Angst als bewusst registrierte und realistisch begründete Sorge, wie zu zeigen sein wird, kein Hemmfaktor des (sprachlich als „Geschichtsbewusstsein" fokussierten) historisch-politischen Denkens, Fühlens und Handelns, im Gegenteil.

Angst wird im Folgenden nicht als Resultat unverwendbar gewordener Libido und Triebenergie gedeutet, was mit den älteren Schriften Freuds begründet werden könnte, sondern als Konflikt im Ich, das sich von Inhalten, die nicht in seine Struktur passen, bedroht fühlt. Nicht die Verdrängung schafft die Angst, sondern umgekehrt: die Angst macht die Verdrängung, lehrte Freud in Abkehr früherer Theoreme. „Das Ich ist die alleinige Angststätte, nur das Ich kann Angst produzieren und verspüren."[36]

Für Einsichten in die Struktur und Funktionsweise unseres Geschichtsbewusstseins ist dieser Ansatz fundamental wichtig und bis in die Einzelbefunde hinein erkenntnisleitend. Da und insofern das Ich der Personen, die professionell mit Geschichte befasst sind und ein aufgeklärtes Geschichtsbewusstsein auf ihre Fahnen geschrieben haben, wissenschaftlich-rational strukturiert ist und diese Struktur eine *conditio sine qua* non konstituiert, wird Angst als Affekt faktisch nie selbstreflexiv thematisiert, sondern

- intellektualisierend neutralisiert,
- in die intellektuell zu erschließende Historie gleichsam abgeschoben (z.B. Milleniumsangst vor dem Weltuntergang) und
- als Geschichtsfaktor, der auch gegenwärtig seine Wirkungen ausübt, verdrängt und verleugnet.

Das intellektuell-rationale, begrifflich domestizierte Geschichtsbewusstsein ist eine Art Schutzschild, das vor der emotional-affektiven Überwältigung durch Geschichte bewahrt. Geschichte wird retrospektiv konstruiert und „ge-

---

[36] Freud, *Neue Folge...*, 32. Kapitel (*Angst und Triebleben*), Bd. I, S. 520. Zu Freuds älteren Auffassungen vgl. ebd. (*Vorlesungen zur Einführung...*), 25. Kapitel (*Angst*).

macht", nicht obwohl, sondern eben weil Geschichte nicht machbar ist und damit Angst erzeugt. „Die Angst in der Geschichte ist die Angst vor der nicht machbaren Geschichte", urteilt Kittsteiner (2006, S. 115) in einem instruktiven Essay zu unserem Thema.

Die Individuen mit ihren je eigenen Ich-Strukturen bilden unter Zunft- und Anpassungszwängen („Zunft" ist ein unter Historikern überaus beliebter Ausdruck zur Kennzeichnung ihrer korporativen Organisation) ein Kollektiv-Subjekt, das die Unterdrückung der jeweiligen Ängste in der Regel flächendeckend formiert und verstärkt; Ausnahmen bestätigen die Regel.

Die Empirie der folgenden Angaben hat mehrere Quellen, exemplarisch zu nennen sind lebensgeschichtliche Zeugnisse (vgl. u.a. die Selbstdarstellungen der 43er Historiker), wissenschaftlich-theoretische Befunde sowie eigene Angst-Erfahrungen, die psychoanalytisch bewusst geworden sind und so etwas wie einen Subtext des Buches bilden.

Erikson nennt in seinem Buch *Lebensgeschichte und historischer Augenblick* (S. 19) „drei Grundformen menschlicher Angst:

- *Befürchtungen*, wie sie etwa durch neue Tatsachen, etwa Entdeckungen und Erfindungen (z.B. Waffen) erweckt werden, das ganze Weltbild von Grund auf erweitern und verändern;
- *Ängste*, wie sie durch symbolische Gefahren erweckt werden, die unklar als Folgen des Verfalls bestehender Ideologien wahrgenommen werden; und – im Gefolge des Glaubenverfalls –
- *das Grauen* vor einem existenziellen Abgrund ohne spirituellen Sinn."

Bezogen auf das in diesem Buch abgehandelte Thema und seinen speziellen Argumentationsansatz will vor allem der evokative Ausdruck im dritten Punkt, *das Grauen vor einem existenziellen Abgrund ohne spirituellen Sinn*, beachtet sein; denn der Bruch von 1945, der unheilbare Riss in Identitätsgefühl und Geschichtsbewusstsein generierte eine mächtige Angstquelle, die bis heute, trotz massenhafter Anstrengungen, nicht verschlossen werden kann (und auch gar nicht verschlossen werden sollte!). Stärker als Erikson werden wir im Folgenden das psychoanalytische Theorem beachten, dass Angst nicht im Es oder im Überich, sondern im Ich sein Unwesen treibt und insofern vom Unbewussten ins Vorbewusste vordringen kann.

In dem mit *Angst* gekennzeichneten Problembereich gibt es eine spezifisch deutsche Bedeutungsvariante, die sprachlich insofern zur Geltung kommt, als *angst* auch eine durchaus geläufige englische Vokabel geworden ist. Auf Inhaltskomponenten einer besonderen *german angst* werden wir im Folgenden aber nicht weiter eingehen (anregend dazu sind u.a. die Befunde von Broder und Abdel-Samad mit

der These „Angst ist das deutsche Lebenselixier"). Entsprechendes gilt für begriffliche Differenzierungen zwischen Angst und Furcht sowie die Bedeutungsnuancen,
die erst im Sprachvergleich (frz. *peur*, crainte) zum Ausdruck kommen.

Aufmerksamkeit und Analysekompetenz für sprachliche und nationale Eigenheiten gehören ins Zukunftsprogramm einer wie auch immer organisierten Psychoanalyse des Geschichtsbewusstseins, das nicht im luftleeren oder
zeitlosen Raum entsteht, sondern zeitlich bedingten familiären, sozialen und
nationalen Einflüssen unterliegt.

Das Angst-Schüren ist bekanntlich ein „bewährtes" Mittel der Politik.[37]
Wer sich von politisch und medial angeheizten Ängsten einfangen lässt, büßt
unausweichlich wesentliche Kapazitäten seines historisch-politischen Denkens ein. Das verdient genauere Analysen.

## 6.2 DIE ANGST VOR DER WIEDERKEHR DES VERDRÄNGTEN.
Eine Reihe von Daten, die symptomatisch auf die Hauptverdrängung
der Nachkriegszeit verweisen

Ein erstes Paradebeispiel für die Wiederkehr des Verdrängten und für die
Angst, die der Wirklichkeit dieser Wiederkehr vorausgeht, ist der lange Zeit
uneingestandene maßgebliche Anteil Deutschlands an der Verursachung des
Ersten Weltkrieges, der erst durch das Buch des Historikers Fritz Fischer
(1908-1999), *Der Griff nach der Weltmacht* (1961), einer rationalen Diskussion zugeführt wurde, mithin zwei bis drei Generationen nach dem Versailler
Vertrag, der in dem berüchtigten Paragraphen 231 festgestellt hatte (und
Deutschland musste das gezwungenermaßen „anerkennen"), „dass Deutschland und seine Verbündeten als Urheber für alle Verlust und Schäden *verantwortlich* sind…"

Gegen diese Zuweisung der hauptsächlichen Verantwortung erhob sich
damals ein Proteststurm, in dem ein scheinbar unabweisbares Grundargu-
ment immer und immer wieder in Stellung gebracht und mit Materialien ab-
gesichert wurde; es lautete (bis in meine Studienjahre): Von einer deutschen
Alleinschuld könne gar keine Rede sein. Alle Regierungen und Staaten, die
am Krieg beteiligt waren, haben dazu beigetragen, dass diese „Mutterkatas-
trophe" des 20. Jahrhundert nicht vermieden wurde.

Nicht unerheblich für eine psychohistorische Beurteilung des kollektiven
Abwehrverhaltens, das durch Historiker gelenkt und massiv verstärkt wurde,

---

[37] „Die Politik der Angst" (Al Gore 2007, 1. Kapitel) fand kein Ende mit dem Ende des Kalten
Krieges, sondern schuf sich im Gegenteil schnell neue Erzfeinde (die Terroristen) und neue
Spaltungen, die ein Durcharbeiten der eigenen Verdrängungen verhindern.

ist das scheinbar nebensächliche sprachliche Detail, dass das Reizwort „Schuld" in dem sogenannten „Kriegsschuldparagraphen" gar nicht vorkam.

Deutlich, ja, vom heutigen Standpunkt aus unverhüllt drastisch, kommt die Angst vor der Wiederkehr des Verdrängten in einem Text zum Ausdruck (Erdmann 1959/1961, S. 22-25), der mit geradezu beschwörenden Wiederholungen der Konfrontation mit der Wahrheit ausweicht. Der gelehrte, mit vielen Fußnoten abgestützte Text erschien kurz vor der Veröffentlichung Fischers im renommierten *Handbuch der deutschen Geschichte* („der Gebhardt") und hatte damit den Rang einer wissenschaftlichen Verkündung, gegen die vor allem unerfahrene Studierende nicht aufbegehren konnten. Erst später stellte sich heraus, dass der Autor zu jenem Kreis prominenter Historiker gehörte, die über ihre eigene Rolle im Nationalsozialismus konsequent geschwiegen und damit auch Interesse daran hatten, bestimmte Loyalitäten und Denktraditionen zu verteidigen,[38] wenn auch nur in vorsichtigen, gewundenen Aussagen.

Erdmann nahm für seine Argumentation „die" Kriegsschuldforschung in Anspruch, deren generations- und zunftgebundenen Befangenheiten offenbar nicht einmal angedacht wurden. Das ist in professionellen Kreisen der Geisteswissenschaften zum Teil immer noch so: „Der" Stand „der" Forschung konstituiert für viele ihrer Akteure eine Denkfigur, die wie ein kirchliches Dogma vorgebetet, aber als problematische Denkfigur grundsätzlich nicht in Frage gestellt werden kann.

Erdmann verwies ferner auf „den" Zeitgeist, der auf den Krieg hingedrängt habe, und auf „die" Wertmaßstäbe der Epoche, als wenn es damals kein Völkerrecht und keine Friedensbewegung gegeben hätte. Er schließt seine Ausführungen mit folgendem Statement (a.a.O., S. 24):

„So scheint der angemessene Weg zur Beurteilung des Kriegsschuldproblems von dem englischen Historiker Gooch gezeichnet worden zu sein, wenn er an das Hegel-Wort erinnert, dass die Tragödie ein Konflikt sei, in dem nicht Recht gegen Unrecht, sondern Recht gegen Recht steht."

Ohne weitere Belege beizubringen, wage ich folgende Deutung: Erdmann begegnete der Angst vor dem Verdrängten durch eine Rhetorik des wissenschaftlich drapierten Einerseits-und-andererseits, die Teil-Zugeständnisse gegenüber seinen eigenen Schuldgefühlen zuließen und damit gleichzeitig dem Bedürfnis nach professioneller Identität und innerer Einheit Genüge taten. Die geschichtsanalytische Einschätzung des neun Jahre älteren Hermann Heimpels wird zu ähnlichen Ergebnissen führen. Für eine kritische „Aufarbeitung" der Vergangenheit war das zu wenig.

---

[38] Ausführlicher über Karl-Dietrich Erdmann (1910-1990) in diesem Zusammenhang: Kröger und Thimme 1996 sowie Wehler in Schulze und Oexle 2000.

Die Fischer-Kontroverse dokumentiert im Hinblick auf die Verdrängungen des Ersten Weltkrieges exemplarisch, was sich nach 1961 in mehreren Wellen im Rückblick auf den Zweiten Weltkrieg und den Holocaust wiederholen sollte. Für den hier eröffneten Gedankenzusammenhang ist die jeweilige öffentliche Erregungswelle als Symptom der bis dahin aufgestauten Angst vor dem Verdrängten zu verstehen.

Wir erinnern uns an folgende Daten:
- 1986 „Historikerstreit": Der Historiker Ernst Nolte (geb. 1923) vergleicht Auschwitz mit dem „Archipel Gulag" (als Inbegriff des stalinistischen Terrors) und kommt zu dem Schluss, dass Gulag „ursprünglicher" als Auschwitz gewesen sei. Die NS-Täter seien demnach einer Gefahr zuvorgekommen. Das war eine öffentlich willkommene Entschärfung der Angst vor Schuld und Scham, die sich in der Erinnerung an den Holocaust unausweichlich zu Wort meldeten. (Selbstverständlich meldeten sich zum Glück schnell auch kritische Gegenstimmen zu Wort, u.a. von Habermas; eine ausgewogene Darstellung von Rede und Gegenrede ist in anderen Publikationen gründlich dokumentiert wurden und muss hier nicht ein weiteres Mal dokumentiert werden.) –

Wir erinnern uns ferner an die
- Wehrmachtausstellung ab 1995, die den Mythos der unschuldigen Wehrmacht zerstörte und damit ungezählt viele heroisierende Familiengeschichten in Frage stellte; dementsprechend heftig waren die Gegenreaktionen in der Öffentlichkeit, die damit auf unterschwellig rumorende Ängste und Zweifel verwiesen, u.a. auf die Angst vor der Wahrheit. –

Wir erinnern uns ferner an
- das Buch von Daniel Goldhagen, *Hitlers willige Vollstrecker*, 1996, das die Reaktionen spaltete: Während die breite Öffentlichkeit an Goldhagens Thesen und Auftritten interessiert war, reagierten die Geschichtswissenschaftler gereizt und ablehnend: die These von dem kollektiv langfristig geplanten Völkermord an den Juden sei absurd, sagten sie, sachlich sicherlich nicht ganz zu Unrecht, doch es ging ja auch in diesem Zusammenhang nicht um die Reinheit der Wissenschaft. –

Bedeutung auf dieser Entwicklungslinie hat auch der
- Historikertag von 1998 in Frankfurt, da er – im Abstand von einem halben Jahrhundert! – nun auch das Mittun der eigenen Leute thematisierte und damit labile Stellen im kollektiven Gedächtnis der „Zunft" anrührte.–

Schließlich ist auch an

- die Rede Martin Walsers in der Paulkirche (1998) zu erinnern, der alle
  Zuhörerinnen und Zuhörer zustimmend applaudierten, ausgenommen aus
  guten Gründen Ignatz Bubis (1927-1999), der damalige Vorsitzende der
  jüdischen Gemeinde. Walser hatte sich über Auschwitz als „Moralkeule"
  beschwert, die seiner Meinung nach vor allem im Fernsehen bis zum
  Überdruss geschwungen werde, so dass er, Martin Walser, Preisträger
  des Friedenspreises des deutschen Buchhandels, diesbezügliche Sendungen einfach ausschalte.

Dieses „Ausschalten" – Metapher und Realität zugleich – illustriert die
These dieses Abschnitts besonders deutlich. Walser artikulierte mit kaum
verholener Aggressivität Ärger und Überdruss an den häufigen Sendungen
über Auschwitz. Angst und Aggression sind bekanntlich ineinander verzahnt
verstärken sich oft wechselseitig.

Ungeachtet der Differenzen im Einzelnen zeigt die obige Datenreihe,
welche Schwierigkeiten die Aufarbeitung einer aus den Fugen geratenen Geschichte bereitet, nicht zuletzt für ein professionalisiertes Geschichtsbewusstsein, das sich nur auf die Ergebnisse der Forschung beruft. Geschichtswissenschaft in ihrer überlieferten Gestalt ist durch Geschichte überfordert,
wie überhaupt Geschichte ständig mehr produziert, als wir „bewältigen"
können.

Ein Schritt zur Verringerung der Überforderungskluft läge im verstärkten Bewusstmachen von Unbewusstheiten. Ich will an weiteren Belegen verdeutlichen, wie das gemeint ist. Die folgenden Angaben gehören chronologisch in die oben aufgelistete Ereigniskette, sind jedoch weniger spektakulär
als etwa der erwähnte Historikertag, dafür aber enger mit meiner eigenen
Berufserfahrung verbunden.

(Zur Angst vor der Wiederkehr des Verdrängten im weitesten Sinn gehört auch die
Angst vor der Reinszenierung des Traumas, die vor allem im Hinblick auf viele
Opfer der Geschichte, mit je eigenen Akzenten aber auch für Kriegskinder zu thematisieren wäre. Im lebendigen Geschichtsbewusstsein steckt sozusagen ein Anspruch auf De-Traumatisierung [Weinböck 2007], der aber bereits Thema des
vorigen Kapitels war.)

## 6.3  DIE ANGST VOR DER WAHRHEIT

Sich morgens im Spiegel ansehen und akzeptieren können oder – mit anderen Worten – mit sich selbst einverstanden sein – das ist ein menschliches
Grundbedürfnis, das entweder im Einklang mit einer realistischen Selbstein-

schätzung durch ein nicht zu strenges Überich psychodynamisch gut integriert ist und insofern keine Probleme bereitet, oder aber turbulente Ausweich-, Rechtfertigungs- und Rettungsversuche auslöst, wenn hinter dem geschönten Selbstbild hässliche Realitäten zum Vorschein kommen und die Balance damit empfindlich stören.

Es ist grundsätzlich schwer, wenn nicht sogar unmöglich (wegen der Fülle und Vielfalt des Unbewussten im eigenen Innern), von sich selbst ein vollständiges und „richtiges" Bild zu entwickeln. Ein verträgliches Überich, das nicht jede Charakterschwäche zur Gewissensqual aufbläht, gehört zur mentalen Gesundheit des Menschen. Dass die Korruptheit von Personen sozialschädliche, pathologische Züge annehmen kann und daher sowohl juristisch als auch moralisch in die Grenzen des gesellschaftlich Erlaubten verwiesen werden müsste, ist gleichwohl nicht zu bezweifeln oder gar zu leugnen. Die größten Verbrecher der Menschheitsgeschichte haben sich als Wohltäter und Helden feiern lassen.
Zwischen beiden Extremen, dem gestörten und dem ausgeglichenen Selbst bzw. Selbstbild, gibt es zahlreiche und mannigfaltige Abstufungen und situationsbedingte Schwankungen. In dem einen oder anderen Extrem ist niemand unausweichlich gefangen.

Ich möchte auf die Angst vor der Wahrheit (über sich selbst und die Zusammenhänge, die man aktiv mitgestaltet bzw. mitgestaltet hat) am Beispiel der im Nationalsozialismus agierenden Historiker genauer erläutern.
Die deutschen Historiker dieser Zeit haben keine Juden eigenhändig umgebracht, aber sie haben das System, das solche Verbrechen ermöglichte und vorantrieb, mehrheitlich unterstützt und verstärkt mit je eigenen vermeintlich „rein wissenschaftlichen" Beiträgen. Täter, auch sogenannte Schreibtischtäter, fürchteten die immerhin mögliche, unterschwellig konstant drohende Konfrontation mit den Nachtseiten der eigenen Persönlichkeit und der Loyalität mit einem System des organisierten staatlichen Verbrechens. Entsprechend konsequent abwehrend war ihre Haltung gegenüber Vorhaltungen, die von außen kamen oder Selbstzweifeln entstammten.
Die retrospektive Pontius-Pilatus-Haltung des Anspruchs reiner Wissenschaftlichkeit kommt mit ignorant-pathologischer Aufdringlichkeit in Äußerungen des Agrarhistorikers Günther Franz (1902-1992) zum Ausdruck, unter anderem mit folgenden Worten (Franz in Hauser S. 107 und 110):
„Die Geschichtswissenschaft ist durch den Nationalsozialismus und sein Geschichtsbild kaum beeinflusst worden. (...) Auch im Ausland wurde anerkannt, dass die meisten Aufsätze in der HZ rein wissenschaftlich waren und ebenso gut vor 1933 wie nach 1945 in der HZ hätten erscheinen können. (...) Es bestätigt sich aber noch einmal mehr, dass der Einfluss des Nationalsozialismus auf die Geschichtswissenschaft verhältnismäßig gering war und die

Geschichte als Wissenschaft sich unabhängig vom Nationalsozialismus auch in dieser Zeit entwickelt und behauptet hat." 

Man muss dieses Selbstbild mit dem Bild des deutschen Historikers in SS-Uniform konfrontieren, um das Fantasma der reinen Wissenschaftlichkeit in ihrer ganzen Problematik zu erkennen. Franz' Äußerungen sind im kritischen Rückblick mit der lebensgeschichtlichen Realität des SS-Mannes Günther Franz zu vergleichen, die Wolfgang Behringer rekonstruiert hat. Wahrscheinlich hatte Franz gar kein Unrechtsgefühl und dementsprechend, ganz im Unterschied zu seinem Straßburger Kollegen Heimpel, auch kein schlechtes Gewissen. Ohne die Annahme einer tiefliegenden ich-syntonen Charakterstörung ist dieses Phänomen nicht zu verstehen.

Was exemplarisch mit Günther Franz festgestellt wurde, kann auch für andere Historiker geltend gemacht werden. Der Historiker Heinz-Gerhard Haupt, geboren 1943, erinnert sich: „Uns Studierenden war die NS-Vergangenheit der Professoren sehr bewusst. Von Reinhard Wittram [1902-1973] wussten wir, dass er in SS-Uniform in Riga Lehrveranstaltungen gehalten hatte. Aber er hat sich später politisch nie in dieser Richtung exponiert, sondern hat möglichst nah an Fakten entlang seine ereignisgeschichtlichen Vorlesungen gehalten."[39]

Nach dem Zweiten Weltkrieg gründeten SS-Historiker eine Interessengemeinschaft, der sie den Namen *Ranke-Gesellschaft* gaben. Aus einer Publikation dieser Ranke-Gesellschaft wurde oben zitiert. Der Name Ranke wurde im Meinecke-Institut, wo ich studiert habe, nur mit Ehrfurcht, ja mit devotem Schauer erwähnt. Dementsprechend wurde sogar in studentischen Kreisen überlegt, ob man dieser Ranke-Gesellschaft aus Gründen der Selbstachtung und des Renommees beitreten sollte. Das ist ein weiteres Beispiel für die Weitergabe von Denkstrukturen, deren Wirklichkeit hinter noblen Etiketten nicht zu erkennen ist.

Ein oft übersehener Grund der Verkehrungen moralisch fragwürdiger Tatbestände in ihr Gegenteil liegt im Publikum, das diese wahnhafte Idealisierung inszeniert. Das Publikum ist der Spiegel der Geschichtsakteure. In dem Maße, wie es dem Sich-Spiegelnden Bewunderung signalisiert, wächst dessen Täuschung über sich selbst und übertönt die Angst vor den kaschierten Minderwertigkeiten, die immerhin ans Tageslicht kommen könnten. In

---

[39]  Heinz-Gerhard Haupt im Interview mit Barbara Stambolis 2010 (CD-Rom-Anhang, S. 186). – Ob Wittram ereignisgeschichtliche Vorlesungen gehalten hat, die sich möglichst nah an den Fakten orientiert haben, vermag ich nicht zu beurteilen. Seine Veröffentlichungen (s. Literaturverzeichnis) gehen jedenfalls weit darüber hinaus und erheben ähnlich wie Heimpels Publikationen geschichtstheoretisch-sittlich kategoriale Ansprüche (Wahrheit, Verantwortung, das Böse, das Sittliche, Geschichtsbewusstsein usw.), ohne dabei die eigene Lebensgeschichte auch auf den Prüfstand zu stellen.- Über Wittram im Kontext der Vergangenheits„bewältigung" vgl. Nicolas Berg 2004, S. 233 ff.

unserer Mediengesellschaft, die belanglose Persönlichkeiten zu anbetungs-
würdigen Übermenschen macht, nähert sich die Chance eines strukturellen
Wandels der Nullgrenze.

Ein unbewusstes persönliches Motiv in diesem Syndrom der Spiegel-
Verblendung ist Scham, vor allem Schamangst vor einer Situation, die eintreten könnte und die Beschämungserfahrungen der frühesten Kindheit erneut aufwühlen würde. „Das Gesicht wahren" als Sprachwendung (englisch
sogar: das Gesicht retten: *face-saving*) verweist auf die tief sitzende Wirkung
dieser Angst vor der Konfrontation mit den eigenen Schattenseiten.

Wahrheitskommissionen sind eine erst in den letzten Jahrzehnten geschaffene gesellschaftliche Möglichkeit, den Opfern der Geschichte ein Mindestmaß an Genugtuung zu verschaffen und gleichzeitig die begründeten Schuld- und Strafängste
der Täter so weit zu mildern, dass sie in das Leben integriert werden können und
Wiedergutmachungsimpulse entbinden. Nach 1945 gab es keine Wahrheitskom-
mission, sondern das Nürnberger Tribunal und die Entnazifizierungskommissionen,
die Angst begründeten. Wahrheitskommissionen waren im Zuge der NS-Aufarbei-
tung noch kein Thema. Die Realgeschichte zeigte vielmehr, dass ein Täter nach
dem anderen entlarvt und überführt werden musste, gegen hartnäckiges Leugnen.
Die Aufarbeitung der DDR-Geschichte hat mit ähnlichen Problemen zu kämpfen.
*Wahrheit und Leben* – das sind die Hauptkategorien eines kritischen Geschichtsbewusstseins, das der Zukunft dient.

## 6.4  DIE ANGST VOR GEFÜHLEN UND MORAL

Die ausgeprägte Intellektualisierung des professionalisierten Geschichtsbewusstseins als Mittel zur Unterdrückung von Gefühlen und Affekten einschließlich verschiedener Ängste ist schon mehrfach angesprochen worden.
Der folgende kleine Text (Pandel in Mütter und Uffelmann 1996, S.53 f.)
wird diesen Befund bestätigen und illustrieren:

„Der Historiker kann von der Annahme ausgehen, dass Emotionen soziale Konstrukte sind und sich mit dem jeweiligen kulturellen Kontext wandeln.
In zeitlicher Perspektive muss sich beantworten lassen, warum bestimmte
Gefühle aus der Geschichte verschwinden (z.B. Akedia[40] und Melancholie)
oder neue aufkommen (z.B. Mutterliebe).

Der hier [d.h. vom Autor H.-J. Pandel, geb. 1940] verfolgte Ansatz einer
Gefühlsgeschichte konzipiert ein Subjekt, das fühlen und Gefühle steuern

---

[40]  Nach der katholischen Glaubens- und Sittenlehre ist *Akedia* (oft auch *Acedia* geschrieben)
religiös-sittliche Trägheit, ideengeschichtlich entstanden aus dem mittelalterlichen Glauben an
den Mittagsdämon, die letzte der sieben Haupt- oder Todsünden.- Kritisch über Trägheit als
Syndrom der Postmoderne vgl. Neimann 2010, S. 105.

kann. Darüber hinaus kann es *aktiv* Gefühle zur Darstellung bringen, um mit anderen in Kontakt zu treten (bzw. Kontakte abzubrechen) und den sozialen Gefühlsnormen zu folgen. In dieser Sicht sind Gefühle nicht etwas, was unserem Selbst *angetan* wird, sondern wir *handeln*, und zwar *gefühls-bestimmt*. Das gefühlsbestimmte Handeln wird im Bürgertum des 19. Jahrhunderts bewusst herbeigeführt." (Hervorhebungen im Original)

Pandel fügt zur Veranschaulichung seiner Deutungen eine autobiographisch überlieferte Erlebnissequenz des berühmten Schweizer Historikers Jacob Burckhardt (1818-1897) an, der – so Pandels Deutung – die Reise ganz bewusst angetreten habe, um die „Ausbildung innerer emotionaler Kultiviertheit" zu vervollständigen.

Gefühle *nicht* steuern zu können, etwa so wie man ein Auto steuern kann, das ist dem Autor offenbar ein Störfaktor im Geschichtsbewusstsein, der argumentativ verschwinden muss. Wir bedienen uns nach Pandel unserer Gefühle zu sozialen Zwecken. Gefühle sind nichts Intimes, Persönliches, sondern abhängig vom historischen Wandel; sie tauchen auf und verschwinden.

Sicherlich kommen Gefühle, Affekte und persönliche Beziehungen historisch nicht immer auf dieselbe Weise zum Ausdruck. Die Liebe wurde früher anders „gehandhabt" als heute (vgl. Pandel, S. 59), gewiss doch! Liebesheiraten im heutigen Stil gab es lange Zeit nicht, das bezweilt niemand mehr. Der Wandel der Gestaltungs*formen* ist aber nur eine Dimension der Gefühle in Geschichte und Gegenwart. Was sagt eine Zeremonie über die Dynamik der Gefühle aus? In dem Maße, wie die Geschichte der Gefühle sozusagen ohne Rest auf die Schiene des Konstruktivismus geschoben wird, ist auch kein authentisches Gespräch über aktuelle, eigene Gefühle mehr möglich, weder informativ, noch therapeutisch oder pädagogisch.

Vorsicht ist dementsprechend auch gegenüber Begriffen geboten, die mit ihrem Auftauchen und Verschwinden einen mentalitätsgeschichtlichen Wandel zu demonstrieren scheinen, denn der sprachgeschichtliche Schein kann trügen: Begriff und Begriffsinhalt stimmen nicht immer überein. Die Gleichgültigkeit des Herzens (*Akedia*) ist nicht deswegen verschwunden, weil der Begriff nicht mehr sehr geläufig ist. Als Ich-Verarmung, Leeregefühl, Gefühlsblindheit (Alexithymie), fehlendes Schuldgefühl u.a.m. ist Akedia durchaus ein Thema (und was für eins!) in aktuellen, klinischen Abhandlungen etwa über Depressionen. Gewiss ist der ältere theologische Zugang zur Thematik ein anderer als der neuere psychoanalytische Zugang. Aber Zugänge zu Tatbeständen der Geschichte sind nicht die Geschichte selbst.

Und die Mutterliebe? Ist es tatsächlich so, dass sie unvermutet auf der Bühne des Geschichtlichen erscheint und dann ebenso unvermutet wieder abtritt oder abtreten könnte, wenn unsere Konstruktionen es so wollen? Eine entsetzliche Vorstellung! Die Möglichkeit, dass unbewusste, unreflektierte Erfahrungen die Mutter einer solchen Sichtweise ist, sollte zumindest nicht ausgeschlossen werden.

Am Ende seiner kenntnisreichen und sprachlich souverän präsentierten Abhandlung geht Pandel auf die Frage ein, wie eine Gefühlsgeschichte zur *Darstellung* kommen könnte und kontrastiert zur weiteren Klärung des Problemfeldes unter anderem zwei Handlungs- und Darstellungstypen, nämlich „Berechenbarkeit" von Gefühlskonstellationen und Gefühlsentwicklungen auf der einen Seite und „Unberechenbarkeit", die vor allem für Geschichte des Irrationalen zuständig sei, auf der anderen Seite. Man müsse sich vor Erhebung von Daten (Realitäten, Empirie) für den einen oder anderen Typ entscheiden; denn die Darstellung sei kein Schritt, der der Forschung nachfolge (S. 61), „sondern die die Darstellung fundierenden Handlungstypen gehen als regulierende Idee in die Empirie ein."

Erste Rückfrage: Muss ich mich tatsächlich für Berechenbarkeit (der Gefühle) oder Unberechenbarkeit entscheiden? Warum darf ich nicht beides nebeneinander denken? Zweite Rückfrage: Liegt hier vielleicht in Analogie zur *self-fulfilling prophecy* soziologischer Erkenntnisse ein sich selbst bestätigendes Geschichtsverständnis vor? Der Forscher entscheidet sich für den Darstellungstyp der Berechnung und findet prompt in der Geschichte Strukturen und Entwicklungen des Gefühls, die sich berechnen lassen. Wer dagegen den Handlungstyp der Unberechenbarkeit vorzieht, was der populären Deutung von Emotionalität am ehesten entspräche, der wird entdecken, dass die Geschichte voller Irrationalitäten ist.

In Pandels Methodologie würde das vorliegende Buch zweifellos in die Rubrik Unberechenbarkeit eingeordnet werden; denn es beruht tatsächlich auf der Überzeugung und den nachfolgenden empirisch fundierten Begründungen, dass Geschichte individuell und kollektiv „irrational" völlig aus dem Ruder laufen kann. Damit wäre Angst als Element eines wie auch immer gearteten Geschichtsbewusstseins endgültig abgespalten und im Ich zum Schweigen gebracht. Doch gerade hier, im Ich, wie in den dieses Kapitel einleitenden Hinweisen betont wurde, müsste die Angst ihre Worte finden. Schwerer als alle wissenschaftsimmanenten Einwände wiegen Einwände, die in der ersten Person formuliert werden: *Ich* habe Angst vor den „Irrationalitäten" der Geschichte, die uns als triebhafte Verblendungen immer wieder bis an den Rand der totalen Selbstzerstörung lenken.

Für die moralische Dimension in unseren historisch-politischen Wahrnehmungen und Darstellungen gelten die bisherigen Feststellungen in einem noch stärkeren Maße. Die Angst vor der Moral ist beträchtlich. Wer zum Beispiel als Historiker in Abwehr dieser Angst kein bewusstes Verhältnis zu den Regungen seines eigenen Gewissens entwickeln kann, wird auch in der Geschichte keinen Sinn für Macht und Ohnmacht des Gewissens entdecken und dementsprechend jegliche moralische Erwägung als unhistorisches „Moralisieren" prinzipiell verwerfen. Die Abwehr der Moral als Dimension der Historiographie ist ein Leitmotiv der Geschichtswissenschaft nach 1945. In dem Handbuch-Text über die Kriegsschuldfrage, auf den wir schon eingegangen sind (vgl. Abschnitt 6.2), lesen wir zum Beispiel (Erdmann 1959/60, S. 24):

„Das Verhältnis von Verstrickung der Situation und der gar nicht zu leugnenden Freiheit und Verantwortung des Handelnden lässt sich jedenfalls nicht in einfache juristische oder moralische Kategorien fassen."

Das klingt ähnlich wie in Pandels Abhandlung über die Möglichkeit einer Geschichte der Gefühle sprachlogisch plausibel, ja geradezu zwingend, wenn man das suggestive Element des Satzes nicht erkennt; denn eine „Verstrickung" von zwei in sich komplexen Faktorenbündeln ist nach Adam Riese nicht einfach, sondern eben kompliziert. Die Abwehr einer immerhin möglichen ganz einfachen moralischen Feststellung (etwa: das war falsch, destruktiv, böse...) ist gleichwohl offenkundig und ohne einen Kern persönlicher Angst nicht zu verstehen.

Im Bestehen auf einer fast undurchschaubaren historischen Komplexität (der politischen Entscheidung oder der strukturellen Vernetzung) drohen auch die kulturhistorischen Konstanten verloren zu gehen, unter denen nicht nur die menschlichen Triebe zu zählen sind, sondern auch politisch-ethische Kategorien („Werte", Tugenden) wie Freiheit, Gerechtigkeit, Menschenwürde. Das Verlangen nach mehr Gerechtigkeit (oder, utopisch überhöht, nach Gerechtigkeit schlechthin) ist ein Leitmotiv der gesamten Kulturgeschichte von ihrem Anfang an bis in die Gegenwart hinein und darüber hinaus, dem gegenüber Historiker aber wenig Interesse zeigen. Die alttestamentarischen Friedensutopien künden vom Reich der ewigen Gerechtigkeit. Der babylonische Hammurapi wurde als „König der Gerechtigkeit" verehrt (inwiefern er das realgeschichtlich wirklich war, wäre gesondert zu untersuchen). Jesus behauptet sich im kollektiven Gedächtnis als der gute Hirte, der keine Ungleichbehandlungen oder Ungerechtigkeiten duldet, geschweige denn selbst begeht. Ein Blick in die Tageszeitungen genügt, um zu zeigen, wie stark das Verlangen nach mehr Gerechtigkeit die globalisierte Diskussion von heute bestimmt. Im Sommer 2009 zeigte die Freie Universität im Foyer ihrer Universitätsbibliothek eine Ausstellung zur Chemiekatastrophe von Bhopal unter dem Titel: *25 Jahre Warten auf Gerechtigkeit.*[41]

---

[41] Im Dezember 1984 erlagen über 7000 Menschen in wenigen Tagen der Giftgaskatastrophe, mehr als 20 000 erlagen den Langzeitwirkungen. Die verantwortliche Firma und ihre Manager, die an den Sicherheitsvorkehren gespart hatten, wurden bis heute nicht zur Rechenschaft gezogen.

Wenn das Verlangen nach Gerechtigkeit, das hier als Inhaltsbeispiel exemplarisch für die Vielfalt ethischer Themen in der Geschichte aufgerufen wurde, als bewusste Antwort auf die *Angst vor einer strukturell unabänderlichen Fortdauer von Ungerechtigkeiten* Beachtung fände (hier wären weitere Ich-Sätze zur Diskussion zu stellen), dann würde im Haus der Geschichte und des Geschichtsbewusstseins erhebliche Unruhe entstehen. Möglicherweise würden sich Risse im Gemäuer zeigen und eine Sanierung von Grund auf herausfordern.

Dabei ginge es nicht um eine quantitativ stärkere Berücksichtigung des Themas (an neuen Themen in alter Sichtweise ist nie ein Mangel!), sondern um die qualitative Erweiterung des geschichtsbewussten Kollektiv-Subjekts, das der Angst vor neuen Denk- und Arbeitsformen und vor dementsprechenden Identitätserschütterungen stand hält. Un- oder vorbewusste eigene Ängste (etwa vor dem Verlust der Verstandesklarheit) einer rationalen, wissenschaftlich und kommunikativ integrierten Bearbeitung zugänglich zu machen – das wäre ein wesentlicher Programmpunkt zukünftiger Verbindung von Psychoanalyse und historisch-politischem Denken.

## 6.5   DIE ANGST VOR SINNVERLUST UND DENTITÄTSDIFFUSION

Gedankentiefe Überlegungen zum Thema Angst bietet die relativ kurze Schrift des Theologen Paul Tillich (1886-1965), der in seelsorgerischer Absicht *Mut zum Sein* als eine mögliche Lebensleitlinie entworfen und empfohlen hat. Er unterschied drei Formen der Angst, die durch diesen *Mut zum Sein* überwunden werden könnten, nämlich

- die Angst vor dem Schicksal und vor dem Tode, vorherrschend zum Ende des Altertums,
- die Angst vor Schuld und Verdammung, vorherrschend zum Ende des Mittelalters, und
- die Angst vor Leere und Sinnverlust, vorherrschend zum Ende der Neuzeit.

Psychohistorisch gehen wir hier von einer Allgegenwart dieser Ängste aus, auch wenn diese in bestimmten historischen Epochen ihr je eigenes Profil ausbilden, wie bei Tillich nachzulesen ist. Die vor allem dem Ende des Altertums zugeschriebene Angst vor dem Tod wird uns, bezogen auf die Vitalität des Geschichtsbewusstseins, im Abschnitt 6. 8 als Angst vor dem sozialen Tod beschäftigen. Die Angst vor Schuld, die nach Tillich ein Kennzeichen des ausgehenden Mittelalters gewesen sei (denken wir Luthers Konflikt mit dem überstrengen Überich!) erscheint in diesem Buch vor allem als Angst vor Schuldgefühlen, die verdrängt werden müssen. Die Angst vor „Leere" und Sinnverlust wird uns auf den folgenden Seiten beschäftigen;

sie wurde schon in den einleitenden Hinweisen zu diesem Kapitel als „Grauen vor dem existenziellen Abgrund ohne spirituellen Sinn" angesprochen (Zitat Erikson) und betrifft vor allem das Erstarren in der Konfrontation mit Auschwitz.

Wenn ein Theologe seelische „Leere" diagnostiziert, hat er Gott im Sinn, der seinen sicheren angestammten Platz im kulturellen und persönlichen Leben der Menschen eingebüßt hat. Tillich empfiehlt kein einfaches Zurück zum früheren *Gottvertrauen*, sondern – moderner – den *Mut zum Sein*, der aber, wenn man genau liest, nichts anderes ist als ein Platzhalter für das, was früher Gott und Gottvertrauen an sich banden. (Das „Sein" als philosophische Kategorie bezeichnet nichts Bestimmtes, sondern umfasst alles und *ist* in allem, es „west" um einen Begriff aus Heideggers Jargon der Eigentlichkeit zu gebrauchen.)

Im Unterschied dazu wird hier die nach 1945 entstandene Leere nicht auf Gott, sondern auf den „Führer" Adolf Hitler bezogen, dessen Sturz und Selbstvernichtung in der Tat eine große Orientierungslosigkeit ausgelöst hatte. Sinnverlust wird dementsprechend gekoppelt an persönliche Verunsicherungen, an „Identitätsdiffusionen", um den bekannten Begriff von Erikson zu gebrauchen. Wer und was bin ich denn noch, wenn alles, was vorher dem Leben Sinn und Form gegeben hat, ungültig ist? Das war eine quälende psychohistorische Frage nach 1945, vor allem aber nicht nur für die sogenannte Flakhelfer-Generation.

Mit dem Zusammenbruch der NS-Systems erlosch für viele Träger und Sympathisanten des Systems die Zukunft; sie nahmen sich das Leben, meistens verzweifelt und heimlich, manchmal aber auch mit großer, heroisierender Geste wie zum Beispiel der Vater der Journalistin Ute Scheub, der für seine Selbsttötung das Forum des Evangelischen Kirchentages 1969 gewählt hatte.

Gegen Identitätserschütterung und Sinnverlust nach 1945, den die Auschwitz-Täter und die Auschwitz-Überlebenden sowie ihre Kinder auf je eigene Weise auszuhalten und auszugleichen hatten (was oft, wie eben angedeutet, nicht oder nur mangelhaft gelang), brachten maßgebliche Vertreter der bundesdeutschen Geschichtsdidaktik eine Theorie der Sinnbildung in Stellung, die der befürchteten Sinnlosigkeit den Wind aus den Segeln nehmen sollte. Rüsen definiert „Sinn" als Dimension des Geschichtsbewusstseins folgendermaßen (1994, S. 346):

„Ich verstehe unter ‚Sinn' eine Kohärenz von historischem Wissen und historischer Darstellung im Lebenszusammenhang ihrer Subjekte. Er hat eine inhaltliche, eine formale und eine funktionale Komponente: Sinnvoll ist eine Geschichte, wenn sie a) als Erfahrung zeitlichen Wandels in der Vergangenheit mit einer übergreifenden Zeitverlaufsvorstellung organisiert, die aus den Geschäften der Vergangenheit Geschichte für die Gegenwart macht; b) wenn sie diesen Zeitverlauf narrativ repräsentiert; und schließlich c) wenn dieses narrativ präsentierte historische Wissen gegenwärtige Lebenspraxis hinsichtlich ihrer zeitlichen Dimension kulturell orientiert." Das ist eine intellektuell elaborierte, wortgewandte Definition, die Sinn in seiner Bedeutung nicht nur ein- und abgrenzt, sondern förmlich neu erschafft und zwar über den „Riss im Buch der Geschichte" hinweg. Wenn ich mir die Sinn-Kriterien mit eigenen Worten noch einmal vorlege, mithin

- den Zusammenhang von historischem Wissen und historischer Darstellung im Lebenszusammenhang der Subjekte,
- die Umwandlung von „Geschäften" der Vergangenheit in Geschichte für die Gegenwart,
- die Erzählbarkeit der jeweiligen Geschichte,
- die Einbettung der eigenen Sinnfindung in einen kulturellen Zusammenhang,

dann lässt sich dieser Geschichtssinn sowohl auf Berichte von Tätern (und ihren Kindern) als auch auf Berichte von Opfern (und ihren Kindern) anwenden. Doch genau diese Unterschiedslosigkeit mahnt zur Vorsicht, wie schon betont wurde. Auschwitz als Erfahrung war dem Schreiber der Sinn-Definition offenbar nicht gegenwärtig, das ist deutlich an dem Ausdruck „Geschäfte der Vergangenheit" zu sehen, der zur Auseinandersetzung mit dem Völkermord der Nazis an den Juden nicht passt und das Geschichtsbewusstsein als schmerzhafte Konfrontation gleichsam narkotisiert.

Mit dem sprachlich geradezu suggestiv eingeforderten Sinn verschwinden sowohl Sinnlosigkeiten auf der Objektebene des Geschehens als auch Sprachlosigkeiten der mit Geschichte befassten Subjekte,[42] sei es im Erleben der Geschichte selbst, sei es im Nachvollzug des früherer Geschichtserfahrungen. Genau hier liegt ein entscheidendes Problem der Auseinandersetzung mit dem schrecklichen 20. Jahrhunderts und des Geschichtsbewusstseins in unserer Zeit, das die Sinn- und Identitätserschütterung konfrontativ durcharbeiten müsste, anstatt diese künstlich zu überbrücken. Hätten wir, wir Geschichtsdidaktiker und Geschichtsdidaktikerinnen, das Entsetzen vor der absoluten Sinnlosigkeit des durch uns Deutsche bis 1945 vorangetriebenen Geschehens besser ausgehalten, hätte das Lernen aus Geschichte eine stärkere, eine bewusste Herausforderung erfahren.

---

[42] *Sprachloses Entsetzen* als Reaktion beim Anblick der massenhaft sinnlosen NS-Gräuel hat Hannah Arendt (*Über das Böse*) diagnostiziert. *Fassungslosigkeit* lautet die entsprechende Feststellung bei Saul Friedländer (*Das Dritte Reich, Einleitung*) ungeachtet seiner historiographischen Eloquenz und mehrsprachigen Forschungskompetenz.

Rüsens Sinn-Definition als *Anrufung von Sinn* hat einen quasi-religiösen oder auch magisch-beschwörenden Charakter, der früher Gott zugewandt war. Sehen wir in die Geschichte zurück: Nach persönlichen Verlusten (denken wir an den *Ackermann von Böhmen*, um 1400, der seine junge Frau betrauerte [Tepl 2000]), nach großen Naturkatastrophen wie zum Beispiel dem Erdbeben von Lissabon (1755) und nach den *man-made desasters* wie dem Dreißigjährigen Krieg wandten sich die Menschen verzweifelt an Gott und fragten nach dem Sinn des Geschehens. Die psychohistorische Situation hat sich seitdem gewandelt: Gott als Ansprechpartner in der Not steht nicht mehr so zu Verfügung wie früher, das Verlangen nach Sinn ist aber geblieben, dementsprechend auch die Angst vor der Sinnlosigkeit. Genau das ist zu erkennen und durchzuarbeiten. Wer dem Anblick der Geschichtsmedusa ausweicht, verlängert und bestärkt ihr Leben, anstatt ihre Todesmacht einzuschränken.

Parallel zur *german angst* ist beim Wort Sinn schließlich auch zu überlegen, ob es sich hier nicht um eine typisch deutsche Denkfigur handelt. Im Englischen steht für „Sinn" oft das pragmatisch konnotierte Wort *purpose*, das dem deutschen Sinn-Diskurs seinen Tiefsinn nimmt. Der Versuch einer *Didaktik der Sinnbildung*, mit dem Sinnlosigkeitsängste offenbar bekämpft werden sollten, hat m.E. etwas typisch Deutsches und sollte dementsprechend diskutiert werden.

Wir wenden uns im Folgenden einem Angstinhalt zu, der das vital-lebendige Geschichtsbewusstsein vom persönlich-individuellen Lebens- und Selbstwertgefühl her bedroht.

## 6.6 DIE ANGST VOR WERTLOSIGKEIT UND SOZIALEM TOD

Wer sich seines Wertes als Person und als Akteur bestimmter berufsspezifischer Kompetenzen *im Kern* nicht ausreichend sicher ist (diese Sicherheit schließt reife, konstruktive Selbstzweifel selbstverständlich nicht aus, im Gegenteil), der kann sich auch nicht mit allen geistigen Kräften der Geschichte zuwenden, die uns mit ihren grauenhaften Ereignissen und Fehlentwicklungen im Grunde ständig überfordert.

Selbstwert-Unsicherheiten (und dementsprechende Ängste) haben lebensgeschichtlich-familiäre, aber auch kollektiv-gesellschaftliche Quellen, die in einer scheinbar ganz demokratischen, in Wirklichkeit aber sozial hierarchisierten Gesellschaft überreichlich sprudeln – und Wirkungen zeitigen, u.a. in meinem Berufsfeld, der Geschichtsdidaktik, die ängstlich nach Anerkennung und Wertschätzung durch ihre große Schwester, die Geschichtswissenschaft, Ausschau hält und immer wieder enttäuscht wird.[43] Eine Einschränkung der Lebens- und Erkenntniskräfte im Geschichtsbewusstsein generiert das angst-

---

[43] Vgl. Interview mit Karl Heinrich Pohl in: Stambolis 2010, CD-Rom-Anhang, S. 320.

volle Verlangen nach Anerkennung durch den Tribut, der in dieser Situation der jeweiligen Loyalität, dem beruflichen Fortkommen und dem Opportunismus zu zahlen ist. In einem Interview (Stambolis, CD-Rom-Anhang, S. 199) urteilt der Historiker Heinz-Gerhard Haupt im Rückblick auf seine Berufskarriere, dass es in den siebziger Jahren kein besonderes Wagnis gewesen sei, links zu sein, dass es aber im Gegensatz dazu heutzutage (das heißt um das Jahr 2010), einem „Todesurteil" gleichkomme, sich links zu engagieren. Der links engagierte junge Historiker habe keine Chance, eine Stelle bekommen.

Welchen Effekt eine solche Konstellation auf das Inhaltsprofil von Publikationen, Tagungsprogrammen, Berufungen usw. ausüben kann, liegt auf der Hand. Die Angst vor Nicht-Anerkennung, Nicht-Beachtung, Entwertung, Ablehnung, sozialer Stigmatisierung, Exklusion usw. (es gibt viele Wörter für viele verschiedene Schattierungen dieses psychohistorischen Phänomens) kann in das Gefühl der persönlichen totalen Wertlosigkeit und in die Angst vor dem sozialen Tod einmünden, wenn gesellschaftliche Gefahren eine lebensgeschichtlich entstandene Instabilität aufrühren und damit verstärken.

Gleichwohl ist die Angst vor dem sozialen Tod in dem hier skizzierten Kontext geschichtsanalytisch zu unterscheiden von der realistisch begründeten Angst vor dem leibhaftigen Tod, mit dem Nationalsozialisten ihre Gegner und rassistisch Inkriminierte bedrohten. Eins der eindrucksvollsten Zeugnisse in dem damaligen Feld der täglichen Todesdrohungen, die viele in den Selbstmord trieben, sind die Tagebücher Viktor Klemperers, der nicht nur mit seiner Deportation und der Vernichtung im KZ zu rechnen hatte, sondern darüber hinaus auch mit der Vernichtung seiner Schriften (u.a. der Tagebücher), die immerhin seinen Namen, seine Ideen und sein geisteswissenschaftliches Werk gerettet hätten.

Gegen die verheerende *Angst vor dem Nichts*, die ich persönlich-existenziell kaum nachvollziehen kann, musste er alle Lebensenergien bis in die letzten Reserven mobilisieren: Klemperers Tagebücher als *document humain*, exemplarisch zitiert, sollte uns vor Augen sein, wenn die Versuchung der narzisstischen Überschätzung der eigenen Ängste uns überfällt. Geschichtsbewusstsein wurzelt zwar im Ich, aber es kennt auch die Bedeutungsgrenzen dieses Ichs im Geschichtsganzen.

(Auf die Angst deutscher Historiker vor dem Verlust ihrer professionellen Zuständigkeit für die Geschichte des Nationalsozialismus werden wir im Kapitel 12. 1 eingehen.)

## 6.7 ZUR ERKENNTNISKRAFT DER BEWUSST GEWORDENEN ANGST

Unbewusste Ängste, die unser historisch-politisches Denken einschränken und oft in falsche Richtungen lenken, sind nicht schicksalhaft gegeben. Sie können bewusst werden und das tägliche Handeln realitätsgerecht motivieren, auch im beruflich-wissenschaftlichen Kontext. Ich möchte dafür vier Beispiele anführen.

### 6.7.1 *Erstes Beispiel*: ÄNGSTE IM MEDIUM HISTORISCHER INHALTE BEARBEITEN

Über die kollektiven Ängste im Europa des 14. bis 18. Jahrhunderts hat der französische Historiker Jean Delumeau (geb. 1923) eine umfassende Untersuchung vorgelegt, die in der Einleitung (*Der Historiker auf der Suche nach der Angst*) auf die Bedeutung des Themas für ihn selbst eingeht.

Jean war zehn Jahre alt, als er die „überlegene Macht des Todes" mit unerwarteter Eindringlichkeit erlebte. Ein Freund der Eltern war zu Besuch, der Apotheker, ein Mann in den besten Jahren. Der Abend verlief entspannt und angenehm, ohne jedes Anzeichen einer Schwäche oder Krankheit, doch am nächsten Morgen überraschte Monsieur Delumeau seinen Sohn mit der Nachricht, dass der Apotheker gestorben sei (S. 43):

„Beim Aufwachen hatte seine Frau ihn neben sich tot im Bett gefunden. Es war ein richtiger Schock für mich, während doch der Tod meiner Großmutter väterlicherseits einige Monate zuvor, die mit 89 Jahren gestorben war, keinerlei vergleichbare Reaktion bei mir hervorgerufen hatte. Damals entdeckte ich wirklich den Tod und seine überlegene Macht. Die Gewissheit drängte sich mir auf, dass er Menschen jeden Alters, die sich bei guter Gesundheit befinden, ereilen kann. Ich fühlte mich schwach und bedroht, *eine tiefsitzende Angst ergriff mich* [Hervorhebung P. S.-H.]. Über drei Monate war ich krank und konnte nicht zur Schule gehen."

Zwei Jahre später wurde Jean Delumeau „Interner" bei den Salesianern.[44] Dort nahm er mit seinen Kameraden an einer religiösen Übung teil, in der „Litaneien für einen leichten Tod" gebetet wurden. Auf jede der Strophen, die Todesangst und Todeskampf in drastischen Bildern ankündigten, antworteten die Gläubigen im Chor mit: „Barmherziger Jesus, erbarme dich meiner."

---

[44] Die Salesianer (benannt nach Franz von Sales) sind eine 1859 gegründete katholische Ordensgemeinschaft. Ihr Gründer war Don Bosco (1815-1888), Priester in Italien.

Psychogenetisch „unter" dieser theologisch geschürten Angst lag aber, wie Delumeau später retrospektiv erkannte, eine andere Angst, „die älter, tiefer sitzend und spontaner war", nämlich die mit zehn Jahren selbst erlebte existenzielle Angst vor dem Tod. Diese Angst begleitete Delumeau, als er vierzig Jahre später sein großes Werk über *Angst im Abendland* schrieb. Die Selbsterkenntnis wurde zum mächtigen Stimulus einer material- und gedankenreichen Studie (S. 45 f.):

„Während ich mein Buch plante und Material dazu sammelte, überraschte ich mich bei der Feststellung, dass ich vierzig Jahre später noch einmal den psychologischen Weg meiner Kindheit beschritt und dass ich von neuem unter dem Deckmantel einer historischen Untersuchung [!] die Stationen meiner Angst vor dem Tod durchlief. Die Abschnitte dieses Werkes spiegeln in einer Art Übertragung meinen eigenen Weg wider: meine ersten Ängste, die schwierigen Anstrengungen, mich an die Angst zu gewöhnen, meine jugendlichen Betrachtungen über das Ende und schließlich eine geduldige Suche nach Ruhe und Zufriedenheit im Akzeptieren des Todes."

Das erste einleitende Kapitel in Delumeaus Werk, aus dem eben zitiert wurde, schließt mit dem Ausruf: „Es ist höchste Zeit, dass die Christen aufhören, ANGST [Großschreibung im Original] vor der Geschichte zu haben."

Es gibt nur wenige Texte, die das Zusammenspiel von lebensgeschichtlicher Erfahrung und geschichtswissenschaftlicher Arbeit so eindrucksvoll schildern wie der zitierte. Delumeau nennt das Zusammenspiel „eine Art Übertragung", der psychoanalytische Fachbegriff regt zur Frage an: Welche Erfahrungen hatte er mit der Psychoanalyse? Das lässt sich mit den bisherigen Informationsmöglichkeiten leider nicht feststellen. Delumeau spricht die grundsätzliche Angst der Christen vor der Geschichte an und hatte damit die Belagerung der Kirche als belagerte Stadt im Sinn (vgl. Kontext S. 46 und Untertitel des Buches im Original: *Une cité assiégée*). Er sieht sich selbst als Suchenden; die Angst ist nicht vollständig überwunden (das ist auch unmöglich, wenn sie einmal so heftig wie bei Delumeau zur Wirkung gekommen ist), aber Ruhe und Zufriedenheit im Akzeptieren des Todes sind schon in Sicht. Delumeau kann die Erfahrung an die einengende Erfahrung seiner jugendlichen Salesianer-Zeit relativieren; denn als Historiker weiß er (S. 45): „Manche Menschen sterben glücklich."

Geschichte als solche bewirkt keine Angst-Überwindung; oft ist eher das Gegenteil der Fall, was dann verschiedene Abwehrmechanismen auslöst. Geschichte als Forschungsaufgabe einer Persönlichkeit, die ihre wissenschaftliche Sachkompetenz frei von Zwängen und unbewussten Ängsten anzuwenden versteht, ist dagegen ein unausschöpfbares Anregungspotenzial für historiographische Erkenntnis und Darstellung und damit für gesellschaftlichen Fortschritt überhaupt.

### 6.7.2 *Zweites Beispiel*: ANGST VOR AUTORITÄT, STRAFE UND SCHEITERN BÄNDIGEN

Martin Luther (1483-1546), der Rebell gegen Vater und Papst, war mein Vorbild in der Zeit meines Studiums. Ich bewunderte seinen Mut und die Konsequenz seines Handelns, nicht ahnend, welche lebensgeschichtlichen Implikationen in meinem Themeninteresse steckten. Dass Luther zum christlichen Antisemitismus erheblich beigetragen und seinerseits neue Autoritätsfixierungen geschaffen hatte, kam mir erst später zur Kenntnis. Martin Luther hatte seine Angst vor der unnahbaren Höhe Gottes überwunden und dem Papst öffentlich getrotzt – das imponierte mir.

Die Bewunderung wurde nicht unmaßgeblich durch die (in ihrer Bedeutung ebenfalls nicht durchschauten) Tatsache verstärkt, dass Luther Glück und Erfolg hatte, dass er sich durchsetzten konnte und Weltbedeutung errang. Wie hätten sich die Geschichte allgemein und subjektive Wertschätzungen der Geschichte entwickelt, wenn Luther gescheitert und nicht durch günstige Zeitumstände gefördert und gerettet worden wäre? Hätte Erikson sein bekanntes Buch über *den jungen Mann Luther* geschrieben, wenn Luther auf halben Weg Halt gemacht und religionspolitisch eingelenkt hätte? Rund hundert Jahre früher, 1415 auf dem Konzil zu Konstanz, war ein anderer Reformator verbrannt worden, Johannes Hus, nachdem man ihm freies Geleit zugesichert hatte. Luther war ab 1521 gebannt und geächtet; ihm hätte ähnliches widerfahren können.

Luthers geschichtlicher Triumph war in den Jahren der schärfsten Konflikte nicht vorauszusehen. Luther riskierte den Misserfolg, das Scheitern, das Leben. „Hier stehe ich, ich kann nicht anders, Gott helfe mir, Amen": Eindruck macht dieses legendäre Luther-Wort bis heute eben wegen seiner existenziellen Unbedingtheit, in der das Wissen um die persönliche Gefährdung mitschwang.

Mehr oder weniger intensiv begleitet die Angst vor dem Scheitern alle kreativen Menschen lebenslang; denn Kreativität und die Freiheit, Neues zu wagen, sind ohne die objektive Gefahr des Scheiterns nicht zu haben. Psychoanalytisch geht es nicht darum, diese Angst zu überwinden, hinter sich zu lassen, aufzulösen oder wie immer man die das oft gewünschte Resultat einer Angsttherapie bezeichnen mag. Das Ziel kann nur sein, den Grund der Angst bewusst zu machen und die Auswirkungen der Angst damit einzugrenzen. Das Bedrückende und Lähmende einer Angst entspringt meistens ihren unbewussten Wurzeln.

Auch Freud, der Begründer der Psychoanalyse, wurde von Ängsten geplagt – wie hätte es anders sein können? Recht bekannt ist inzwischen seine Angst vor dem Tod (Schur 1982). Weniger bekannt aus Mangel an handfesten Belegen ist Freuds Angst, als Wissenschaftler nicht anerkannt zu werden, die ihn zu der seinerzeit vorherrschenden mechanistisch-positivistischen Denkform nötigten und gleichzeitig seine Sympathien für romantische Strömungen ins Abseits drängten (Wirth 2001).

Bewusste gewordene Ängste gegenüber Autoritäten sowie gegenüber Ablehnung, Bestrafung und Scheitern (was im subjektiven Erleben tendenziell auf dasselbe hinausläuft) können den psychohistorischen Erkenntnisprozess mächtig antreiben, da und insofern sie das gewachsene und erstarkte Ich gleichsam herausfordern: Wer ist stärker, meine Angst oder ich? (Die Frage macht freilich nur in dem Maße Sinn, wie die neurotischen Anteile der Angst bewusst und so einer Regulierung durch das Ich zugänglich geworden sind.)

Als Beispiel einer geradezu heroischen Angstüberwindung im realgeschichtlichen Rahmen der vorliegenden Abhandlung sei Otto Wels (1873-1939) erwähnt, Vorsitzender der SPD und Abgeordneter des Reichstages, der am 23. 3. 1933 die Ablehnung des Ermächtigungsgesetzes seitens der SPD begründete und sofort danach, in realistischer Einschätzung seiner Gefährdung, ins Exil floh.

Ein anderes Beispiel bieten die mutigen Frauen in der Rosenstraße (Februar/März 1943), die lautstark und unübersehbar gegen die Verhaftung ihrer jüdischen Männer protestierten. Goebbels hatte diese Verhaftung veranlasst, weil er Berlin zum Geburtstag des Führers „judenfrei" präsentieren wollte. Er musste, um weiteres Aufsehen zu vermeiden, die Aktion schließlich beenden. (Das Ereignis war lange Zeit kein Thema, für das sich die Geschichtswissenschaft interessierte. Spielte Angst bei dieser Verdrängung eine Rolle? Angst wovor?)

Man könnte dem Protest der Frauen in der Rosenstraße methodologisch vorhalten, dass er mit Geschichtsbewusstsein nichts zu tun habe. Das Motiv der Frauen, so könnte erläutert werden, sei Liebe und die Sorge um ihre Männer gewesen, aber kein kritisches Geschichtsbewusstsein, das man eher Otto Wels attestieren sollte.

Mit dem Maßstab eines akademischen, professionalisierten Begriffs von Geschichtsbewusstsein trifft dieser Einwand sicherlich etwas Richtiges. Mit dem Maßstab eines weiter gefassten Begriffs (vgl. Einleitung) hat der Einwand keine Grundlage, denn die Lebenssorge als Emotion und Kognition, als existenzielle Verantwortung, haben im Geschichtsbewusstsein, wie es hier zu Grunde liegt, retrospektiv und prospektiv eine tragende Funktion.

Martin Luther, Otto Wels, die Frauen in der Rosenstraße und ungezählt viele weitere Menschen in Geschichte und Gegenwart: Sie überwanden nicht nur ihre Angst vor Autorität, Strafe und Scheitern, sondern darüber hinaus vor massiver, lebensbedrohlicher Gewalt. Ihre Beispiele sind so etwas wie Fermente im politischen Stoffwechsel der Gesellschaft mit ihrer Geschichte, den man auch als moralisch fermentiertes Geschichtsbewusstsein nennen könnte. Die Idee des Vermächtnisses (27. Kapitel) zielt in dieselbe Richtung.

### 6.7.3 *Drittes Beispiel*: ANGST VOR DER GESCHICHTSMEDUSA VERSTEHEN UND ERTRAGEN

*Abb.2:* Der Kopf der Medusa am Apollon-Tempel in Didim (Türkei)

Als der Historiker Raul Hilberg (1926-2007) Ende der vierziger Jahre seinem Doktorvater Franz Neumann (1900-1954) erläuterte, was es in einer Dissertation erforschen wolle, nämlich den Holocaust in seiner ganzen europäischen Dimension, reagierte dieser skeptisch bis ablehnend, weil er erkannte, dass Hilberg sich damit vom akademischen Mainstream trennen würde. „My supervisor Franz Neumann realised that I was seperating myself from the academic mainstream to tread in territory that had been avoided by the public and academia alike."[45]

Strukturanalysen des nationalsozialistischen Herrschaftssystems lagen schon vor, u.a. die Studie von Neumann unter dem Titel *Behemoth* (1942)[46], die Hilberg sehr beeindruckt hatte. Im Unterschied dazu wurde der Holo-

---

[45] Zitiert aus dem Nachruf auf Hilberg von Lawrence Joffe, 2007.
[46] *Behemoth*, mythologisches Ungeheuer (Altes Testament [Hiob 40] und Talmud), das Gott zur Züchtigung der Menschen geschaffen hat, auch von Thomas Hobbes als Symbol für die destruktiv gefräßige Natur des Menschen verwandt.

caust in öffentlichen Auseinandersetzungen und als Forschungsgebiet eher gemieden, nicht nur im Land der Täter, die gleich nach dem Nürnberger Prozess mit großer Geste einen „Schlussstrich" einforderten, sondern weltweit auch in anderen Ländern, unter anderen in den USA, wie das Zitat belegte. Umso wichtiger waren und wurden jene mutigen Vorstöße, die der konfrontativ-intensiven Auseinandersetzung nicht auswichen, sondern diese im Gegenteil suchten und forcierten. Hilberg ließ sich bekanntlich von seinem Plan nicht abbringen. 1955 war die Dissertation abgeschlossen, 1961 erschien das monumentale Werk über *die Vernichtung der europäischen Juden* auf englisch, 1982 auf deutsch.

Ich selbst, als Geschichtsdidaktiker, lebensgeschichtlich als Sohn eines SS-Mannes in den Holocaust involviert, habe mich dem Thema schrittweise genähert, mit Umwegen und in immer neuen Anläufen, am Ende mit Hilfe eines Symbols, das die Wirklichkeiten psychohistorisch und realgeschichtlich ertragen half: *Medusa* oder *Gorgo*, das mythologische weibliche Ungeheuer, dessen Anblick den Betrachter versteinerte, so dass Perseus, um sie überwältigen zu können, sich abwenden musste, ihr Spiegelbild im seinem Schild erfasste und so das Haupt abschlug.

Der Medusa-Mythos, angewandt als Geschichtsmetapher, bietet noch einmal Gelegenheit, auf den Wandel des psychoanalytischen Geschichtsbewusstseins hinzuweisen, das weniger durch den Fortschritt der Theoriebildung als vielmehr durch die von uns Menschen entbundenen Sturmfluten der Geschichte zu erklären ist. Freud führt die Medusa als Angstvision noch auf die Kastrationsangst zurück.[47] Einen ganz anderen Umgang mit dem Mythos findet sich in dem gedanken- und detailreichen Werk von Ingrid Peisker (2005), die uns auffordert, dem Anblick der Geschichtsmedusa standzuhalten. Ähnlich wie im Mythos sei diese Medusa nicht zu besiegen: *Vergangenheit, die nicht vergeht*. Gerade das Wegsehen verlängere ihre Leben. Als ohnmächtiger Versuch, die Medusa zu enthaupten, ist die von Martin Walser ins Auge gefasste Kultur des Wegsehens gedeutet worden (Schepers 2005, S. 51).

Der Holocaust ist eine besonders monströse Geschichtsrealität, aber gewiss nicht die einzige; die Geschichte ist voller Monstrositäten: Jede Generation kämpft mit ihrer Medusa, die nicht wie im Mythos enthauptet werden kann, sondern im Geschichtsbewusstsein selbst durch die Stärke integrierten Denkens zu entmachten ist. (Im Anhang [14] finden sich Belege für die Verwendung des Medusa-Mythos als Metapher für Grauenhaftigkeiten der Geschichte.)

---

[47]  Vgl. Freuds Revision der Traumlehre (=29. Vorlesung, in: Neue Folge..., Bd. I. S. 466). Hier auch die Brücke als Traumsymbol für das männliche Glied – eine typische Einseitigkeit der frühen Psychoanalyse.

Die Angst von Atomkraft-Gegnern und Friedenskämpfern, um diesen Abschnitt mit aktuell bleibenden Konflikten abzuschließen, ist eine Kraft der Aufklärung und keine Neurose.

### 6.7.4 *Viertes Beispiel*: REALANGST ALS MOTOR DER ANTI-ATOMKRAFT-BEWEGUNG

Ängste, die realen Gefahren gelten und nicht verdrängt werden, sind Antriebskräfte des menschlichen, sozialen Fortschritts, wie an unzähligen Beispielen gezeigt werden könnte. Ich beschränke mich in diesem Unterabschnitt auf wenige exemplarische Hinweise, die den historischen Wurzeln der Anti-Atomkraft-Bewegung und der Friedensbewegung gelten.

Dass die Atomkraft eine fürchterliche Gefahr für die gesamte Menschheit konstituieren könnte, wurde den Forschern schnell bewusst, als die Kernspaltung in den Bereich des Real-Möglichen geriet. Angetrieben von persönlichem Ehrgeiz, Konkurrenzängsten und militaristischen sogenannten „Sachzwängen" setzten sie sich über die Zweifel hinweg und konstruierten das technologische Monster, das auch alsbald Verwendung fand: Hiroshima, 6.8. 1945, ging als blutig-grausige Ankündigung des von Menschen selbst verursachten Weltuntergangs in die Geschichtsbücher ein.[48]

Diesen apokalyptischen Erfahrungen wurde ideologisch und technologisch die Möglichkeit einer friedlichen Nutzung der Atomenergie entgegengesetzt, die ebenso euphorisch wie illusionär als unerschöpfliche Energiequelle begrüßt wurde. Welche Verleugnung und Verdrängung der wirklichen Probleme! Der „Atommüll", der nicht wie verfaulte Kartoffeln entsorgt werden kann, verdeutlicht drastisch die Dramatik der Fehlentwicklung, vor der Politik und Gesellschaft die Augen verschließen müssen, weil niemand eine Lösung hat.

Hat der Supergau von Tschernobyl (26. August 1986), seit dem immerhin schon 25 Jahre vergangen sind, an den realen Gefahren einschließlich des weltweiten Handels mit spaltbarem Material etwas geändert? Nicht viel, nicht genug! Offenbar bedurfte es einer weiteren Nuklearkatastrophe (Fukushima, März 2011), um realpolitisch wirklich etwas in Bewegung zu bringen. Die Anti-Atomkraft-Bewegung ist eine in den Massen gezeugte kreative widerständige Kraft, die sich der totalen Verdrängung des Problems und den realen Gefahren weiterhin entgegenstemmen muss – global.

---

[48] „Die Atomkriegsuhr des Wissenschaftlerblattes *Bulletin of the Atomic Scientists*, die uns die Gefahr des nuklearen Untergangs anzeigt und deshalb auch ‚Uhr des Jüngsten Gerichts' heißt, steht auf sechs Minuten vor Zwölf." Gero von Randow, in: *Die Zeit*, 7. Oktober 2010.

Sigmund Freud hielt bekanntlich nicht viel von großen Menschenmassen. Seiner individualisierenden Geschichtssicht entsprechend, hielt er Charisma und Macht von Führern, denen die Massen folgen würden, für das Entscheidende. Auch in diesem Punkt hat uns die Geschichte eines anderen belehrt (ausführlicher dazu Wirth 2007, S. 347 ff.). In den großen Protestdemonstrationen der Gegenwart liegt ein Element von Hoffnung, das individuell und kollektiv zu pflegen ist, wenn es nicht im Sturmwind der Geschichte aufgelöst werden soll.

Das Verlangen der Menschen nach Frieden war lange Zeit überhaupt kein Thema in der Geschichtswissenschaft, die sich bis ins vorige Jahrhundert hinein großen Männern, großen Ereignissen, Kriegen und Kriegshelden zugewandt waren, triumphierend nach blutig erkauften Siegen, Trauer simulierend nach Niederlagen, die von der Helden-Ideologie vereinnahmt wurden. Es gibt nur wenige Städte und Dörfer in Deutschland, in denen kein Kriegerdenkmal zu Ehren der im Ersten Weltkrieg „Gefallenen" steht. Auch die Kirchen beteiligten sich an dieser geradezu flächendeckenden Verdrängung der familiären Verluste, der körperlichen Verstümmelungen, der Sinnlosigkeit, der kollektiv Unvernunft, des historisch-politischen, gesellschaftlichen Elends. In der Wenzel-Kirche in Naumburg, hier exemplarisch erwähnt, werden die „gefallenen Söhne der Kirchengemeinde St. Wenzel" eingerahmt von Bibelworten, die ihrem Helden- und Opfertod religiösen Sinn verleihen: Eine gröbere Entstellung des Evangeliums (im Sinn der Bergpredigt) ist aus meiner Sicht nicht vorstellbar.

Geschichtsbewusstsein in der hier entfalteten Perspektive ist immer auf die eine oder andere Weise Konfliktbewusstsein. Geschichtsbewusstsein ohne Bewusstsein für Konflikte, für die Realität gegenwärtiger Kriege und die Gefahr weiterer Kriege (bis hin zum alles und alle vernichtenden Atomkrieg) ist kurzsichtig. Eben weil die gegenwärtigen Kriege, vom mitteleuropäischen Standpunkt aus gesehen, nicht vor der eigenen Haustür stattfinden, ist ein die eigenen Grenzen überschreitendes Bewusstsein notwendig, in dem auch unsere Ängste ihren Platz haben. Die Angst, abermals in den Malstrom von Kriegshysterien gezogen zu werden, sollte im Geschichtsbewusstsein vor allem meiner Generation ihren gesellschaftlichen Einfluss ausüben. Friedensbewegung (und dementsprechend: historische Friedensforschung) ist der gesellschaftliche und professionelle Elan des politisierten Gewissens.

# 7. Narzissmus – Widersacher oder Förderer des lebendigen Geschichtsbewusstseins?

> *Vom schönen Narkissos wurde erzählt, er habe sein Spiegelbild erst im sechzehnten Lebensjahr erblickt, als er sich über eine der vielen Quellen am Helikon neigte, in der Gegend von Thesiai in Böotien, wo Eros besonders stark verehrt wurde. Narkissos verliebte sich in sein Spiegelbild und verschmachtete, oder er tötete sich aus unerfüllter Liebe. So entstand die Blume, die auch heute noch Narzisse heißt, im Namen unser Wort narke „Betäubung" bewahrend* [vgl. Narkose].
> Karl Kerényi: Die Mythologie der Griechen. Bd. I (Die Götter und Menschheitsgeschichten), S. 138.

> *Um unsterblichen Ruhm zu ernten, setzte Herostratos 356 v. Chr. den Tempel der Artemis in Ephesos in Brand. Die Stadt verhängte ein Nennungsverbot seiner Brandstiftung und selbst seines Namens. Trotz dieser* damnatio memoriae *wurde die Tat des Herostratos überliefert, so dass dieser sein Ziel erreichte und mit seiner Tat bis zum heutigen Tag unvergessen ist* (Wikipedia, 30. Oktober 2009).

> *Das habe ich getan, sagt mein Gedächtnis.*
> *Das kann ich nicht getan haben, sagt mein Stolz und bleibt unerbittlich.*
> *Endlich – gibt das Gedächtnis nach.*
> Friedrich Nietzsche, Werke III – Jenseits von Gut und Böse.

## 7.1 HINWEISE ZUM BEGRIFF *NARZISSMUS*

Die Psychoanalyse unterscheidet zwischen gesundem und krankem Narzissmus; die Grenzen zwischen beiden Erscheinungsformen der Eigenliebe sind natürlich fließend, doch gerade der schleichende Übergang vom gesundem zum pathologischen Narzissmus ist für die analytische Beschreibung des Geschichtsbewusstseins von Bedeutung. Diese Beschreibung erfolgt in diesem Buch auf einer imaginären (d.h. empirisch nicht exakt verifizierten) Skala, die sich von „erstarrt/krank" bis „beweglich/gesund" erstreckt.

Zum gesunden Narzissmus gehört eine realistische Selbsteinschätzung sowie die Fähigkeit, Befriedigung aus Gratifkationen zu ziehen, die das gesellschaftliche Leben in verschiedenen Formen anbietet. Pathologischer Narzissmus führt dagegen zu einem unrealistischen Größenselbst (dazu gleich mehr), verbunden mit kalter Missachtung und Entwertung anderer Menschen.

Ein Mensch mit gesundem Narzissmus sagt sich selbst: Ich bin was, ich kann was, und eben deswegen habe ich es nicht nötig, mich in den Vordergrund zu spielen. Meine Aggressionen gegen menschliche Egomanien kenne und akzeptiere ich als Antriebskraft für ein zu mir passendes Engagement in der Gesellschaft.

Von einer solchen Selbstgewissheit ist ein „Narzisst" im klinischen Sinn des Wortes weit entfernt und eben deswegen süchtig nach Anerkennung, Bestätigung, Bewunderung, auch wenn sie nur auf Kosten persönlicher Beziehungen zu erlangen ist. Berührungen oder gar Verletzungen des labilen Kerns seiner Persönlichkeit können ein explosives Gemisch von Wut und Aggressionen auslösen, das destruktiv gegen andere, aber auch gegen sich selbst gerichtet wird.

Narzisstische Selbstdarstellungen werden herausgefordert und beklatscht oder aber kritisiert und abgelehnt, je nach kommunikativer und gesellschaftlicher Konstellation. Unsere Mediengesellschaft mit ihren kaum noch zu überbietenden Möglichkeiten der exhibitionistischen Selbstdarstellung bietet für die Mäßigung und Sublimierung narzisstischer Bedürfnisse im Ganzen keine günstigen Voraussetzungen. Doch es kommt natürlich darauf an, wer sich unter welchen Umständen wie und vor wem präsentiert. Ein narzisstisch sich gebärdender Psychologe wird schneller auf Ablehnung stoßen als ein narzisstisch auftretender Tanzlehrer.

Narzissmus nimmt zahlreiche Unterstützungskräfte mit in sein Lebensboot, etwa den Ehrgeiz zu führen und zu siegen, den Nationalstolz und die religiöse Schwärmerei, vor allem wenn diese die Illusion impliziert, zu den besseren Menschen oder gar zu den Auserwählten Gottes zu gehören.

Der klassische Narzissmus-Affekt ist die Scham, weil sie auf die im Alltag nur selten bewusste Eigenliebe zurück verweist. Wir schämen uns unserer Unterlegenheit, unseres Unwissens, unserer Hässlichkeit, Nacktheit und Gebrechen und sehen zu, dass möglichst wenig davon zum Vorschein kommt. Umso heftiger wirken individuelle und kollektive Bloßstellungen, Entwertungen, Erniedrigungen, die in der Geschichte des Militärs und der Erziehung eine verhängnisvolle Rolle gespielt haben und zum Teil immer noch spielen (Marks 2007).

Als Ende November 2010, mithin rund 65 Jahre nach Kriegsende, die aktive Beteiligung des Auswärtigen Amtes an den NS-Verbrechen bekannt wurde (Gegenstand eines „Dienstgeschäftes" war die „Liquidation von Juden"...), verwies ein Kommentator (Müller-Neuhof 2010) auf das elitäre Gebaren von AA-Mitgliedern, die sich „für etwas Besseres" gehalten haben. Für sie war es offenbar „unvorstellbar, schlecht gewesen zu sein." Diese narzisstisch verursachte Unvorstellbarkeit der eigenen Verkommenheit ist eine permanente Bedrohung des lebendigen Geschichtsbewusstseins, das sich der Wahrheit einschließlich der Wahrheit sich selbst gegenüber verpflichtet fühlt.

Ein gesellschaftlich bedrückendes Beispiel mit ähnlicher Tendenz bot Ende Februar 2011der damalige Verteidigungsminister Karl-Theodor zu Guttenberg, der, wie Schritt für Schritt ans Tageslicht kam, große Teile seiner Dissertation einfach aus verschiedenen Büchern abgeschrieben hatte. Jeder seiner Auftritte, unterstützt durch die Kanzlerin Angela Merkel, dokumentierte eine „moralische Verlotterung" ohne Gleichen (Tissy Bruns 2011), die durch das narzisstisch-solipsistische Selbstbild des Adels, durch Geburt besser zu sein als andere, offenbar gar nicht bewusstseinsfähig war.

Im vorigen Kapitel haben wir unbewusste Angst als argen Widersacher des lebendigen Geschichtsbewusstseins gekennzeichnet und im krassen Unterschied dazu bewusst gewordene, Ich-zugängliche Angst als Erkenntnisantrieb von besonderer Qualität ermittelt. Analog können wir einleitend festhalten: Gesunder, bewusster Narzissmus hilft uns bei der Durchsetzung der Ideen, die wir im Hinblick auf Geschichtsdeutungen libidinös besetzt haben, während der maligne, ich-syntone und somit unbewusste Narzissmus den Ideen das Leben austreibt und ihre Stellen mit Götzen besetzt.

Bevor wir darauf genauer eingehen, muss ausdrücklich vermerkt werden, dass der zur pathogenen Selbsterhöhung neigende Narzissmus keine spezielle Berufskrankheit, sondern in unterschiedlichsten Spielarten allen Menschen eigen ist. Im üblichen Sprachgebrauch ist stets diese maligne Ausprägung gemeint, wenn, wie im folgenden Abschnitt exemplifiziert, Narzissmus diagnostiziert wird, und nicht die „normale", allen Menschen eigene Wertschätzung der eigenen Person.

## 7.2 DER NARZISSTISCHE SOG ZUM POLITISIERTEN GRÖSSEN-SELBST

Ein Grundlagenwerk über die durch narzisstische Persönlichkeiten verursachten Störungen in der Politik hat Hans-Jürgen Wirth verfasst, 2003 in zweiter Auflage erschienen. Was für Wirth, den Autor, Aktualität und Politik war (das Buch erörtert Personen und Strukturen vor allem in der Ära Helmut Kohls, der Kanzler von 1982 bis 1998 war), das ist inzwischen Geschichte. Geschichte und Politik/Gesellschaft bilden zwei Problemfelder, die psychohistorisch nicht so strikt zu trennen sind, wie die akademisch organisierten Disziplinen, vor allem maßgebende Geschichtsdidaktiker, es gerne hätten.

Was bei Wirth die politisch-faktische Macht ist, nach der bestimmte Menschen streben, weil sie so ihre narzisstischen Bedürfnisse befriedigen können (was aber immer nur kurzzeitig gelingt; denn die narzisstische Gier ist unersättlich), das ist in dem hier entfalteten Zusammenhang die intellektuelle Macht, der Triumph im Geistigen, die möglichst unangefochtene Vorherrschaft der eigenen Lehre, die im alltäglich-trivialen Kontext auch als Stammtisch-Hoheit auftritt. Nachdem wir im vorigen Abschnitt zwischen gesundem und pathogenem Narzissmus entschieden haben, muss jetzt nicht lange begründet werden, dass selbstverständlich nicht jedes Engagement, das der Durchsetzung neuer Ideen gilt, narzisstisch-pathogenen Ursprungs ist. Was auf dem Kampffeld der intellektuellen Ideen und Produktionen gut und richtig ist, das bedarf individueller und gesellschaftlicher Unterstützung, damit es überhaupt wahrgenommen wird, insbesondere in unseren Zeiten, da nichts ohne exzessiven Werbe- und Medieneinsatz beachtet wird. Doch sachlich begründete Geltungsansprüche sind hier nicht das Thema. Es geht um die Beeinträchtigung des historisch-politischen Denkens einschließlich seiner kommunikativen und affektiven Dimensionen durch narzisstisch übersteigerte Ansprüche, denen Psychoprofis (und -laien) ebenso verfallen können wie Geschichtsprofis (und -laien).

In kommunikativen und interaktiven Konstellationen (stellen wir uns Gespräche am Rande einer Tagung vor) kommen diese narzisstisch übersteigerten Ansprüche u.a. dadurch zur Geltung, dass die jeweilige Lehre und Publizität des einen Gesprächspartners (seine Erfolge und Misserfolge, ein laufendes Forschungsvorhaben, Geldzuwendungen im Vergleich mit anderen, Zukunftsvisionen usw.) den Dreh- und Angelpunkt aller Informationen und Reaktionen bilden, während der andere Gesprächspartner, der zum Thema durchaus etwas beitragen könnte, gleichzeitig in den Hintergrund gedrängt wird und eine Auseinandersetzung über das Inhaltliche damit faktisch unterbleibt. Der in den Hintergrund Gedrängte müsste freilich seine eigenen narzisstischen Bedürfnisse kennen und beobachten können, wenn er „Gegenübertragung" nicht erliegen will, die auch außerhalb der psychoanalytischen Kur wirksam werden kann.

Dieser in Gesprächssituationen diagnostizierbare Narzissmus übt seine Macht auch in anderen Zusammenhängen aus, die eigentlich auf sachliche Auseinandersetzungen angelegt sind und doch der einäugigen Eigenliebe ein geeignetes Forum bieten, denken wir etwa an Buchrezensionen, die unsachlich oder sogar hämisch, giftig ausfallen, wenn sie nicht die eigene Denklinie bestätigen.

Das kann mit einem Beispiel aus dem Bereich öffentlicher Auseinandersetzungen über Geschichtsdarstellungen zum Holocaust veranschaulicht werden.

In einer beachtlichen Prüfungsarbeit über „Debatten mit der NS-Vergangenheit in den neunziger Jahren in Deutschland" geht der Autor, Norbert Schepers (2005), auch auf die ablehnende, ja zum Teil rüde Haltung ein, mit der deutsche Historiker auf das Buch des amerikanischen Historikers Goldhagen reagierten. Schepers schreibt in dem Zusammenhang (S. 42):

„Dass einzelne Historikerinnen und Historiker sich getroffen und verletzt fühlen, wenn Goldhagen sie nicht für zitierfähig hält oder ihre Werke schlicht als ‚falsch' bezeichnet, ist individuell nachvollziehbar, und vielleicht kann man von diesen Personen kaum verlangen, sie mögen auf so eine Kritik sachlich reagieren. Ich halte es andererseits jedoch nicht für angemessen, wenn scheinbar sachlich argumentiert wird und versucht wird, Goldhagen auf wissenschaftlicher Ebene zu diskreditieren (‚einfach ein schlechtes Buch' [Jäckel], unwissenschaftlich, nicht diskussionswürdig' etc.), anstatt offenzulegen, dass man sich (auch persönlich) angegriffen fühlt und darum nicht willens ist, Goldhagens Thesen ernsthaft zu diskutieren."

Das ist ein sehr rücksichtsvolles Urteil! Kann man von deutschen Historikern, die Goldhagen kritisiert haben, wirklich nicht nicht verlangen, dass sie auf seine Kritik (und damit auch auf Goldhagens Hauptthese sowie die entsprechende Beweisführung) „sachlich reagieren"? Doch, genau das kann man verlangen, so lautet jedenfalls meine Einstellung zu dem Konflikt. Eine anderer Möglichkeit bestünde darin, sich einfach rauszuhalten. Doch so etwas fällt dem Narzissten besonders schwer. In dem Maße, wie die Unterscheidung zwischen Stammtisch und Wissenschaft Sinn machen soll, ist *eine der Sache zugewandte Haltung*, die sich nicht von persönlichen Kränkungen beeinflussen lässt, aber unabdingbar notwendig.

Viele Geschichtsprofis identifizieren sich mit den von ihnen verfassten Werken sowie den Titeln, die sie erlangt haben. Sie definieren sich selbst über ihre Werke und Titel. Ihre Werke und Titel sind so etwas wie äußere Selbst-Objekte, die differenzierende Beziehungen sowohl zur *Geschichte* als auch zum *Selbst* ausschließen. Dementsprechend reagieren sie empfindlich und kleinlich, wenn das Werk kritisiert oder gar verworfen wird.

Eine weitgehende Gleichgültigkeit gegenüber akademischen Titeln und vergleichbaren äußeren Bestätigungen äußerte der berühmte englische Historiker Edward Gibbons (1737-1794). Gibbons verglich die akademischen Würden nicht mit kirchlichen Weihen, wie ich das gleich wagen werde, sondern mit Gütezeugnissen des Handwerks, und schreibt dazu (Memoirs, S. 21; Hervorhebung P. S.-H.):

„The use of academical degrees, as old as the thirteenth century, is visibly borrowed from the mechanic corporations; in which an apprentice, after serving his time, obtains a testimonial of his skill, and a licence to practise his trade and mystery. It is not my design to depreciate those honours, *which could never gratify or disappoint my ambition*;" (…)

Das heißt, es gibt auch Menschen, die den äußeren Bestätigungen nicht mehr Bedeutung beimessen als den inneren Sicherheiten. Dabei sind natürlich die sozialen Zwänge und Notwendigkeiten der Orientierung an Selbst-Objekten zu berücksichtigen. Gibbons lebte in einer ökonomisch vergleichsweise günstigen Situation. Er hatte es finanziell nicht nötig, nach *academical degrees* Ausschau zu halten und dementsprechend zu handeln.

In der Psychoanalyse sind Selbstobjekte Protagonisten des Innenlebens, die das früheste Erleben des Säuglings bestimmen, aber auch der lebenslangen Selbstvergewisserung dienen. Kinder brauchen ihre Eltern als Selbstobjekte, die erst später realistisch und kritisch beurteilt werden können. Psychohistorisch ist Hitler als idealisiertes Selbstobjekt vieler Deutscher bezeichnet worden.

Von den inneren, weithin unbewussten Selbstobjekten der psychoanalytischen Lehre habe ich hier ergänzend äußerlich fassbare Selbst-Objekte ins Spiel gebracht, deren entwicklungspsychologische Genese in psychohistorischen Detailstudien genauer zu erforschen wäre. Je weiter eine gesellschaftlich-publizistische oder wissenschaftliche Karriere den Autor über das Normalmaß der Anerkennung erhebt, umso stärker wirkt das eigene Werk als narzisstischer Sog, dem schwer zu widerstehen ist. Die den eigenen Narzissmus stärkenden gesellschaftlichen Kräfte sind das Thema des nächsten Unterabschnitts.

## 7.3 VOM NARZISSTISCH VERINNERLICHTEN GROSSKONSTRUKT ZUM TOD DES GESCHICHTSBEWUSSTSEINS

Kultur- und ideengeschichtliche Konstruktionen, die etwas *Erhabenes* beinhalten oder zu beinhalten scheinen, etwas Höheres, das den Menschen Sinn vermittelt, der Geschichte die Richtung weist und die oft miserablen Existenzbedingungen einfach hinter sich lässt, bilden Kraftvektoren der Geschichte, die dem individuellen und kollektiven Narzissmus mit geradezu aufdringlichen Angeboten entgegenkommen und das Geschichtsbewusstsein auf mannigfaltige Weise beeinflussen.

In dem Maße wie sich der nach metaphysischen Sicherheiten Ausschau haltende Mensch diesem Höheren oder Höchsten hingibt (Gott, die Nation, die Klasse, die Rasse, ein Paradies der Zukunft, eine Erlösungsfantasie), gerät das geschichtliche Denken auf Abwege oder in Sackgassen.

Ich sage damit nicht, um naheliegenden Missverständnissen vorzubeugen, dass ein gottgläubiger Mensch kein guter Historiker sein kann oder Europa als Idee und politisches Programm unser Geschichtsbewusstsein vernebelt. Ich behaupte aber, dass die Amalgamierung des (großenteils unbewussten) Narzissmus mit einem solchen *Größenkonstrukt* das jeweilige Geschichtsbewusstsein entweder in Fesseln legt oder aber in unproduktive Aufruhr versetzt.

Das Denken früherer Jahrhunderte kreiste um religiös konnotierte Erhabenheiten, die hier nur mit den Stichworten Gottesherrschaft, Heiligkeit der Kirche, richtiger Glaube und ewiges Leben angedeutet werden sollen. Mit diesen religiös konnotierten Erhabenheiten konkurrierten vor allem seit der Aufklärung Größenkonstrukte, die von irdisch-menschlichen Kapazitäten abgeleitet wurden: nicht Gott, sondern „der" Mensch, nicht Glaube, sondern „die" Wissenschaft, nicht ewiges Leben, sondern Vernunft und technischer Fortschritt. Dabei hatten die exakten *Naturwissenschaften* mit ihren gigantischen (nicht zuletzt militärischen) Erfindungen eine Führungsrolle inne, denen die Geisteswissenschaften nichts Entsprechendes entgegenzusetzen hatten, was sie bis heute fürchterlich kränkt und zu gewaltigen Ausgleichsleistungen im Bereich des Ideologischen anspornte. Durchaus treffend sind Nationalsozialismus und Kommunismus als weltliche Religionen gekennzeichnet worden.

Die Parallelität von Kirche und Wissenschaft zeigt sich an zahlreichen Eigentümlichkeiten, von denen eine herausgehoben sei. Die Kirchen, vor allem ihre katholische Variante, pflegen mehrere Rituale, durch die der „normale" Mensch seiner irdischen Normalität enthoben und in „höhere" sakrale Sphären befördert wird. Die Priesterweihen haben mehrere Stufen. Die Bischofs-Konsekration ist die höchste Stufe des Weihe-Sakraments. Vergleichbare Stufenfolgen pflegen auch die universitäre organisierten Wissenschaften. Staatsexamen, Magister, Promotion, Habilitation... Wer nicht die höchsten Weihen hat, gehört nicht zum Kreis der „Eingeweihten" und wird dementsprechend auch nicht beachtet, selbst wenn er beachtliche Werke vorgelegt hat.

Ein unterhaltsames Beispiel für die Narzissmen der alten Ordinarien-Universität, die dann zum Angriffsziel der 68er wurden, findet sich im Interview mit dem 1943 geborenen Historiker Johannes Burckhardt (im CD-ROM-Anhang bei Stambolis 2010, S. 73). Die Vorlesung eines Ordinarius glich der Verkündung des Heiligen Geistes:

„Der eine Assistent kam herein, macht die Tür auf, der andere trug den Lehrstuhl, wie wir sagten, herein, das war der einzige Stuhl mit Lehne, und der wurde hingesetzt, und die beiden Ministranten platzierten sich zur Rechten und zur Linken. Dann kam der Lehrstuhlinhaber. Das war fast wie ein katholisches Ritual, das ist mir sehr bewusst geworden."

In dem Maß wie das den Narzissmus bestätigende Größenkonstrukt, sei es sakral oder säkular indiziert, der Realitätsprüfung und dem kritischen Gespräch ausweicht (u.a. durch Dogmatisierung), mindert sich die Lebendigkeit des Geschichtsbewusstseins, nicht selten bis hin zur Totenstarre des Geistes. Was das historisch real bedeutet, kann exemplarisch an den letzten Tagen der Naziherrschaft abgelesen werden. „Treue Pflichterfüllung bis in den Tod" wurde den Deutschen abverlangt, ohne dass Nation und Rassismus als wahnhafte Großkonstrukte irgendwie kritisch in den historischen Kontext gestellt werden konnten (vgl. etwa Hitlers politisches Testament).

Doch so dramatisch wie 1945 geht es zum Glück nicht immer zu. Gefährlich für die Lebendigkeit des Geschichtsbewusstseins sind die Zwischenstufen, die kleinen Zugeständnisse an den vorherrschenden Gesellschaftstrend, das allmähliche Einschwenken in das System von Gratifikationen, das jede Gesellschaft, auch und gerade die pathologisch deformierte, offeriert.

Wir lösen uns jetzt von der wenig erbaulichen Seite des Narzissmus und erörtern im nächsten Gedankenschritt (7.4) Traditionen und Kulturgüter, die ebenfalls „groß", bedeutend und „erhaben" erscheinen, die aber nicht zur irrationalen Geringschätzung der eigenen Person auffordern, sondern im Gegenteil zum lebensgeschichtlich-existenziellen Engagement, das beiden zugute kommt: der eigenen Person und der Sache, die vertreten wird. Wissenschaft schützt davor, den betreffenden Gegenstand zu fetischisieren. Das Lebenselixier unseres Geschichtsbewusstseins entspringt eben dieser Bindung an bestimmte Vergangenheitssegmente, seien es Ideen oder kulturgeschichtliche Strömungen, Personen oder Personengruppen, Tugenden und Werte. Das so erwählte Größenselbst ist kein Tyrann, sondern ein ebenso gütiges wie anspornendes Vor-Bild (vgl. die Idee des Vermächtnisses im 27. Kap.).

## 7.4 DAS HISTORISCHE GRÖßENSELBST ALS POLYVALENTE QUELLE EINES LEBENDIGEN GESCHICHTSBEWUSSTSEINS UND DIE AUFGABE DER GESCHICHTSWISSENSCHAFT

Ideengeschichtlich relevante Hinweise für diesen Unterabschnitt bietet Nietzsches bekannte Abhandlung über *Nutzen und Nachteil der Historie für das Leben*. In der Absicht, Geschichte in den Dienst des Lebens zu stellen, distanzierte sich Nietzsche von der Beschäftigung mit Geschichte als Selbstzweck und profilierte als Gegenkonzept drei Arten der Historie heraus, die seiner Auffassung nach unsere Aufmerksamkeit verdienen: die monumentalische, die antiquarische und die kritische Art der Historie.

Der Begriff des Monumentalischen mahnt zur Vorsicht, doch die der monumentalischen Geschichte gewidmeten Hinweise Nietzsches weisen in die Richtung, die hier eingeschlagen wird. Monumentalische Geschichte verbinde die großen Momente im Kampfe der einzelnen zu einer Kette; sie tröste uns mit der Erinnerung, dass das Große einmal möglich war „und deshalb auch wohl wieder einmal möglich sein wird" (Nietzsche, *Vom Nutzen...*, S. 22); sie bewahre uns damit vor Resignation und biete Unterstützung, wenn es darum geht (S. 19), „die Abwechslungen des Glücks standhaft zu ertragen."

Inhaltsbeispiele deutet Nietzsche leider nur flüchtig an (Schiller, Kultur der Renaissance, Geschichte der Kunst). Die intensivere Auseinandersetzung mit einem ausgewählten Inhalt hätte schnell ergeben, dass kein Beispiel eindeutig „positiv" für sich selbst spricht. Dem Monumentalischen sind vielmehr Widersprüche und Schattenseiten eigen, die zu erkennen, zu kritisieren und im Widerstreit der Auffassungen zu diskutieren sind. Sicherlich konstituieren die Pyramiden grandiose Kulturleistungen. Ob sie uns heutzutage trösten und uns den Weg der Humanität zu weisen vermögen, wäre dennoch „polyvalent" zu erörtern.

Sehen wir uns zur Veranschaulichung dieser Denkfigur einige Inhaltsbeispiele an.

- Mit der Epoche der Aufklärung kann man sich, denke ich, in dem Sinn identifizieren, dass ihr eine Fortsetzung gewünscht wird, eine Renaissance, eine erneute öffentliche Anerkennung und Wirkung, die zu erzeugen man auch eigene Anstrengungen unternimmt (vgl. etwa Neimann 2010). Eine solche kognitiv-emotionale Orientierung an einem menschheitsgeschichtlichen Emanzipationskonzept darf aber keine Scheuklappen anlegen, wenn sie sich nicht selbst in eine Sackgasse manövrieren will. Sie darf realgeschichtlich weder die zeitbedingten Verdrängungen fortschreiben (wie zum Beispiel die typisch europäische Nichtachtung für indigene Völker, die als unzivilisierte „Wilde" einfach abgetan wurden), noch geschichtsanalytisch Eindeutigkeiten zelebrieren, indem etwa die Vernunft zum verlässlichen Maßstab jedweder Handlung gemacht wird. Auch Religiosität und Spiritualität haben ihren Anteil an einem reflektierten Geschichtsbewusstsein, das sich u.a. als Zukunftssorge artikuliert.
- Auch Edward Gibbon, der englische Historiker der Aufklärung, pflegte retrospektive Größen-, Triumph und Sehnsuchtsfantasien, die der Idee eines lebendigen Geschichtsbewusstseins zu widersprechen scheinen, doch der Schein trügt. Die Melancholie seines Vergänglichkeitsbewusstseins schützte Gibbon davor, die retrospektive, geradezu nostalgische Glorifizierung der Antoninen zu verabsolutieren und irrational in die Zukunft zu projizieren. Sein monumentales Werk kann als trauernde Akzeptanz dieser Vergänglichkeit gedeutet werden.

Im Unterschied zum Größenselbst, das die Lebendigkeit des Geschichtsbewusstseins einschränkt und fixiert (fixiert zum Beispiel auf die Nation und das Nationale), bleibt ein das historisch-politische Denken antreibende Größenselbst offen und in der Schwebe: nicht nach allen Seiten hin im Sinn eines ausweichenden Einerseits-und-andererseits, aber doch im Sinn einer Spannungstoleranz gegenüber Sinnlosigkeiten und Unlösbarkeiten, die unseren Einsatz aber nicht suspendieren, sondern im Gegenteil – herausfordern. In den Händen und Köpfen „begabter Egoisten und schwärmerischer Bösewichter" (Nietzsche, a.a.O., S. 24) wird das Monumentalische Nietzsches missbraucht, um Kriege anzuzetteln, Reiche zu zerstören und Menschen zu vernichten. Nietzsche selbst ist ein Beispiel für diesen Missbrauch.

Das Größenselbst als bloßer narzisstisch-solipstischer Machtanspruch ist eine Geißel der Geschichte und des Geschichtsbewusstseins, wie und wo immer es sich in dieser Form artikulieren mag. Dagegen fördert das polyvalente Größenselbst kraft der ihm eigenen Kreativität Wahrheit und Leben. Es animiert Gespräche und eröffnet neue Einsichten, eben dadurch, dass es nicht dogmatisch fixiert und missionarisch ausgerichtet ist. Die eigene Identität muss deswegen nicht aufgelöst und unterdrückt werden, im Gegenteil! Ich muss ja kein Kirchenmitglied und nicht einmal Christ sein, um anzuerkennen, dass die Bergpredigt menschheitsgeschichtlich bedeutende „Werte" artikuliert, die durch moralische Unwerte der oft grausigen realen Kirchengeschichte nicht ad absurdum geführt werden, sondern im Gegenteil nach Stärkung und Fortsetzung verlangen. Ich muss keine Frau sein, um die historisch-politische Berechtigung der Frauenbewegung würdigen, ihre emanzipatorisch-transformatorischen Wirkungen bewundern und dementsprechend Stellung nehmen zu können, ohne dass mein Ego dabei ins Abseits manövriert wird.

- Nehmen wir als zweites Inhaltsbeispiel einen Verhaltenskodex, der sich an *Ehre* und *Würde* orientiert; beide Leitideen werden in verschiedenen Zusammenhängen geltend gemacht wurde und auch zukünftig weiterhin geltend gemacht, wenn auch mit je eigenen Akzenten. Etliche der in Deutschland überholten Ehrbegriffe entstammen dem Standesdenken, das zum Beispiel den Adligen nicht erlaubte, sich mit einem nicht-satisfaktionsfähigen Mann, etwa aus den unteren Gesellschaftsschichten, zu duellieren.[49] Ehre ist jedoch mehr als in diesem alten Zopf steckt, auch die kollektive Ehre des Nationalen. Auch den Widerstandskämpfern im Nationalsozialismus, vor allem denen im militärischen Bereich (von Krockow 2002), ging es um die Ehre Deutschlands, die durch das verbrecherische Regime in den Schmutz gezogen wurde. Wollen wir ihnen diesen Anspruch streitig machen?

Stauffenberg verehrte Stefan George und liebte dessen Gedichte.[50] Ein Gedicht drückt aus, was Stauffenberg am Vorabend des Attentats bewegte; er las es seiner

---

[49] Unter den literarisch gestalteten Duellen ist das in Fontanes Roman *Effi Briest* zwischen Baron von Instetten und Major Crampas (27./28. Kapitel) eins der bekanntesten. Crampas hatte zu Effi von Instetten eine zärtliche Liaison entwickelt und ihr Briefe geschrieben, die der Ehemann entdeckte, als die Sache längst vorüber war.

[50] Stauffenbergs geistige Orientierung an Stefan Georges (1868-1933) Leben und Werk bedürfte einer genaueren psychohistorischen Untersuchung. Ein Beleg für die innere Verbindung ist die Teilnahme der Brüder Stauffenberg am Begräbnis Georges in der Schweiz.

Sekretärin Margarethe von Oven vor, wie diese später erzählte (von Krockow, S. 105 f.):

> *Wenn einst dies geschlecht sich gereinigt von schande*
> *Vom nacken geschleudert die fesseln des fröners*
> *Nur spürt im geweide den hunger nach ehre:*
> *Dann wird auf der wahlstatt voll endloser gräber*
> *Aufzucken der blutschein...*

Ehre ist ein besonders gutes Beispiel für die Verdeutlichung der Ambivalenzen und Polyvalenzen, die manchem historisch-politischem Größenselbst eigen sind. Ehre forderte die SS von ihren Männern; Ehre schwebte aber auch ihren Gegnern vor. Ehre kann zum Gefolgschaftswahn verkommen[51] oder aber einem Gefühl der persönlichen Würde Ausdruck verleihen. Das *Größenselbst* als ein der Psychoanalyse entnommener Begriff überschneidet sich inhaltlich mit Begriffen wie *Idee, Tugend, Wert*, die in anderen Zusammenhängen thematisiert noch werden, am Ende auch als Selbstwert und Selbstobjekt.

• Am Begriff *Frieden* sind – drittes Inhaltsbeispiel – psychohistorisch – Inhaltliche Polyvalenzen eines Größenselbst gleichfalls gut nachzuvollziehen. Der Frieden als *Idee* kann in der Real- und Geistesgeschichte aufgesucht und sachlich-distanziert thematisiert werden. Frieden als *Medium des Größenselbst* hätte dagegen individuell-existenzielle Bedeutung, die sich mit intellektueller Klärung nicht begnügt und damit auch in die Gefahr gerät, ins Illusionäre, Wahnhafte zu entgleiten. An Überschätzungen der eigenen Kräfte und Möglichkeiten ist so mancher Politiker schon gescheitert, nicht nur Harald Wilson (Kap. 3.3).

• Last noch least müssen *Wissenschaft* und *Forschung* Agenturen der Größenselbstfindung in diesem Buch Erwähnung finden, allerdings in einer bestimmten Profilierung, die sich an den Leitbegriffen *Wahrheit und Leben* orientiert. Wissenschaft, die der bloßen Machtsteigerung dient, der Selbstglorifizierung und imperialistischen Eroberung, der Erkenntnis ohne Reflexion über Nutzen und Nachteil der jeweiligen Forschung, eine solche Wissenschaft agiert im Auftrag des malignen Narzissmus, der das Geschichtsbewusstsein nicht fördert, sondern im Gegenteil zu erdrosseln droht, weil es ja ohne jede „Rück-Sicht" auf Geschichte materiell immer nur aufwärts und voran gehen soll.

---

[51] Zur Erinnerung: Der Lebensleitspruch der SS hieß *Meine Ehre heißt Treue* und war u.a. auf den Koppelschlössern eingraviert.

Ich möchte dieses besondere Profil der Wissenschaft an dem Archäologen Heinrich Schliemann (1822-1890) verdeutlichen, der narzisstische Selbstinszenierungen und die libidinöse Besetzung eines Forschungsgegenstandes mit seltener Lebenskraft zu verbinden wusste und so die produktive Polyvalenz des historischen Größenselbst (Troja, Homer und die Ilias) eindrucksvoll dokumentieren konnte. Schliemanns libidinöse Besetzung der Möglichkeit, Troja nach den Angaben Homers finden und ausgraben zu können generierte ein schicksalhaftes Größenselbst, das im Unterschied zu vielen anderen Besetzungen ähnlicher Art nicht an der Realität zerbrach, sondern im Gegenteil als lebensgeschichtliche Leitinstanz ständig an innerer Kohärenz gewann.

Sigmund Freud bewunderte Schliemann und deutete seine eigene Forschung als Archäologie der Seele. Peter Gay schrieb dazu in seiner Freud-Biographie (1989, S. 198):

„Es ist kein Zufall, dass der Mann, an dessen Lebensgeschichte Freud das größte Vergnügen fand und den er wahrscheinlich mehr beneidete als jeden anderen, Heinrich Schliemann war, der gerühmte Gräber und Entdecker von Trojas geheimnisvollen, von Mythen umwobenen Altertümern. Er fand Schliemanns Karriere so außergewöhnlich, weil er, als ,den Schatz des Priamos' entdeckte, das wahre Glück gefunden habe. ,Denn Glück gibt es nur als Erfüllung eines Kinderwunsches.'"

Das Verhältnis von Kinderwunsch, Glück und Größenselbst bedürfte einer genaueren Bestimmung, die hier aber nicht geleistet werden kann. Wichtig in dem hier entfalteten Argumentationszusammenhang ist die Rolle der Wissenschaft – genauer: der Geschichtswissenschaft -, die uns mit ihrem methodologisch verankerten Insistieren auf der Realgeschichte und den Problem ihrer Erforschung davor bewahrt, dass Kinderwünsche und -fantasien, Ideen, Ideale usw. ins Irreale, Fantastische, Wahnhafte entgleiten. Etliche der damals enthusiastisch gefeierten Schliemann-Entdeckungen haben sich als Irrtümer erwiesen. Ein realgeschichtlich verankertes Größenselbst hält jeglichen ideellen Anspruch (Aufklärung, Ehre und Würde, Frieden, Wissenschaft/Forschung) auf dem Boden der geschichtlichen Erfahrungen fest, ohne das Ideell-Anspornende aufzulösen, und bewahrt die Geschichtsakteure vor der Illusion, die Menschheit erlösen zu können.

# 8. Metaphern und Sinnbilder als Tore zu unbewussten Gründen des Geschichtsbewusstseins

## 8.1 DER STROM DER GESCHICHTE – UNAUFGELÖSTE ELEMENTE DER MUTTER

Den metaphorischen Kontrast zur Angst auslösenden Geschichtsmedusa (6.7.3), aber auch zum eingangs evozierten „Riss" im Geschichtsbewusstsein (4. Kapitel) bildet *der Strom des Geschichtlichen*, von dem man – so empfinden es viele – gleichsam getragen wird. Während die Medusa-Metapher trotz oder gerade wegen der ihr inhärenten Todesdrohung einen Kampf zwischen zwei antagonistischen Instanzen herausfordert, nämlich zwischen Geschichtsbetrachter und Geschichte, suggeriert die Strom-Metapher entweder das Umhüllt- und Einigsein mit der Geschichte oder aber die Gefahr, in die Tiefe gerissen zu werden.

Ältere Geschichtsdenker, haben die Strom-Metapher im Sinne des *Pantha rei* (alles fließt) von Heraklit (550 bis 480 vor Chr.) vor Augen gehabt (ausführlicher dazu Radkau und Radkau 1972 über Leopold von Ranke, Max Weber, Friedrich Meinecke u.a.). Wenn die der antiken Philosophie entstammende Fluss-Metaphorik („Man kann nicht zweimal in denselben Fluss steigen") auf Geschichte übertragen wird, entstehen Subtexte, die genauer zu analysieren sind.

Das gilt auch für die fühlende Teilhabe an Dingen und Personen im Erleben des „primitiven" Menschen als *participation mystique,* wie sie Lévy-Brühl (1857-1939) meinte feststellen zu können. Die Strom-Metapher appelliert zwar an magisches Denkens, bleibt aber im Ganzen dem rationalen Geschichtsdiskurs verpflichtet und ist dementsprechend rational zu entschlüsseln.

Im reißenden Strom der Geschichte unterzugehen, das war die äußerlich durchaus begründete und innerlich zumindest teilweise registrierte Angst des Historikers Hermann Heimpel. Geschockt von der militärischen Niederlage, die ihn aus seiner angesehenen Professur in Straßburg vertrieb, verstimmt über die bedingungslose Kapitulation und desorientiert angesichts der zu Tage tretenden NS-Verbrechen (die zuvor aus der Wahrnehmung verdrängt wurden), konnte er sich dem „Strom der Geschichte" nach 1945 nicht mehr bedingungslos anvertrauen. Als Rettung imaginierte er „die Insel unserer einmaligen Gegenwart", das heißt die eigene Existenz, und schrieb ebenso eloquent wie autosuggestiv:

„Wir aber beobachten, dass dem Menschen, so unentrinnbar er in den Strom der Geschichte gebannt ist, das eigentlich Menschliche verlorengeht, wenn ihm seine Lebenszeit nicht zugleich eine Insel im Strom der Geschichte ist. Wir beobachten, dass der Mensch angesichts des Übermaßes von Geschichte sich wehrt und sich besinnt auf die ewig wiederkehrenden Dinge, auf die Liebe und auf die sogenannten kleinen, in Wahrheit großen Freuden."[52]

Früher habe ich mich über solche Texte aufgeregt und empört. Wie kann der Mann, dachte ich, sich angesichts des von uns Deutschen mutwillig angezettelten Weltkrieges und des Holocaust, auf die Liebe und „das eigentlich Menschliche" besinnen? Hat er gar keine Scham- und Schuldgefühle in sich gespürt, die einen radikal anderen Tonfall erfordert hätten?

Heute kann und will ich mich nicht der Einsicht verschließen, dass zwischen den Zeilen möglicherweise auch ein Bedauern über den Verlust zum Ausdruck kommt. Die Empörung von früher wird damit nicht verdrängt oder verworfen; sie ist immer noch gut im Recht, aber nicht mehr als alleinig vorherrschender Affekt. Geschichtsanalytisch ist parallel zur Empörung auch der Gedanke zuzulassen (zumindest hypothetisch), dass das eigentlich Menschliche und die Liebe als inneres Lebensgefühl früher immerhin vorhanden waren, zumindest als Ahnung und Bedürfnis, als Anspruch und flüchtige Erfahrung... Heimpel hat versucht, die eigene Existenz zu retten, nicht nur äußerlich, sondern auch innerlich im Hinblick auf den Persönlichkeitskern, der – das spürte Heimpel durchaus – in und mit der NS-Geschichte Schaden genommen hatte.

Gegen den faktischen, äußerlich-objektiven „Strom der Geschichte" ist der innerlich-subjektive Geschichtsstrom lebenslang in Gefahr zu versagen, unterzugehen, denn – entbunden in den frühen Interaktionen mit der Mutter – bleibt er schwach und weitgehend wortlos. Dass die Grundstruktur unseres Geschichtsbewusstseins etwas mit dem frühesten unbewussten Lebenserfahrungen zu tun hat, widerspricht den gängigen Theorien und Vorstellungen total, aber es führt m.E. kein Weg an dieser Einsicht vorbei. Dass humanistisch gebildete Intellektuelle reihenweise zum Nationalsozialismus überliefen, ist ohne Defizite in ihrer emotional-moralischen Grundstruktur schwer erklärbar.

Die im ersten Lebensjahr sich bildende Grundfunktion des Mitgefühls hatte sich in Hermann Heimpel nicht stark und sicher genug entwickeln können. Der äußere, gewaltsam mitreißende Geschichtsstrom mit den ihm eigenen Versuchungen und Versprechungen hatte das ungeteilte lebendige Strömen im frühkindlichen Erleben zerrissen und funktionalisiert – zum Schaden des kollektiven Geschichtsbewusstseins in der Gesellschaft insgesamt.

---

[52] Heimpel, *Der Mensch...*, S. 35. Die zuvor zitierte Metapher („Insel unserer einmaligen Gegenwart") findet sich ebd., S. 37.

Das „lebendige Strömen im kindlichen Erleben", als Phänomen verwandt mit Eriksons *Urvertrauen* (vgl. unten 9.2), tritt ebenso real wie auch symbolisch mit dem ersten voll ausgeprägten Lächeln in Erscheinung, das zwischen dem fünften und siebten Monat zu erwarten ist (vgl. auch Spitz 1974). Das Lächeln und Lachen vergeht leider unzählig vielen Kindern, doch darauf können wir hier nicht genauer eingehen. Im Vorgriff auf das 9. Kapitel ist hier lediglich festzuhalten, dass die Spannung zwischen Vertrauen und Misstrauen zur Welt eine im Unbewussten wurzelnde Komponente unseres Geschichtsbewusstseins ist, das ungesichert in der Luft hängt, wenn es seine Wurzeln vertrocknen lässt.

Das vom Misstrauen bestimmte Geschichtsbewusstsein ist ein weltweites Charakteristikum unserer Zeit. Ein besonders einflussreicher Prediger des Misstrauens des vorigen Jahrhunderts war der französische Philosoph Michel Foucault (1926-1984), der uns aufforderte, auch im Frieden den Krieg zu sehen und jeder Idee (etwa die der Gerechtigkeit) zu misstrauen, da sie seiner Auffassung nach nur im Gewand der Gewaltausübung daher käme. Gegen derartige pathogene Übertreibungen hat Susan Neimann (2010) in überzeugender Weise Stellung bezogen.

Gehen wir zu weiteren Textpassagen über, die mit der Geschichtsstrom-Metapher argumentieren.

In einer für die Nachkriegszeit repräsentativen Abhandlung zur Didaktik der Geschichte schrieb Joachim Rohlfes (1986, S. 236): „Der genetisch-chronologische Aspekt [ist] ein für die Historie nicht nur typisches, sondern unentbehrliches Moment. Geschichte ist tatsächlich eine Art Einbahnstraße. Ihr Ablauf ist unumkehrbar, die von ihr geschaffenen Verhältnisse sind eine Macht, der sich niemand entziehen kann. Das Bild der Geschichte als eines Stromes, von dem die Menschen getragen werden, hat eine innere Wahrheit."

Hier wurde die Strom-Metapher mit Kohärenz und positivem Sinn versehen. Die Geschichte als Strom trägt uns Menschen, formuliert Rohlfes, und verkörpert so eine „innere Wahrheit". Das ist etwas anderes als Heimpels Geschichtsstrom, der uns in die Tiefe zu reißen droht. Doch sehen wir uns den kleinen Text von Rohlfes etwas genauer an: Er verschachtelt verschiedene Bewusstseinsstränge ineinander und suggeriert damit eine Einheitlichkeit, die er inhaltlich nicht hat und sprachlogisch nicht haben kann.

*Die ersten drei Sätze* sind in sich logisch, so lange man die Aussagen auf der Objektebene der faktischen Zusammenhänge außerhalb von uns selbst belässt. In dem Maße, wie wir unser Geschichtsbewusstsein als eigene Macht auf der Subjektebene verstehen, gerät die Logik jedoch ins Schleudern. Retrospektiv-objektiv ist der geschichtliche Ablauf tatsächlich „unumkehrbar", prospektiv-reflexiv (erinnert sei an Zukunft als Dimension des Geschichtsbewusstseins) ist jedoch auch mit dem genauen Gegenteil zu rechnen. Die geschaffenen Verhältnisse sind eine Macht, aber wir können dieser

Macht aktiv handelnd entgegen treten. Wir können die faktisch unumkehrbaren Tatsachen der Vergangenheit psychohistorisch in neue Zusammenhänge stellen und als Zukunftsaufgaben begreifen. Genau das wehren viele Geschichtsprofis mit großem geistigen Aufwand ab.

Mit der Annahme einer „inneren Wahrheit", die der Strom-Metapher inhärent sei, verweist *der vierte Satz* dementsprechend auf die unbewussten Quellen dieses Geschichtsbewusstseins, die von Imagines der Mütterlichkeit, -Wunschbildern und Erinnerungsresiduen – gespeist werden. Das geistig verinnerlichte Strömen der Lebenslust im Gestillt- und Getragenwerden sind unersetzliche Lebensschätze, die im historisch-politischen Geschehen, das hier zur Debatte steht, gerade keine Bestätigung finden. „In ähnlicher Art, wie der Alkohol die Trübsal ertränkt, könnte der Rausch des Fließens die Funktion haben, die Dürre und Zusammenhanglosigkeit des überkommenen historischen Materials in Vergessenheit zu bringen", überlegten Joachim und Gerlinde Radkau (1972, S. 63) in ihren Ausführungen zur Strom-Metapher, die leider keine Fortsetzung erfahren haben.

In der Strom-Metapher steckt, wie Radkaus Deutung andeutet, die Sehnsucht nach Ungeteiltsein in der Kontinuität und Kohärenz, nach Teilhabe im Lebensstrom der Historie, der uns trägt, wie Rohlfes meinte, oder „der durch die Gegenwart hindurchläuft", wie Reinhard Wittram (1969, S. 36) formulierte, ein Zeitgenosse Heimpels, ein Jahr jünger als dieser. So oder so wird etwas Mystisches evoziert, das sich genauerer Definition entzieht.

Dieses Mystische wird hier den frühkindlichen Erfahrungen mit dem Mütterlichen zugeordnet. Es impliziert eine Abwehr der historisch-faktisch unübersehbaren Brüche und Spaltungen, vor allem wenn diese zur körperlich sozusagen noch spürbaren jüngsten Vergangenheit gehören. Ein für diesen Kontext charakteristisches Zitat finden wir bei dem eben schon zitierten Reinhard Wittram (1902-1973), der schrieb:

„Es hat gefährliche Kurzschlüsse zur Folge, wenn man sich zur Erklärung der Gegenwart *nur* auf die unmittelbar voraus laufenden Tendenzen einlässt und den älteren Perioden die Aufmerksamkeit versagt. Was alles im *Geschichtsstrom* [Hervorhebung P. S.-H.] – der durch die Gegenwart hindurch läuft – mitwirkt, uralte Denkformen, Zeiten über Zeiten, vergessene Erfahrungen, Trümmer von Institutionen mit ihren Ansprüchen; Plato und Aristoteles, Imperium und Sacerdotium, Genossenschaft und Staat, das Bündnis der Philosophie mit der Technik (und des Staats mit der Technik), das Heilige und das Tabu, Missionsauftrag und Erlösungsbotschaft, die ganze Bibel, die Rachegeister in der Strafjustiz vor Beccaria und nach Beccaria, der Chiliasmus in den Utopien, das *„Studendo docere"* des mittelalterlichen Bologna – wer von solchen Kenntnissen meint absehen zu können, weil er *nur* noch begreift, was sich in der Zivilisation seit der Aufklärung zugetragen hat, wird blicklos und blind für die Krisen einer erschütterten Welt." Die Hinweise auf die Präsenz des Vergangenen in der Gegenwart (von Wittram als „Geschichtsstrom" metaphorisiert, der durch die Gegenwart hindurch laufe), würden gut zur Argumentationsstruktur des vorliegenden Buches passen, wenn sie nicht mit großer intellektueller Geste genau das außen vor ließen, was die Nachkriegszeit am meisten beunruhigt hat: Nationalsozialismus und Holocaust. Wir haben es mit einer typischen Verdrängungsrhetorik zu tun, für die es unzählige Beispiele gibt. Typisch ist auch die Stilisierung des intellektuellen Gegners zum blindwütigen Dogmatiker, der „nur" noch (zweimalige Erwähnung!) die unmittelbar voraus laufenden Tendenzen vor Augen hat, während er selbst, Reinhard Wittram, mit seinem historischen Überblick Sinn für die „Krisen einer erschütterten" Welt bewahrt. Vergessen wir nicht: Wir bewegen uns mit den drei Zitaten (Heimpel, Wittram, Rohlfes) retrospektiv in Zeiten des Kalten Krieges und der Teilung Deutschlands, die auch das Denken polarisiert hat. Das Böse existierte ja politisch „leibhaftig" – jenseits der Mauer.

Der sprachlich-bewusst auf die *Objektebene* projizierte Geschichtsstrom als Metapher für den unaufhörlichen und im Ganzen nicht übersehbaren, verästelten Lauf und Verlauf der Ereignisse, impliziert den Anspruch einer Aussage oder gar Erklärung über Geschichte. Dagegen ist der im *Geschichtssubjekt* verlaufende Geschichtsstrom, der unsere persönliche Gegenwart durchquert, etwa als dynamische Abfolge von Emotionen, eine Chiffre des Unbewussten, die mehr bekennt als sie erklärt. Beide Artikulationsebenen, die projektiv-äußere und die introspektiv-innere, miteinander zu verbinden, ist eine Zukunftsaufgabe der Geschichtsanalyse.

Wenn der Geschichtsstrom als Metapher zur eigenen Sicherung und zur Verdrängung peinlicher Geschichtsrealitäten in Anspruch genommen wird, dann können, zumindest hypothetisch, unbewusste Verbindungen zur Mutter (oder – allgemeiner – zum Mütterlichen) angenommen werden, die mit dem Hang zur Idealisierung der Mutter zusammenhängen und sich so rationalen Erklärungen des üblichen Zuschnitts völlig entziehen. Ich kenne keinen Historiker, der auch nur ein Wort über die NS-Mentalität seiner Mutter geäußert hätte. In dem Maße wie wirkliche oder vermeintliche realhistorische Kontinuitäten nicht mit dem individuellen psychohistorischen Resonanzboden korreliert werden, mit dem sie Verbindung haben, drängen Mystifizierungen der Realgeschichte in den Vordergrund und verdunkeln die kritisch klare Sicht auf die eigene Lebensgeschichte und ihre kognitiven Potenzen.

Die Evokation des Geschichtsstromes geht oft einher mit der *Abwehr* von Einbrüchen, unerklärlichen Innovationen meistens maligner Herkunft und, wie es geschichtswissenschaftlich entschärfend immer heißt, *von „Dis-*

*kontinuitäten"*, die sich dem ansonsten so bewährten geschichtswissenschaftlichen Instrumentarium schlicht und einfach entziehen. Diese Perspektive spielt im Werk des bekannten Historikers Hans-Ulrich Wehler (geb. 1931) eine bemerkenswerte Rolle. Er plädierte in mehreren Zusammenhängen seines umfassenden Oeuvres für eine *Historisierung des Nationalsozialismus*, indem er dafür u.a. die Strom-Metapher geltend macht (*Deutsche Gesellschaftsgeschichte*, IV. Bd., Vorwort, S. XXII):

„Dieses rundum berechtigte Postulat [der konsequenten ‚Historisierung' des Nationalsozialismus] zielt darauf, den Nationalsozialismus nicht länger als einen von außen kommenden, ganz unvorhersehbaren Einbruch des Bösen in die intern heile deutsche Lebenswelt zu betrachten, ihn nicht mehr als widerspenstigen Fremdkörper zu exotisieren oder als erratischen Block zu stilisieren, der letztlich unbegreiflich im Strom der deutschen Geschichte liegt. Vielmehr geht es vorrangig darum, auch den Nationalsozialismus (…) aus den Zusammenhängen und Bedingungen der neueren deutschen Geschichte zu begreifen."

Ähnlich heißt es im laufenden Text der *deutschen Gesellschaftsgeschichte* (IV. Bd., S. 550):

„Unstreitig steht die entschiedene Historisierung des Nationalsozialismus als Aufgabe der Geschichtswissenschaft an. Er darf nicht länger als schwarzer, erratischer, unbegreiflicher Block im Strom der deutschen Geschichte ruhen und das tiefere Verständnis der Zeit von 1933 bis 1945 blockieren. Der Nationalsozialismus wird daher auf dieser Linie der Historisierung auch nicht als ein völlig neues, bisher unbekanntes Ideenagglomerat angesehen, sondern in erster Linie als eine elastisch erweiterte Version des seit langem tief verankerten Nationalismus. Namentlich in seine extreme Variante fügen sich zahlreiche Elemente des Nationalsozialismus zwanglos ein. Das lässt die Kontinuitätsströme anstelle der oft unterstellten Diskontinuität nachdrücklich hervortreten. Zahlreiche weitere Traditionsbestände, auf die sich der Nationalsozialismus ebenfalls stützte, werden im Verlauf der Analyse noch herausgearbeitet – auch sie unterstützen das Kontinuitätsargument."

Wer ein Gespür für den latenten Gehalt des Subtextes in diesen Zitat hat (bzw. die Annäherung an diese Aussageebene nicht von vornherein abwehrt), der wird sich an die ödipale Aggressivität erinnern, mit der Wehler alle geschichtswissenschaftlichen Konkurrenten abqualifizierte, die es wagten, eigene Zugänge zur Geschichte zu eröffnen. „Seine gewohnt giftige Art" (Evans 1995) im Umgang mit Geschichtsdeutungen, die seiner Auffassung nach inakzeptabel sind, erscheint in den obigen Zitaten abgeschwächt als polarisierende Konstruktion von gegnerischen Positionen, die in der definierten Weise meines Wissens überhaupt nicht vertreten werden. Gegen den

„von außen kommenden, ganz unvorhersehbaren Einbruch des Bösen in die intern heile deutsche Lebenswelt" [wer behauptet denn so etwas?], gegen den Nationalsozialismus als „Fremdkörper" und als unbegreiflichen, „erratischen Block" wird ein „Strom der deutschen Geschichte" bemüht, der vor allem aus dem seit langem tief verankerten Nationalismus entspringe. Nur das Herausarbeiten von Traditionsbeständen und Kontinuitätsströmen eröffne ein „tieferes Verständnis der Zeit von 1933 bis 1945".

Die *Nation* als historiographisches Konstrukt ist (analog zu „Mutter Erde", Gesellschaft, Kirche, Natur, Partei, „Strom der Geschichte") weiblich indiziert (sprachlich im Unterschied etwa zum *Vater Staat* und zum Krieg als dem „Vater" aller Dinge). Dementsprechend stecken sowohl im Nationalismus als auch in Nationalismus-Darstellungen Repräsentanzen der Frau, die zu verehren, unbewusst, aber auch zu beherrschen ist. Der aggressiv in Szene gesetzte egomanische Machtanspruch über Geschichte ist ein Markenzeichen des Wehler'schen Gebarens, das narrative Versuchungen zurückweist, einfach nur Recht haben will und Machtmenschen der Historie wie Bismarck und Hitler dementsprechend viel Aufmerksamkeit schenkt. Hitlers *Charisma* ist ein hermeneutischer Glaubensartikel in Wehlers Argumentation, die nur dem selbst evozierten Objekt gilt, nicht der Mitwirkung durch das Volk und die Historiker.

Mit diesem Argumentationshintergrund versteht Wehler offenbar auch nicht, was gemeint ist, wenn der deutschen Geschichte von 1933 bis 1945 etwas Unbegreifliches zugeschrieben wird, das sich wie ein „erratischer Block" der historischen Erklärung entzieht (Wehlers Anspielung gilt wahrscheinlich den Publikationen von Hannah Arendt, Saul Friedländer und anderen Autoren meistens jüdischer Herkunft). Das im tiefsten Grund Unbegreifliche ist ja nicht der Nationalsozialismus als politische Formation, sondern Auschwitz, diese massenhafte, industrialisierte Vernichtung der Juden, die jeder rationalen Erklärung spottet, auch wenn es schon vor dem Holocaust antisemitische Pogrome gab. In der Kapitelüberschrift zum VI. Kapitel im 8. Teil nennt Wehler zwar in Anführungszeichen den von den Nazis mutwillig inszenierten „Zivilisationsbruch" (Dan Diner); eine wie auch immer gestaltete Auseinandersetzung mit dem Begriff und damit auch mit dem Medusenhaupt der alles bis Dagewesene in Frage stellenden Ungeheuerlichkeit unterbleibt jedoch. Gegen die Vorstellung, dass etwas zerbrochen ist und nicht mehr zu einer Einheit zusammengefügt werden kann, wehrt sich Wehler mit allen Mitteln der geschichtswissenschaftlich-sachlichen Argumentation.

Die Denkfigur der Kontinuitätsströme schützt vor der emotionalen Wucht, die von einer eindringend-direkten Konfrontation mit den Gräueln von Auschwitz ausgeht. Wenn Kontinuitätsströme als Metapher psychohistorisch integriert werden sollen, dann müsste auch die Kontinuitätsströme verschiedener Verdrängungen Beachtung finden.

Kontinuitätsströme auf der einen Seite, die mit dem Mitteln rationaler Ursachenforschung erkannt und benannt werden, und Ereignisse, die uns fassungslos machen und die Kontinuitätsströme aufsprengen, sind nicht gegeneinander auszuspielen, sondern geschichtsanalytisch als besonders starke Spannung auszuhalten. Wehlers Polarisierungen verweisen auf eine innere Spaltung, die unbewusst bleibt und durch eine Fülle von geistigem Baumaterial überbrückt werden muss. Die Spaltung kommt vor allem, wie schon angesprochen, im Verhältnis zwischen der eigenen „richtigen" Lehre und der Lehre anderer Geschichtsprofis zur Geltung, die etwa, um noch einen Beleg zu platzieren, als inkompetente „Gurus" oder als „Möchtegern-Experten" entwertet und diffamiert werden (so in einer Stellungnahme zu einer englischen Publikation in *Die Zeit*, 25. 3. 1994).

Wenn wir nun nach dem mütterlich indizierten „Strom der Geschichte" einen Blick auf väterliche Delegationen werfen, die metaphorisch ihren Ausdruck finden, dann ist dabei grundsätzlich zu bedenken, dass die geschlechtsspezifischen Zuschreibungen *keine Festschreibungen* sind. Selbstverständlich kann auch die Mutter undurchschaute, schier unerfüllbare Leistungsanforderungen verkörpern, die eher dem Vater zugeschrieben werden (vgl. dazu im Folgenden das Sisyphus-Motiv in psychohistorischer Perspektive), wie auch die innere Verbindung zum Vater Repräsentanzen des Mütterlichen enthalten kann. Das Nachdenken über die Bedeutung von Metaphern spielt sich auf einer anderen Ebene ab als das realgeschichtliche Rekonstruieren von psychogenetischen „Einflüssen" (was für eine Metapher!), die von Mutter und Vater in je eigener Weise ausgehen. Auf die *Realität* frühkindlicher Erfahrungen mit der Mutter, soweit sich diese anhand von Texten rekonstruieren lassen, kommen wir daher noch einmal zurück (9.2.1).

## 8.2 DER FELSBROCKEN DES SISYPHOS – UDURCHSCHAUTE LEISTUNGSANFORDERUNGEN VERMITTELT DURCH DEN VATER

Als Metapher für Gott ist *der Vater* eine dem religiösen Denken innewohnende, rituell fest etablierte Sprachfigur. Die Gemeinde betet *Vater unser, der du bist im Himmel...*; il papa, der Papst, der symbolische Stellvertreter Gottes auf Erden, ist eine seit Jahrhunderten bekannte Erscheinung des öffentlichen Lebens und der geistigen Orientierung vor allem natürlich für alle Katholiken; mit dem Lied *Eine feste Burg ist unser Gott* beschritt Luther den Weg in die Vater-Symbolik, die sich auch bestimmter Strukturen bemächtigt (Burg, Festung, Staat, Gesetz).

Zwischen der manifesten, wenn auch nur metaphorischen Anrufung des Vaters und den mental-real wirkenden Imagines einer die Geschichte bestimmenden väterlichen Macht hat sich über die Jahrhunderte eine innige Wechselbeziehung, ja Verklammerung ergeben, deren psychohistorische Auflösung bis heute nur schwer gelingt. Ein Beispiel aus dem 19. Jahrhundert – Leopold von Ranke (1795-1886): Im Unterschied zu den seinerzeit noch mächtigen Kirchenhistorikern führte er die Zeitläufe nicht auf Gottes Wirken zurück. Dass es so etwas wie ein mehr oder weniger unbewusstes Vaterprinzip in der Geschichtsschreibung geben könnte, hätte er verständnislos zurück gewiesen. Ranke wünschte statt dessen, um einen bekannten programmatischen Satz aus seiner *Englischen Geschichte* zu zitieren, sein „Selbst gleichsam auszulöschen und nur die Dinge reden, die mächtigen Kräfte erscheinen zu lassen, die im Streite liegen."

Die „mächtigen Kräfte" der Geschichte traten aber ungeachtet des ausdrücklich allgemeinen Wunsches historiographisch nur in väterlich-monarchisch-hierarchischer Rangordnung in Erscheinung. Über die Vaterbindung Rankes schrieb Walter Peter Fuchs, ein Kenner seines Werkes, im Vorwort zu Rankes *Briefwerk* (S. XXXVII):

„Wenn man nach einer Gestalt sucht, die dem jungen Menschen [Ranke] Leitbild und Maßstab gewesen sind, so trifft man allein auf den Vater. Mit bemerkenswerter Plastik erscheint er immer wieder vor seinem geistigen Auge, auch als er sich längst aus dem Elternhaus gelöst hatte. Rankes Bedürfnis nach hierarchischer Ordnung, nach Verehrung einer Autorität, sein monarchischer Sinn haben in dieser Vaterbindung ihre Wurzel, von der er sich nie ganz befreit hat. Der Vater ist für ihn der geheimnisvolle Ursprung der Sippe, an der er zeitlebens hing, aber auch derjenige, der, ihm selbst gar nicht bewusst, ihn seine Freundschaften und menschlichen Bezüge nie ganz erfüllen ließ."

Aus dem monarchischen Sinn und der latenten, weitgehend unbewussten Vaterbindung erwächst rund zwei Generationen später ein flammender Nationalismus und die Leitidee, dass nicht mehr „Kräfte", sondern Männer Geschichte machen, denken wir an Heinrich Treitschke (1834-1896). Der Siegfried- und der Bismarck-Kult feierten Triumphe. Die Dominanz des Männlich-Väterlichen in der Geschichtsschreibung und im gesellschaftlichen Geschichtsbewusstsein wird rückblickend vor allem dann deutlich, wenn man die vorherrschenden Lehrmeinung in der Nachfolge von Ranke und Treitschke mit der kulturgeschichtlichen Alternative Karl Lamprechts (1856-1915) vergleicht, die in Deutschland heftig bekämpft und erfolgreich verdrängt wurde, so dass Lamprechts Schüler ohne Berufungschancen blieben.

Lamprecht kritisierte die dynastische Personengeschichte der vorherrschenden Geschichtswissenschaft und betonte, dass auch bedeutende einzelne Persönlichkeiten von wirtschaftlichen Sachzwängen und kulturellen sowie sozialen Strukturen abhängig seien. Er machte Mentalitäten und psychogenetische Bedingungen als Wirkfaktoren der Geschichte geltend und bereitete vor, was erst sehr viel später, im Grunde erst nach dem Zweiten Weltkrieg, als Sozial- und Strukturgeschichte Eingang in den geschichtstheoretischen Diskurs erringen konnte. Die Thematisierung kollektiver und materieller Kräfte brachte ihm den Ruf eines „Materialisten" ein, was für die idealisierende Geschichtsschreibung in der Nachfolge Rankes eine Häresie ohnegleichen war. Lamprecht unterstützte die Friedensidee, wenn auch nicht konsequent von Anfang an. Dagegen war das mehr oder weniger deutlich proklamierte Leitmotiv der maßgeblichen Historiker vor dem Ersten Weltkrieg, die sich dabei auf Hegel, den preußischen Staatsphilosophen, und seinen Weltgeist berufen konnten: *Der Krieg ist der Vater* [!] *aller Dinge* (Heraklit).

Wenn ein Lamprecht-Gegner auf der Seite dieser individualisierenden und idealisierenden Geschichtsschreibung behauptete, „dass noch heute [also zum Ende des 19. Jahrhunderts] ein Rest von der Art Friedrich Wilhelms I. in jedem preußischen Offizier und Finanzrat fortlebe", dann war ihm das eine willkommene Bestätigung seiner kultur- und strukturgeschichtlichen Anschauungen „denn die Vermittlung [der Mentalität vom Soldatenkönig bis zur damaligen Gegenwart] kann doch nur durch Zustände, wie sie jener König geschaffen und wie sie sich weiter entwickelten, erfolgt sein."

*Lamprecht:* Zur Einführung in das kulturgeschichtliche Verständnis der Gegenwart, 1893, in: Schleier, a.a.O., S. 123.

Einem besonderen Dreh der Geschichtsdynamik mit ihren zahllosen Zufällen ist es zu danken, dass Karl Lamprecht und Sigmund Freud im selben Jahr geboren wurde. Zu Lebzeiten waren die beiden Außenseiter, in vielen Stellungnahmen werden sie noch heute so klassifiziert und damit abgewertet.

*Exkurs* – Der eben referierte strukturgeschichtliche Rekurs auf den Soldatenkönig Friedrich Wilhelm I., König von 1713-1740, erinnert an ein Ereignis, mit dem das 5. Kapitel über Traumatisierungen und das 6. Kapitel über Ängste auf beklemmende Weise ergänzt werden kann. 1730 kam es zwischen dem König und seinem Sohn, dem späteren Friedrich II., zum Zerwürfnis. Der junge Friedrich ergriff mit dem befreundeten Leutnant Hans Hermann von Katte die Flucht, die jedoch scheiterte. Friedrich wurde in der Festung Küstrin eingesperrt, sein Freund und Fluchthelfer Katte vor den Augen seines Prinzen-Freundes hingerichtet. Die Berater konnten den König nur mit Mühe davon abbringen, mit dem Thronfolger ebenso zu verfahren.

Unabhängig von moralischer Bestürzung oder Empörung, die bei diesem Fall immerhin verständlich wären, muss hier, auf der Suche nach Unbewusstheiten im geschichtlichen Denken, die Hypothese erlaubt sein, dass dieses Ereignis, die Tyrannei eines Königs, einer absoluten Autorität, eines Vaters gegen den Protest seines Sohnes und eines befreundeten jungen Mannes Spuren im kollektiven Gedächtnis Preußens hinterlassen hat, die latente Angst erzeugen. Ein Vater, der fähig und bereit ist, seinen eigenen Sohn hinzurichten, nachdem er einen Freund vor dessen Augen hat hinrichten lassen, verursachte eine böse Traumatisierung.

Der Wikipedia-Text, aus dem wir uns eben informiert haben,[53] endet mit der Feststellung, dass Friedrich sich „doch noch aus der Umklammerung durch seinen Vater befreit" habe. Doch das ist eine Deutung, die aus den äußeren Arrangements abgeleitet wurde. Über die inneren Konstellationen des Vater-Sohn-Verhältnisses sagen diese Äußerungen nicht viel aus. In psychohistorischer Sicht ist eher das Gegenteil anzunehmen: die Tradierung der Vater-Sohn-Verklammerungen über die Generationen hinweg.

Das gilt auch und insbesondere für die Zeit nach 1945, da deutsche Historiker meinten, die „Bewältigung der Vergangenheit" mit einer feierlichen Erinnerung an Ranke voranbringen zu können (Fuchs 1949, Vorwort) – drastischer kann die Verdrängung transgenerationell-kumulativer unproduktiver Vater-Sohn-Verhältnisse kaum gedacht werden.

Den unterdrückerischen Machtansprüchen der Väter entsprechend gestalten sich die Befreiungsversuche der Söhne gewaltsam, eruptiv, bis zum virtuellen Vatermord. Im Unterschied zum Muttermord, der motivgeschichtlich kein fest etabliertes Thema bildet, hat der Vatermord seinen sicheren Platz in der Ideen- und Literaturgeschichte sowie in der Psychoanalyse (vgl. Freud, *Totem und Tabu*). Die Studentenbewegung der 68er Generation sei ein eruptiver Protest gegen die Welt der Väter gewesen, heißt es übereinstimmend in zahllosen Schriften. Handfest-sinnfälligen Ausdruck fand der „Vatermord" auch nach dem ideologischen Zusammenbruch des Ostblocks, als Stalin-, Lenin- und Marxstatuen einfach umgestürzt wurden. Den Tod Gottes als höchsten Übervater hat in literarischer Form bekanntlich Nietzsche gefeiert (*Die fröhliche Wissenschaft*, drittes Buch, 125. Text):

„Habt ihr nicht von jenem tollen Menschen gehört, der am hellen Vormittag eine Laterne anzündete, auf den Markt lief und unaufhörlich schrie ‚Ich suche Gott! Ich suche Gott!'- Da dort gerade viele von denen zusammen standen, welche nicht an Gott glaubten, so erregte er ein großes Gelächter. ‚Ist er denn verloren gegangen' sage der eine. – ‚Hat er sich verlaufen, wie ein Kind?' sagte der andere. – ‚Oder hält er sich versteckt? Fürchtet er sich vor uns? Ist er zu Schiff gegangen, ausgewandert?' so schrien und lachten sie durcheinander. Der tolle Mensch sprang mitten unter sie und durchbohrte sie mit seinen Blicken. ‚Wohin ist Gott?' rief er. ‚Ich

---

[53]   http://de.wikipedia.org/wiki/Friedrich_Wilhelm_I._(Preu%C3%9Fen (15. 8. 2009)

will es euch sagen! Wir haben ihn getötet – ihr und ich. Wir alle sind seine Mörder.'"

Dass die Lebendigkeit des Geschichtsbewusstseins sowohl in der Verklammerung mit dem väterlichen Erbe als auch mit der gewaltsamen Zerschlagung dieses Erbes Schaden nehmen kann, ist ein Leitmotiv des vorliegenden Buches. Vor allem bewirken, wie schon erwähnt, die äußeren Umbrüche wenig, wenn die inneren Traditionen und Identifikationen fortbestehen, was meistens der Fall ist.

Albert Camus (1913-1960) hat mit seinem Sisyphos-Essay über das Absurde einen faszinierenden Versuch vorgelegt, wie das väterliche Erbe nicht als Last, sondern als tägliche Aufgabe begriffen werden kann. Sisyphos musste als Strafe der Götter (mithin der unsterblichen Über-Väter) einen Felsbrocken den Berg hinaufwälzen und jeden Tag damit von vorne beginnen, da der Stein, kaum dass er oben angelangt war, immer wieder herunter rollte. Der scheinbar sinnlosen, offenkundigen Qual und Verzweiflung des Sisyphos hat Camus einen neuen Sinn gegeben, indem er die Arbeit trotz oder wegen ihrer Aussichtslosigkeit akzeptierte, ja, von ganzem Herzen willkommen hieß, zumindest in diesem Essay. Man muss sich Sisyphos als einen glücklichen Menschen vorstellen, postulierte Camus am Ende des Textes nicht ohne literarisch-narzisstische Extravaganz.

Von der unmittelbar-realen Last des väterlichen Erbes wusste Camus zur Zeit seines Sisyphos-Essays nichts; denn sein Vater war vor der Geburt des Sohnes an einer im Ersten Weltkrieg erlittenen Wunde gestorben. Dass das Unbewusste intensiv mit dieser lebensgeschichtlichen Leerstelle beschäftigt war, dokumentiert Camus' weiterer Lebensweg: Die imaginäre Begegnung mit dem verstorbenen Vater ist Thema seines letzten Buchprojektes gewesen, das wegen eines absurden Autounfalls nicht vollendet werden konnte.

So wie der Anblick der Geschichtsmedusa als Amalgam von geschichtlich-objektiven und lebensgeschichtlich-subjektiven Hinterlassenschaften zu ertragen ist, wenn ihr Unwesen sich nicht unterschwellig fortsetzen soll, so ist die Last des Sisyphos als Erbe der Väter zu erkennen und als Aufgabe anzunehmen, obwohl oder gerade weil die Aussichten auf einen endgültigen Erfolg denkbar gering sind. (Die Erkenntnis ist nicht immer ganz einfach, weil nicht nur der Leistungen einfordernde Vater, sondern auch der antriebsschwache Vater, der vor den Leistungsanforderungen der Gesellschaft und der Mitmenschen sozusagen die Segel streicht, ein belastendes Erbe vermittelt, das zu überwinden wäre.)

Sisyphos ist nur einer von mehreren antiken Mythen, die der ewigen, qualvollen Verdammnis für ihre Auflehnung gegen die Götter gewidmet sind, denken wir an Tantalos und Prometheus. Im realen Leben haben wir für die kritische Distanzierung von Vätern und Göttern zum Glück keine Ewigkeitsstrafen mehr zu befürchten. Den 43er Historikern war mehrheitlich eine „unruhige Leistungsbesessenheit" eigen (Stambolis/Radkau, S. 403); das kann ich tendenziell auch für mich in Anspruch nehmen. Die Frage bleibt, kollektiv aber auch für jeden einzelnen: Welchen Felsbrocken für welche Strafe mussten wir nach oben wälzen?

## 8.3 „GIFT" IM GESCHICHTSBEWUSSTSEIN UND „BRÜCKEN" IM SINN[54]

Ein bekannter Repräsentant der sogenannten Flakhelfer-Generation, geboren 1928, überlegt, vom hohen Alter aus auf die vergangene Zeit zurückblickend, welche Bedeutung die NS-Forschung für die subjektive Erinnerungsarbeit gehabt habe, und schreibt dazu:
„Die historische Literatur über die Verfolgung der Juden und den Holocaust hatte, wie wohl auf alle Altersgenossen, auch auf mich eine Wirkung, die an bewußtseinsprägender Wucht mit nichts anderem zu vergleichen war. Aber sie löste so gut wie keine persönlichen Erinnerungen aus, einfach deshalb nicht, weil ich fast keine eigenen Erinnerungen daran hatte." Es folgen Elemente einer lebensgeschichtlichen Erzählung, die mit den Worten schließt:
„Als nach dem Krieg die Morde und Ausrottungen bekannt wurden, hatte ich das merkwürdige und schwer zu beschreibende Gefühl, nur durch eine hauchdünne Membrane davon getrennt gewesen zu sein."
Dieses Gefühl, nur durch „eine hauchdünne Membrane" von der direkten Konfrontation mit dem Holocaust getrennt gewesen zu sein, ist wohl vielen *deutschen* Kriegskindern eigen, wenn sie von heute aus auf ihre Kindheit zurücksehen (den *jüdischen* Kriegskindern, die ich hier exemplarisch für alle Opfergruppen nenne, geht es diesbezüglich mit Sicherheit ganz anders, das soll hier noch einmal betont werden). Das psychohistorische Problem ist aber, dass die hauchdünne Trennwand sich *nach* dem Krieg allmählich auflöste (vor allem bei den Kindern von NS-Eltern, die in die Nachwirkungen der Vernichtungspolitik lebensgeschichtlich-körperlich eingebunden waren) und das Gift der mörderischen NS-Ideologie, verbunden und verstärkt mit ätzenden Schuldgefühlen, das Geschichtsbewusstsein der Kinder und Jugendlichen durchsetzte.

---

[54] Ich übernehme im Folgenden einige Textpassagen aus einem Vortrag, den ich 2009 in der Evangelischen Akademie Hofgeismar gehalten habe. Der vollständige Vortragstext einschließlich aller bibliographischer Nachweise findet sich unter der Überschrift *Kriegsgeschehen und NS-Kindheit* auf meiner Internetseite (*www. schulz-hageleit.de*), Rubrik *Online-Publikationen*.

Über die Vergiftung des Geschichtsbewusstseins gibt es zahlreiche Zeugnisse, von denen hier einige erwähnt werden sollen. Eine erste Quelle sind die Tagebücher Klemperers sowie seine Studie über die damalige Sprache (*LTI – Lingua Tertii Imperii*), wo es u.a. heißt (S. 21):

„Worte können sein wie winzige Arsendosen: sie werden unbemerkt verschluckt, sie scheinen keine Wirkung zu tun, und nach einiger Zeit ist die Giftwirkung doch da. Wenn einer lange genug für heldisch und tugendhaft: fanatisch sagt, glaubt er schließlich wirklich, ein Fanatiker sei ein tugendhafter Held und ohne Fanatismus könne man kein Held sein."

Drastische Belege finden wir in einem Buch von Ute Scheuch über ihren Vater, der sich 1969 coram publico des Evangelischen Kirchentages mit Zyankali das Leben nahm. Sein Schweigen, seine Gefühlskälte, seine rassistische Weltanschauung, mit der er sogar promovieren wollte, und die verdorbene Sprache der Nazis hatten ihn vergiftet. Ute Scheub greift auf die oben zitierte Einschätzung Klemperers zurück, indem sie urteilt (S. 101):

„Auch mein Vater wurde durchdrungen von dieser vergifteten Sprache, er wurde selbst zur ideologischen Giftspritze, er wurde die Worte nie wieder los." Doch nicht genug damit: Sie selbst, Ute Scheub, fühlte sich „durchtränkt vom Gift" ihres Vaters (S. 254). Sie fragt und überlegt (S. 145):

„Hat die [Zyankali-]Kapsel [mit der der Vater sich umgebracht hatte] auch mich, die Vaterhasserin, vergiftet? Womöglich habe ich den Spieß bloß umgekehrt, indem ich nunmehr ihn und seine Spießgesellen zu hassen begann."

Erst rund dreißig Jahre nach dem Selbstmord ihres Vaters wagte sich Ute Scheub an die Rekonstruktion des Ereignisses, sowie an seine Vor- und Nachgeschichte, in die sie ja selbst emotional tief verstrickt war. Sie suchte Aufklärung und Hilfe, u.a. 2004 auf einer Tagung hier in Hofgeismar, Thema: *Das Ende des Schweigens?* In einer Publikation der Psychoanalytikerin Gertrud Hartmann fand Ute Scheub exakt ihr eigenes Problem, das Hartmann so definierte (Scheub, S. 265): „Dieses Gefühl, dass die Opfer in den Tätern anscheinend keine Stimme und keine Präsenz haben, vergiftet und lähmt jedes Anknüpfen einer Beziehung zu ihnen."

Das Gift-Motiv fand seine Ergänzung in Fantasien der inneren Verschmutzung und in Träumen von „Orten voller brauner Scheiße", wie Scheub (S. 261) drastisch formuliert. Sie schildert den inneren Film u.a. so (S. 145): „Ich gerate in verdreckte und verkotete Räume, mit verstopften und überlaufenden Klos, es gibt nur benutztes Toilettenpapier, alles ist nazibraun. Die Träume zeigen meinen Wunsch, dass nur die anderen ‚scheiße' sind und nicht ich selbst, sie zeigen meine Panik, selbst beschmutzt zu sein."

Auch konservative Historiker wie Hermann Heimpel arbeiteten argumentativ mit der Gift-Metapher, die sie aber nicht – und hier liegt der geschichtsanalytische Forschungsbedarf – auf das eigene Erleben bezogen, sondern durch Verallgemeinerung entschärften und neutralisierten. „Die geschichtsvergifteten Menschen" müssten sich nach den Schrecknissen des Krieges erst einmal „gesundschlafen", meinte Heimpel (in: Schulin 1998, S. 68), auf den wir im zweiten Teil ausführlicher eingehen werden.

Ein Gegengewicht zur Gift-Metapher bildet das Sinnbild der Brücke, das positive Assoziationen auslöst: Eine Brücke führt ans jenseitige Ufer, sie verbindet, schafft Kontakte, überwindet in kühner Konstruktion Abgründe, reißende Flüsse und andere Unwegsamkeiten.

Für die erste Generation von Psychoanalytikern hatte die Brücke als Traummotiv etwas Phallisch-Sexuelles – eine Deutung, die im Hinterkopf sozusagen mit in Erwägung gezogen werden kann, solange die realgeschichtlich-psychohistorisch Option dabei nicht verschwindet, man lese etwa Ferenczis kleine Abhandlung über *die Symbolik der Brücke* von 1921 (Bd. II, S.70-73). (Entsprechendes gilt für die Symbolik des Medusenhauptes, vgl. ebd. S. 134.)

Im Unterschied zur Gift-Metapher können mit der Brücken-Metapher geistige Unklarheiten rhetorisch verschleiert bzw. „überbrückt" werden. Welche Ufer soll denn die Brücke – inhaltlich – miteinander verbinden? Wer oder was soll denn die Brücke passieren, drüben ankommen und Wirkung entfalten? Eine in diesem Buch entworfene Inhaltsbrücke ist die zwischen Selbsterkenntnis und Geschichtserkenntnis. Ohne inhaltliche Kennzeichnung der Positionen, zwischen denen eine Brücke imaginiert wird, bleibt die Metapher nebelhaft undeutlich.

Formal gesehen bildet jede Biographie, sowohl individuellen als auch kollektiven Inhalts, im Kontinuum der Geschichte einen Übergang zwischen einem Vorher und einem Nachher. Die 43er Historiker fühlten sich weder den vor ihnen Geborenen zugehörig,[55] noch den zum größeren Teil später geborenen 68ern (Joscka Fischer ist z.B. 1948 geboren). Sie fühlten und bezeichneten sich als *Brücken- oder Zwischengeneration* – so der als Leitmotiv häufig auftauchende Begriff.

Ich verstehe die dezidierte Absicht der 43er, *sich nicht festzulegen* (vgl. programmatische Äußerung S. 213, 239, 257, 289) als eine Art unvollendete Brücke wie etwa die Brücke in Avignon, die in einem französischen Kinderlied verewigt ist. Historiker haben einen Vorstoß ins Psychohistorische gewagt, das war ein Novum in der deutschen geschichtswissenschaftlichen Historiographie. Wohin dieser Vorstoß führen könnte, das wollten sie offen

---

[55]  Welche Jahrgänge bzw. Generationen das sind, wird in den Texten nicht eindeutig bestimmt. Eine Rolle spielen Schelskys „skeptische Generation", das heißt die Jahrgänge 1920 bis 1940, und die Hitler-Jugend bzw. der Flakhelfer-Generation, repräsentiert u.a. durch Hans-Ulrich Wehler, geb. 1931, von dem sich die 43er wegen seines autoritären Führungsanspruchs distanzierten.

156

lassen. Das nicht benannte jenseitige Ufer kann zumindest so gedeutet werden. Wahrscheinlich hat der Blick auf das unkenntliche Jenseits auch Angst ausgelöst.

Darüber hinaus hat sicherlich auch der Übergang in einen weiteren Lebensabschnitt in den letzten – das Entstehen des Werkes gefördert, zumal dieser Lebensabschnitt, das Alter (vgl. unten 9.2.3) in der Regel keine weiteren Gratifikationen in Aussicht stellt. Das narzisstische Defizit in dem Unternehmen der 43er ist unübersehbar: sich als Generation und Kohorte einen Platz in der Geschichte sichern, sich gegenüber den 68ern behaupten, die ihren Platz schon sicher besetzt haben, nicht untergehen im Mahlstrom der Geschichte – das sind einige Aussagen im Subtext, der in der Kombination von zusammenfassender Deutung der Kollektivbiografie und verschriftlichten Einzelinterviews (zusammen rund tausend Seiten) zu weiteren Recherchen auffordert. Wer da was nachträglich an den selbst produzierten Quellentexten geändert hat (vgl. S. 261), wird wohl nicht mehr zu rekonstruieren sein. Im Nicht-Ausgesprochenen (auch in der Verweigerung der Teilnahme) steckt analytisch immer etwas besonders Wichtiges.

Die Brücke als Symbol und Metapher illustriert besonders nachdrücklich, wie unübersehbar vielfältig die Motive sind, die vom Unbewussten aus unser Geschichtsbewusstsein bestimmen und in ihrer Bedeutung ohne den jeweiligen psychohistorischen Kontext nicht festzulegen sind. In einer der ganz seltenen Abhandlungen über die Genese von (frühkindlicher!) „Sinngebung" entschuldigte sich der ungarisch-amerikanische Analytiker Spitz (1887-1974) am Ende seiner Abhandlung dafür, dass er sozusagen über seine eigene „unbeholfene [Brücken-]Metapher" stolpere (S. 1017), mit der der Beginn des Menschseins nach der physischen Geburt veranschaulicht werden sollte. Diese Metaphorik ist anders zu bewerten – ist das nötig, das zu betonen? – als die Metaphorik von Erwachsenen, die ihr Geschichtsbewusstsein absichern wollen.

8.4 VOM „HAUS DER GESCHICHTE" ZUM „ANUS MUNDI" UND ZURÜCK

Jesus predigte keine engstirnige Dogmatisierung des Glaubens, sondern betonte (Johannes 14. 2): „Im Hause meines Vaters sind viele Wohnungen." Das ist ein einladendes Sinnbild, wenn nicht wieder der Vater als Hausbesitzer das letzte Wort hätte oder, um realhistorisch zu differenzieren und gleichzeitig sprachspielerisch im Bild zu bleiben: Wenn nicht die Besetzer und Pförtner des Glaubenshauses schalten und walten würden, wie es ihren Machtinteressen entspricht.

Das Haus der Geschichte, eine ebenfalls häufig gebrauchte Metapher mit zum Teil sakrosanktem Beiklang (denken wir nur an das *Haus der deutschen Geschichte* in Bonn), hat ebenfalls viele Wohnungen, doch es lohnt sich, über diese allgemeine Formel hinaus zu gehen und Architektonik einer spezifischen Haus-Vision exemplarisch einmal etwas genauer anzusehen.

Der bekannte französische Historiker Fernand Braudel (1902-1975) hat versucht, die überquellende Fülle seiner Materialien zur Geschichte der „Sozialgeschichte"[56] vom 15. zum 18. Jahrhundert im Bild eines Hauses von drei Etagen zu erfassen: die erste Etage werde von Alltagsstrukturen bestimmt, die zweite vom Handel und den Märkten, die dritte oberste Etage vom weltweit agierenden Kapitalismus.

Der Herr dieses Hauses ist nicht Gott, sondern der Historiker, Braudel selbst mit seinem fantastischen Gedächtnis, mit seinem grandiosen intellektuellen Vermögen als Forscher, das er der Allwissenheit Gottes in einem autobiographischen Bericht jedoch ausdrücklich zur Seite gestellt hat. Im Rückblick auf seinen Zwangsaufenthalt in einem deutschen Kriegsgefangenenlager bei Lübeck, wo er ohne alle Hilfsmittel die Geschichte des Mittelmeeres verfasst hatte, schrieb er (1985, S. 50):

„Nieder mit den Ereignissen, besonders den quälenden. Mir blieb nur der Glaube, dass Schicksal und Geschichte in viel tieferen Schichten geschrieben wurden. Die Wahl einer langen Zeitspanne als Skala der Betrachtung bedeutete, als Fluchtpunkt die Stelle Gottvaters zu wählen. Die Geschichte wurde weit weg von uns und unserem täglichen Elend geschrieben, und sie veränderte sich nur mählich, so mählich wie das altüberkommene Leben im mediterranen Raum, dessen Beharrungsvermögen und majestätische Unbeweglichkeit mich so oft berührt hatten."

Man darf das metaphorische Spiel mit Worten weder wörtlich nehmen, noch als Einzelbeleg verabsolutieren, gewiss nicht, aber auch nicht als inhaltliche Belanglosigkeit beiseite schieben. Vielmehr geht es darum, wie die Überschrift zu diesem Unterabschnitt ankündigt, die Metaphern (Haus der Geschichte, die Sichtweise Gottes von ganz oben) als Tore zum Unbewussten zu verstehen. Hier hat offenbar der Wunsch und Ansatz seine Wurzeln, die Geschichte als Ganzes erfassen, eine *histoire totale* schreiben zu können. (Über diesen historiographischen Anspruch, der auch von anderen Historikern erhoben wird, gibt es so viele digital leicht zugängliche Belege und Kommentare, dass sich weitere Nachweise erübrigen.)

---

[56] Der in der deutschen Ausgabe gewählte Titel „Sozialgeschichte" gibt die Argumentationsstruktur der französischen Ausgabe aus verkaufsopportunen Gründen verfälscht wider; denn diese hat einen weiteren Horizont, der mit den drei programmatischen Leitbegriffe zum Ausdruck kommt: *Civilisation matérielle, Economie et Capitalisme.*

Was das Haus mit dem drei Etagen angeht, so scheint Braudel vom Standpunkt heutiger Erfahrungen aus gesehen, im Übrigen völlig recht zu haben: Von der obersten Etage, wo die Kapitalismus-Akteure residieren, gehen offenbar alle historisch-politischen Impulse aus. Kaum ist die Bankenkrise durch staatliche Milliardensubventionen aus Steuergeldern ansatzweise überwunden (2009/10), geht es weiter wie zuvor. Sie schalten und walten, wie sie wollen, bzw. realistischer: wie die undurchschauten und scheinbar unabänderlichen sogenannten Systemzwänge der unbedingten Gewinnmaximierung es ihnen diktieren. Doch es ist noch nicht aller Tage Abend. Mutter Erde droht zu kollabieren und das Haus der Geschichte in seinen Grundfesten zu erschüttern.

Die im Narzissmus-Kapitel relativ ausführlich dargestellte Selbstüberschätzung mancher Historiker erfährt mit diesen Belegen eine weitere Bestätigung, die aber den wissenschaftlichen Ertrag der Braudelschen Werke nicht in Frage stellt. Beide Dimensionen – Forschung und Wissenschaft auf der einen Seite und Unbewusstheiten des prometheischen Strebens auf der anderen Seite – sind trotz ihrer wechselseitigen Verflechtungen in ihrer je eigenen Dynamik zu würdigen.

Im Unterschied zur erbaulichen Haus-Metapher, die in historiographischen und erinnerungspolitischen Zusammenhängen Geltung genießt und zu gemütlichen, überschaubaren Geschichtswanderungen einlädt, betonte Freud in einem oft zitierten Satz, dass wir *nicht Herr im eigenen Haus* seien.[57] Freud war nicht der erste, der diesen Gedanken geäußert hat. Bei Montaigne (1533-1591), in seiner berühmten *Apologie für Raimund Sebond* findet sich beispielsweise eine vergleichbare, ähnliche Äußerung (Montaigne, *Essais*, 1998, S. 222): „(...) der Mensch (...), diese armselige und erbärmliche Kreatur, die nicht einmal Herrin ihrer selbst ist." Aber es fehlte bei Montaigne erstens die Einbettung des einen Gedankens in ein Gedankensystem und zweitens die Umsetzung des Inhalts in eine theoretisch fundierte Denkform und Methode (das gilt grundsätzlich, wenn auch mit je eigenen Inhaltsprofilen, auch für andere Freud-Vordenker, zum Beispiel Schopenhauer).

Mit dem Nicht-Herr-im-eigenen-Haus-sein meinte Freud vor allem die Macht der unbewussten, unerkannten individuellen Motivationen, die das Bewusstsein formieren. In der Nachfolge Freuds können wir diesen Gedanken, zumindest hypothetisch, aber auch auf den Gesamtverlauf der Geschichte projizieren, denn dieser entzieht sich trotz mannigfaltiger Bemühungen um Vernunft und Lenkung ganz offenbar den kollektiv menschlichen Möglichkeiten einer bewussten Regulierung. Ein Wissenschaftler, der diesen

---

[57] Die Bemerkung fällt im Zusammenhang mit den großen Kränkungen unserer naiven Eigenliebe, die den Menschen nach Freud in der Historie durch Kopernikus, Darwin und Freud selbst zugemutet wurden: *Vorlesungen...*, III. Teil, *Allgemeine Neurosenlehre*, 18. Vorlesung, 1. Bd., a.a. O., S. 284.

Gedanken mit tiefschürfenden Argumenten und Literaturnachweisen ausführlich thematisiert hat, ist der Historiker Heinz-Dieter Kittsteiner, der seine
Erkenntnisse bezeichnenderweise mit dem Groddeck-Ausspruch „Wir werden gelebt" zusammengefasst hat (S. 23): „Wir werden gelebt, zum einen
vom Es, zum anderen von Kapital."[58]

Sowohl Braudel als auch Freud haben die Haus-Metapher zur Veranschaulichung ihrer Theorie verwandt. In subjektiven Vergegenständlichun-
gen, etwa als Traum-Motiv, kann das Haus noch ganz andere Formen
annehmen.

Tief verunsichert durch psychoanalytisch-konfrontative Gespräche über die Nachwirkungen der NS-Zeit in meiner eigenen Familiengeschichte, träumte ich, in einer
auf Pfählen errichteten Hütte zu wohnen. (Wir hatten einige Tage vorher, anlässlich
einer Urlaubsreise, am Bodensee Pfahlbauten besichtigt, die offenbar als Tages-
reste in den Traum eingegangen waren.) Das war aber nicht alles. Die Hütte war
nicht am oder ins Wasser gebaut, sondern über einer Kloake, einer Jauchegrube,
errichtet.

Nach diesem Traum verstand ich auch mein Interesse an dem Grimm'schen
Märchen *Der Räuberbräutigam* besser, in dem eine brave Müllerstochter mit einem
Unhold verheiratet werden soll, aber gewarnt und gerettet wird: „Kehr um, kehr
um, du junge Braut, du bist in einem Mörderhaus." Auch dieses Märchen war an
einer Stelle auf scheußliche Weise mit der historischen Wirklichkeit verklammert;
denn die abgehackten Finger einer anderen in das Räuberhaus verschleppten Jung-
frau finden sich auch in realgeschichtlichen Darstellungen der Kriegs- und Nachkriegszeit wieder, u.a. in Kielars Bericht über *Fünf Jahre Auschwitz, Anus Mundi*,
„am Arsch der Welt" (S. 94).

Wer am Arsch der Welt gelebt hat (und diese Metapher gilt nicht nur für die
unmittelbare Nähe von Auschwitz), dessen Lebensgefühl und Geschichtsbewusstsein ist verdorben, verstört, vergiftet, zumindest zeitweise. Die „Reini-
gung" von diesem Gift ist nicht einfach, aber sie kann gelingen. Die Rückkehr ins Haus der Geschichte ohne Vergiftungsgefühl ist möglich und nötig,
was mit der Überschrift zu diesem Unterkapitel schon angekündigt wurde.

Das jeweilige Haus der Geschichte ist unübersehbar groß, auch und gerade im eigenen Innern. Es tut Not, möglichst viele Räume kennen zu lernen.
Eingeschränkt auf die wenigen Räume des Bewusstseins entflieht uns die
Geschichte, wenn wir sie zu packen suchen, durch Hintertüren, oder sie
überwältigt uns durch die Brutalität der Bilder und Spiegelbilder, auf die
man auch als Hausherr immer wieder stößt.

---

[58]  Das „Gelebt werden" ist auch ein Leitmotiv in einem Buch von Walter Kohl (2001), Sohn des
früheren Bundeskanzlers Helmut Kohl. Walter Kohl hatte größte Mühe, das bloße Sohn-Sein
zu überwinden. Das Buch enthält sich aber aller Bezüge zu psychoanalytischen Einsichten.

Dante ließ sich bei seinem Gang durch die Hölle (eine in unserer Zeit ebenfalls häufig genutzte Metapher für die Geschichte von Auschwitz) durch den antiken Dichter Vergil leiten und anleiten. Er stieg mit dessen Hilfe aus der Finsternis in strahlende Helligkeit auf. Dieser Aufstieg war der mittelalterlichen Symbolik geschuldet, er kann aber mit etwas matteren Farben und einer anderen gesprächskompetenten Wegbegleitung auf die Gegenwart übertragen werden.

Die tiefere Bedeutung von Metaphern ist nicht festgelegt, ebenso wenig wie Traumsymbole, die stets im geschichtsanalytischen Kontext zu erschließen wären. *Das Haus auf dem Felsen* als biblisches Sinnbild (Matthäus 7, 24-27) war für gläubige Menschen nach dem Krieg ein von allen irdischen Nöten abgehobener Ort, in den sie sich flüchten konnten. Es wurde darüber gepredigt (Gogarten 1988, S. 229-234), was H.H. noch vierzig Jahre danach (*Aspekte*, S. 250) sicher in Erinnerung hat.

## 8.5   TROIA: ERFORSCHUNG, REALGESCHICHTE, SINNBILD

Die neun Ausgrabungsschichten des antiken Troia (im heute türkischen Kleinasien) bilden ein vortreffliches Sinnbild für Geschichtsanalysen der Zukunft, die sich nicht mit relativ leicht einsichtigen Kausalitäten begnügen, sondern in tiefere Quellgründe des historischen Geschehens und des jeweiligen Geschichtsbewusstseins vorzustoßen suchen. Das Erkenntnispotenzial und die Erkenntnisgrenzen dieses Sinnbildes sind in einem argumentativen Spannungsfeld zu denken, das durch kollektiv aufbauende *Kulturarbeit* auf der einen Seite und Manifestationen der *Aggressions- und Bemächtigungstriebe* auf der anderen Seite begrenzt ist. Unterschiede zwischen gegenständlich-archäologischen und ungegenständlich-psychohistorischen Forschungen sind so etwas wie Bausteine einer methodologischen Brücke zwischen Troia als Realgeschichte und Troia als Sinnbild.

Einer zügigen Argumentations- und Lesbarkeit zuliebe begnüge ich mich mit einigen knappen Thesen.

- Troia war eine anatolische Handels- und Residenzstadt, die in etlichen Kommentaren als *Brücke* zwischen Asien und Europa bezeichnet wird. Dass von Troia Eroberungskriege ausgegangen sind, ist nicht bekannt. Die Verteidigungsmauern zeugen andererseits von den Begehrlichkeiten der Nachbarn, vor allem der Griechen, die die Stadt schließlich eroberten. Homers Dichtungen versahen diese Eroberungen mit poetischem Glanz, dem unzählig viele Menschen erlagen.

- Der erste namhafte Ausgräber Troias, Heinrich Schliemann (1822-1890), bietet ein lebendiges Beispiel für die Verflechtungen von libidinösen, kulturell aufbauenden mit aggressiven Strebungen der sich selbst erhöhenden Eroberung. Er hat einerseits großartige Forschungs- und Kulturarbeit geleistet, andererseits aber auch die narzisstische Selbstbestätigung über wissenschaftliche Sachlichkeit gestellt sowie Kulturgüter zerstört und enteignet. Der Schliemann-Graben, 40m breit und 17m tief, bezeugt diesen ungestümen Eroberungsdrang; er sollte die Richtigkeit des eigenen Glaubens an die Homer-Dichtungen bestätigen.

- Im Unterschied zu den archäologisch-materiellen Siedlungsschichten, die additiv übereinander liegen und so ans Tageslicht gebracht werden können, bilden die psychohistorischen Schichten der zivilisatorischen Aggression eine Verbindung diagonal-quer durch alle Schichten, so dass auch der methodologische Zugriff eine eigene Qualität entwickeln muss. Eine erste unterste Zivilisationsschicht entdecken zu wollen („Troia I"), führt psychohistorisch in die Irre oder in die Mythologie. Die unterste Schicht ist psychohistorisch immer gegenwärtig, als das persönlich Unbewusste.

- Während archäologische Ausgrabungen zivilisatorisch-technische Fortschritte ans Tageslicht bringen (zum Beispiel den Bau von Wasserleitungen durch die Römer), werden psychohistorische „Ausgrabungen" eher das ergründen müssen, was die Vorgänger-Generationen nicht bewältigt, nicht erledigt, nicht überwunden haben, zum Beispiel den Aberglauben an magische Kräfte, der (in Homers Dichtung) als Trojanisches Pferdes den Untergang der Stadt verschuldet hat. Die Gegenwart ist bevölkert von Trojanischen Pferden.

- Während archäologische Rekonstruktionen nicht zuletzt mit dem Zusammensetzen von zerbrochenen Einzelteilen beschäftigt sind, die zu ein- und demselben Objekt gehören,[59] nimmt die psychohistorisch und geschichtsanalytisch gestellte Frage *Was passt zusammen?* realgeschichtlich recht verschiedene Objekte, Epochen und Betrachtungsebenen vergleichend in Augenschein.

---

[59] Das buchstäbliche Zusammenkleben von Einzelteilen kann in praktischen allen Ausgrabungsstätten beobachtet werden, so z.B. in einem überdachten Arbeitsraum in Ephesos (Besuch im Mai 2011) und in der Tell-Halaf-Ausstellung (*Die geretteten Götter*), Berlin 2011. – In einem Video-Film, der in einem kleinen Schaukasten lief, sprach die Archäologin Eva Strommenger von einer „Verantwortung gegenüber den Bruckstücken" (das Tell-Halaf-Museum war im Krieg zerstört worden). Eine entsprechende Verantwortung gegenüber den Bruchstücken der Psychohistorie und ein entsprechendes Engagement, das sowohl von individuellem, leidenschaftlichem Engagement als auch von umfangreicher finanzieller Unterstützung getragen wird, sind bislang leider noch ein Wunschtraum.

*Ein Beispiel*: Der blutrünstige, von Gewalt überquellende Verlauf der Gesamtgeschichte, der bis in die Gegenwart hinein das Töten und Quälen von Menschen erlaubt, wenn das Staatsinteresse es zu erfordern scheint, ist nicht ohne Einfluss auf das Verhalten delinquenter Jugendlicher, die das exekutieren, was ihnen vorgemacht wird. Am 2. Mai 2011 erschoss ein Einsatzkommando des CIA den Terrorismus-Organisator Osama bin Laden in seinem pakistanischen Quartier, und die deutsche Bundeskanzlerin, die ansonsten christliche „Werte" hochhält, freute sich über seinen Tod. Politisch-strukturelle Gefühlskälte und Mangel an Schuldgefühlen bei Jugendlichen stehen in einem Zusammenhang.

- Troias Ausgrabungsschichten, die ein chronologisches Nach- bzw. Aufeinander verschiedener Kulturen dokumentieren, sind trotz der großen Unterschiede zwischen Archäologie und Psychohistorie/Geschichtsanalyse sinnbildlich anregend, weil es in Zukunft prinzipiell darum gehen wird, eben jenes kulturelle Erbe mental zu sichern, das den Aggressions- und Eroberungstrieben widerstanden hat, und sei's nur vorübergehend. (Vielleicht sehen wir eines Tages in diesem Sinn psychohistorische Schliemänner am Werke; für einen Einzelnen ist die Aufgabe viel zu umfangreich!).

Als inhaltlicher Fokus sei Homers Ilias zitiert, die mit einer Versöhnungsgeste endet: Der greise Priamos erfleht die Herausgabe des Leichnams seines Sohnes Hektor, den Achilles nach seinem Sieg in sinnloser Wut dreimal um das griechische Lager geschleift hat. Achilles, reicht beschenkt, gewährt dem Trojaner die Bitte und darüber hinaus eine elftägige Waffenruhe, damit Hektor betrauert und würdig bestattet werden kann. Priamos beendet die Schilderung des Trauerrituals mit folgendem Satz (24. Gesang, Vers 667): „Aber den zwölften Tag, dann kämpfen wir, wenn es denn sein muß."

Wenn es denn sein muss... Es musste sein: Der Krieg ging weiter bis zur völligen Zerstörung Troias. „Muss" das weiterhin so sein? Lassen sich die Räume und die Zeiten der Trauer und der Waffenruhe wirklich nicht erweitern?

# 9. Lebenszyklus und Geschichtsbewusstsein.
## Vom „Urvertrauen" des Säuglings
## zur Zukunftssorge des geschichtsbewussten Erwachsenen

## 9.1 „NACHTRÄGLICHKEIT" UND NACHDENKLICHKEIT

Geschichten über frühere Ereignisse, als individuell-lebensgeschichtliche Rückschau oder als geschichtswissenschaftlich-kollektivierende Rekonstruktion, präsentieren nie die ganze Wahrheit; sie werden aus Erinnerungsrelikten und Erzählungen anderer Menschen auf je eigene Weise komponiert und damit perspektivisch verformt; sie unterliegen den Einflüssen narrativer Ordnungsbedürfnisse und werden mit Deutungen versehen, die nicht den früheren Ereignissen selbst entstammen, sondern später erkannten Zusammenhängen.

Etwa so lässt sich eine Grundannahme zusammenfassen, mit der geschichtsbewusst-kritische Menschen von heute gedanklich operieren, ohne deswegen in methodologisch bedingte Unruhe zu geraten, während Psychoanalytiker seit Freud mit dieser schwer entwirrbaren Mischung aus Konstruktion und Rekonstruktion ihre eigenen Schwierigkeiten haben, weil es für die therapeutische Behandlung etwa eines traumatisierten Patienten nicht nebensächlich ist, wie (und ob überhaupt) sich die Traumatisierung *wirklich* ereignet hat.

Angesichts dieser Konstellation ist es zweckmäßig, psychoanalytische *Nachträglichkeit* und geschichtsbewusste *Nachdenklichkeit*, wie sie in diesem Buch entfaltet wird, nicht auf einen Nenner bringen zu wollen. Die wissenschaftssystematischen und epistemologischen Kontexte, denen die Begriffe entstammen, überschneiden sich, gewiss, aber sie weisen zu viele Differenzen auf und verhindern damit eine integrierende Perspektive. Allein die Fokussierung des psychoanalytischen Begriffs auf schwerwiegende und traumatisierende Erfahrungen erschwert seine Übertragung auf historisch-politisches Denken, das dieser Einengung widerstrebt.

*Nachträglichkeit* ist ein psychoanalytischer Theorie-Begriff (engl. *deffered action*, frz. *après coup*), der sich auf das Umdeuten frühkindlicher Erfahrungen bezieht und vor allem im Hinblick auf Traumatisierungen diagnostisch-therapeutische Relevanz hat. *Nachdenklichkeit* ist ein Begriff der Alltagssprache, der sich vor allem auf eine Haltung des reifen Erwachsenen bezieht und, im Kontext der vorliegenden Argumentation, persönliche Erfahrungen ohne Ergebniszwang mit historisch-politischen Strukturen verbindet.

Dazu einige weitere ergänzende Hinweise.

- Freud hat sich in verschiedenen Zusammenhängen seines Werkes über den „Umarbeitungsprozess" der Erinnerungen als „Nachträglichkeit" geäußert. In einer Fußnote seiner *Bemerkungen über einen Fall von Zwangsneurose* („der Rattenmann") von 1909 heißt es zum Beispiel (Bd. VII, S. 72):

  „Wenn man in der Beurteilung der Realität nicht irregehen will, muss man sich vor allem daran erinnern, dass die ‚Kindheitserinnerungen' der Menschen erst in einem späteren Alter (meist zur Zeit der Pubertät) festgestellt und dabei einem komplizierten Umarbeitungsprozess unterzogen werden, welcher der Sagenbildung eines Volkes über seine Urgeschichte durchaus analog ist. Es lässt sich deutlich erkennen, dass der heranwachsende Mensch in diesen Phantasiebildungen über seine erste Kindheit *das Andenken an seine autoerotische Betätigung zu verwischen sucht* [Hervorhebung im Original], indem er seine Erinnerungsspuren auf die Stufe der Objektliebe hebt, also wie ein richtiger Geschichtsschreiber die Vergangenheit im Lichte der Gegenwart erblicken will."

  Freud steht mit dieser vergleichenden Feststellung vor dem Forschungsfeld der Historiker, für das er aber psychoanalytisch-projektiv kein sachlich angemessenes Verständnis aufbringt. Sicherlich hat der Historiker seinen Standort in der Gegenwart, aber er sieht die Vergangenheit deswegen nicht wie ein Pubertierender seine Kindheit sieht, die konstruktiv, nachträglich mit einem der Realität keineswegs entsprechenden Sinn versehen wird. Der „richtige" Geschichtsschreiber will ja die Sagenbildung (und dementsprechend auch alle historiographischen Verdrehungen und Verdrängungen) ausdrücklich von der Realgeschichte unterscheiden.

- Nachträglichkeit im psychoanalytischen Sinn kann als *Nachwirkung* verstanden werden. Einige Psychoanalytiker (vgl. Ingrid Kerz-Rühling in Psyche 10/1993) bestehen darauf, dass Freud naturwissenschaftlich-kausal dachte und dass es dementsprechend in die Irre führen würde, wenn das Konstruieren neuer Sinnzusammenhänge therapeutisch akzeptiert werde.

- Was uns *geschichtsbewusst* umtreibt, ist *immer nachträglich*, aber eben nicht nur in Bezug auf die eigene Lebensgeschichte, sondern darüber hinaus auf bestimmte Ausschnitte der gesamten Geschichte, die neu untersucht und eingeschätzt werden. Als „hermeneutische Nachträglichkeit" gestaltet sich zum Beispiel der Rückblick auf den Konflikt zwischen Anna Freud und Melanie Klein, um das erweiterte Begriffsverständnis von Hermann Beland (2008, S. 118) aufzugreifen.

- Eine Verbindung von historischem und psychoanalytischem Denken wird unbeabsichtigt mit der Vermutung hergestellt (Dahl 2005, S. 15), „dass der Nachträglichkeit ein psychischer Prozess zugrunde liegt, der aktiv – vielleicht sogar zwanghaft – die Symbolisierung sucht, um einer diffusen Lebensangst eine Struktur zu geben, die sie kontrollierbar macht."

Viele Geschichtsereignisse, vor allem der Holocaust, lösen retrospektiv Angst aus, weil sie nicht, dem individuellen Gesundungsprozess entsprechend, symbolisiert und damit auch nicht „bewältigt" werden können. Eine

Symbolisierung des Holocaust wäre eine Gefahr für das lebendige Geschichtsbewusstsein, dem hier die Aufgabe aufgebürdet wird, die Nicht-
Symbolisierung zu ertragen, zu tragen und über die Lebensgrenzen hinaus zu
delegieren, immer wieder von Neuem, wenn auch wahrscheinlich mit anderen Inhalten (an apokalyptischen Ereignissen wird auch in der Zukunft kein
Mangel sein).

Das Verlangen nach Symbolisierung wird damit nicht ad absurdum geführt. Es bleibt im Gegenteil ein Impuls für die Zukunft, ein Vermächtnis.
Wir verstehen die Historiographie nach Auschwitz besser, wenn wir die in
der Tat oft zwanghaften Bemühungen um Bewältigung und Symbolisierung
als solche erkennen und nicht als Leistungen der Rationalität bewundern.

## 9.2 ENTWICKLUNGSSTUFEN UND STUFENDYNAMIK –
AUF DEN SPUREN VON ERIK H. ERIKSON

Einen Leitfaden für Auseinandersetzungen mit den psychogenetischen
Wandlungsprozessen des Geschichtsbewusstseins bietet die entwicklungspsychologische Stufenfolge, die Erikson in *Identität und Lebenszyklus*
(1970/2003), herausgearbeitet hat.

Der auch durch historische Arbeiten bekannt gewordene amerikanische
Psychoanalytiker Erik H. Erikson (1902-1994) unterteilt den Lebenslauf
vom Säuglingsalter bis zum reifen Erwachsenenalter in insgesamt acht Stufen, die in sich polar gekennzeichnet sind, je nach dem, was gelingt und was
misslingt, aber nicht in dem Sinn, dass die positiv konnotierten Pole (Vertrauen, Liebe, Fürsorge, Generativität u.a.) einseitig zur Herrschaft gelangen,
sondern in der Weise, dass sie mit den Gegenpolen (Misstrauen, Vereinze-
lung, Selbstabsorbtion u.a.) eine vitale Balance erringen, auf der die nächste
Lebensphase aufbauen kann. Schon das „Urvertrauen" des Säuglings hat
einen Gegner, das „Misstrauen", das nicht überhand nehmen darf, wenn die
nächste Stufe erreicht werden soll. Die Balance-Idee leuchtet ein: Ein unkritisch vertrauensseliger, naiver Mensch ist genauso lebensuntüchtig wie ein
grundsätzlich misstrauischer und zweifelnder Mensch, der sich auf nichts
mehr mit ganzem Herzen einlassen kann.

Das Leben beginnt nach Erikson mit der Spannung zwischen Urvertrau-
en und Misstrauen (1. Stufe), und es endet mit der Polarität von Integrität auf
der einen Seite versus Lebensekel/Überdruss/Verzweiflung auf der anderen
Seite (8. Stufe). In einer Liste zusammengefasst stellt sich Eriksons „epige-
netisches Diagramm" folgendermaßen dar:

| Säuglingsalter | Urvertrauen | Misstrauen |
|---|---|---|
| Kleinkindalter | Autonomie | Scham und Zweifel |
| Spielalter | Initiative | Schuldgefühl |
| Schulalter | Werksinn / (Kompetenz) | Minderwertigkeitsgefühl |
| Adoleszenz | Identität | Identitätsdiffusion |
| Frühes Erwachsenenalter | Intimität | Isolierung |
| Erwachsenenalter | Generativität | Selbst-Absorption |
| Reifes Erwachsenenalter | Integrität | Lebensekel |

Obwohl Erikson sich wie kaum ein anderer Psychoanalytiker mit geschichtlichen Themen auseinander gesetzt hat, bleibt der Ertrag dieser Stufenfolge für eine psychoanalytisch inspirierte Theorie des Geschichtsbewusstseins relativ mager, weil die Einwirkungen des Geschichtlich-Faktischen inhaltlich nicht so berücksichtigt werden, wie sie es ihrer Bedeutung nach verdienen, denken wir zum Beispiel an existenziell, aber auch gesellschaftlich-politisch eingreifende Ereignisse wie den Abwurf der Atombombe auf Hiroshima (6. 8. 1945), an den Reaktorunfall von Harrisburg (1979), die Mc-Carthy-Ära und politische Skandale. Wenn, um das Problem an einem Begriff aus dem Ordnungsschema Eriksons zu erläutern, die Möglichkeit der *Intimität* durch militärisch oder industriell verursachte Körperschäden massiv beeinträchtigt ist, dann macht es wenig Sinn, den Lebenslauf ohne diese Komponente einzuschätzen und nur die familiäre, intime Binnendynamik in Rechnung zu stellen. Das gilt auch für weniger spektakuläre Einwirkungen des Politisch-Faktischen wie etwa den Verlust des Vermögens durch die Bankenkrise (ab 2008).

Am deutlichsten kommt die Geschichtskomponente in Eriksons Werk in der Leit- und Idealvorstellung des reifen Erwachsenenalters zur Geltung. Zum Gelingen dieser letzten Lebensphase gehört nach Erikson (vgl. *Vital Involvement in Old Age* von 1989/1994) u.a. das Lebensgefühl der Sinnerfülltheit und der *Verbundenheit mit aufbauenden Strebungen früherer Zeiten*. Das ist in der Tat ein wesentliches Element lebendigen, kreativen Geschichtsbewusstseins, das aber nicht erst im Alter, sondern lebenslang, in allen Lebensphasen, wenn auch auf je eigene Weise, eine Rolle spielt. Die Integrität des reifen Erwachsenenalters setzt einen längeren, mühseligen Prozess voraus, der schon mit der Bildung des Urvertrauens beginnt. Darauf gehen wir im folgenden Unterkapitel genauer ein.

## 9.2.1 ZUM EINFLUSS DER FRÜHESTEN KINDHEIT AUF DIE SPÄTERE BILDUNG DES GESCHICHTSBEWUSSTSEINS – DIE AUSREICHEND „GUTE" UND DIE „SELBST-ABSORBIERTE" MUTTER[60]

Im Allgemeinen werden vor allem die Väter für die Genese des Geschichtsbewusstseins ihrer Kinder dingfest gemacht. Doch diese Zuschreibung stimmt nicht, zumindest nicht in dieser Exklusivität. Wenn wir der Annahme zustimmen, dass die emotionalen Grundlagen des Geschichtsbewusstseins in frühkindlichen Erfahrungen und im Unbewussten wurzeln, dann müssen wir die Interaktionen des Säuglings und Kleinkindes mit der Mutter und das bewusste Verhältnis des Erwachsenen zu seiner Mutter ebenso berücksichtigen.

Sehen wir uns einige Fallvignetten an, die etwas Licht auf dieses bislang völlig unerforschte Gebiet werfen.

Eine wütende Anklage gegen seine gefühl- und gewissenlose Mutter hat Niklas Frank erhoben, Sohn von Brigitte Frank und Hans Frank, der als „Schlächter von Polen" im Nürnberger Prozess zum Tode verurteilt und dann hingerichtet wurde. Brigitte Frank blieb auch im Rückblick auf die von ihrem Mann verübten Verbrechen „ohne jede Spur von Reue" (Niklas Frank, 2006, S. 11), obwohl sie selbst massiv von diesen Verbrechen massiv profitiert hatte, u.a. durch erpresserische Pelzgeschäfte mit den Juden im Ghetto bei Krakau.

Das Kind Niklas hat seine Mutter „verzweifelt geliebt" (ebd.). Die Liebe zum eigenen Ursprung ist ein elementar wichtiges Element im lebendigen Geschichtsbewusstsein. Wenn diese Liebe durch die Wucht späterer Erkenntnisse ad absurdum geführt und wie bei Niklas Frank in Hass verwandelt wird, dann geht etwas innerlich kaputt. Die eigene Kindheit wird wie ein verfaulter Körperteil amputiert und bleibt doch im Gedächtnis präsent. Was in der Auseinandersetzung mit dem Vater noch über den Verstand laufen kann, das gerät in der Auseinandersetzung mit der Mutter in die Tiefen der vorsprachlichen Gefühlswelten, die eine rationale Distanzierung, ein „Durcharbeiten" und Überwinden des Konflikts einschränken oder gar verhindern. Der Riss im Rückblick auf die eigene Lebensgeschichte bleibt erhalten und wirkt sich auf das Geschichtsbewusstsein im Allgemeinen aus. Der

---

[60] Der Ausdruck die „gute" Mutter ist weder moralisierend noch romantisierend gemeint, sondern psychoanalytisch auf das bezogen, was ein Kind an Zuwendung mindestens braucht, daher das Adverb „ausreichend" gut. Eine nicht zu unterschätzende Rolle spielt in diesem Prozess auch die Stärke des Kindes selbst, die Angebote anzunehmen und im Sinn der Selbstobjekt-Bildung zu integrieren.- Der Ausdruck der Selbst-Absorption (vgl. Erikson, 7. Lebensphase) umfasst mehrere und zum Teil recht verschiedene Bestandteile (Absorption durch Depression, durch Narzissmus, durch Krankheit u.a.m. ), die hier aber nicht differenziert berücksichtigt werden können. Diese Angaben gelten, entsprechend angepasst, auch für den Vater vgl. unten 9.2.2).

Geschichte im Ganzen ist nicht zu trauen, wenn der eigenen Mutter im Rückblick nicht zu trauen ist.

Ein Vergleich mit anderen Kindern und Kindheiten wird die Plausibilität dieser Deutung bestätigen. Werfen wir einen weiteren Blick auf das Buch der Publizistin Ute Scheub (vgl. oben 8.3), die ebenfalls, wie wir lasen, unter einem NS-Vater emotional heftig gelitten hat. Sie fühlte sich durch sein verworrenes Gerede, das sich aufgeklärt präsentierte, aber den Ungeist der Vergangenheit atmete, wie vergiftet. Im Unterschied zu Niklas Frank fand sie aber emotionalen Rückhalt bei der Mutter, die sich zwar von ihrem Mann nicht trennen konnte, aber doch so viel emotionale Eigenständigkeit bewahrte, dass sie den Kindern eine Beschützerin war (Scheub 2007, S. 51):

„Sie [die Mutter] konnte wenigstens lieben, im Gegensatz zu dir [Vater], sie hat uns geliebt, und sie hat es sogar geschafft, dich zu lieben, wenigstens eine Zeit lang, bis du ihr diese Liebe zur Hölle gemacht hast.

Mich hält die Wut gepackt. Eine uralte Wut. Seit ich denken kann, hat sich unsere Mutter zwischen den Vater und uns Kinder gestellt, hat vermittelt und geschlichtet und uns geschützt. Ihre Kinder, sagte sie, seien ihr Lebensinhalt. Sie war zwar gelernte Dolmetscherin, konnte Englisch, Italienisch, Russisch und Arabisch, aber des Mannes und der Kinder wegen hatte sie ihren Beruf aufgegeben. War Mutter und Hausfrau pur. So wie fast alle Frauen in den fünfziger Jahren. Wenn wir die große Beschützerin in unserem Leben nicht gehabt hätten, wer weiß, was aus uns Kindern geworden wäre. Neurotische Wracks."

Eine auch nur annähernd ähnliche Textpassage ist in Franks Mutter-Buch nicht zu finden. Die Kinder als Lebensinhalt? Frau Frank hätte bei dieser Frage nur irritiert die Achseln gezuckt. Sobald ein Kind geboren war, hat sie es an das Kindermädchen weiter gereicht. Die Mutter als Beschützerin der Kinder? Eher war es wohl umgekehrt; denn die mit ihrem Mann Hans Frank gezeugten Kinder gaben der Ehe Festigkeit, ohne die diese wohl schnell auseinander gebrochen wäre. Hans Frank wollte sich scheiden lassen, unter anderem wegen einer Jugendfreundin, die ihm mehr Liebe schenkte (oder zu schenken schien). Brigitte Frank wollte die Scheidung aber auf keinen Fall. Lieber die Witwe als die geschiedene Frau eines Reichsministers sein, vertraute sie ihren dreitausend Seiten starken Steno-Tagebuch an, das Niklas Frank, ihr Sohn, ausgewertet hat. (Was für eine düstere, unerquickliche Erbschaft!)

Brigitte Frank war geschichtsblind. Sie war unfähig, ihr furchtbares Leben als „Königin von Polen" in größere Zusammenhänge einzuordnen. Narzissmus ist statisch, wenn nicht sogar starr, er kennt keinen Wandel durch Reifung, sondern nur die strukturell gleichbleibende Gier nach Glanz und Gloria bei wechselnden Objekten der Begierde.

Indem er sich mit der Geschichte seiner Eltern kritisch auseinandersetzte und die Ereignisse seiner Kindheit historisch-kritisch einordnete, hat Brigitte Franks Sohn Niklas geleistet, was die Eltern nicht geschafft haben. Aber ein lebendiges Geschichtsbewusstsein, das die Fesseln der Kindheit durchtrennt und eigene Bindungen an die Vergangenheit schafft, war ihm dennoch nicht gegeben. Niklas Franks Buch ist mit seiner Grundstruktur ein Beweis für das an Laokoons Schlangen erinnernde Umschlungensein von den Gefühlsstricken einer durch und durch frustrierten Kindheit, die durch die spätere Einsicht in die realpolitischen Verstrickungen der Mutter nicht in ein helleres Licht getaucht, sondern im Gegenteil vollends verdüstert wurde. Franks Buch besteht nicht zum geringsten Teil aus fantasievoll ausgeschmückten Situationen, die etwas Pornographisch-Voyeuristisches haben. Er scheint eine Lust an diesen Ausschmückungen gehabt zu haben. Effektiver im Sinn eines reif entfalteten Geschichtsbewusstseins wäre es gewesen, sich davon zu lösen, um so anderen Bildern und Sinnbildungen Platz zu machen. Franks maßloser Zorn auf die Mutter erfasst die gesamte Frauen-Generation, die er in einem Epilog als „die süßen furchtbaren Omas" schmäht. Einzelne Belege aus dem Text will ich mir sowie den Leserinnen und Lesern ersparen.

Die Mütter der 43er Historiker waren lebensstark, energisch, diszipliniert und tüchtig. Sie mussten die Aufgaben der nicht anwesenden Väter über mehrere Jahre praktisch mit übernehmen. Für einen extravaganten Narzissmus war angesichts der Lebensnöte gar kein Platz. Wenn ihre Söhne, die 43er Historiker, sich der Vergangenheit zuwandten, dann wurden sie unbewusst sehr wahrscheinlich durch Fragen nach dem Leben der abwesenden Väter angetrieben, die ja, wenn sie denn zurückkehrten, nichts von sich erzählten. Eine Ausnahme verdient in dem hier entfalteten Zusammenhang ausdrückliche Erwähnung. Gefragt, was er denn assoziativ mit dem Geburtsjahr 1943 verbinde (fast alle Interviews begannen mit dieser Frage), antwortete Christoph Weber:

„Eine stark beschädigte Familie, die durch Kriegsereignisse in Mitleidenschaft gezogen wurde, der frühe Tod meiner Mutter, die schon zehn Tage nach meiner Geburt gestorben ist (...)."

Die unvermittelte Direktheit der Mitteilung kann als Symptom für die schmerzhafte Gegenwart der Verlusterfahrung gewertet werden, die unausweichlich traumatische Wirkung ausgeübt hatte. Bezeichnenderweise erscheint Traumatisierung als Teil der Selbstdiagnose aber nicht in Bezug auf den Mutter, sondern auf das häufige Umziehen-müssen.

Wie sich das Trauma auf das wissenschaftliche Werk Webers auswirkte, könnte nur in tiefer gehenden Gesprächen und Detailstudien erhellt werden.

Weber selbst stellte bei sich eine „pessimistische Sicht auf das Leben" fest (ebd., S. 533) verband diese aber nicht, dem engen Interviewraster entsprechend, mit dem Profil seiner wissenschaftlichen Arbeit.

Den Verlust der Mutter hatte auch der schon mehrmals erwähnte englische Historiker Edward Gibbon zu verkraften, allerdings nicht gleich nach seiner Geburt, sondern im Alter von zehn Jahren. Im Unterschied zu Weber nahm sich nicht die Großmutter des Halbwaisen an, sondern eine Tante, die ihm über den Tod der Mutter hinweghalf, sozusagen mit gutem lebensgeschichtlichem Erfolg für den Zehnjährigen. Die Tante wurde, wie Gibbon in seinen Memoiren vermerkt, die „wahre Mutter" seines Geistes und ebenso die Hüterin seiner extrem labilen Gesundheit.

Was eine nicht-narzisstische „wahre Mutter" ist, welche produktiven Wirkungen sie auf ihre Kinder auszuüben in der Lage ist, sowohl emotional als auch intellektuell, schildert Gibbon liebevoll und dankbar in seinen Memoiren, in denen es u.a. heißt (S. 14-16):

„Her natural good sense was improved by the perusal of the best books in the English language; and if her reason was sometimes clouded by prejudice, her sentiments were never disguised by hypocrisy of affectation. Her indulgent tenderness, the frankness of her temper, and my innate rising curiosity, soon removed all distance between us: like friends of an equal age, we freely conversed on every topic, familiar or abstruse; and it was her delight and reward to observe the first shoots of my young ideas."

Gibbon verdankte ihr, wie er weiter schreibt, seine unbesiegbare Liebe zum Lesen, die er nicht gegen alle Schätze Indiens hergeben würde. Ernsthaft diskutierte die Tante mit ihm über die Laster und Tugenden der Helden des Trojanischen Krieges, den sie sich mit Hilfe einer Übersetzung vergegenwärtigten. „This year (1748), the twelfth of my age," so fasst Gibbon den Entwicklungsschub zusammen (S. 15), "I shall note as the most propitious to the growth of my intellectual stature."

Auch eine „Dekonstruktion" dieser Lobrede, etwa durch vertiefende Recherchen in der Realität und Informationen, die das glänzende Bild etwas trüben, könnte die Bedeutung der die Mutterrolle übernehmenden Tante für die Entwicklung des zukünftigen Historikers nicht schmälern.

Ein psychohistorisch spekulativer Nebengedanke drängt sich allerdings auf: Was wäre aus der deutschen Geschichte und der deutschen Geschichtsschreibung geworden, wenn Ranke kein Zeitgenosse und Förderer der preußischen Restauration gewesen wäre, sondern im Wirkungskreis der Aufklärung gelebt und so eine „Mutter" wie Gibbon gehabt hätte? Die Frage ist keine bloße Gedankenspielerei, sondern Anstoß zu weiterführenden psychohistorischen Überlegungen. Man bedenke nur, dass Winston Churchill (englischer Premierminister 1940-1945) ein begeisterter Gibbon-Leser war und sich politisch, auch im Kampf gegen die

„Barbarei" des Nazi-Imperialismus, von Gibbons Geschichtsauffassung leiten ließ (ausführlicher dazu: Quinault in McKitterick 1997).

Was eine beziehungsstarke, liebevolle Mutter zu geben vermag, auch im Hinblick auf das später sich bildende Geschichtsbewusstsein, ist unersetzlich und meistens auch unerschöpflich. Dazu folgen einige weitere Hinweise, die das Unterkapitel abschließen sollen.

Der Psychoanalytiker Bruno Bettelheim schrieb in seinem Werk über Märchen (S. 301):

„Was das Leben auch noch unter den schlimmsten Umständen erträglich macht, ist das Bild der guten Mutter, das wir internalisiert haben, so dass uns das Verschwinden des äußeren Symbols nichts ausmacht." Diese Feststellung findet sich in Bettelheims Abhandlung über *Aschenputtel*, die ihr Lebensglück dadurch gefunden hat, dass sie die Erinnerung an die idealisierte Mutter bewahrt, pflegt, in Handlungen umsetzt, die ihre innere Bindung äußerlich zum Ausdruck bringen und damit sowohl stabilisieren als auch symbolisieren: Sie pflanzt einen Baum am Grab der Mutter und begießt ihn mit ihren Tränen.

Bettelheim begann sein Buch mit einem *Dank* an jene Personen, die am Entstehen seines Buches direkt oder indirekt beteiligt waren. Zu diesen Personen gehörte auch Bettelheims Mutter: „...ohne ihren Einfluss wäre dieses Buch nicht geschrieben worden."

Dass Susan Neiman ihr Buch über moralische Klarheit, das nicht direkt, aber strukturell, „zwischen den Zeilen", das hier ins Auge gefasste Geschichtsbewusstsein thematisiert, ihrer Mutter gewidmet hat, bekräftigt die hier entfaltete Argumentation.

Eine Brücke von den frühesten vorsprachlichen Erfahrungen zu sprachlich zugänglichen Erfahrungen des reifen Erwachsenenalters bietet Hermann Beland in einer Abhandlung über die *Sorge für Wahrheit und Leben* (2008), wo es u.a. heißt (S. 93):

„Gestilltwerden ist eine psychosomatische Erfahrung, deren psychoanalytischer Bestandteil das Verstandenwerden, die Wahrheitsbefriedigung ist."

Die Vernetzung von Verstehenwollen und Verstandenwerden, von Wahrheitssuche und Wahrheitsbefriedigung, von Gestilltwerden und Magie der „Quellen" bildet d a s geschichtsanalyische Forschungsfeld der Zukunft.

## 9.2.2 DER AUSREICHEND „GUTE" UND DER „SELBST-ABSORBIERTE" VATER

Während Recherchen zur Wirkung des mütterlich-mentalen Erbes unausweichlich auf Verwurzelungen des Geschichtsbewusstseins im Unbewussten verweisen, können sich analoge Recherchen zur Wirkung des Vaters (bzw. generationsspezifisch gewendet: zur Wirkung der Väter und Großväter) enger an bewusste, deutliche Erinnerungen halten, zum Beispiel an pubertäre Auseinandersetzungen mit dem Vater, die es so mit der Mutter nicht gegeben hat.

Ein Beispiel für einen (mindestens!) „ausreichend guten" Vater findet sich im Interview mit Bernd Faulenbach (Stambolis 2010, CD-ROM-Anhang), dessen Vater Besatzungssoldat in Norwegen gewesen sei und nach eigener Aussage das Glück behabt habe, nie auf einen Menschen schießen zu müssen. Er, der Vater, habe nach 1945 sehr viel arbeiten müssen, aber sich am Sonntagnachmittag Zeit für die Kinder Zeit genommen (S. 146): „Der Vater war zwar autoritär, doch auch mit der Reformpädagogik in Berührung gekommen, er hielt viel vom Gespräch, von Diskussionen, von Debatten, was damals noch einzuüben war. Was die Schulaufgaben anging, so war das eher der Bereich unserer Mutter, später hatten wir selbstverantwortlich zu arbeiten. Symptomatisch war, dass die Mutter zu Elternsprechtagen ging. Doch war er bemüht, uns bestimmte Prinzipien und Orientierungen zu vermitteln, sie auch vorzuleben."

Zu diesen Orientierungen gehörte in der Familie Faulenbach der Linksprotestantismus im Sinn von Gustav Heinemann und Dietrich Bonhoeffer. Bei Bernd Faulenbach kann man nachlesen, was ein lebendiges Geschichtsbewusstsein ausmacht. Es hat sich in Eriksons Phasenabfolge sozusagen auf den Stufen des Gelingens gebildet – nicht zuletzt durch einen Vater, der offenbar einen Draht zu seinem Sohn hatte und vorlebte, was er für richtig hielt.

Ein Beispiel für die extreme Selbst-Absorption eines Vaters (durch politische Machtbesessenheit), der die Freiheit des Lebensgefühls und damit auch die Entfaltung des Geschichtsbewusstseins seiner Kinder massiv einschränkt, ist der frühere Bundeskanzler Helmut Kohl, dessen seelische Störung bei Wirth 2003 (3. Kapitel) ausführlich dokumentiert ist. Ein Sohn des Bundeskanzlers, Walter Kohl, hat sich seinem Leben als „Sohn-von-Kohl" ausführlich auseinander gesetzt hat (Kohl 2011), so dass es hier genügt, auf die im Grunde nicht wahrgenommenen Einschränkungen seines Geschichtsbewusstseins zu verweisen, das

- nicht die entschiedene Ablösung (psychoanalytisch „Vatermord"), sondern eine umfassende (und im Grunde nicht ganz glaubwürdige) Versöhnung intendierte (mit dem Vater, [61] mit sich selbst, mit Gott);

---

[61] Wer sich wirklich versöhnen will, enthält sich öffentlicher Attacken gegen denjenigen, dem das Versöhnungsangebot gilt.

- die eigenen Lebenserfahrungen nicht kritisch transzendierte und in einen größeren historisch-politischen Zusammenhang stellte (die Eltern blieben z.B. Opfer des Krieges) und das damit
- die größte Erblast der deutschen Geschichte, den Völkermord an den Juden, einfach ausblendete.

### 9.2.3 GIBT ES LEBENSPHASEN DER VERLIEBTHEIT IN DIE WELT?

„Werksinn": Eriksons Phasenbezeichnung für den Abschnitt vom Beginn der Schulzeit bis zur Pubertät betont die manuelle Geschicklichkeit der Kinder, ihr instrumentelles und handwerkliches Interesse sowie das Lernen durch Erfahrung, das, inspiriert vom amerikanischen Pragmatismus,[62] eine grundsätzliche pädagogische und philosophische Bedeutung beanspruchen kann.

Ungewöhnlich für psychoanalytisches Denken marginalisiert der Begriff „Werksinn" jedoch den libidinösen Lerneifer des Kindes, der sich, gedeihliche Lebensverhältnisse vorausgesetzt, besonders zum Schulbeginn bemerkbar macht. Dass sich mit dem Schreiben, Lesen und Rechnen neue Welten eröffnen, spürt das psychisch ausgeglichene Schulkind deutlich, und es bemüht sich dementsprechend, sich diese Möglichkeiten zu eigen zu machen. Das aufgeweckte, seine Kräfte selbstbewusst entfaltende Kind beginnt, die Welt außerhalb der eigenen Welt gleichsam zu erobern, etwa so wie ein verliebter Mensch die Person seines Begehrens zu gewinnen sucht.

Das „Liebesverhältnis mit der Welt" findet als psychologisches *Catchword* für diese Phase in psychologischen Texten Verwendung, die sich auf die amerikanische Psychoanalytikerin Phyllis Greenacre (1894-1989) berufen.[63] Es sollte den gesamten Lebensprozess begleiten und ein Gegengewicht bilden zu den Belastungen, die jedem Leben eigentümlich sind. Ohne jede *love affair with the world* haben die allmählich sich entwickelnden *Sachinteressen* keine Grundlage. Das ist insbesondere für die Entfaltung des Geschichtsbewusstseins von Bedeutung. In dem Maße wie die – so könnten wir freudianisch auch sagen – libidinöse Besetzung der Welt eingeschränkt wird – wodurch auch immer –, wird auch das reifere Sachinteresse beeinträchtigt sein und, was die Beschäftigung mit Geschichte angeht, leicht in Beckmessereien entgleiten.

---

[62] Als Begründer dieser Richtung gilt John Dewey (1859-1952), der auch die Arbeitsschul-Bewegung in Deutschland (vgl. Georg Kerschensteiner: 1854-1932) inspiriert hat.

[63] Die Verliebtheit des Kindes in die Welt findet seinen Ausdruck u.a. in Konzeptionen der vorschulischen Erziehung, vgl. etwa www.offener-kindergarten.de mit Bezug auf Oskar Negt (Folie 84). – Phyllis Greenacre hat ihre Befunde auch in der Erforschung von Künstler-Biografien ermittelt.

Der aus Werksinn, Kompetenzentwicklung und emotionaler Bindung an die Lebensfaszinationen bestehende psychogenetische Komplex ist – wie die anderen Phasen auch – als lebenslanges Entwicklungspotenzial zu sehen, die immer neue Entfaltungen zeitigt, bis die nachlassenden körperlichen Kräfte diesem Prozess ein Ende setzen. Verliebtheit in die Welt ist ein eher kindliches Gefühl, das aber als Lebenskraft in die späteren Phasen eingeht und als Lebensbejahung verhindert, dass geschichtsbewusste Skepsis in Verdruss und Lebensekel umschlägt.

Der Schulanfang fiel in meiner Lebensgeschichte zusammen mit dem Zusammenbruch des Nationalsozialismus. Wir waren in Bayern „evakuiert", und ich wurde dort eingeschult. Mein erstes Schulbuch atmete noch den Ungeist dieses fürchterlichen Zeitabschnitts; es durfte nach der Besetzung Bayerns durch die Amerikaner nicht mehr verwendet werden und wurde eingezogen – sehr zum Ärger meiner Mutter, die der Behörde erklärte, dass das Buch ihr Eigentum sei, da sie es bezahlt habe – so lautete jedenfalls ein spätere Erzählung, die ich noch erinnere.

Wir überspringen die nächsten Lebensstufen, die in ähnlicher Weise mit historisch-objektiven Inhalten gleichsam aufgeladen werden müssten, um noch einen Blick auf das reife Erwachsenenalter zu werfen.

### 9.2.4 DAS ALTER: RÜCKBLICKENDE REUE UND VORAUSSCHAUENDE SORGE

Das von Erikson für die letzte Lebensphase gewählte Begriffspaar *Integrität versus Ekel/Verzweiflung* suggeriert abermals ein Entweder-oder, das es real nicht gibt und nicht geben kann,[64] vor allem nicht im Hinblick auf unser Geschichtsbewusstsein, das zur einen Seite auf das nahezu abgeschlossene eigene Leben zurückblickt und zur anderen Seite vorausschaut auf Lebensmodalitäten jenseits der eigenen Lebensgrenzen. Indem wir uns unaufhaltsam und spürbar dem Lebensende nähern, entwickelt das Geschichtsbewusstsein phasenspezifisch noch einmal besondere Inhaltsschattierungen, denen das Erikson'sche Begriffspaar von sich aus keinen prägnanten Ausdruck verleiht. Verstärkt zu beachten sind u.a. der meistens etwas melancholische Rückblick auf das fast beendete Leben, das lebensgeschichtlich-persönliches Bedauern über Fehlentscheidungen, Verfehlungen, Misserfolge, Unerreichtes, Unabänderliches usw., das sich auch dann zu Wort melden wird, wenn im Ganzen das Erikson'sche Einverstandensein mit dem, was gewesen ist, vorherrscht. Dieses Bedauern und Trauern kann letzte Versuche der Korrektur oder der Wiedergutmachung, aber auch Altersdepressionen

---

64 Erikson selbst hat vor dieser Vereinfachung zum Entweder-oder gewarnt, aber auch vorausgesehen, dass Schemata in der von ihm selbst entworfenen Art einen stillen Zwang ausüben.

auslösen, die ihrerseits nicht plötzlich eintreten, sondern Vorläufer fortsetzen.

Unter Politikern und anderen Persönlichkeiten des öffentlichen Lebens löst der Rückzug aus dem beruflich-aktiven Leben nicht selten Emotionen aus, die man als *Altersreue* zusammenfassen könnte. Der Betroffene bedauert und betrauert Fehler der früheren Lebensjahre, die oft dem Gruppendruck oder sogenannten Sachzwängen geschuldet waren, und versucht, den Schaden wieder gutzumachen, indem er die zuvor bekämpften Positionen übernimmt und als die richtigen anerkennt. (Der oft unbewusste Wunsch nach Wiedergutmachung ist im psychoanalytischen Denken eine feste Größe [vgl. Auchter und Strauß sowie Laplanche und Pontalis], die allerdings weniger auf das erwachsene Handeln als vielmehr auf die frühkindlichen „Objektbeziehungen" Anwendung findet.)

Als signifikantes Beispiel für diese Altersreue möchte ich den früheren amerikanischen „Verteidigungsminister" Robert McNamara nennen (1961 von Kennedy berufen, Lebensdaten 1916-2009), der den Vietnam-Krieg trotz ständig wachsender Verluste vorantrieb, 1968 aus dem Amt schied und später, dreißig Jahre später (!), eine kritische Distanzierung zu seiner damaligen Politik zu Papier brachte: *In Retrospect: The Tragedy and Lessons of Vietnam* (1995).

Wir wissen, welche erbitterte, verzweifelte, ja suizidale Opposition der Vietnam-Krieg in den USA erzeugte; sie ging bis zur Selbstverbrennung von Normann Morrison, der sich am 2. November 1965 in Sichtweite zum Pentagon mit Kerosin übergoss, anzündete und bald darauf starb (Anne Morrison 2010, Flinthoff 2010).

War McNamras Altersreue aufrichtig, authentisch? Symptom und Signal eines Schuldgefühls, das sich nicht verdrängen ließ? Oder eher narzisstisch motivierte Korrektur des Bildes, das ohne seine nachdrücklich dokumentierte Sinnesänderung nicht sehr vorteilhaft ausgesehen hätte? Vergessen wir nicht: McNamara hatte als *Kriegsminister* (die offizielle Bezeichnung *Verteidigungsminister* dient der Verschleierung von Wirklichkeiten, die nicht bewusst werden sollen) nicht nur tausende und abertausende von Opfern zu verantworten, sondern letztlich auch – die militärische, gesellschaftlich traumatisierende Niederlage! Einen Krieg verlieren, das ist bis heute eine schwer zu verkraftende narzisstische Kränkung, wenn nicht sogar mehr. Spätere Detailuntersuchungen vorbehalten wage ich die These, dass Namaras Distanzierung spät, sehr spät, zu spät kam, ähnlich wie im Fall des militärischen Widerstandes gegen das Hitler-Regime, der erst 1944 konkrete Formen annahm, als klar wurde, dass der Krieg nicht mehr zu gewinnen war.

Doch wie dem auch gewesen sein mag: Wir halten hier nur den über McNamaras Leben hinausgehenden emanzipatorischen Impuls fest, der als

Aufforderung zum Kurswechsel in der Politik psychohistorische Wirkung hätte entfalten können, der aber praktisch unbeachtet blieb, jedenfalls unter der Präsidentschaft von George W. Bush (2001-2009), der die Invasion Iraks mit Propaganda-Lügen begründete und die nächste kollektive Traumatisierung einleitete (denn der Krieg in Irak ist nicht zu gewinnen).

Ein besonders ergiebiges Feld für genauere Recherchen über Sinneswandel im Alter bilden Naturwissenschaftler, die viele Jahre an der Entwicklung neuer Waffen gearbeitet haben (man denke an den Bau der Atombombe), dann aber wegen ethischer Bedenken eine Kehrtwendung vollzogen und eben das bekämpften, was sie bislang erforscht und entwickelt hatten (vgl. dazu u.a. die Lebensläufe von Józef Rotblat [1908-2005] und Andrej Sacharow [1921-1989]).

Dem Sinneswandel und der Reue im Alter steht ein unübersehbar großer Block von autobiographischen Selbstdarstellungen gegenüber, mit denen vor allem Personen des öffentlichen Lebens sich selbst noch einmal glorifizieren wollen, mit denen sie sich feiern und gleichzeitig ihre früheren Entscheidungen in jeder Beziehung rechtfertigen – ein Triumph des Narzissmus, vermischt mit der Angst, keine Bedeutung mehr zu haben, vergessen zu werden, im Nichts unterzugehen.

Öffentlich wahrgenommen zu werden im Konzert der Generationen, die um einen ehrenvollen Platz im Buch der Geschichte streiten, das war zumindest ein Motiv im Unternehmen der 43er Historiker, die sich damit publizistisch nachdrücklich in Szene gesetzt haben.

Der Ursprung dieser Inszenierung liegt 2005 in einer großen internationalen Tagung, die sich ein anspruchsvolles Thema und Ziel gesetzt hatte (vgl. Ewers 2006 und Radebold 2006): „Die Generation der Kriegskinder und ihre Botschaft für Europa 60 Jahre nach Kriegsende: Unsere Kinder und Enkel sollen in Frieden zusammenleben." Ein die Generationsthematik bestätigendes Motiv ergab sich durch die Tatsache, dass drei Jahre später überraschend viele Historiker gleichzeitig in den Ruhestand gingen und alsbald die Frage auftauchte, ob die Gemeinsamkeit des Geburtsjahres 1943 ein „Zufall" sei oder auf weitere geschichtlich-lebensgeschichtliche Gemeinsamkeiten verweise. Psychohistorisch wäre es hochinteressant, die Genese des Projekts vom ersten Gedanken bis zum Ergebnis genauer zu untersuchen, doch dafür ist hier nicht genug Platz.

Wichtig für den hier entfalteten Argumentationszusammenhang ist aber: Die 1943 geborene Historiker verstanden sich mehrheitlich *nicht* als Kriegskinder, obwohl ihnen das mit der ersten Frage im Interview ausdrücklich nahe gelegt wurde (Stambolis 2010), sondern als *Nachkriegskinder*, da und insofern sie an die ersten zwei Lebensjahre praktisch keine eigenen Erinnerungen hatten. Ihre Kindheit in der Nachkriegszeit wurde überdies von nicht wenigen als durchaus glücklich gekennzeichnet. (An Trümmerlandschaften als ideale Abenteuerspielplätze kann ich mich auch erinnern.)

Die um die Stichworte Auschwitz und Holocaust kreisende Problematik war von vornherein kein explizites Gesprächsthema; es sollte ja um die Kriegskindheit und ihre Folgen sowie um „ego laborator" der Historiker gehen.[65]

Ein auf die eigenen professionellen Lebensleistungen fokussiertes Geschichtsbewusstsein kanalisiert das Denken und grenzt damit von vornherein das aus, was hier im Zentrum des Erkenntnisinteresses lieg: retrospektives Bedauern und prospektive Besorgnis als Elemente des Geschichtsbewusstseins im Alter. Geschichtsbewusstsein und Geschichtskompetenz (im professionellen Sinn) überschneiden und bedingen sich; sie sind gleichwohl analytisch voneinander zu trennen: das eine ergibt sich nicht aus dem anderen.

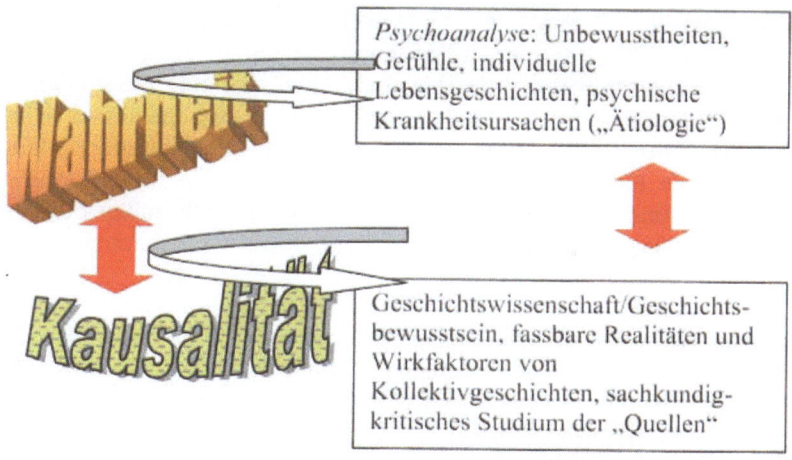

*Abb. 3:* Graphik zum Verhältnis von Wahrheitssuche und Ursachenforschung; an beiden Vorhaben sind Geschichtswissenschaft und Psychoanalyse mit je eigenen Methoden beteiligt.

---

[65] Der Ausdruck „ego laborator" stammt von Georges Duby, den die 43er in Anspruch genommen haben, ohne seine methodologisch-selbstkritischen Bedenken zu berücksichtigen, auf die wir im Kapitel 12.3 über *Selbsthistorisierung* zurückkommen werden. – „Ich erzähle nichts von mir", diese Ankündigung (vgl. Stambolis, S. 25) hatte offenbar den Stellenwert einer programmatischen Verabredung, die in mehrfacher Hinsicht widersinnig ist (oder, vorsichtiger ausgedrückt: der Klärung bedürfte); denn es ging ja über viele hundert Seiten um nichts anderes als um das jeweilige *Ich*.

## 9.3 SELBSTKRITISCHES GESCHICHTSBEWUSSTSEIN: DIE SUCHE NACH WAHRHEIT

Geschichtsbewusstsein im hier entwickelten Verständnis hat einen emotionalen Resonanzboden, der sich – wie dargelegt – in der frühkindlichen Interaktion mit der Mutter bildet. Beland verband, wie ebenfalls zitiert wurde (9.2.1), die psychosomatische Erfahrung des Gestilltwerdens im ersten Lebensjahr mit dem sehr viel späteren „Verstandenwerden" und der damit verbundenen „Wahrheitsbefriedigung", wie sie im psychoanalytischen Prozess erlangt werden kann. Ich möchte das Stichwort *Wahrheit* aus dem engen psychoanalytischen Kontext lösen und für einige abschließende Überlegungen zum Zusammenhang von Geschichtsbewusstsein und Lebenszyklus nutzen.

*Wahrheit* im psychoanalytischen (und im philosophischen) Kontext ist von fakto-logischer *Richtigkeit* zu unterscheiden. Wahrheit im psychoanalytisch-therapeutischen Prozess wird oft durch scheinbar unscheinbare Nebensächlichkeiten erschlossen, die bis dahin unerkannte Zusammenhänge bewusst machen, zum Beispiel den Zusammenhang zwischen einer lethargischen Lebensführung des reifen Erwachsenen und unbewältigten Erfahrungen des kleinen Kindes, das aktives Wünschen und Tun für zerstörerische Raublust hielt und daher innerlich auslöschte bzw. nach außen projizierte, wie Beland (2008) am Beispiel des Romans *Oblomow* anschaulich illustriert hat.

Grundlegend für philosophische Reflexionen über Wahrheit ist Jaspers fundamentale Abhandlung *Von der Wahrheit*, die er großenteils während des Publikationsverbotes in der Nazizeit geschrieben hat (Publikation des ersten Bandes 1947). Karl Jaspers lebte von 1883 bis 1969. Er hat mir bei meiner Wahrheitssuche wesentlich geholfen. Ideengeschichtlich sei auf das Spannungsverhältnis zwischen Peter Abaelard (1079-1142) und Bernard von Clairvaux (1091-1153) hingewiesen, die ungeachtet ihrer Einigkeit im christlichen Glauben verschiedene Positionen vertraten. Während Abaelard die dialektische *Suche nach Wahrheit* lehrte (*Sic et non*, entstanden zwischen 1121 und 1140), verkörperte Bernard von Clairvaux mit Worten und Taten die *Verkündung der Wahrheit*, die sich nicht in der Disputation, sondern im Gebet erschließe.

In psychoanalytischer Perspektive ist die lebensgeschichtlich-persönliche Wahrheitssuche (nach Beland 2008, S. 99) „vor allem eine moralische, sie galt und gilt besonders auch dem Überich, in dem sich die negativen Beziehungsschicksale jedes Menschen in sich permanent wiederholender Prozessform niederschlagen."

Wahrheits*suche* ist ein unabschließbarer lebenslanger Prozess, der das Geschichtliche als das die eigenen Lebensgrenzen Überschreitende mehr oder weniger extensiv einbezieht: Der Wahrheit des eigenen Lebens nachsinnen, verlangt nicht nur Recherchen über die eigene Kindheit, sondern darüber hinaus auch Recherchen über die historisch-gesellschaftlichen Vorbedingungen, die der Kindheit ihr spezielles Gepräge verliehen haben, und das, was wir selbst „angerichtet" haben. Dabei spielt der realgeschichtliche Wahrheitsbegriff eine wichtige Rolle, denn er relativiert und korrigiert Vermutungen, Fantasien und Erzählungen, in die wir hineingewachsen sind oder besser umgekehrt: die in uns hineinwachsen, ohne dass wir ihren Wahrheitsgehalt angemessen einschätzen können. In welche „Erzählung" wurde ich eingefügt? In welche Erzählung möchte ich mich selbst platzieren? Das sind Fragen, die sich aus fortgesetzter Wahrheitssuche ergeben.

Entscheidend für den Fortgang der Wahrheitssuche und damit auch für die Bildung des Geschichtsbewusstseins ist die Art und Weise, wie eigene Erfahrungen, wann und wie immer sie in den Lebenszyklus eingegriffen haben, erinnert, reflektiert und „durchgearbeitet" werden. Mit dem Beland-Zitat (Gestilltwerden – Verstandenwerden) habe ich angedeutet, dass der Bruch in meinem eigenen Leben überbrückt wurde. Der Zivilisationsbruch oder *Riss im Buch der Geschichte ist damit aber nicht nivelliert!* Er wirkt im Geschichtsbewusstsein fort und entbindet besorgte Fragen an die Zukunft: Werden die nachfolgenden Generationen Herausforderungen der politisch-kollektiv verschuldeten Desaster standhalten können?
    Geschichtsbewusstsein in dem hier definierten Sinn bewahrt sich also bis ins Alter ein Mindestmaß an Dynamik; es dürfte zumindest nicht auf den Ergebnissen der Adoleszenz starr sitzen bleiben.

Ein lebendiges Geschichtsbewusstsein ist bis ins Alter beweglich, neugierig, an Veränderungen interessiert, sowohl äußerlich auf der Bühne der Politik, als auch innerlich in der persönlichen Befindlichkeit. Wer an seiner Einstellung und an seinen Werturteilen zu bestimmten Ereignissen, die sich der Adoleszenz einprägten, unveränderlich festhält und keine neuen Erfahrungen bzw. Gesichtspunkte zulässt (denken wir etwa an die pauschal-kompromisslose Ablehnung der 68er durch konservative Kreise, die keine Nachwuchssorgen haben), dessen Geschichtsbewusstsein gleicht einem monolithischen Block, der aber nicht wie im Sisyphos-Mythus mühselig bergauf gewuchtet wird, sondern im Magen liegen bleibt, geistige Magengeschwüre entwickelt und die Verdauung damit erheblich behindert.

## 10. Erzählung und Gesprächskompetenz
## An Bubis denken, wenn Walser spricht[66]

### 10.1 ZU DEN BEGRIFFEN DER KAPITELÜBERSCHRIFT

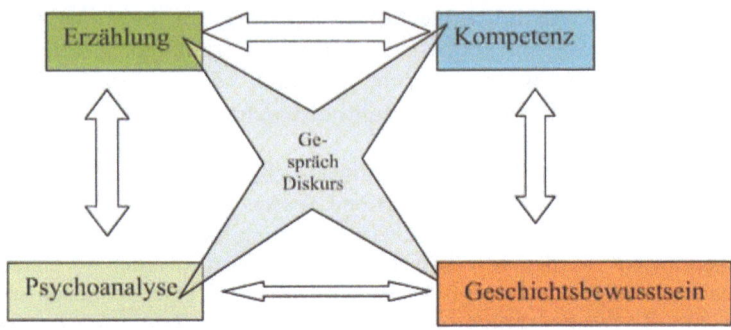

*Abb. 4*: Erzählung und Gespräch (bzw. narrative Kompetenz
und Gesprächskompetenz) sind in dialektischer Spannung
aufeinander angewiesen. Das eine *ohne* das andere nimmt dem
Geschichtsbewusstsein eine wichtige Dimension.

*Erzählung* und *Kompetenz* sind zwei zentrale geschichtsdidaktische Begriffe. Die spannende Lehrererzählung gehörte bis in die siebziger Jahre des vorigen Jahrhunderts zum Grundbestand des guten Unterrichts, wurde dann aber praktisch fallen gelassen, weil ihr Mangel an sachlich-wissenschaftlicher Transparenz offenkundig wurde (in der Geschichtswissenschaft war die Strukturgeschichte im Vormarsch).[67] Nach einigen Jahren im Winterschlaf erwachte die Erzählung zu neuem Leben, aber nicht mehr als spannende Lehrererzählung, sondern als „narrative Kompetenz", die nunmehr den Schülerinnen und Schülern abverlangt wurde. Aufgeschreckt durch international vergleichende Recherchen über Schulleistungen (Pisa-

---

66   Ignatz Bubis (1927-1999), Vorsitzender des Zentralrats der Juden von 1992 bis 1999; Martin Walser, deutscher Schriftsteller, geb. 1927, hielt 1998 eine skandalöse Rede, der zunächst nur Bubis widersprach (siehe unten 10.2). Die Namen stehen stellvertretend für verschiedene Einstellungen zur Geschichte.

67   Längst überholt und ad acta gelegt war der (typisch deutsche) Historikerstreit um den Vorrang von *Struktur* versus *Erzählung*, der u.a. von Hans-Ulrich Wehler und Golo Mann ausgefochten wurde. Geschichtsschreibung ohne Erzählungen verliert sich in soziologischen Datenreihen; Erzählung oder „Geschichte" als story ohne strukturellen Hintergrund verkommt zur Anekdote: Diese Einsicht, eröffnet und vorangetrieben durch Impulse, die aus dem Ausland kamen, setzte sich relativ schnell wieder durch und wird heute nicht mehr in Frage gestellt.

Schock, 2003), von denen nachteilige Effekte für die Wirtschaftskraft des Landes zu erwarten waren, wurden die Bildungseinrichtungen auf „Kompetenzen" eingeschworen (Können, Problemlöse-Fähigkeiten, Leistungsstandards), die nicht mit den curricularen Inhalten der Fächer identisch waren, sondern aus der Analyse fachübergreifender „Domänen" abzuleiten waren.

Das ist, holzschnittartig zusammengefasst, der bildungspolitische Hintergrund des vorliegenden Kapitels, das die fachspezifischen Auseinandersetzungen nicht fortsetzt, sondern die Relevanz der Leitbegriffe Erzählung und Kompetenz für unser Thema Geschichtsbewusstsein und Psychoanalyse herausarbeitet. Das obige Schaubild soll das Beziehungsgeflecht zwischen den Begriffsinhalten verdeutlichen.

Eine geschichtlich-lebensgeschichtliche Erzählung, von einem heutigen Standpunkt aus, überbrückt den Riss, die Kluft, den Bruch, die Spaltung (mit welcher Metapher auch immer das Ereignis bezeichnet werden soll), das in diesem Buch einen Dreh- und Angelpunkt der Argumentation bildet. Im Unterschied zur literarischen Erzählung hat die Erzählung dieses Buches keinen eindeutigen Anfang und kein eindeutiges Ende. Vielmehr ist sie auf unabschließbar viele Fortsetzungen mit je eigenen Anfängen und Abschlüssen angelegt, und es bedarf vor allem der gesprächskompetenten Rezeption, wenn sie nicht ins Leere laufen soll.

Eine Erzählung, auch die im sachlichen Vortragsstil entwickelte Erzählung (vgl. im Folgenden, 10.3, Goldhagens Erzählung), ist nicht richtig oder falsch. Sie ist so, wie sie ist, sie kann aber, wenn sie will, die Grenzen des sich selbst bestätigenden Soseins überschreiten oder zumindest bewusst machen, indem sie sich dem Gespräch öffnet.

Eine Erzählung im psychohistorischen Kontext braucht Rezipienten, Zuhörer und Gesprächspartner, die auf je eigene Weise in die Erzählung einsteigen können und einsteigen wollen, mit Zustimmung und Kritik, mit Ergänzungen und Rückfragen, mit Gefühlen und Gedanken.

Die in Aussicht genommene „Gesprächskompetenz" verlangt Einfühlung in die Beweggründe des Gesprächspartners, aber auch Sachkenntnis im Bereich des Historischen, das die Erzählung untermalt, Enthaltsamkeit bei der Bewertung des Erzählten, aber auch innere Stabilität, die eine unkritisch-identifikatorische Einstimmung in die Präsentation verhindert.

Wer erzählt, möchte akzeptiert und verstanden, aber auch zum Weiterdenken angeregt werden, von Ausnahmen eines narzisstisch-unproduktiven Verlangens nach bloßer Selbstbestätigung abgesehen. Wer eine Erzählung kommentiert – behutsam, versteht sich, ohne Rechthabezwänge, mit anschlussfähigen Sätzen –, der bildet den Erzähler allmählich zum Gesprächspartner von morgen. So jedenfalls ist das Zusammenspiel von Erzählung und Gesprächskompetenz hier gemeint.

Ohne Erzählungen und Gespräche über die Vergangenheit bildet sich kein Geschichtsbewusstsein, das seinerseits Erzählungen generiert und Gesprächskompetenz herausfordert. Mit der Erzählung schaffen wir uns ein manövrierfähiges Schiff im wüsten Strom der Geschichte. Die Erzählung ordnet das Ungeordnete mit den Mitteln der Sprache. Das Gesprächsinteresse, wenn es denn ehrlich gemeint ist, öffnet darüber hinaus die Türen zum Nicht-Erzählten, zum Unbewussten. Historische Erzählung ohne Gespräch ist Verkündung. Gespräch ohne Bezug auf eigene Erzählungen bleibt unbewusstem, intellektuellem Agieren verhaftet.

Meine Generation und Kohorte entbehrte in ihrer Jugend sowohl der Erzählungen als auch der Gesprächskompetenz auf Seiten der Erwachsenen, die nicht stark genug waren, um sich auf eine rückhaltlos ehrliche Auseinandersetzung mit dem selbst angerichteten Desaster einlassen zu können. Dementsprechend tiefgehend ist das kollektive Geschichtsbewusstsein beschädigt worden. Die Schäden hätten bearbeitet werden müssen. Sie machen sich auch ein halbes Jahrhundert nach Kriegsende noch bemerkbar, wie an der Haltung des renommierten Schriftstellers Martin Walser exemplarisch erläutert werden soll.

Walser hat, pychohistorisch von mir aus gesehen, den Platz eines älteren Bruders inne, dessen Lebenserfolg Neid- und Konkurrenzgefühle in mir anspricht. Ignatz Bubis, in dem hier reproduzierten Szenario sein Gegenspieler, ist dagegen so etwas wie ein *alter ego* für mich, zu dem ich Distanz aber wahren muss, um nicht in die Opferfalle der Täter-Kinder zu tappen. Mit diesem Vorbehalt vor Augen – ich bin kein Opfer der Geschichte wie Bubis – sind seine Argumente geschichtsbewusst jedoch aufzugreifen und zu integrieren.

## 10.2 DIE FATAMORGANA DER SCHULDLOSIGKEIT

1998 erhielt der Schriftsteller Martin Walser den Friedenspreis des deutschen Buchhandels. Wie üblich bei dieser Preisverleihung, die es seit 1950 gibt, hielt Walser zur Zeit der Frankfurter Buchmesse in der Paulskirche eine Dankesrede, der er den Titel „Erfahrungen beim Verfassen einer Sonntagsrede" gab. Heftig kritisiert (zuerst von jüdischer Seite, im Anschluss daran aber auch von nicht-jüdischen Bürgerinnen und Bürgern), ist diese Rede als Plädoyer für eine *Alltagsattitüde des Wegschauens und Wegdenkens* bekannt geworden: „Ich käme ohne Wegschauen und Wegdenken nicht durch den Tag und schon gar nicht durch die Nacht", sagte Walser wörtlich.

Mit seinem Wegschauen und Wegdenken plädierte Walser nicht – das ist zu betonen und im Bewusstsein zu halten – für eine historisierende Relativierung des Holocaust etwa in dem Sinn, dass diese Vorgänge, wenn man sie im Gesamtverlauf der Geschichte sieht, so ungeheuerlich gar nicht seien, sondern gegen die als aufdringlich empfundene öffentliche Inszenierung des schlechten Gewissens, das einem, so Walser, ständig und überall eingeredet wird. Das Gewissen sei etwas Privates, „das schlechthin Persönliche", das „nicht delegierbar" und für öffentliche Akte ungeeignet sei. Mit Walsers Worten in einem etwas längeren Zitat:

„Von den schlimmsten Filmsequenzen aus Konzentrationslagern habe ich bestimmt schon zwanzigmal weggeschaut. Kein ernstzunehmender Mensch leugnet Auschwitz; kein noch zurechnungsfähiger Mensch deutet an der Grauenhaftigkeit von Auschwitz herum; wenn mir aber jeden Tag in den Medien diese Vergangenheit vorgehalten wird, merke ich, dass sich in mir etwas gegen diese Dauerrepräsentation unserer Schande wehrt. Anstatt dankbar zu sein für die unaufhörliche Präsentation unserer Schande, fange ich an wegzuschauen."

Auf dieser Argumentationslinie erscheint dann das berüchtigte Wort von der Moralkeule: „Auschwitz eignet sich nicht dafür, Drohroutine zu werden: jederzeit einsetzbares Einschüchterungsmittel oder Moralkeule oder auch nur Pflichtübung." Alle applaudierten, nur Bubis nicht.

Ich persönlich gehörte zwar nicht zu den Applaudierenden, aber ich dachte zuerst: Der Mann hat nicht ganz unrecht... Er leugnet ja nichts, sondern plädiert für eine Entkrampfung der öffentlichen Diskussion. Die unablässige Konfrontation mit dem Holocaust hat in der Tat etwas Nerviges... Ich möchte mir wie Walser kein schlechtes Gewissen einreden lassen... Wofür denn? Zur Zeit des Holocaust war ich noch im Vorschulalter, also nicht einmal Hitler-Junge... Erste Zweifel an der Fragwürdigkeit dieser Sichtweise entstanden im Nachdenken über die Natur und Aufgabe des Gewissens, das sicherlich etwa Intim-Persönliches hat und doch nicht auf diesen Wirkungskreis beschränkt werden darf. Das Gewissen ist argumentativ mit einer „universalistischen Moral" zu verbinden, die der „partikularen Moral" entgegensteht, wie sie im pathologischen Extrem von den Nationalsozialisten vertreten wurde (ausführlicher zur Walser Rede in diesem Kontext Gross 2010).

Bubis' Widerspruch konfrontierte mich noch einmal mit den unaufgelösten Nachwirkungen damaliger Einbindungen in die NS-Mentalität und stellte jede Zustimmung, auch die eher vorsichtig fragende, radikal in Frage. Sicherlich: Das Hinsehen erwies sich (und erweist sich immer wieder) als schmerzhaft und beschwerlich. Aber ist das Wegsehen eine Lösung? Und wenn es nur das Wegsehen als solches wäre! Aber dieses Wegsehen gebärdete sich ja als berechtigte Empörung, als aggressive Gesellschaftskritik, als Widerwille gegen das, was zu sehen war. In diesem Kontext war und ist Empörung keine emanzipatorische Emotion.

Schwer erträglich waren und sind für uns Deutsche die wiederholten Konfrontationen mit Auschwitz unter anderem deswegen, weil sie unser Selbstbild beleidigen, weil sie Schuldgefühle mobilisieren, Aggressionen auslösen oder schon vorhandene latente Aggressionen verstärken und so im Ganzen die seelischen Integrationsleistung stören. Wir haben faktisch mehr, weit mehr angerichtet, als wir innerlich aushalten wollen. Damit, mit dieser „Dauerrepräsentation unserer Schande", muss doch mal Schluss sein, meinte Walser. Doch das Problem war und ist: Jegliche Schlussstrich-Ideologie unterwandert ein effektives Durcharbeiten der Vergangenheit seit der Gründung der Bundesrepublik im Jahre 1949 in immer neuen Wellen. Nach Bubis' spontaner Widerrede erhoben sich zum Glück auch weitere Stimmen, die Walsers Rede kritisch analysierten und ablehnten.[68]

Bezogen auf das Rahmenthema der vorliegenden Abhandlung können wir auch sagen: Walser spürte den Riss im Geschichtsbewusstsein wie eine vernarbte Wunde, aber er wollte nicht, dass öffentliche Veranstaltungen immer wieder ihre Hand auf die Wunde legten und damit das Pochen des Blutes verstärkten, das doch zur Ruhe kommen soll. Walser reagierte auf Auschwitz-Darstellungen wie die Menschen im antiken Mythos auf das Ungeheuer der Medusa: sie wandten sich reflexartig ab, um nicht versteinert zu werden.

Das ZDF organisierte eine Begegnung zwischen Walser und Bubis, die Gelegenheit zur Anbahnung eines wechselseitigen Verstehens bot, die Gegensätze am Ende aber nur verschärfte. Walser beharrte auf seiner Perspektive. Er, der Stern am Literaturhimmel, wollte Recht behalten. Was er mit dem „Wegschauen" und „Wegdenken" erstens den jüdischen Zuhörern seiner Rede zugemutet und was er zweitens mit seiner Rede öffentlich angestoßen hatte (man denke an die Wirkung der Rede auf Alt- und Neunazis und die unter Historikern weit verbreitete Denkfigur des Einerseits-und-andererseits), das kümmerte ihn offenbar nicht, weder gedanklich noch emotional.

Walser ist ein bedeutender Erzähler, aber seine Bereitschaft und Fähigkeit, auf andere zu hören, sich dabei zu korrigieren und zu verändern, waren und sind offenbar unterentwickelt. Einem Kritiker, der moniert hatte, dass Auschwitz in Walsers Roman *Ein springender Brunnen* (erschienen ebenfalls 1998) nicht vorkomme, hält er vor (in derselben Paulskirchen-Dankesrede): „Nie etwas gehört vom Urgesetz des Erzählens: der Perspektivität?"

Ja, gewiss: die Erzählung entwickelt eine bestimmte Perspektive, einen roten Faden der Handlung, eine eingeengte Sichtweise. Und ohne Erzählun-

---

68 Geeignete Gelegenheiten, Walser öffentlich zu widersprechen, boten u.a. die nachfolgenden Verleihungen des Geschwister-Scholl-Preises an Saul Friedländer (1998) und an Peter Gay (1999). Als Saul Friedländer auch der Friedenspreis des deutschen Buchhandels verliehen wurde (2007), hatte sich das öffentliche Interesse bereits anderen Themen zugewandt.

gen gäbe es, wie eingangs betont wurde, weder Geschichtsschreibung noch überhaupt Geschichtsbewusstsein. Aber die sich selbst abschottende Erzählung verkommt zur ideologischen Doktrin und Verkündung, die nur sich selbst gelten lässt.

Dass Auschwitz in dem Roman *Der springende Brunnen* inhaltlich nicht vorkommt, diese Leerstelle als solche ist für mich noch nicht skandalös. Skandalös ist aber der Umstand, dass Walser den Einwand überhaupt nicht aufgreifen und in seiner Berechtigung intellektuell auf einer anderen Ebene der Auseinandersetzung mit Vergangenheit würdigen konnte: das ist ein Defizit in seinem historisch-politischen Habitus und signalisiert Mängel im Zusammenspiel von Geschichtsbewusstsein und Gesprächskompetenz, um das es hier geht. Der Ruhm, die öffentliche Anerkennung, das Medium der belletristischen Schriftstellerei, die eher monologische „Verkündung" als Kommunikation und Kontroverse zu pflegen hat, sowie das Alter (Walser ist 1927 geboren) sind Komponenten, die das Zusammenspiel von kritisch-selbstkritischem Geschichtsbewusstsein und ergebnisoffener Auseinandersetzung eher einschränken als fördern.

Was hätte die deutsche Geschichtskultur gewonnen, wenn sich Walser auf die Einrede Bubis' eingelassen hätte! Walser und Bubis: die beiden Namen stehen repräsentativ für unterschiedliche Haltungen, die gegenüber der unheilvollen deutschen Vergangenheit eingenommen werden können und auch weiterhin eingenommen werden. In dem Maße wie das Mitdenken der Opfer-Situation und -Tradition im eigenen Innern nicht integriert ist und sich in Streitgesprächen nicht selbstverständlich, sozusagen automatisch zu Worte meldet, in diesem Maße brauchen wir, wir Deutschen, wir Europäer, die Ein- und Widerrede der anderen Seite, die im Fall der Retrospektive auf den Holocaust von Juden und anderen ermordeten Minderheiten vertreten wird, in Zukunft aber auch weltweit andere Menschengruppen auf die Bühne der Geschichte bringt und so eine Gesprächs im globalisierten Maßstab herausfordert. Vor der Opfer-Identifikations-Falle (vgl. Jureit und Schneider 2010) wurde schon gewarnt. Sie würde in der Tat sowohl das Gespräch als auch effektive Veränderungen einschränken.

*An Bubis denken, wenn Walser spricht*: Die Namen und die Inhalte, die diese vertreten, werden variieren, das Grundproblem wird bleiben: Ohne Bereitschaft und Fähigkeit, sich auf den anderen einzulassen, vor allem wenn dieser mit existenziellen Benachteiligungen oder geschichtlich-lebensgeschichten Traumata zu kämpfen hat, ist nackter, reaktionärer Starrsinn.

Geschichtsbewusstsein hat wichtige Wurzeln im Unbewussten der depressiven Position (Melanie Klein), in der wir Lebenssorge, Besorgnis im Allgemeinen und im Besonderen entwickeln und, darauf aufbauend, später einsehen, dass es keine Gnade der späten Geburt gibt.[69] Das Gefühl der Schuldlosigkeit ist eine Fatamorgana.

## 10.3 JUDEN UND DEUTSCHE – GESPRÄCHE ÜBER DEN ABGRUND

1997 verlieh die renommierte Zeitschrift *Blätter für deutsche und internationale Politik* ihren „Blätter-Demokratiepreis" an den amerikanischen Historiker Daniel Goldhagen, der mit seinem Buch über *Hitlers willige Vollstrecker* in Deutschland beträchtliches Aufsehen erregt und das Publikum, grob zusammengefasst, in zwei Lager gespalten hatte: der überwiegend kritisch ablehnenden Historikerzunft stand ein fachunspezifisch zustimmendes Publikum gegenüber, das sich für die methodologischen Bedenken der Wissenschaftler überhaupt nicht interessierte und Goldhagen auf vielen Veranstaltungen lautstarken Beifall spendete. Auch die beiden den Preisträger würdigenden Redner, Jürgen Habermas und Jan-Philipp Reemtsma, gehören nicht der Historikerzunft im engeren Sinn an, obwohl sie zu historisch-politischen Fragen, insbesondere im Hinblick auf die Aufarbeitung der NS-Vergangenheit, immer wieder wichtige Beiträge geleistet haben.

In seiner Dankesrede verstärkte und profilierte Goldhagen eine These, die im Vorwort zur deutschen Ausgabe seines Buches schon geäußert wurde, in der dann ausführlich dargebotenen Materialfülle über den mörderisch-deutschen Antisemitismus jedoch unterging und nicht weiter thematisiert wurde, zumindest nicht so ausführlich, bei weitem nicht, wie die Darbietung der historischen Vorgänge selbst. Das war die These der tiefgreifenden politischen Veränderung in Deutschland nach 1945, der Gedanke eines Lernens aus Geschichte, das die Bundesrepublik – so Goldhagen – geradezu vorbildlich auszeichne.

Ein Grund für den tiefgreifenden politisch-mentalen Wandel lag nach Goldhagen in der Internationalisierung der Nationalgeschichte. Man müsse die nationale Geschichtsschreibung internationaler Kritik und Mitarbeit öffnen und so vor glorifizierenden Selbstrechtfertigungen bewahren, argumentierte Goldhagen. Genau das habe die Bundesrepublik geschafft und damit gleichzeitig einem Rückfall in NS-Borniertheiten vorgebeugt.

Goldhagen hat uns eine bestimmte Erzählung präsentiert, nämlich die Erzählung vom mordgierigen antisemitischen Deutschen. Die Erzählung als solche hat reichlich Kritik erfahren, sachlich-methodologisch sicherlich mit Recht. Aber wie hat sie der Autor in Deutschland vertreten? Mit einer Gesprächsbereitschaft ohne Ende! Goldhagen tourte durch Deutschland. Er

---

[69] *Die Gnade der späten Geburt* ist ein geflügeltes Wort, das durch den früheren Bundeskanzler Helmut Kohl bekannt wurde.

wollte gehört und verstanden werden. Er freute sich über Zustimmungen, ließ aber auch Kritiker zu Wort kommen. Im Unterschied zu vielen Juden, die verständlicherweise von Misstrauen und Angst gegenüber den Deutschen bewegt waren oder immer noch bewegt sind, bescheinigte der US-Amerikaner Goldhagen den Deutschen nach 1945 einen tiefgehenden Mentalitätswandel, was ohne sein grundlegendes Gesprächs- und Verständigungsinteresse schwer zu verstehen wäre.

Die von Goldhagen ins Auge gefasste Berücksichtigung internationaler Kritik ist eine Art virtuelles Gespräch. Sie verlangt keine blinde Akzeptanz der Einwände, sondern Gesprächsbereitschaft, Gespräch und Gesprächskompetenz. Kurz gesagt: Goldhagens Diskurs-Praxis war und ist strukturell etwas anderes als Walsers Rechthabe-Haltung.

„Sich mit den Augen anderer zu betrachten, ist ein Mechanismus der Selbstkorrektur", schrieb Goldhagen im Hinblick auf die internationale aufgeschlossene Diskussion (in: Bredthauer 1997, S. 69), die verhinderte, dass nur noch eine einzige Auffassung Geltung beanspruchen könne. Inwiefern die Deutschen wirklich „viel aus der Geschichte gelernt" haben (ebd., S. 72), wäre ausführlicher zu erörtern, doch das ist hier nicht das Thema. Thema ist jenes geistige Bewegung auslösende Element im Geschichtsbewusstsein, das durch Einwände herausgefordert wird und Gespräche induziert, auch Selbstgespräche, die den Gesprächspartner mit alternativen lebensgeschichtlichen Erfahrungen sozusagen verinnerlicht haben.

Selbstverständlich bedürfte auch Goldhagen einer solchen Relativierung und Erweiterung des Forschungs- und Denkhorizontes im kritischen Gespräch. Aber dieses Gespräch müsste wohl in eine ganz andere Richtung gehen und nicht zuletzt die unbewussten Wurzeln seiner Deutschlandstournee (vor weitgehend zustimmendem Publikum!) zu ergründen suchen. Dazu ein Zitat aus der Fülle der kritischen Äußerungen:

„Es mag wohl ein Körnchen Wahrheit in Henryk Broders listiger und boshafter Bemerkung stecken, dass Goldhagens Untersuchung weniger ‚German-bashing' ist als vielmehr der Versuch, vom deutschen intellektuellen Establishment gehört und wahrgenommen zu werden, der Versuch des Sohnes also, eine Verbindung wieder herzustellen, die sein Vater fünfzig Jahre zuvor verlor, selbst wenn diese Anerkennung nur durch den Holocaust erreicht werden kann, die Endstation der deutsch-jüdischen Geschichte, nun aber auch der Ausgangspunkt für gemeinsame akademische Unternehmungen: das einzige, was Deutsche und Juden existenziell verbindet.'"[70]

---

[70] Aschheim in Heil und Erb 1998, S. 186 bis 187 mit Nachweis des Henryk-Broder-Zitats in *Der Spiegel* 21 (1997), S. 59.- Daniel Goldhagen hat sein Buch Erich Goldhagen gewidmet, dem „Vater und Lehrer". Auf die wertvollen Gespräche mit seinem Vater geht Daniel Goldhagen im letzten Abschnitt seines Buches ein, a.a.O. S. 552.

Damit ist eine Problematik von ungeheurer Dynamik angetippt: die Notwendigkeit einer wechselseitigen Wahrnehmung von Holocaust-Folgeerscheinungen bei Juden und bei Deutschen, die dieser Geschichtshypothek eben nicht nur für sich, voneinander getrennt, zu Leibe rücken können, wenn Fortschritt erzielt werden soll. Darüber hat der Psychoanalytiker Hermann Beland authentisch, emotional bewegend und unnachahmlich souverän berichtet.

Die Kehrseite des produktiven Aufeinander-Angewiesensein ist ein Aneinander-Gefesseltsein, das keine eigene Bewegung und keine gemeinsame Befreiung aus dem Würgegriff der Vergangenheit ermöglicht. Dan Diner (in Diner 1987) hat diese mentale Konstellation als „negative Symbiose" bezeichnet. Bei allem Respekt für Diners Deutungsvorschläge möchte ich hier weder die Negation noch die Symbiose festschreiben, sondern eher eine kontrapunktische Gesprächshaltung ins Auge fassen, in der die Stimme des anderen, das Gegenüber mit seinem ganz eigenen Erfahrungshintergrund, real oder virtuell aufgenommen und diskursiv einbezogen wird, nicht nur „verstehend", sondern sich selbst und den Gesprächsfortgang verändernd.

*Zwischenüberlegung zum Begriffspaar „Deutsche und Juden".*

Die Gegenüberstellung von Deutschen und Juden ist sprachlich und sachlich nicht korrekt; denn sie vermengt politische und religiöse Zugehörigkeiten (von weiteren Differenzierungen, die notwendig wären, ganz zu schweigen) und kann daher, gedankenlos verwendet, Dichotomien verstärken anstatt argumentativ zu überwinden.

Ich selbst, der Autor, bin Deutscher und nicht Jude, aber indem ich das schreibe, steigt das Gespenst der NS-Vergangenheit vor mir auf, und ich möchte den Satz am liebsten streichen. Aber wie soll ich mich ausweisen, ohne die Pathologien der Vergangenheit fortzusetzen? Der Riss im Buch der Geschichte zerreißt auch die Sprache, die wir heute verwenden.

In seiner Münchner Rede, anlässlich der Verleihung des Geschwister-Scholl-Preises 1999, fragte Peter Gay: „Sind die Worte ‚Deutscher' und ‚Jude' unvereinbar? Ist es unser Schicksal, dass man eins von diesen sein kann, aber nicht beides zugleich?" In der geistigen Vergewisserung bestimmter *Vermächtnisse* wird es möglich sein, beides zugleich zu sein, mithin deutsch-jüdisch zu denken (vgl. etwa Aschheim 2010/11), sofern die unendliche Analyse unseres Geschichtsbewusstseins nicht dezisionistisch abgebrochen wird.

Als nicht-jüdischer Deutscher habe ich bis an mein Lebensende die Notwendigkeit vor Augen, dass meine historiographische Perspektive tendenziell der Korrektur durch die jüdische Perspektive bedarf. Die Inkongruenz des Begriffspaares *Deutsche und Juden* bleibt bis auf Weiteres eine Herausforderung. Jeder muss in „seinen" Abgrund sehen.

Realgeschichtlich ist der Holocaust für Juden wie für Deutsche ein und derselbe „Abgrund"; psychohistorisch, symbolisch und geschichtsanalytisch handelt es sich jedoch um verschiedene Realitäten bzw. Realitätswirkungen. Es kommt darauf an, wer hineinschaut, in diesen Abgrund. Schon das, *was* man sieht, dürfte Uneinigkeiten provozieren, vom *Wie* der emotionalen Reaktionen und des weiteren sachlich-wissenschaftlichen Vorgehens ganz zu schweigen.

Der realgeschichtliche Abgrund ist psychohistorisch zu korrelieren mit den Abgründen, die sich in je verschiedener Weise in uns selbst auftun, wenn wir den Anblick wagen. In der vorliegenden Abhandlung ist der *Abgrund* gleich am Anfang als *Riss* thematisiert worden, er sucht aber darüber hinaus in weiteren Metaphern seinen Ausdruck.

Eine Teilnehmerin an einer Kleingruppen-Begegnung im Rahmen der Nazareth-Konferenzen, über die Beland berichtet hat, konnte die Tränen, die in ihr und aus ihr losbrachen, überhaupt nicht mehr zurückhalten und fragte nach einigen Minuten schluchzend ihre Nachbarin, ob sie das Gefühl teilen wolle, [durch NS-Erfahrungen der Kindheit] vergiftet zu sein (Beland 2008, S. 396): „Would you share with me a poison?"

Da es sich im Denken und Fühlen körperlich-übel bemerkbar macht, wirkt Gift im Lebensgefühl, das ins Geschichtsbewusstsein einströmt, noch mächtiger als das Schwindel-Gefühl an einem Abgrund. Sich in und mit diesem Gefühl bekennend an einen Nachbarn wenden zu können, ist Gesprächs- und Lebenskompetenz in seltener Ausformung. Beide Seiten, die sprechende und die zuhörende, bewiesen Gesprächs- bzw. Kommunikationskompetenz.

Dass das Geschichtsbewusstsein meiner Generation und Kohorte „Gift" enthalten hat oder immer noch Gift enthalten könnte – Unverträgliches, Unverdauliches, Unauflösliches -, das ist wissenschaftlich bisher nicht bewusstseinsfähig.


## 10.4 WARNUNG VOR DIFFUSER BEGRIFFLICHKEIT

„Worauf lässt sich dann noch rekurrieren, wenn es keine stolze Selbsterhöhung im Verhältnis zu anderen mehr sein kann, die der eigenen Identität Lebenskraft gibt? fragt Jörn Rüsen in einem Beitrag über *Europäische Identitätsbildung durch Kultur,* und er antwortet: „Die einzige Antwort, die ich darauf geben kann und für die sich auch zukunftsfähige kulturelle Traditionen Europas und des Westens namhaft machen lassen, ist *ein humanistisches Verständnis des Menschen*: Die kohärenzverbürgende Größe unserer

Identität ist unser Menschsein." (Es folgt ein Fußnotenverweis auf eine Publikation von Nida-Rümelin.)[71]

Das klingt beim ersten Lesen plausibel, entbindet jedoch nach einigem Nachdenken etliche Fragen. Ich jedenfalls frage mich, ob der Verzicht auf die „stolze Selbsterhöhung im Verhältnis zu anderen" nicht durch eine andere Selbsterhöhung ersetzt wird, nämlich durch die eines „humanistischen Verständnisses des Menschen" im Rahmen einer (wie auch immer gestalteten) „europäischen Identitätsbildung". Bekanntlich wird dieses Verständnis weltweit massiv in Zweifel gezogen, nicht zuletzt wegen der abominablen Vergangenheit (Kolonialismus, Nationalsozialismus), die der edlen Absicht Hohn spricht.

Wie kann „unser Menschsein" im Angesicht der Geschichte Identität verbürgen? Vergessen wir nicht den uns umgebenden und tragenden realgeschichtlichen Kontext. Gerade das Menschsein wurde den Juden während des Nationalsozialismus millionenfach abgesprochen. Primo Levi (*Ist das ein Mensch?*), ein Überlebender, erinnert sich, wie Häftlinge nach der Befreiung durch kleine Gesten der Menschlichkeit nach und nach wieder in Menschen verwandelt wurden. Vorher waren sie Dinge und Nummern, für die „Herrenmenschen" belanglos und überflüssig, nützlich allenfalls als Arbeitssklaven bis zum Tod durch Erschöpfung. Levi definiert (a.a.O., S.246): „Mensch ist, wer tötet, Mensch ist, wer Unrecht zufügt oder erleidet; kein Mensch ist, wer jede Zurückhaltung verloren hat und sein Bett mit einem Leichnam teilt. Und wer darauf gewartet hat, bis sein Nachbar mit dem Sterben zu Ende ist, damit er ihm ein Viertel Brot abnehmen kann…"

Die Sicht der Opfer über ihre eigene Entmenschung wird bestätigt durch die Auffassung zahlreicher Täter, von denen nur einer zitiert werden soll, der sich einem Überlebenden gegenüber drastisch-obszön wie folgt äußerte: „Sie waren doch kein Mensch, nicht wahr, das waren Sie doch nicht in dem Sinn. Sie waren eine Nummer."[72]

Begriffe entwickeln schnell eine Eigendynamik, in der die schwierige Realität verschwindet oder ihrer eigenen Schwere enthoben wird. Ich ahne, was Rüsen, ins Positive gewendet, möglicherweise gemeint hat (und hier müsste das Gespräch mit Rückfragen ansetzen), kann aber im subjektiven, geschichtlich-lebensgeschichtlichen Rückblick nicht verifizieren, was die höchst allgemeinen Aussagen anzudeuten scheinen. Rüsen argumentiert mit Begriffen, in die er keinen durch Erfahrung gestützten Einblick gewährt. Schon das rhetorische, die persönlichen Differenzen ausblendende „Wir" ist riskant. Mit diesem „Wir" und dem gleichzeitigen emphati-

---

[71]  Rüsen in Jan-Patrick Bauer u.a. Hrsg. 2008, S. 370 (Hervorhebungen im Original).

[72]  SS-Arzt Dr. Münch zu Dagmar Ostermann, einer Auschwitz-Überlebenden, in einem von Bernhard Frankfurter arrangierten Gespräch, zitiert bei Reemtsma 2002, S. 117.

schen Bezug auf ein „humanistisches Verständnis des Menschen" ist jeder Täter-Enkel erst einmal auf der sicheren Seite. Könnte und würde ein Nachfahre der Holocaust-Opfer in dieses „Wir" einstimmen?

Vor diffusen Begriffen ist zu warnen, wenn es um Risse, Abgründe oder Gift-ablagerungen im Geschichtsbewusstsein geht, auch und gerade dann, wenn dieses der Zukunft zugewandt ist.

Was in der schriftlichen Formulierung erklärungsbedürftig bleibt, könnte und sollte im Gespräch Gestalt annehmen: Hier ist nicht die ganze Mensch-heit das Wichtigste, sondern die Notwendigkeit, als Mensch erkenntlich zu sein und den eigenen moralischen Anspruch *glaubwürdig* zu vertreten. Das wird besonders im Bereich der politischen Machtkämpfe immer wieder un-terlaufen und in Frage gestellt.

Geschichtsbewusstsein ist Konfliktbewusstsein, nicht nur aber eben auch, und zwar unausweichlich. Ein von Konflikten gesäubertes Geschichts-bewusstsein, eine dementsprechend planierte Erzählung sowie das Surfen auf der abgehobenen Ebene von Begriffen verstärken die Macht des Unbe-wussten, anstatt diese zukunftsfähig zu mindern.

# 11. „Todestrieb" und dissoziative Strukturbedingungen

> „Die Logik der Geschichte ist so destruktiv
> wie die Menschen, die sie zeitigt: Wo immer
> ihre Schwerkraft hintendiert, reproduziert sie
> das Äquivalent vergangenen Unheils."
> *Adorno*, Minima moralia, Erster Teil, 33. Text
> (a.a.O., S. 65)

## 11.1 FREUDS UMSTRITTENE ERWEITERUNG DER TRIEB-THEORIE

Freuds Todes- und Destruktionstrieb, ein relativ spät erarbeiteter Theorie-baustein, der von Anfang an umstritten war (vgl. im Überblick Laplanche und Pontalis), ist biologistisch konnotiert und in dieser Form praktisch un-brauchbar für Recherchen und Reflexionen zu Geschichte und Geschichts-bewusstsein. Wann immer Freud den Todestrieb empirisch plausibel zu machen suchte, waren es Sachverhalte aus dem Tierreich, mit denen er sei-nen Theoriefund zu bestätigen suchte. Bei niederen Tieren, so argumentierte er zum Beispiel, falle der Tod mit dem Zeugungsakt zusammen. „Diese Wesen sterben an der Fortpflanzung, insofern nach der Ausschaltung des Eros durch die Befriedigung der Todestrieb freie Hand bekommt, seine Absichten durchzusetzen." Freud, *Das Ich und das Es*, Bd. III, S. 314.

Von einer derartigen Sicht führt kein Weg ins Geschichtliche. Ein biolo-gisch-anthropologisch postulierter Todestrieb, was immer man psychoanaly-tisch von ihm halten mag, erklärt realgeschichtlich nichts, aber auch gar nichts, und er entzöge darüber hinaus als *naturhaftes Geschehen* alle histori-schen Vorgänge, die Untergang, Vernichtung, massenhaftes Töten und Ster-ben dokumentieren, der historisch-menschlichen sowie politisch-ethischen Zuständigkeit, ohne die jegliches Geschichtsbewusstsein implodieren würde, auch und gerade im Hinblick auf den Holocaust.

Die deutlichste Kritik am biologistisch begründeten „Todestrieb" kommt im psychologisch-fachinternen Diskurs von den Selbstpsychologen (Hart-mann u.a. 2007).

War Freud ein Gefangener seiner eigenen Triebtheorie so etwa wie Phi-losophen und Historiker zu Gefangenen ihrer Kategorien und Methoden werden können? Musste für die dem Lebens- und Lustprinzip entgegen ge-setzten Tendenzen gleich ein neuer Trieb ermittelt werden? Hätte eine her-meneutisch weniger umfassende Kennzeichnung nicht genügt? „Das Ziel alles Lebens ist der Tod", schrieb Freud, „und [chronologisch] zurückgreifend: Das Leblose war früher da als das Lebende." Freud, *Jenseits des Lustprinzips*, Bd. III, S. 248.

In diesem Satz sind *Ziel* und *Ende* Synonyma, doch das ist sprachlich irreführend. Das Ziel einer Wanderung ist nicht unbedingt auch sein Ende. Der Tod als biologisch unausweichliche Tatsache ist mein Lebens*ende*, aber nicht mein Lebens*ziel*, das in je eigener Konstellation (vgl. 7. Kap. über entwicklungspsychologische Stufenfolge) mehr enthält als das biologisch Materielle. Sicherlich war das Leblose früher da als das Lebende, aber was sagt dieser Satz über unser Geschichtsbewusstsein aus? Weniger als nichts.

Freuds Todestrieb, der auf sein Ziel losstürmt und nur zögerlich sowie im Ganzen unwirksam von den Lebenstrieben aufgehalten wird, gebärdet sich wie ein Jungianischer Archetyp, der nicht als reale Geschichtskraft, sondern als Spuk in unseren Köpfen sein Unwesen treibt und dementsprechend zu analysieren ist.

Wenn ich den Todestrieb trotzdem programmatisch in die Kapitelüberschrift aufgenommen habe, dann ist das

- erstens dem geschichtsbewusst ausgeleuchteten Hintergrund der abendländischen Ideengeschichte geschuldet, die von Polarisierungen und Destruktivitäten aller Art durchzogen, wenn nicht sogar determiniert ist (Freund-Feind, Geist-Körper, Engel-Teufel, Himmel-Hölle, Vergegenständlichung des Bösen usw.) und somit einen Auftritt des Todestriebes als Gegenspieler der Lebenstriebe (Thanatos contra Eros) im naturwissenschaftlich fixierten Denkhorizont Freuds förmlich nahe gelegt hat, zumal nach dem Ersten Weltkrieg; denn –
- zweitens: die Neigung oder das Bedürfnis der Menschen, (bzw. nach Freud) „der Trieb zum Hassen und Vernichten"[73] ist tatsächlich nicht zu übersehen, im Gegenteil: Er dominiert die Weltgeschichte bis heute, verlangt aber nach weiteren multifaktoriellen Erklärungen, die den monolithischen Zuschnitt des Todestriebes relativieren. In entdogmatisierter Form, als Konstrukt, eröffnet der Todestrieb durchaus aufschlussreiche Perspektiven.

Möglicherweise stellte Freud mit dem Todestrieb eine wenn auch nur lose Verbindung zu jenen verdrängten Persönlichkeitsdimensionen her, die eben nicht naturwissenschaftlich, sondern durchaus romantisch-künstlerisch strukturiert waren (Wirth 2001). Nehmen wir den Todestrieb, dessen spekulativen Charakter Freud an

---

[73] In einem Brief an Freud schrieb Einstein (*Warum Krieg?* S. 19), dass im Menschen eine *Bedürfnis* lebe, zu hassen und zu vernichten. Freud machte aus diesem Bedürfnis, wie im Zitat angedeutet, den Trieb schlechthin, eine inhaltlich nicht unerhebliche sprachliche Verschiebung. Der *Trieb* ist biologisch nicht zu beseitigen, das Bedürfnis wäre gesellschaftlich zu beeinflussen – für das Geschichtsbewusstsein ein wesentlicher Unterschied!

einigen Textstellen bewusst einräumte, als psychoanalytischen *Mythos*: Das ist gar nicht so weit von Freuds Selbsteinschätzung entfernt, wie aufgrund mehrerer Textstellen zu vermuten ist.

„Vielleicht haben Sie den Eindruck, unsere Theorien seien eine Art Mythologie, nicht einmal eine erfreuliche in diesem Fall. Aber läuft nicht jede Naturwissenschaft auf eine solche Art von Mythologie hinaus? Geht es Ihnen heute in der Physik anders?" Freud, *Warum Krieg*, Band IX, S. 283.

Mit großer Wahrscheinlichkeit war der in Einstein vermutete Zweifel an der Todestrieb-Theorie auch in Freud selbst wirksam. Den Zweifel suspendierte Freud rhetorisch geschickt, indem er fragend behauptete, dass doch jeder Naturwissenschaft, also sowohl der Physik als auch der Psychoanalyse, eine Art von Mythologie eigen sei.

Mythologie *oder* Naturwissenschaft? Das scheinbar unversöhnliche „oder" verwandelt sich rasch in ein „und", wenn wir die Frage nach der wissenschaftssystematischen Zuordnung auf sich beruhen lassen und uns der beobachtbaren Realität des Todes zuwenden.

Freud ist am 23. 9. 1939 mit Hilfe seines Arztes Max Schur nach langer quälender Krankheit gestorben. Auschwitz als Vision schwirrte zu der Zeit schon durch den Äther, hatte aber das Denken und Handeln der Zeit noch nicht voll erfasst. Ein Jahr später, am 27. 9. 1940, nahm sich Walter Benjamin, ein anderer für unser Thema wichtiger Autor (Kraushaar 1988), auf der Flucht vor den Handlangern des Faschismus, das Leben. Auschwitz war in spürbare Nähe gerückt. Wahrscheinlich hat der Freitod Benjamin vor der Vernichtung in Auschwitz bewahrt. Sterbehilfe und Freitod bestätigen nicht den Todestrieb, sondern im Gegenteil: das Verlangen nach Leben, nach gutem Leben, auch und gerade dann, wenn dieses keine Aussicht mehr hat. Wahrscheinlich kämpfte auch Freud im Unbewussten gegen diese Verdüsterung des Lebens an, als er sich von der Todestrieb-Hypothese faszinieren ließ (etwa ab 1920). Mit der spekulativen Einfügung des Todes in die Triebtheorie konnte zwar nicht der Tod überwunden werden, aber die *Todesangst*, mit der Freud in verschiedenen Ausprägungen lebenslang zu kämpfen hatte (Schur 1982).

Nun zum Anregungspotenzial des Todestrieb-Konstruktes in realgeschichtlicher Perspektive.

## 11.2 PHYLOGENETISCHE KURZSICHTIGKEIT MIT MÖGLICHEN TODESFOLGEN – ZU EINIGEN VORGÄNGEN DER REALGESCHICHTE

Realgeschichtlich-retrospektiv fallen den geschichtskundigen LeserInnen sofort die zum Teil selbst verschuldeten Untergänge von Kulturen und Gesellschaften ein, über die Jared Diamond ein materialreiches, gut recherchiertes Buch geschrieben hat. Die großen Mittelmeer-Kulturen, allen voran das antike Griechenland und das Römische Imperium, existieren schon lange nicht mehr, und die große Frage war und ist, was ihren Niedergang und Untergang bewirkt haben mag. Einen Todestrieb als *Erklärung* anzunehmen, hieße das historische *Denken* still zu legen, bevor es überhaupt in Bewegung gekommen ist.

Gibbon gibt am Ende seines monumentalen Werkes, 71. Kapitel, vier Gründe für den Niedergang des Römischen Reiches an: 1. Verwüstungen durch Zeit und Natur (u.a. Überflutungen der Stadt durch den Tiber); 2. feindliche Angriffe der Barbaren und der Christen (u.a. Plünderung Roms durch die Vandalen 455); 3. Gebrauch und Missbrauch der Naturgüter (u.a. Zerstörung von Marmor-Kunstwerken zur profanen Verwendung als Baumaterialien); 4. Streitigkeiten der Römer untereinander. Den letzten Punkt hält Gibbon für den wichtigsten, und er kommentiert ihn dementsprechend ausführlicher als die anderen drei Gründe (Gibbon 1998, S. 1041 ff.). Für den Untergang des Römischen Reiches im Westen (476, Absetzung des letzten römischen Kaisers durch Odoaker) macht er die Maßlosigkeit der Größe verantwortlich („the inevitable effect of immoderate greatness": Gibbon 1993, Bd. 4, S. 119), man könnte auch kurz sagen: der Größenwahn war es, der die Selbstauflösung verursachte.

Sehen wir uns für die bis zur Selbstzerstörung gehende Unfähigkeit der Menschen zum konstruktiven Miteinander ein weiteres Beispiel an, das das eben eingeforderten historisch-soziale Nachdenken mit besonderem Stoff versieht: die Osterinseln, im Pazifik gelegen, 3700 km vom südamerikanischen Festland entfernt.

Rapa Nui, wie die Ureinwohner sowohl ihr Land als auch sich selbst bezeichnen, muss einst ein blühendes Eiland gewesen sein; „Pollenanalysen haben ergeben, dass auf der Insel einst die größten Palmen der Welt wuchsen" (Thomas Schmid 2006). Doch von der Pracht ist nichts geblieben. Als die ersten Seefahrer, von Europa kommend, die Insel entdecken und betreten, sind sie verblüfft über den Kontrast zwischen der Kärglichkeit der Insel und ihrer Bewohner auf der einen Seite und den massiven Stein-Statuen, vier bis sechs Meter hoch, fast 900 an der Zahl, die über die ganze Insel verstreut sind und offenbar seit Jahrhunderten unbewegt ins Meer schauen. Wie ist es zu dieser Dissoziation gekommen?

*Abb. 5*: Stein-Statuen auf einer der Oster-Inseln

Die häufigste Antwort, die auch für den hier entfalteten Argumentationszusammenhang wichtig ist, lautet: Die Inselbewohner haben ihr Land ökologisch selbst zerstört, indem sie den Wald abholzten und den Boden dadurch der Erosion preisgaben. Das Holz brauchten sie zum Transport der aus dem Fels gemeißelten Statuen, für Kanus und als Feuerholz zum Verbrennen von Leichen. Eine neuere Erklärung macht vor allem Ratten, die von den polynesischen Einwanderern eingeschleppt worden seien, für den Kollaps des Öko-Systems verantwortlich. Doch das muss hier als ein den Raubbau verschlimmernder Sachverhalt nicht genauer recherchiert werden, zumal eine objektive Gewichtung der einzelnen Faktoren kaum möglich sein wird. Es genügt festzustellen, dass – erstens – von der früheren Kultur der Rapa Nui aufgrund einer ungebremsten kulturellen Eigendynamik kaum noch etwas geblieben ist und dass – zweitens – die Weltgeschichte überreich ist an Untergängen vergleichbarer Art, wie Diamond sachkundig und stilistisch gewandt nachweist.

Als ein Faktor, der den kulturellen Niedergang auf der Osterinsel beschleunigte und besiegelte, ermittelte Diamond nach aufwendigen Recherchen und vergleichenden Reflexionen auch den Machtkampf konkurrierender Sippen, die sich mit dem Bau von immer größeren Statuen zu übertreffen suchten und parallel dazu die Statuen der anderen umkippten, damit sie zerbrachen. Dieser am Ende selbstmörderische Konkurrenzkampf war und ist nicht der einzige seiner Art. Man sehe sich zum Beispiel als Tourist die Geschlechtertürme in San Giminiano (Italien) an, und man führe sich die Wirtschaftsmacht demonstrierenden Türme in einigen Weltstädten sowie das Wettrüsten zur Zeit des Kalten Krieges vor Augen. Diamond, der global denkende Weltreisende, benennt weitere Parallelen, die Anasazi und die Maya, und schreibt (S. 223 f.): „Wie die Häuptlinge der Osterinsel, die immer größere Statuen errichteten und am Ende noch mit den *pukao* krönten [pukao = Zylinder aus Rotschlacke, der möglicherweise – die Bedeutung ist nicht eindeutig geklärt – einen Hut aus Vogelfedern darstellen sollte], oder wie die Herrscher der Anasazi, die sich mit Halsketten aus 2000 Türkisperlen schmückten, so wollten auch die Mayakönige sich mit immer größeren, eindrucksvolleren Tempeln gegenseitig übertreffen."

Verallgemeinernd zusammengefasst: Anstatt sich um das nicht mehr gesicherte gemeinsame Überleben zu kümmern, konzentrieren sich rivalisierende Menschenkollektive unter Anleitung ihrer Häuptlinge auf die Ausschaltung des Gegners: Das ist kein unausweichlicher Todestrieb im Sinn Freuds, sondern phylogenetische Kurzsichtigkeit mit möglichen Todesfolgen.

## 11.3 UNTERGÄNGE IN DEN GRENZEN DER VERGANGENHEIT – GEFAHREN IN DER GLOBALISIERTEN GEGENWART

Im Hintergrund des folgenden Abschnitts steht die geschichtsdidaktisch oft erörterte Frage, ob oder inwiefern wir bereit und fähig sind, aus Geschichte zu lernen. Gegenwartsbezüge im Hinblick auf Geschichte sowie – umgekehrt – Geschichtsbezüge des um Gegenwartserkenntnis bemühten Denkens standen im Mittelpunkt meiner ersten wissenschaftlichen Publikationen.

Sehen wir auf die Untergänge der Vergangenheit zurück, drängt sich die Frage auf, ob die Gegenwart nicht in ähnlicher Weise von Untergängen bedroht ist. Ein Vergleich mit diesen Inhalten hat spekulativ-essayistischen Charakter, doch er ist im Rahmen der Thematik dieses Buches schwer zu vermeiden, da das historisch-politische Bewusstsein weniger der Überich-Zensur durch die empirischen Wissenschaften als vielmehr dem psychoanalytisch gestärkten Ich und damit der Überwindung von Ängsten verpflichtet ist.

Die große psychohistorische Gefahr in unserer globalisierten Gegenwart besteht darin, dass die historisch gleichsam aufgestauten Struktur*bedingungen* als alternativlose „Sach*zwänge*" akzeptiert werden und damit das Handeln bestimmen. Das bedeutet u.a., dass

- die Destruktivität des Zusammenspiels von Zivilisationsprozess und Kapitalismus verdrängt und das Denken in Alternativen schon im Ansatz unterdrückt wird;
- die Folgen des eigenen Tuns ausgeblendet und der rechtzeitige Ausstieg aus dem verhängnisvollen „Fortschritt" verpasst werden;
- der eigene Statusvorteil über die gemeinsame Vernunft gestellt und effektive Kursänderungen, die Verzichtleistungen erfordern würden, verhindert werden.

Rufen wir uns einige Elemente der alle Lebensbereiche bedrohenden Destruktivität des Zivilisationsprozesses in Erinnerung. Sie manifestieren sich u.a.

- als atomare Bedrohung und ansteigende Waffenproduktion, die gewaltige Summen verschlingen und der Kulturarbeit damit entziehen;
- als skandalös ungleiche Verteilung der Weltressourcen, die den einen Überfluss und den anderen Hunger bis zum Hungertod beschert;
- als blindwütige Steigerung von Zivilisationsgütern (Autos, Flugzeuge, Kraftwerke, Elektrogeräte, Kommuniktionsmedien usw.), die Gesundheitsschäden verursachen und das Weiterleben in vielfältigen Lebensbereichen gefährden (Waldsterben, Verschmutzung der Luft und der Ozeane, Klimakatastrophe);
- in systembedingten Entwicklungen des Kapitalismus, die der Kontrolle entgleiten und materielle Gewinne vernichten (2008/09: sogenannte Bankenkrise).

Man kann angesichts derartiger Tatbestände, die hier nur angetippt werden können, wie schon gesagt, nicht von einem der Menschheit innewohnenden Todestrieb sprechen; das ist ja nicht einmal klinisch im Hinblick auf einzelne Menschen gerechtfertigt und nachweisbar. Man kann aber das Umkippen dissoziativer Struktur*bedingungen* in nahezu suizidale Struktur- und System*zwänge* ausmachen, die über Jahrhunderte gefestigt wurden und Tötungen in verschiedensten Variationen – vom sozialen Aushungern bis zum Genozid – nicht nur zulassen, sondern wie eine Unausweichlichkeit der Natur einfordern.

Psychohistorische Protobelege für das Umkippen von Strukturbedingungen in destruktive, vom Hass angetriebene dissoziative Struktur"zwänge" ließen sich in großer Zahl beibringen. Ich nenne hier nur die Geschichte des

Rassismus, die in jedem Jahrhundert neue Kapitel schreibt. Zwar ist inzwischen (November 2008) ein Schwarzer zum Präsidenten der Vereinigten Staaten gewählt worden. Die Geschichte der rassistischen Feindseligkeiten und Verachtungen ist damit aber nicht beendet, wie ein Blick in die Tageszeitungen, aber auch in die Schulbücher lehrt. Wenn zum Beispiel über aussterbende indigene Völker berichtet wird, dass diese sich „immer noch" auf der Stufe der Steinzeit befänden, so ist dieses „immer noch" symptomatisch und verräterisch. Es verweist auf die im Hintergrund wirkende Ideologie, in der der europäische weiße Mann als Maßstab des richtigen Menschseins fungiert.

Meine intellektuellen, emotional aufgeladenen Vorbehalte gegen den Begriff Todestrieb haben einen real- und lebensgeschichtlichen Hintergrund, dessen Bedeutung mit ihren mannigfaltigen Verästelungen mir erst jetzt ganz bewusst wird, obwohl die Fakten als solche, sowohl im Bereich des Lebensgeschichtlichen als auch im Bereich der allgemeinen politischen Geschichte, schon lange bekannt sind. Als das Hitler-Reich, für alle spürbar, dem unausweichlichen Ende entgegenging, durchzog eine Selbstmord-Welle das Land. Angst vor der Rache der bis dahin Maltraitierten und Angst vor den Siegern (vor allem den Russen), Aussichtslosigkeit nach dem Zusammenbruch des Gewaltsystems, dem man bedingungslos gedient hatte, Scham, Verzweiflung und psychotische Desorientierung waren Antriebsfaktoren dieser Welle, die auch in meiner Familie ihre Wirkungen zeitigte, wie ich später erfuhr. Der Vater, ein Mann der Waffen-SS in den unteren Dienstgraden, war aus einem Sammellager bei Flensburg geflohen und konnte sich seines Lebens nicht mehr sicher fühlen, auch wenn er die eintätowierten SS-Runen an den Innenseiten der Oberarme ausgebrannt hatte; die Narben waren ja zu sehen. Der Mutter hatte er eine Pistole gegeben – für Fall einer drohenden oder gar vollzogenen Vergewaltigung. Sollte sie auch uns Kinder erschießen – vorher, nachher?

Was kriegte ich als Sechsjähriger mit? Was ahnte ich? Was teilte sich mir emotional mit? Ich weiß es nicht und will es auch nicht mehr wissen. In dem hier entworfenen Gedankenzusammenhang genügt die Feststellung, dass der Todestrieb *als Todesdrohung* kein belangloses Thema für mich ist. Die Dekonstruktion des Todestrieb-Konzeptes auf der luftigen Höhe begrifflicher Abstraktionen hilft mir, die suizidal-depressive, unheimliche Stimmung von damals hinter mir zu lassen.

## 11.4 BEGRIFFE IM WIDERSTREIT

## 11.4.1 TODESTRIEB UND KOLLAPS

Die beiden Begriffe, Todestrieb und Kollaps, die ein und denselben historischen Vorgang bezeichnen könnten, verdeutlichen noch einmal die Schwierigkeit, psychoanalytisches und geschichtliches Denken miteinander zu verbinden. Ein Kollaps ist etwas anderes als ein Trieb. Ein Kollaps kennt keinen
inneren Instinkt, der ihn naturhaft, sozusagen automatisch antreibt, er „ergibt
sich" vielmehr aus dem Zusammenwirken mehrerer Faktoren, wie am Beispiel eines Kreislauf-Kollapses medizinisch genauer erläutert werden könnte.
Ein Kollaps kann durch geeignete Gegenmaßnahmen verhindert werden. Ein
Trieb ist in seinem Wirken dagegen autonom und durch Gegenmaßnahmen
vielleicht abzuschwächen, aber nicht grundsätzlich zu eliminieren.

Die Differenzen werden hier nicht künstlich überbrückt, sondern als er-
kenntnisfördernde Spannung genutzt. Es ist ja die Frage, ob die Osterinsel-
Bewohner (stellvertretend für etliche andere Gesellschaften skizziert) den
eigenen Untergang unbewusst billigend in Kauf genommen haben oder ob
sie aus abergläubischer Dummheit in ihr Unglück gestolpert sind. Dem spekulativen Grundzug des Todestriebes entsprechend darf hier spekuliert werden, ob die Liebe zum Toten nicht die Liebe zum Lebendigen erdrosselt hat.
Unter der bezeichnenden Überschrift *Warnung an die Welt* hat *Die Zeit*
kürzlich eine ebenso lebendige wie kenntnisreiche Reportage über die Oster-
inseln veröffentlicht (Koch 2009).

Auch die Liebe zum Toten, die im Werk Erich Fromms eine große Rolle
spielt, wäre etwas anderes als der Todestrieb. Tatsächlich wirken die libidinöse Bindung an Totes, an seelenlose Mechanik, an pomphafte Größe, die
nur sich selbst gelten lässt, stark auf das historisch-politische Bewusstsein
unserer Zeit ein. Doch Lebendiges und Totes sind nicht nur materiell zu erfassen, sondern auch als antagonistische Gefühlskonstellationen zu erkennen; sie haben ihre Entsprechungen im Geschichtsbewusstsein und kommen
in der psychoanalytischen Diagnostik zur Geltung (Ogden 1998). Die Spannung zwischen Lebendigkeit und Totsein ist für eine Beurteilung des Geschichtsbewusstseins konstitutiv.

## 11.4.2 TODESTRIEB UND „PATHOLOGISCHES LERNEN"

Der Ausdruck „pathologisches Lernen" findet sich in Christian Meiers Studie über Athens „langen Weg in den Zusammenbruch". Er bringt die Unfähigkeit der Griechen auf den Punkt (insbesondere aber die Unfähigkeit der
Führungsschichten), Lebens- und Handlungsformen zu entwickeln, mit

denen die neuen politisch-gesellschaftlichen Herausforderungen hätten bewältigt werden können. Der Begriff Lernen verweist so oder so, kollektiv und individuell, auf Bewegung und nicht auf Festlegung. Im Unterschied zum Begriff „Bildung", der einen Prozess, aber auch ein Ergebnis benennt, gibt es keinen Begriff „Lernung", obwohl gerade das Deutsche solche Begriffsbildung sehr liebt. Lernen ist immer Prozess, Entwicklung, Veränderung, im Guten wie im Schlechten.

Zum realgeschichtlichen Vorgang des pathologischen Lernens im antiken Griechenland einige Stichworte, wir erinnern uns: Nach kurzer Einigkeit der griechischen Staatstaaten im Peloponnesischen Bund, der zur Abwehr der Perser gebildet wurde (Seesieg der Athener bei Salamis, 480), brechen innergriechische Konkurrenz- und Hegemoniekämpfe wieder aus (Peloponnesischer Krieg, dargestellt von Thukydides) und dezimieren soziale, politische und materielle Ressourcen. Perikles als charismatische Führungspersönlichkeit, der alle kreativen Kräfte in sich bündelt, findet keinen Nachfolger (Tod 429 an der Pest). Sein Neffe Alkibiades, leichtfertig und maßlos ehrgeizig, wird zum Tod verurteilt und stellt sich (vorübergehend) in den Dienst Spartas. Parteienstreit, Egoismus und gesellschaftliche Desintegration bestimmen die Politik. Anstatt die Kräfte im eigenen Innern zu bündeln, versuchen die Athener, die Seeherrschaft im Mittelmeer durch eine Eroberung Siziliens zu erweitern. Die sizilischen Expeditionen (415-413) enden mit einer katastrophalen Niederlage. Die eigenen Kräfte wurden total überschätzt; die Überspannung der Kräfte ist eine Hauptursache des Niedergangs nach Meier. Ein kennzeichnendes Symptom für das Auseinanderbrechen des gesellschaftlichen Zusammenhalts ist der Prozess gegen Sokrates, dem vorgeworfen wird, dass er die Jugend verderbe und nicht an die Götter glaube. Er wird zum Tode verurteilt (399).

Im Fortgang des pathologischen Lernens werden Verhaltensformen und Maßnahmen gepflegt, die sich für den Erhalt der Gemeinschaft und ihre weitere Entwicklung im Grunde als untauglich erwiesen haben. Die Söhne imitieren blind, was sie bei ihren Vätern gesehen haben und was vordergründig „Erfolg" gehabt haben mag. Auch Gibbons Geschichte über den Verfall des Römischen Reiches besteht nicht zum kleinsten Teil aus Lernformen transgenerationeller Pathologie, die sich in verschiedenen Wirkungskreisen ausbreitete. Unter den Prätorianern wurde es beispielsweise fast zur Gewohnheit, unliebsame Kaiser einfach zu ermorden und einen Nachfolger auf den Thron zu heben, der den Eigeninteressen der Prätorianer (Schenkungen, Vorrechte) besser zu dienen versprach.

Geschichtsanalytisch-selbstreflexiv ist bei diesem Thema die Frage im Auge zu behalten, inwiefern wir den Krieg und die Gewalt, das Töten und Vernichten, als unabwendbares Schicksal verinnerlicht haben und insofern gedankenlos fortsetzen, unter anderem durch Verherrlichung eben jener

Zeiten, in denen Gewalt ihre Triumphe feierte. Die fast einhellige publizisti-sche Bewunderung für die „Blütezeit Athens unter Perikles" galt ja nicht nur der für die damalige Zeit unüblichen „Isonomie" (Gleichheit, Gleichberech-tigung), sondern auch der Verherrlichung von Macht, kultureller Pracht und militärischer Stärke, die in der Regel aber nicht weiter thematisiert wird, mithin un- oder zumindest vorbewusst bleibt. Dass die Griechen das Abend-land vor den aus dem Osten anstürmenden Persern gerettet haben, gereichte ihnen vor allem in Zeiten des Kalten Krieges zu höchster Anerkennung, die auch bei Meier durchschimmert. Freiheit der Griechen und des Westens auf der einen Seite gegen persisches Barbarentum und bolschewistischen Osten auf der anderen Seite: Es ist schwer sich dieser Vision von „mythischen Kämpfen" (Meier 1993, S. 289) zu entziehen. Das idealistische Selbstbild der attischen Demokratie, wie es uns mit der Leichenrede des Perikles ent-gegengehalten wird (Thukydides über das erste Kriegsjahr, Abschnitte 34 ff., S. 76 ff.) und dann von Althistorikern fern jeder Dekonstruktion gefeiert wird, spiegelt im Grunde schon die ungeheure Selbstheroisierung bei gleich-zeitigem Ausblenden aller gesellschaftlichen Strukturschwächen, die hinter den Barrieren des Zeitgeistes verborgen blieben.

„Der Krieg (gr. pólemos) ist der Vater aller Dinge, aller Dinge König, die einen er-weist er als Götter, die anderen als Menschen, die einen zu Sklaven, die anderen zu Freien." Aus diesem Heraklit-Diktum (Heraklit, vorsokratischer Philosoph, 550-480 vor Chr.) wird bezeichnenderweise meistens nur der erste Teil zitiert. Unbe-rücksichtigt im trivialen Geschichtsbewusstsein bleibt auch die Frage, welche Be-deutungen im griechischen Wort *pólemos* stecken. Man könnte *pólemos* wohl auch als Streit oder Auseinandersetzung übersetzen, was einen ganz anderen Sinn ergibt. Sicherlich gehören Auseinandersetzungen ins Zentrum eines kritischen Geschichts-bewusstseins, sie sind aber auch kein Selbstzweck. In dem Maße, wie sie anderes verdrängen, unter anderem die empathische Beziehungsaufnahme, verformt sich auch die Auseinandersetzung zum unproduktiven Gezänk, das zum Toten gehört und in die allgemeineren dissoziativen Strukturzwänge eingeht.

In dem Maße, wie die Subjekte des Geschichtsbewusstseins, vor allem in kollektiven Zusammenhängen, das Hassen und Vernichtenwollen nicht in sich selbst erkennen und hier bekämpfen, sondern nach außen projizieren, in dem Maße entsteht ein pathologischer destruktiver Selbstlauf, der unaufhalt-samen, triebhaften Charakter zu haben scheint.

## 11.4.3 „WIEDERHOLUNGSZWANG" UND „KLEBRIGKEIT" DER LIBIDO

Wiederholungszwänge in klinisch-psychoanalytischen Sinn können sich ergeben, wenn eine lebensgeschichtlich-persönliche Situation oder Konstellation die Ich-Kräfte überfordert hat (vgl. Traumatisierung), was in frühen Lebensjahren häufiger vorkommt als in späteren, reifen Lebensabschnitten, in denen das Ich für die Bearbeitung der Überforderungen über stärkere Kräfte verfügt. Getrieben von der Unbewussten Hoffnung, die Konfliktsituation bewältigen oder gar überwinden zu können, kehrt der oder die Betroffene sozusagen immer wieder in die bedrückende Konstellation zurück. Doch die Unbewusstheit verhindert genau das, was erreicht werden soll. Anstatt, um ein konkretes Beispiel anzudeuten, Überforderungen im Alltag zu vermeiden (etwa beim Sport, bei der Aneignung neuer Kompetenzen usw.) und so die unproduktive unbewusste Erinnerung an ein früheres Versagen hinter sich zu bringen, wird das Leben so eingerichtet, dass sich das Scheitern wiederholt und im Ganzen das Lebensgefühl entsteht „Ich bin ein Versager".

Für Freud hatte der Wiederholungszwang schicksalhaft-triebhaften, „dämonischen Charakter" (*Jenseits...*, S. 231, 233, 245). Der Wiederholungs*zwang* (nicht zu verwechseln mit dem Wiederholungs*prinzip*, etwa beim kindlichen Spielen) war Freud unheimlich, weil er das Lustprinzip einfach außer Kraft setzt und Unlustgefühle agiert anstatt zu verdrängen. Die Embryologie liefere uns „die großartigsten Beweise für den organischen Wiederholungszwang", lehrte Freud (in: *Jenseits des Lustprinzips,* Bd. III, S. 247) und bestätige damit die Annahme, dass alle Triebe, den Todestrieb also eingeschlossen, „Früheres wieder herstellen wollen" (ebd.).

Wie schon gesagt, erschließen sich auf der Ebene dieser biologistischen Mythologie keine Zugänge zum geschichtlichen Denken. Wir müssen nach anderen Begriffen Ausschau halten, wenn Psychoanalyse für die vertiefte Erklärung des Geschichtsbewusstseins nützlich sein soll. Ein solcher Begriff ist m.E. die „Klebrigkeit der Libido", auf die Freud in seinen *Vorlesungen zur Einführung in die Psychoanalyse* eingeht (Bd. I, S. 341). „Die Zähigkeit, mit welcher die Libido an bestimmten Richtungen und Objekten haftet," scheint mir nicht nur für individuelle Neurosen charakteristisch zu sein, sondern darüber hinaus für gesellschaftlich Konstellationen, in denen viele Menschen kollektiv gleichsam stecken bleiben, obwohl vom Verstand her eine Überwindung der Fixierung das einzig Richtige wäre. Als Beispiel aus der Geschichte sei die allgemeine Reliquiensucht des Mittelalters erwähnt, die auf ein noch weiter verbreitetes, bis heute wirksames Netzwerk von Irrationalitäten verweist. Den Knochen eines Heiligen als magischen Lebensschutz verwahren – das ist m.E. vom sexuell determinierten Fetischismus nicht so weit entfernt, wie es zunächst den Anschein hat.

Ein anderes Beispiel, das gut zum Themenkomplex Todestrieb passt, ist der Waffenfetischismus, der gesellschaftlich schon so manches Unglück verursacht hat (Amokläufe!) und besonders in den USA, in etwas schwächerer Form aber auch bei uns, in Deutschland, sein Unwesen treibt. Das Kleben der Libido an Waffen (ab und zu liest man von verrückten Waffen-Narren in der Zeitung) ist aber nicht nur individuellen Neurosen geschuldet; es wird durch die Waffen-Lobby planmäßig verstärkt, die den libidinösen Klebstoff sozusagen ständig produziert und „verbessert". Die Welt ist verrückt.

Die Fixierung oder „Klebrigkeit" der Libido geht „ weit über das Gebiet der Neurosen hinaus", erklärte Freud selbst (ebd., S. 342), ohne diesen Ausblick – wie leider üblich – durch Inhalte exemplarisch zu untermauern.

Sicherlich wäre es möglich, den psychoanalytischen Begriff des Wiederholungszwanges, der dem ansonsten so mächtigen Lustprinzip des Lebens im Wege steht, direkt auf Geschichte anzuwenden; denn an Ereignisabfolgen, die in fataler Weise ein zwanghaftes Wiederholen unbewältigter Konfliktsituationen und ein Beharren in alten Konstellationen dokumentieren, fehlt es ja nicht, denken wir nur an die Niederlage Deutschlands im Ersten Weltkrieg, die als politisch existenzielle Erfahrung eben nicht akzeptiert und integriert wurde, die kein Umdenken und keine Neuorientierung einleitete, sondern im Gegenteil den nächsten scheinbar verbesserten Anlauf sozusagen erzwang und dabei die vorübergehend erschütterten Leitbilder des Kriegshelden und der mächtigen Nation zu erneuter Wirkung drängte – mit einem Gesamtergebnis im Jahr 1945, das schlimmer war als die nationale Beschämung von 1919.

Auch die nordamerikanische Geschichte mit ihrem Vietnam-Trauma könnte zur Unterstützung einer Übertragung des Begriffs Wiederholungszwang ins Historisch-Politische heran gezogen werden. Doch sowohl die eine (deutsche) wie auch die andere (amerikanische) Ereignisabfolge illustrieren, wenn man sie im Ganzen untersucht, wie unergiebig es wäre, die komplexen Verflechtungen der historischen Ereignisse auf einen Nenner bringen zu wollen. Sicherlich übte der Mechanismus des Wiederholungszwangs auch politisch kollektiv seinen Einfluss aus. Aber es würde das Geschichtliche mit seiner Vielzahl an Wirkfaktoren bis zur Unkenntlichkeit einschnüren, wollte man den aus der individuellen Pathologie entnommenen Fachbegriff als historiographische Haupterklärung einfach übernehmen. Vor allem aber – und das ist hier das Wichtigste – würde das Geschichtsbewusstsein als kritische Instanz ihre Existenzberechtigung einbüßen und realgeschichtliche Alternativen ausblenden, uneingelöste Möglichkeiten der Vergangenheit, Versuche der Umorientierung, die es immer gab und die uns als Vermächtnisse für die Zukunft überantwortet wurden.

Während der Begriff Wiederholungszwang Alternativen nicht in sich aufnehmen kann, lässt der adhäsive Charakter der Libido die Möglichkeit der Veränderung, der Lösung immerhin zu. Das ist für das Geschichtsbewusstsein wesentlich.

Die Bezeichnung „Fixierung" sollte für pathologische Konstellationen vorbehalten bleiben, die ebenfalls auf psychohistorische Diagnosen warten. Was zum Beispiel der Kalte Krieg mit seinen Geheimdiensten und paranoiden Ängsten auf beiden Seiten hinterlassen hat, war eine regierungsamtlich und medial gewollte pathologische Fixierung, die längst nicht überwunden ist. Sicherheitswahn anstatt Umdenken bestimmt die Gegenwart.

## 11.5 TODESTRIEB UND LEBENSTRIEBE – EINE UNAUFHEBBARE SPANNUNG

Sowohl psychoanalytisch als auch geschichtsbewusst ist festzuhalten, dass es immer auch anders hätte kommen können (vgl. dazu den Freud-Text [Nr. 7] im Anhang), dass es vor allem auch anders hätte kommen *sollen* und dass es de facto oft auch anders gekommen ist, als fatalistische Prophezeiungen es vorausgesagt haben. Wenn im Geschichtsbewusstsein für diese *Reservatio mentalis* gegenüber der Realgeschichte kein Platz mehr ist, entfaltet der Wiederholungszwang tatsächlich seine volle Wirkung. In der unaufhebbaren Spannung von Lebenstrieben versus Todestrieb macht Freuds Todestrieb-Konzept durchaus Sinn. Eine Seite für sich allein genommen führt in die Irre. Dass der mentale Vorbehalt, es hätte auch anders kommen können, im Geschichtsbewusstsein keine Aufforderung zur illusorischen Stilisierung der Realgeschichte impliziert, versteht sich hoffentlich von selbst.

Sehen wir uns das Spannungsverhältnis noch einmal in einer Graphik an, die in die Verschachtelungen und Abstufungen, wie könnte es anders sein, eine vereinfachende, künstliche Ordnung bringt.

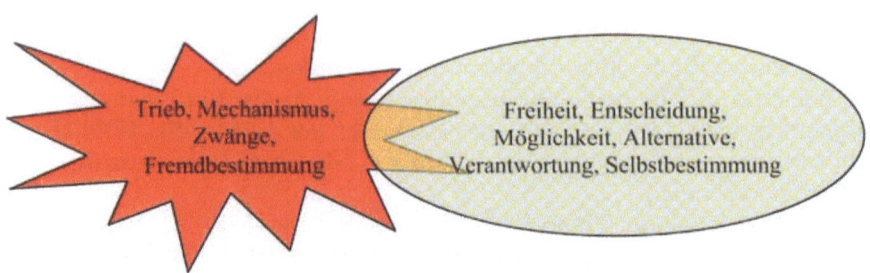

*Abb. 6*: Vereinfachende Darstellung der Spannung zwischen Lebenstrieben und Todestrieb.

In diesem als Schema vereinfachten Spannungsfeld agieren und reflektieren wir mit unserem Wollen und Wünschen, das, wie schon erläutert, im kritischen Geschichtsbewusstsein *neben* den objektivierenden Deutungen auf der Sachebene wahrzunehmen und zu berücksichtigen ist. Was „objektiv" stärker ist, rückblickend in die Vergangenheit und vorausblickend in die Zukunft, die unter „Todestrieb" zusammengefassten Kräfte oder die kulturell aufbauenden Lebenskräfte, das ist nicht nur eine psychohistorische Diagnose, sondern auch eine persönliche Haltung und Entscheidung des Subjekts. Ich möchte diesen wichtigen Punkt noch einmal anhand einer Schrift des bekannten Psychoanalytikers Kurt Eissler erläutern.[74]

Als überzeugter Freudianer hielte sich Eissler an die Todestrieb-Theorie und an die biologisch determinierte „Natur des Menschen". Dementsprechend fatalistisch getönt waren seine Bemerkungen über den Lauf der Geschichte, der „gnadenlos" sei (S. 58). „Der Mensch als Spezies ist zum Scheitern verurteilt" (S. 125).

Das ist eine nachvollziehbare und gleichzeitig recht einseitige Sichtweise, die sowohl die Alternativen des kulturellen Fortschritts als auch die bewussten persönlichen Wertungen außer acht lässt. Erstens gibt es auf der Objektebene des Geschehens immer Gegenbeispiele, und zweitens ist gegen die Fülle der niederdrückenden Belege die persönliche *Reservatio mentalis* zu mobilisieren, die sich nicht korrumpieren lässt und festhält, was lebenswert war und ist, was wir selbst wollen und wünschen, was unsere Zuwendung und Unterstützung verdient.

---

[74] Eissler lebte von 1908 bis 1999. Er wurde in Wien geboren und emigrierte 1938 in die USA. Zu seinem umfangreichen Oeuvre gehört eine Schrift über *Todestrieb, Ambivalenz und Narzissmus* (in ungekürzter Ausgabe deutsch 1992), auf die wir uns hier beziehen..

Als Psychoanalytiker war sich Eissler seiner persönlichen Optionen durchaus bewusst; er sagte ausdrücklich, dass er sich vor allem mit jenen Kräften beschäftigen wollte (S. 114), „die der Kultur abträglich sind." Doch das war eine Nebenbemerkung und keine programmatische Aussage, die das Profil der menschlichen Destruktivität in einen anderen Kontext gestellt hätte. Die Natur des Menschen ist eine Dimension, aber kein Leitfaden für die Bildung eines emanzipatorischen Geschichtsbewusstseins.

Eissler hat die hier kurz vorgestellten Abhandlungen zur Zeit des Kalten Krieges geschrieben, in der die Gefahr einer wechselseitigen atomaren Selbstvernichtung wirklich nahe lag, denken wir nur an die Kuba-Krise. Der Lauf der Geschichte hat aber nicht die ins Auge gefassten apokalyptische Möglichkeit umgesetzt, sondern bekanntlich eine ganz andere Wendung genommen, mit dem für Deutschland triumphalen Ergebnis der Vereinigung von BRD und DDR. Das ist gewiss kein Anlass zur historisch-politischen Euphorie (an irrationalen Destruktivitäten fehlt es ja nach wie vor nicht!), aber doch ein realgeschichtliches Argument auf der Waageschale der persönlichen Lebenskräfte.

## 12. Historisierung und Psychologisierung
### Begriffe als Moderatoren der Sachlichkeit oder als Waffen der Abwehr

> *„Irgendwann wird man Bücher über das ,Dritte Reich' und den Holocaust lesen wie heute Cäsars* Gallischen Krieg. *So wird es kommen, da hilft nichts."*
> Saul Friedländer in einem Interview,
> *Die Zeit*, 13. Januar 2011.

### 12.1 DIE SORGE DEUTSCHER HISTORIKER UM IHRE ZUSTÄNDIGKEIT FÜR DIE GESCHICHTE DES NATIONALSOZIALISMUS

*Historisierung* ist ein neuer geschichtswissenschaftlicher Begriff, der im deutschen Diskurs über den Nationalsozialismus programmatisch geprägt wurde und öffentlich-kontroverse Beachtung erfahren hat (Broszat 1985, Frei 2007). Er bedeutet – vereinfacht zusammengefasst –, dass der Nationalsozialismus wie jeder andere Geschichtsabschnitt *sine ira et studio* zu erforschen sei, mithin rational und distanziert, ohne die emotionale Aufgeregtheit, die in den ersten drei bis vier Jahrzehnten nach 1945 die Diskussionen bestimmt hat und meistens dem politisch-lebensgeschichtlichen Involviertsein in das nicht integrierbare entsetzliche Geschehen geschuldet war.

*Historisierung*: Der Begriff selbst verweist auf eine nur undeutlich bewusste Sorge oder Angst deutscher Historiker, dass ihnen die gesellschaftliche Zuständigkeit für die Historie des Nationalsozialismus abgesprochen werden könnte, dass andere Disziplinen – Soziologie, Theologie, Psychoanalyse, Philosophie, – das Rennen machen und die geschichtswissenschaftliche Deutungshoheit für diesen besonderen Abschnitt der Geschichte damit verloren geht. Angesichts des korrumpierenden Anteils deutscher Historiker am Nationalsozialismus und damit auch am Holocaust hatte diese Sorge ihre tiefe Berechtigung. Der alle historiographischen Erklärungsmuster sprengende Exzess der Grausamkeiten, dieses Infernalisch-Böse ohne jeden Sinn, rief eine Flut von konkurrierenden Deutungen auf den Plan, die den Historikern sozusagen den Wind aus den Segeln nahm.

Aggressive Reaktionen löste vor allem die von einer breiten Publizität getragene Auffassung aus, dass der Nationalsozialismus mit seinen industrialisierten, allen bisherigen zivilisatorischen Maßstäben spottenden Massenmorden ein absolutes Novum konstituiere, eine Einmaligkeit, einen Bruch mit der bisherigen Geschichte, an dem auch die Geschichtswissenschaft gleichsam zerbrechen könnte, zumal sie selbst am Nationalsozialismus mit gewirkt hatte und sich selbst damit grosso modo delegitimiert hatte.

Auf die Frage eines *Zeit*-Journalisten, „was die große offene Frage" der Geschichtswissenschaft sei, antwortete Hans-Ulrich Wehler: „Gelingt endlich die Historisierung Hitlers und des Nationalsozialismus?"[75] Der als Subtext ziemlich deutlich zur Geltung kommende *Wunsch* nach „endlichem Gelingen" der Historisierung bestätigt die hier skizzierten Deutungen, die sich mit den sachlich-wissenschaftlichen Begründungen des eingeforderten Perspektivwechsels nicht zufrieden geben.

Im dringenden Verlangen nach Historisierung des NS steckten mindestens drei weitgehend unbewusste Motive:

- erstens das Bedürfnis nach *business as usual,* nach *Normalisierung* (das triumphale Gefühl *Endlich ist in Deutschland alles wieder normal!* artikulierte sich vor allem nach der Wende von 1989/90),
- zweitens der Wunsch nach Überwindung der Spaltung, die im Kopf als diffuses Unbehagen ihre Wirkungen zeitigte,
- drittens die existenzielle Angst vor der Konfrontation mit dem Grauen, mit der „Hölle", wie es metaphorisch oft heißt.

Die Drapierung dieser Motive mit Wissenschaftlichkeit und Rationalität hat den Diskurs nicht voran getrieben, sondern eher aufgehalten.

Ähnlich wie das Bedürfnis nach Normalisierung, dem die Realgeschichte 1989/90 Tür und Tor öffnete, war die Forderung nach Historisierung des Nationalsozialismus mentalitätsgeschichtlich eine Neuauflage des Schlussstrich-Begehrens, das bald nach dem Krieg in immer neuen Varianten durch die Publizistik geisterte. Je energischer der Schlussstrich unter die leidige Vergangenheit eingefordert wurde, umso ungestümer drängten weitere peinliche Tatsachen ans Tageslicht. Der Trend wird in dieser Form nicht immer so weitergehen; denn das Reservoir an Nicht-Gesagtem erschöpft sich allmählich; auch wandelt sich das Interesse an historischen Themen mit den Generationen. Der Trend, nun selbst schon Geschichte, erinnert aber daran, dass Geschichte als Geschichtsbewusstsein, als bewusste Erklärung, Bewertung und Gestaltung von Vergangenheitszusammenhängen, in dem Maße ein

---

[75] *Die Zeit,* 31. 10. 2007: Wehler wurde hier als repräsentativer „kritischer Bürger" in einem Kurzinterview nach seiner Positionierung zu Grundfragen der Demokratie gefragt. – Auch im geschichtswissenschaftlichen Kontext vertrat Wehler die Historisierung des NS nicht erörternd, differenzierend, sondern apodiktisch fordernd (vgl. Wehler, *Deutsche Gesellschaftsgeschichte,* IV. Bd., Belegstellen ebd. im Index). Er stellte sich damit gleichsam quer zu den metaphysisch-moralischen Deutungen Hannah Arendts, die er m.W. keiner direkten Auseinandersetzung würdigte; der Name Arendt taucht in Namen-Index jedenfalls nicht auf.

launiges Spiel narzisstischer Befindlichkeiten bleibt, wie die Suche nach der Wahrheit des eigenen Lebens keine eigene sachlich begründete Dynamik entfaltet.

Der Begriff Historisierung wurde nicht in das kleine Wörterbuch der hundert geschichtswissenschaftlichen Grundbegriffe aufgenommen (Jordan 2007). Das war meines Erachtens eine vernünftige Entscheidung; denn der Begriff verweist letztlich auf die Unausweichlichkeit des Entweichens gegenwärtiger Implikationen in die Vergangenheit und hat, so gesehen, etwas Tautologisches. In ähnlicher Weise tautologisch wäre es, von einer Ästhetisierung der Kunst oder von einer Theologisierung des Denkens Luthers zu sprechen. Dass es völlig absurd wäre, die Historisierung des Kaiserreichs oder der Stadt im Mittelalter zu verlangen, zeigt nur, wie viel Panik und Ohnmacht die historische Erfahrungen strukturell-langfristig ausgelöst hat.

Es ist *à la longue* überflüssig und der Erkenntnis letztlich nur hinderlich, eine als bedrückend erlebte Vergangenheit historisieren zu *wollen*; denn jede Vergangenheit historisiert sich sozusagen von sich aus, auch die NS-Vergangenheit mit dem Holocaust als Kernbereich. Das emotionale Verstricktsein – in je eigener Weise bei Opfern und Tätern sowie ihren Kindern und Kindeskindern – wird sie sich nie vollständig auflösen, aber es wird sich im Laufe der Zeiten spürbar lockern und damit unaufhaltsam den Weg in die zuvor ingrimmig eingeforderte Historisierung ebnen.

Historisierungen schaffen Distanz, Überblick, Sachlichkeit; sie entschärfen und neutralisieren. Sie bringen damit aber nicht die Stimmen der Vergangenheit zum Schweigen, wenn wir sie hören wollen.


## 12.2 SELBSTHISTORISIERUNG UND SELBSTDARSTELLUNG – IN WELCHER GESCHICHTE STECKE ICH EIGENTLICH?

Selbsthistorisierung ist etwas strukturell anderes als Selbstdarstellung, auch wenn sich beide Vorgänge – wie könnte es anders sein – überschneiden. Wenn ich darstelle, erzähle und erkläre,

- wie es mir früher ergangen ist,
- was ich erlebt und gedacht habe, was
- sich Wichtiges ereignet hat und
- wie die aktuelle Lebenskonstellation in einem Zusammenspiel von Dispositionen, Entscheidungen und Zufällen entstanden ist,

dann spielt die kritische Problematisierung des Ganzen oder einzelner Teile eine nur untergeordnete Rolle, im deutlichen Unterschied zur Selbsthistorisierung, die – das sagt schon der Begriff – nach kritischer Einordnung des eigenen Lebens in größere generationsübergreifende Zusammenhänge verlangt. Diese größeren Zusammenhänge konstituieren sich u.a.

- durch bestimmte Ideen, etwa die des Friedens oder der Gerechtigkeit,
- durch das Bedürfnis nach Aufarbeitung der Vergangenheit,
- durch Teilhabe an sozialen Bewegungen,
- durch Brüche und Umorientierungen im persönlichen Lebenslauf und
- durch dementsprechende Neubestimmung professioneller und persönlicher Identität sowie durch
- bislang verdrängter Emotionen (z.B. Trauer über verpasste Lebenschancen, vgl. oben Kap. 9.2.3 über „Altersreue“).

Als Beispiel für ein einschneidendes Erlebnis, das die ideologische Verflechtung der eigenen Lebens in größere Zusammenhänge illustriert, sei (stellvertretend für einige andere) der 1943 geborene Historiker Heinz-Gerhard Haupt zitiert, der sich an eine Exkursion nach Verdun erinnert und diese Erinnerung aus dem Jahre 1961 in größere sowohl autobiographische als auch historisch-politische Zusammenhänge stellt, um schließlich folgende Verknüpfung herauszuheben (Stambolis 2010, S. 181):

„Als ich in Douaumont stand und auf diese Felder von weißen Kreuzen, von Franzosen und Deutschen, schaute, wurde mir nachhaltig klar, wie sinnlos Krieg und Gewaltanwendung sind, und diese Haltung hat sich in der Beurteilung aller folgenden Kriege vom Vietnam- bis zum Irakkrieg bei mir durchgehalten.“

Selbsthistorisierung stellt keine apologetische, sondern eine kritische Beziehung zwischen einem allgemeinen Geschichtstrend und der persönlichen Lebensgeschichte her. Mich selbst historisierend frage ich demnach: Was hat mich herausgefordert? Was hat mich beeindruckt, beeinflusst, beunruhigt? Was habe ich ideologisch durchgehalten, was aufgegeben? Wann und warum ergab sich eine Distanzierung (oder gar ein Bruch)? Derartige Frage stellen sich im Alter selbstredend eher als in der Jugend, die weniger dem kritischen Rückblick als vielmehr der handlungsrelevanten Vorausschau in die Zukunft gewidmet ist.

Selbsthistorisierung in diesem Sinn enthält einige Elemente der schon thematisierten *Nachträglichkeit* (S. 163 ff.). Doch während die Nachträglichkeit unsere Erinnerungen umformt und – großenteils unbewusst – mit neuen Bedeutungen versieht, ordnet die *Historisierung* diese Erinnerungen bewusst in größere Zusammenhänge auf der Objekt-Ebene des Geschehens ein und nimmt ihnen damit ihren subjektiven, subjektivistischen Sonderstatus.

Im Unterschied zur Selbstdarstellung, die sich am *erlebten* tatsächlichen Geschehen orientiert, ist Selbsthistorisierung eher *problemorientiert*: Sie steht unter kritischen Leitfragen, die Distanz schaffen, z.B.: In welcher Geschichte stecke ich eigentlich? Oder, wenn ein lebensgeschichtlicher Umbruch zu bewältigen ist: In welcher Geschichte habe ich gesteckt?

Die 43er Historiker verzichteten in ihren Interviews auf eine Problematisierung in dem hier skizzierten Sinn und beschränkten sich statt dessen bewusst auf einen bestimmten Ausschnitt ihres Lebens, nämlich auf das professionelle *Ego laborator*, ein Ansatz, den sie von Georges Duby übernommen haben. Die programmatische Entscheidung ist plausibel, der Bezug auf Duby gleichwohl fragwürdig, wenn man nicht nur den Begriff *Ego laborator,* sondern Dubys ganzen Text in Augenschein nimmt.

Duby war kein Verfolgter der NS-Herrschaft, kein „Opfer" im üblichen Sinn des Wortes. Aber er hatte als Franzose und junger Intellektueller erlebt, wie der Krieg und die deutsche Fremdherrschaft das Fundament eines kulturellen Gebäudes, in dem sein Leben „aufgeblüht" war (Duby 1989, S. 82), untergraben und damit die besten Lebenskräfte zerstört hatten. Die selektive Inanspruchnahme eines französischen Historikers, der die NS-Tyrannei mit Müh und Not überlebt hatte, durch deutsche Historiker, deren Väter an eben dieser Tyrannei aktiv beteiligt waren, legt die mentale Vorherrschaft der Identifikation mit Opfern nahe (Jureit und Schneider 2010), was geschichtsanalytisch aber nur als Zwischenschritt der Deutung zu akzeptieren ist.

Sicherlich: Kriegskinder waren, auf welcher Seite auch immer, Opfer der „Geschichte", die lebenslang mit den Folgen des Krieges zu kämpfen hatten. Kriegskinder, die später Geschichtsprofis werden, sollten aber, bitte schön, die Kausalität des Gesamtgeschehens nicht vergessen. Dubys methodologische Selbsteinschätzung lautete am Ende (S. 99) folgendermaßen:

„Unzufrieden mit dem was ich geschrieben habe, bin ich mir nicht sicher, ob der Historiker besser als sonst jemand in der Lage ist, seine Erinnerungen aufzuspüren. Ich neige zu der Ansicht, dass er es weniger ist als viele andere. Denn wenn die Geschichte der anderen meines Erachtens desto besser ist, je spannender sie ist, so erheischt umgekehrt die Geschichte der eigenen Person die strengste Objektivität. Mit aller Kraft muß sie berichtigen, was die Eigenliebe unweigerlich entstellt."

*Was die Eigenliebe unweigerlich entstellt* – oder verbirgt: Die durch das Interview-Setting bewusst inszenierten Formierungen, denen die mit dem Etikett des *Ego laborator* rationalisiert wurde, konstituieren einen Subtext, der noch im Einzelnen zu entschlüsseln wäre.

## 12.3 GEFÜHLE IN GESCHICHTE UND EIGENER LEBENSGESCHICHTE

Unter Psychologisierung der Geschichte versteht man unter Geschichtsprofis (aber auch im alltagssprachlichen Verständnis) die Reduktion historisch-politischer Vorgänge auf psychologische Motive (Neid, Besitzgier, Rache, Großmannssucht, Minderwertigkeitskomplexe, Eigenliebe, u.a.m.), die meistens den führenden Persönlichkeiten, zuweilen aber auch Gruppen oder gar Völkern zugeschrieben werden.

Wenn psychologische Komponenten als Einflussfaktoren der Geschichte überhaupt marginalisiert werden sollen, dann dient die Psychologisierung als Argument der Abwehr und zeitigt weitreichende Folgen, u.a. auf dem Feld der Theoriebildung, der Haltung zur Geschichte und der Selbsteinschätzung, die schlicht und einfach als irrelevant ausgeblendet wird. Vor allem die eigene Person mit ihren spezifischen Erfahrungen, Ängsten und Aggressionen, Sympathien und Antipathien usw., kann mit dieser Einstellung zum Verschwinden gebracht werden.

Der Psychologisierung als Kampf- und Abwehrbegriff steht die Psychologisierung als sachlich berechtigter Methodenvorbehalt gegenüber. Als Beispiel einer mit Recht diskriminierten Psychologisierung des Geschichtlichen sei auf Emil Ludwig (1881-1948) verwiesen, der das politisch unkontrollierte Großmannsgebaren Kaiser Wilhelms II. als Kompensation seiner Behinderung deutete und darüber hinaus suggerierte, dass Deutschlands „Griff nach der Weltmacht" im Ersten Weltkrieg (Fischer 1961) das Produkt eines individuellen Minderwertigkeitskomplexes gewesen sei. Dass derartige Reduktionen der historischen Komplexität unhaltbar sind, versteht sich inzwischen von selbst. Dass psychologische Komponenten der Hauptakteure in der historisch-politischen Gesamtrechnung nicht einfach verschwinden dürfen, ist andererseits aber auch Konsens.

Es geht nicht um ein *Entweder-oder*, sondern um ein *Inwiefern*:

Inwiefern übten bestimmte individuell-psychologische Komponenten im Fortgang dieser oder jener Ereignisabfolge ihren Einfluss aus? Wie stark sind diese Einflussfaktoren im Vergleich zu anderen Wirkfaktoren? Das sind die jeweiligen Fragen im Kontext psychohistorischer Studien.

Die Biographie-Romane Emil Ludwigs, erlebten seinerzeit große Auflagen und beeinflussten das öffentliche Geschichtsbewusstsein nicht unerheblich – sehr zum Ärger der Nationalsozialisten, die den Rassenwahn als eigene einseitig-irrationale Geschichtsauffassung durchsetzen wollten, Ludwigs Bücher 1933 auf den Scheiterhaufen warfen und den Autor wegen seiner jüdischen Abstammung ins Exil trieben.

Der geschichtswissenschaftliche Bannfluch trifft aber auch seriösere Unternehmungen, die der psychologischen bzw. psychoanalytischen Deutung historischer Vorgänge gewidmet sind, zum Beispiel die psychohistorischen Studien von Erik H. Erikson, unter denen die über den jungen Mann Luther wohl die bekannteste ist. Erikson hatte Luthers Werdegang tatsächlich, Freud tendenziell folgend, weniger mithilfe der geschichtswissenschaftlich tradierten Kategorien der Kirchengeschichte erklärt, als vielmehr mithilfe psychoanalytischer Denkformen, in denen der besondere Zeitgeist der Epoche seine exklusive Führungsrolle aufgeben musste. Geschichtswissenschaftlich kann Luthers Eintritt in ein Kloster als religiöser Gewissenskonflikt erklärt werden, der durchaus typisch für die damalige Zeit mit ihren spezifischen Lebensbedingungen war; mönchisches Leben war eine weit verbreitete Möglichkeit der Lebensgestaltung. Psychoanalytisch gesehen organisierte sich Luther (in Eriksons Darstellung) damit aber auch ein „Moratorium", das heißt einen Aufschub in der Entwicklung bis zur endgültigen Ablösung von den Eltern, die mit der schrittweisen Konzeptionierung einer eigenen kulturellen Lebensaufgabe einher geht.

Warum die geschichtswissenschaftliche und der psychoanalytische Zugang nicht miteinander verbunden werden können, ist in diesem Fall nicht einzusehen. Erikson setzte sich über die zeittypischen Zeugnisse nicht einfach hinweg, sondern verarbeitete sie auf seine Weise. Deutungsdifferenzen wird es immer geben.

Die Vorbehalte der meisten Geschichtsprofis gegenüber der Psychoanalyse sind geblieben, die Abwehr von Gefühlen als ein der Geschichtswissenschaft fremder Themenbereich wurde dagegen aufgehoben. Dass Emotionen Geschichte machen, bestreitet kein Historiker mehr. Allerdings sucht die Geschichtswissenschaft inständig nach einem eigenen, selbständigen Weg der Erschließung von Gefühlen, auf dem die eigenen Gefühle (persönliches Erkenntnisinteresse, Unbewusstes, „Betroffenheiten", Übertragungen, Gegenwartsbedeutungen usw.) als Erkenntnissubstanz füglich ausgeklammert bleiben. Ob und inwieweit sich das durchhalten lässt, wird die Zukunft zeigen.

Die Frage der Historikerin Ute Frevert (2009) *Was haben Gefühle in der Geschichte zu suchen?* ist früher oder später von der Ebene rhetorischer Objektivität auf die Ebene ich-bewusster Reflexion zu transferieren, so dass es dann heißt: Was suchen die Gefühle der Geschichte in mir, und: Was finden sie dort vor?

## 12.4 SELBSTREFLEXION UND SELBSTBESTÄTIGUNG –
## WELCHE GESCHICHTE STECKT IN MIR?

Analog zum Begriff der Selbsthistorisierung müssten in diesem Abschnitt Möglichkeiten der „Selbstpsychologisierung" thematisiert werden, doch das wäre sprachlich ziemlich künstlich. Üblicherweise nennt man das, was hier zu erörtern ist, *Selbstreflexion.* Ohne Selbstreflexion als Korrekturinstanz (und dementsprechende kommunikative Bereitschaft und Kompetenz) würde unser Geschichtsbewusstsein zur bekenntnismäßigen Affirmation zusammen schrumpfen.

Ähnlich wie die Selbsthistorisierung, die ohne inhaltlich übergreifende Wertbezüge oft als bloße Selbstdarstellung daher kommt, kann die kommunikativ offene, lebendige Selbstreflexion von der psychologischen Selbstbestätigung vereinnahmt werden. Manifestationen dieser Selbstbestätigungen und Selbstgerechtigkeiten sind das tägliche Brot der Politik, aber auch des Alltag, wie an zahllosen Beispielen zu zeigen wäre.

Der motivgeschichtlich-kritische Zugang zur Selbstgerechtigkeit wird durch die sprichwörtlich gewordenen „Pharisäer" des Neuen Testaments eröffnet. Das Sich-besser-Dünken als andere kommt besonders deutlich im Beispiel vom Pharisäer und vom Zöllner zum Ausdruck (Lukas 18, 9-14): „Zwei Männer gingen zum Tempel hinauf, um zu beten; der eine war ein Pharisäer, der andere ein Zöllner. Der Pharisäer stellt sich hin und sprach leise dieses Gebet: Gott, ich danke dir, dass ich nicht wie die anderen Menschen bin, die Räuber, Betrüger, Ehebrecher oder auch wie dieser Zöllner dort." Jeder Mensch ist, geschichtsanalytisch-kritisch betrachtet, unausweichlich beides: Pharisäer und Zöllner. Historisch-politische Beispiele für individuelle und kollektive Selbstgerechtigkeiten finden sich über Google schnell mit geeigneten Suchworten.

Als wissenschaftliches Prinzip, das zur Zeit der Studentenbewegung als Motivationskraft wissenschaftlicher Forschung ins Bewusstsein gehoben wurde (Habermas 1994), fragt die Selbstreflexion nach dem Anteil persönlicher Interessen im Prozess der Erkenntnissuche. Leider ist dieser Ansatz nicht weiter ausgebaut und angewandt worden. Selbstreflexion ist ferner gefragt, wenn wir die gefühlten Verbindungen zwischen uns selbst und einem gegebenen historischen Item zu verstehen suchen – ein Prozess, der lebenslang andauern kann.

Ich erinnere mich an Themen im *Staatsexamen Geschichte* vor bald fünfzig Jahren: Bernard von Clairvaux, Martin Luther, Widerstand im „dritten Reich". Alle drei Themen hatten, wie ich inzwischen deutlich rekonstruieren kann, indirekt mit der unseligen Geschichte meines Vaters zu tun; sie boten meinem Geschichtsunbewussten Stoff für weitere Transformationen und Metamorphosen an, in denen die Aussicht auf Erlösung durch Religion, autoritär verkündet, lange eine wirksame Rolle spielte; auch der Nationalsozialismus vertrat und verkündete bekanntlich (pseudo-)religiöse Ansprüche, die sich in den Augen der Erwachsenen spiegelten, wenn sie am Volksempfänger Hitler-Ansprachen hörten.

Geschichte bemächtigt sich der Kinder und Jugendlichen durch die gewachsenen oder aber gewaltsam errichteten vorfindlichen Strukturen, die verinnerlicht werden, durch Vermittlung der Erwachsenen, die bestimmte Haltungen zum Leben verkörpern und vorleben, durch Identifikationen und Loyalitäten, Idealisierungen und Wunschvorstellungen, die aber nicht alles für immer festlegen, sondern „Spielraum" lassen für die Entwicklung des Eigenen, für Abgrenzungen und kulturelle Innovationen.

Welche Geschichte steckt in mir? Was kann und will ich mir zu Eigen machen? Was will und sollte ich hinter mir lassen? Was ist mir fremd? Was ist mir vertraut? Das sind Fragen des lebendigen Geschichtsbewusstseins, das sich seiner historischen Inputs zu vergewissern sucht, um sie kritisch bearbeiten zu können.

Während Metaphern auf Inhalte des Unbewussten verweisen und so heuristisch genutzt werden können, verbleibt die Selbstreflexion im Bereich bewusster Wahrnehmungen und Assoziationen – daher auch ihr engerer Bezug zur Geschichtsdidaktik. Kinder verstehen bei einfühlsamer Unterrichtsführung sehr wohl, dass es, um ein letztes Beispiel anzutippen, nicht nur konkret anfassbare *Mauern* gibt, sondern auch seelische und soziale Mauern, die schmerzhafter und schwerer zu überwinden sind als Ziegelstein-Barrieren, die man überklettern oder abtragen kann. Wer sich jahrelang mit dem römischen Limes beschäftigt, wird nicht nur, aber eben *auch* von der mehr oder weniger bewussten Erfahrung eines inneren Limes angetrieben.

Was von den unzählbar vielen Mauern der Geschichte (Grenzen, Festungen, Schutzwälle, Gräben, Raketen-Abwehr, Klassen, Spaltungen, Trennungen usw.) hat sich in mir etabliert, ohne dass ich je darüber nachgedacht habe? Was hat der Kalte Krieg mit mir / mit uns psychologisch angerichtet? Manchmal denke ich, dass diese vierzig Jahre mit ihren hermetischen Denkblockaden mindestens ebenso viel psychohistorisches Unheil angerichtet haben wie die zwölf Jahre davor. Ein Nachdenken in diesem Sinn könnte zu qualitativen Erkenntnisfortschritten und zu Erweiterungen des Geschichtsbewusstseins beitragen, die in der dreitausendsten Untersuchung über Bismarcks Außenpolitik nicht zu erwarten sind.

Allerdings: Wo die Fähigkeit zur sprachlichen Symbolisierung sowie zur kritischen Historisierung des eigenen Lebens entwicklungspsychologisch unzureichend entwickelt oder pathologisch blockiert ist, da ist auch keine produktive Auseinandersetzung mit Geschichte möglich.

### *Der Zauberlehrling* – Allegorie und Realität

Der Ausruf des Zauberlehrlings „Die ich rief, die Geister, werd' ich nun nicht los" ist ein weithin bekanntes „geflügeltes Wort" (Büchmann), dessen realgeschichtlich fatale Bedeutung die poetisch-symbolisierende Harmlosigkeit brutal aufsprengt; denn allenthalben haben wir es mit historisch-politischen Vorgängen zu tun, die der Kontrolle entgleiten und uns zu vernichten drohen, denken wir nur an die Atomkraft, die Klimakatastrophe und die Macht der Banken mit ihrer jeweiligen schier übermächtigen Eigendynamik. Leider gibt es keine unbezwingbare Eigendynamik der produktiven Gegenkräfte, die sich immer wieder neu organisieren müssen. Das ist ein Hauptproblem der gesamten Menschheitsgeschichte. Wenn es um Vernunft geht, um Ausgleich und Maßhalten, um Fortschritt im Bereich menschlicher Bedürfnisse und Belange, muss alles hart erkämpft und mühsam geschützt werden.

In Goethes Gedicht kehrt der Meister zum Glück rechtzeitig zurück und hebt den bösen Zauber mit den richtigen Worten auf. Der unablässig Wasser schüttende Dämon nimmt wieder seine alte Gestalt als Besen an.

> Und sie laufen! Nass und nässer
> wird's im Saal und auf den Stufen.
> Welch entsetzliches Gewässer!
> Herr und Meister! Hör mich rufen!-
> Ach, da kommt der Meister!
> Herr, die Not ist groß!
> Die ich rief, die Geister,
> werd' ich nun nicht los.

> „In die Ecke,
> Besen, Besen!
> Seid's gewesen!
> Denn als Geister
> ruft euch nur zu seinem Zwecke
> erst hervor der alte Meister."

Das ist ein poetisch beruhigender Schluss, der in der Realgeschichte aber nicht vorgesehen ist. In der Realgeschichte gibt es weder den rettenden Meister, noch nur einen leichtsinnigen „Lehrling", dem die Dinge aus dem Ruder laufen, sondern viele verschiedene Akteure, die der Versuchung der Tabuverletzung erliegen.

Auch die Atom-Physiker werden in einschlägigen Abhandlungen als „Zauberlehrlinge" bezeichnet, da sie den Eigenlauf ihrer mutwillig geschaffenen Erfindungen längst nicht mehr beherrschen können.

# 13. Methodologische Schwierigkeiten

Mit der Person des Historikers Hermann Heimpel[76] (1901-1988) wird methodisch ein besonders schwieriges Kapitel eröffnet, da und insofern ich, der
Autor dieses Buches, persönlich viel stärker involviert bin als in anderen
Kapiteln. H.H. gehört der Generation meines Vaters (1905-1980) an, mit der
die Kinder der Täter, Mitläufer und *bystanders* aus bekannten Gründen
ingrimmig zu kämpfen und zu rechten hatte, wenn auch auf verschiedene
Weise, je nach Prominenz und Profil des Vaters und dem je eigenen Erkenntnisinteresse des Sohnes oder der Tochter. Die Gefahr von Übertragungen und damit der Beeinträchtigung geschichtsanalytischer Sachlichkeit ist
daher besonders deutlich gegeben.

Neben den persönlichen Implikationen übten berufsspezifische Faktoren
ihren Einfluss aus. Als hochangesehener Historiker und Geisteswissenschaftler, der in den fünfziger Jahren sogar für das Amt des Bundespräsidenten im
Gespräch war, vertrat H.H. als rhetorisch beeindruckender Vordenker ein
spezifisches Geschichtsbewusstsein, das ich als Student und Doktorand
nolens volens übernahm, wenn auch mit ersten Versuchen der Abgrenzung
und Kritik. Die Aufarbeitung der Vergangenheit im heutigen Sinn war unter
Historikern damals überhaupt noch kein Thema, dementsprechend auch für
mich nicht. Das lange Verhaftetsein in diesen Denkformen könnte eine
Quelle von unbewussten Ressentiments sein, die eine distanzierte Geschichtsanalyse unterlaufen würden. Vorsicht ist geboten – für mich, aber
auch für die Leserinnen und Leser in ihrem je eigenen Involviertsein.

Während die traditionelle Historiographie ihr Bemühen auf Kausalketten richtet,
die rekonstruiert, erklärt und beschrieben werden (Warum ist es so und nicht anders
gekommen?), wird die im Folgenden präsentierte Lebensskizze ergänzend auch
von der Frage bewegt, ob und inwiefern auch so etwas wie psychohistorische Frei-
heitsräume geltend gemacht werden können, die H.H. entweder gut genutzt oder
aber vermieden hat. H. H. hätte auch andere Lebensentscheidungen fällen können,
zum Besseren wie zum Schlechteren. Alternativen präsentierten sich jeden Tag.
Die Zukunft, auch und gerade von einem historischen Standort aus gesehen, ist immer alternativ.

Der gedankliche Einbezug von Freiheits- und Entscheidungsspielräumen impliziert die Gefahr einer retrospektiven moralischen (oder gar moralisierenden) Bewertung, doch die Gefahr hält sich in Grenzen, wenn der auf *Subtexte* bezogene
analytisch-sachliche Anspruch auch introspektiv, selbstkritisch-reflexiv geltend gemacht wird. Ein beckmesserisches Überich wäre ein schlechter Ratgeber für das

---

[76] Im Folgenden abgekürzt H.H.

Aufspüren von Subtexten. Wir finden Subtexte nicht nur in den geistigen Produktionen anderer Personen und Institutionen, sondern produzieren selbstverständlich auch eigene Subtexte, die zum Teil „manifest" sind bzw. bewusst werden können, zum Teil aber auch latent, unbewusst bleiben und somit von Außenstehenden zu entschlüsseln wären, von den Leserinnen und Lesern.

Diese Feststellungen sind auch als Ergänzung der bisherigen Aussagen zur methodologischen Struktur der Geschichtsanalyse zu sehen, die Überschneidungen aber auch Differenzen mit der Psychoanalyse aufweist. Selbstbewusste Verantwortung für das eigene Leben auf Seiten des Patienten ist eine wesentliche Dimension der Psychoanalyse, die als Deutungskomponente einen je eigenen Einfluss ausübt. Im psychoanalytischen Prozess ergeben sich Änderungen in der Einstellung des Patienten zu sich selbst, zu seiner Vergangenheit, zu Menschen, die ihm wichtig sind, zum Leben usw.

Derartige Veränderungen sind im historischen Rückblick ausgeschlossen. Was faktisch war, ist gewesen und kann als solches nicht mehr verändert werden. Trotzdem sind die Kategorien der Verantwortung, der Entscheidungsfreiheit, der Alternativen usw. *in unserem Denken als Geschichtsbetrachter* gegenwärtig. Psychoanalytisch-therapeutische Wirklichkeit und geschichtsanalytische Virtualität stehen in einem wechselseitigen Spannungsverhältnis. Unveränderbar ist die Vergangenheit als solche, aber auch die Lebenseinstellungen des Patienten im realen Vollzug langer Psychoanalysen erweisen sich oft als resistent. Alternative Handlungsmöglichkeiten sind historisch-retrospektiv jedenfalls leichter zu erkennen und hermeneutisch geltend zu machen als prospektiv in einer therapeutischen Analyse.

Erst 1998, auf dem 42. Deutschen Historikertag, wurde die NS-Mittäterschaft deutscher Historiker frontal und direkt zum Thema gemacht (Fried 1998). Dass H.H. als NS-Professor ausdrücklich genannt wurde, während andere, die noch stärker belastet waren als er, keine anklagende Erwähnung fanden, rief heftigen Protest hervor, man lese die diesbezüglichen Stellungnahmen nach (in: Schulze und Oexle 2000). Weitere kontroverse Stellungnahmen zu H.H.s 100. Geburtstag (Graf contra Sommer in *hsozkult*) berechtigen zur Annahme, dass das Thema, das ja nicht nur die Historikerzunft, sondern die gesamte Nachkriegszeit in Westdeutschland betrifft, nicht erledigt ist und weitere Publikationen herausfordern wird, zumal etliche Archivmaterialien noch auf ihre Auswertung warten und eine Heimpel-Biographie noch nicht vorliegt.[77]

Versuchen wir jetzt, uns ein Bild von H.H.s Leben zu machen, so weit es sich aus vorliegenden Texten (einschließlich ihrer versteckten Aussagen)

---

[77] Der Nachlass Hermann Heimpels in der Niedersächsischen Staats- und Universitätsbibliothek Göttingen ist bis zum 21. 12. 2018 gesperrt. Bis dahin bleiben also wesentliche Informationen, die für ein vollständiges Bild notwendig sind, unter Verschluss. „Diese Sperrung ist verbindlich und wurde durch die Erben per Vertrag festgesetzt", wurde mir aus Göttingen auf Anfrage mitgeteilt.

erschließen lässt. Als Vergleich und zur faktizistischen Orientierung dient ein im Anhang abgedruckter Artikel Boockmanns, der im Stil einer lebensgeschichtlich-linearen Aufwärtsbewegung verfasst ist. Während Boockmann, Schulin und andere als Schüler und Nachfolger Heimpels nur H.H.s Leistungen als Historiker würdigen, werden im Folgenden eher seine menschlichen Konflikte thematisiert, da und insofern diese – wie könnte es anders sein! – ihren Einfluss auf H.H.s Profil als Geschichtswissenschaftler ausübten. Beide Perspektiven, die rein geschichtswissenschaftliche und die kombinatorisch-psychohistorische, schließen einander nicht aus, im Gegenteil: Der psychohistorische Zugang bedarf der geschichtswissenschaftlichen Ergänzung und kritischen Befragung, zum Beispiel aufgrund des Vetorechts der Quellen. Das umgekehrte Verhältnis ist aber ebenso vonnöten. Ein Vetorecht hat die Psychoanalyse immer dann, wenn ein Beharren auf „rein geschichtswissenschaftlichen" Erklärungen, etwa zur Themenwahl („das war ein Forschungsdesiderat…"), die Vermutung von Verdrängungen begründen und historisch-kausal letztlich auch nichts erklären.

## 14. Einige Angaben über die Kindheits- und Jugendjahre

### 14.1 AUFWACHSEN IM MILIEU DES ERFOLGS- UND BILDUNGSBÜRGERTUMS

Eine besonders wichtige Quelle für die Rekonstruktion der Kindheits- und Jugendjahre sind H.H.s eigene Erinnerungen, die er in den ersten Nachkriegsjahren zu Papier gebracht hat: *Die halbe Violine – Eine Jugend in der Haupt und Residenzstadt München* (im Folgenden zitiert *DhV*). Diese stilistisch elegant und lebendig formulierten Erinnerungen beginnen mit dem fünften Lebensjahr und enden 1920 mit dem Abitur, das inmitten politischer Unruhen stattfand und doch seine eigene Feierlichkeit hatte. H. H. wuchs unter materiell günstigen Bedingungen in einem Elternhaus auf, das er selbst dem „Erfolgs- und Bildungsbürgertum" zurechnete (*Nachklänge*, S. 20).

Der Vater,[78] ein Bahnbauingenieur von hohem gesellschaftlichem Ansehen, regierte das Familienleben, wie im Kaiserreich üblich, patriarchalisch von morgens bis abends. Wir erleben ihn auf manchen Textseiten, wie er mit der Uhr in der Hand die Pünktlichkeit der Alltagsabläufe überwacht, als wenn es um den Fahrplan seiner Züge ginge. H.H. war stolz auf seinen Vater und dessen Macht über Lokomotiven, Technik und Zugverkehr, aber auch über Menschen, die in diesem Bereich angestellt und ihm untergeben waren.

Freie Kommunikation und Spiel waren dem Vater aber fremd. Er liebte keine „Teegespräche" und forderte Sachlichkeit (*DhV*, S. 124). Die Arbeit mit dem älter gewordenen Sohn im Garten ging bis zur körperlichen Erschöpfung. „Nie mischte sich in die Arbeit Spiel. Sie ist selbst ein Spiel. Aber das Spiel des Vaters" (*DhV*, S. 96).

Der Struktur der bürgerlichen Familie im Kaiserreich entsprechend verblieb die Mutter, eine fromme Kirchgängerin, von gelegentlichen Einkaufsbummeln abgesehen, in Haus und Haushalt, unaufdringlich in der Erscheinung, zurückhaltend im familiären Gedankenaustausch, in sich gekehrt und tendenziell unsicher in der allgemeinen Lebensorientierung.

„Mama fürchtete den Straßenverkehr; an größeren Plätzen zeigte sie sogar eine gewisse Anlage zur Platzangst, was für Bob [H.H.s Rufname als Kind] zur Folge hatte, dass er auch, als er nicht mehr an der Hand ging, die Mama auf der Straße anfasste. So führte er und blieb geführt, und übte sich für viele Straßenüberquerungen des späteren Lebens" (*DhV*, S. 25).

---

[78] Der Vater, Hermann Martin Heimpel, lebte von 1859 bis 1939. Die Mutter, Jeanette Elisabeth Heimpel, lebte von 1869 bis 1948. – Ich danke dem Stadtarchiv München für die rasche, unbürokratische Ermittlung dieser Lebensdaten zur Familie Heimpel.

Dass H.H. von der Mutter wirklich „geführt" wurde, etwa durch die Verinnerlichung einer lebensfrohen Emotionalität und Beziehungsstruktur, kann aber bezweifelt werden. Eher war es umgekehrt: Der Sohn diente der Mutter offenbar als Ausgleich für das kühle, versachlichte Verhältnis zum Ehemann, der überhaupt kein Gefühl für ihre Sorgen und Ängste aufbringen konnte. „Sie versorgte sich den Schlaf [das heißt: der Schlaf war voller Sorgen], was ihr der ausgeschlafene Vater oft ungeduldig verwies" (*DhV*, S. 42, vgl. ähnlich S. 162).

Dagegen war H.H., der Jugendliche, ein geduldiger Zuhörer und „Partner", mit dem man Pläne machen konnte (*DhV*, S. 151): „Wie gemütlich war es, mit der Mama durch den Park zu gehen. Hier wurde sie froh und sicher. ‚Ich haber mir gedacht, nach deiner Konfirmation machen wir eine Reise, vielleicht nach Nürnberg, wir zwei, das wird gemütlich. Ich habe gedacht, wir gehen einmal zum Gerstle und Löffler, du solltest Hemden haben.' Da redete sich gut, dies und das, Sorgen beruhigten, Hoffnungen belebten sich, und die Mutterliebe wie alle Liebe sprach sich frei (…)."

War es wirklich die Mutterliebe, die sich da „frei sprach"? Die zahlreichen Textstellen, in denen die Mutter vorkommt, lassen Zweifel und Rückfragen aufkommen. Sie vermitteln eher das Bild einer Frau, die in Lebensängsten gefangen war und diese durch Konventionen zu besänftigen suchte. Als der Krieg persönliche Opfer forderte, auch von ihrem nun 18jährigen Sohn, der für vaterländische Hilfsdienste eingezogen wurde, war sie „bitterböse und hasserfüllt" (S. 273).

Ganz anderes gestaltete sich H.H.s Verhältnis zu den älteren Schwestern, die die Genussseite des Lebens verkörperten und die er über alles liebte: Christina, geboren 1890, war 11 Jahre älter; Elwina, geboren 1893, war 8 Jahre älter als H.H. Mit den beiden älteren Schwestern, die H.H. offenbar mehr Aufmerksamkeit und emotionalen Rückhalt vermittelten als die Eltern, ist ein Lebensmotiv angesprochen, das eine etwas ausführlichere Beachtung verdient. Von den vierzehn Kapiteln des knapp dreihundert Seiten umfassenden autobiographischen Buches sind zwei den geliebten älteren Schwestern gewidmet. Eine Widmung vor Beginn der lebensgeschichtlichen Erzählung kündigt die liebende Zuwendung mit Fanfarenton an:

> *Dem Andenken meiner geliebten Schwester*
> *Wilma Christine Heimpel in München*
> *der ernsten Spenderin glücklicher Tage*
> *der heiteren Siegerin über Schmerz*
> *und Zerstörung gewidmet.*

Christina und Elwina waren über die Ankunft der neuen „unerhofften Hauptperson" (man beachtet H.H.s Selbstbezeichnung als „Hauptperson") anfangs nicht begeistert (von ihrer Eifersucht erfuhr H.H. erst später), aber sie bekämpften ihre Vorbehalte dadurch, dass sie sich beide dem Kind H.H. liebevoll fürsorglich zuwandten, was dieser ihnen mit lebenslanger dankbarer Anhänglichkeit und abgöttischer Liebe vergalt.

Wenn H.H. in seiner Autobiographie über Kindheit und Jugend des Öfteren *Glückszustände* erinnert, dann ist das nicht zuletzt diesem doppelten schwesterlichen Rückhalt zu danken, der in H.H.s gesamtes Leben ausstrahlte. Auch die im reiferen Alter als Lebenselement so wichtig werdende Liebe zur Musik verdankte er im Grunde den Schwestern: Sie sangen und musizierten in einer Weise, dass der kleine Bruder ganz hingerissen war und dementsprechend eigenen Ehrgeiz entwickelte. Die von H.H. später als Such- und Sehnsuchtsbild so oft beschworene Einheit der deutschen Geschichte (vgl. Kap. 20.4) wurzelt ebenfalls, zumindest teilweise, in dem ungeteilten Gefühl für die Schwestern (*DhV*, S.15 f.): „So verschieden die liebevollen Betreuerinnen waren, für ihn wurden sie doch immer wieder zur Einheit der älteren Schwestern, und sie waren ja auch gleich an Anmut und Liebeskraft. Sie bewohnten ein Zimmer."

H.H. konnte sich als allseits geliebter Kronprinz fühlen. Er hatte keinen Konkurrenten. Wenn eine Schwester nicht zur Verfügung stand, war die andere zur Stelle. Die ihrer erneuten Mutterschaft wahrscheinlich etwas überdrüssige Mutter wurde vollwertig ersetzt und damit gleichzeitig der ödipal begehrenden Spannung entzogen.

Die Kehrseite dieser Lebenskonstellation bestand in der weitgehenden Vermeidung von Auseinandersetzungen mit dem Vater, von dem er sich als Kind mit Sicherheit mehr Zuwendung und empathische Aufmerksamkeit gewünscht hat. Die ödipale Dynamik wurde auf flüchtige Anwandlungen reduziert und damit ihrer humanisierenden Möglichkeiten beraubt. Noch im hohen Alter von 86 Jahren, mithin ein Jahr vor seinem Tod, intonierte H.H. ein „Loblied" für diesen Vater, dessen „Lieblinskind" nicht er, Hermann, sondern der einphasige Wechselstrom gewesen sei (*Gemütliche und rasende Technik*, in: *Nachklänge*, S. 51).

Der den kindlichen und fraulichen Erlebniswelten enthobene Vater übte gleichwohl seinen Einfluss aus, sozusagen als Autorität von oben. Das kommt unter anderem im zwölften Kapitel der Jugenderinnerungen zum Ausdruck, das „die Religion und ihre Verächter" behandelt. H.H. wurde von heftigen Glaubensängsten und -zweifeln umgetrieben, in die der Vater als Fantasie-Animator eine bemerkenswerte Rolle spielte (*DhV*, S. 218):

„Manchmal dachte Bob, er müsse für den Vater beten, dass der nicht in die Hölle komme, denn selber betete der Papa wohl nicht. Aber diese Angst hatte keinen Zweck. Denn vielleicht wohnte Gott im Papa selbst, über den Vater hatte man nichts Unnützes zu denken. Der Vater hatte ja solche Eigenschaften, die von Gott gesagt wurden: Macht, Gerechtigkeit und Güte, Papa und Gott hielten auf Abstand. Vielleicht war der Vater etwas wie ein ‚Stellvertreter Gottes', so nämlich sprachen Marie und Zenzi und meinten den Papst."

Anschaulich kommt in diesem Zitat die (erinnerte) Spannung des Jungen gegenüber dem Vater zum Ausdruck, der einerseits – so der im Subtext zu erkennende Wunsch – zur Hölle fahren möge und andererseits als Stellvertreter Gottes schauernde Ehrfurcht erregte.

Eine reale Auseinandersetzung zwischen Sohn und Vater fand nicht statt, auch retrospektiv nicht. Der Ödipuskomplex wurde religiös überhöht und entschärft. Um die gütige Zuwendung von Gott-Vater und anderen Vätern (z.B. des Freiburger Rektors Martin Heidegger im Jahr 1933) wird H.H. sich immer wieder bemühen, bis zum Lebensende, das von Ängsten geschüttelt wurde.

H.H.s Kindheit und Jugend, so wie er sie erinnert und später beschreibt, ist voll, ja überfüllt mit Namen und Bildern aus der Stadt- und Kunstgeschichte, aus Landschaften und Straßenkomplexen, Parkanlagen und Bibeltexten, um nur einiges aus der Vielfalt unverdauter Eindrücke anzudeuten.

Paul Hey: *Wer will unter die Soldaten*  Paul Hey: *Der gute Kamerad*

*Abb. 7 und 8:* Als sei der Krieg ein Lied (DhV, S. 49), das die Mama vorsingt. – Kinderbilder, mit denen Hermann Heimpel – wie viele andere Kinder seiner Zeit – aufgewachsen ist.

Kriegs- und Schlachtengemälde sowie die heroisierenden Darstellungen „großer Männer" waren, dem Zeitgeist entsprechend, besonders häufig zu sehen, aber auch Landschaftsgemälde und verklärende Bilder aus der guten alten Zeit, zum Beispiel die von Paul Hey (1867-1952), die über H.H.s Bett hingen (*DhV*, S. 86).

Viele Kinder und Jugendliche messen den Bauwerken, Kunstwerken und Denkmälern ihrer Umgebung keine Bedeutung bei oder übersehen sie als selbstverständliche Vertrautheiten des Alltags, denen man ebenso wenig nachforscht wie den Straßenbäumen vor der eigenen Wohnung. Das war bei H.H. offenbar anders. Er registrierte unglaublich viel. Er hatte ein fantastisch gutes Gedächtnis, dessen Fassungsvermögen die gedankliche Verarbeitungskraft jedoch weit überstieg, was bedeutet: die heterogenen, widersprüchlichen Eindrücke wurden sozusagen im Rohzustand gespeichert und nicht sortiert, bearbeitet und in eine Ordnung gebracht. Die Harmonie der Paul-Heyschen Bilder zu Volkslieder-Anfängen konkurrierte mit grandiosen Schlachtgemälden, das naturnahe Tier-Portrait mit dem heroisierenden Historiendrama. Vergessen wir nicht, dass die Malerei des 19. Jahrhunderts beanspruchte, *Abbilder der Realität* zu präsentieren, und so – in ihrer stereotypen Wiederkehr – vor allem empfindsame Gemüter bewegte. (Die heutige Fülle und Vielfalt der Bilder sowie die rasend schnelle Abfolge von Bildsequenzen auch und gerade mit blutig grausamen Inhalten, verschärft das Problem, hebt die Einprägekraft früherer Bildeinwirkungen deswegen aber nicht auf.)

H.H. ist ein personifiziertes Paradebeispiel für das „Zuviel" der Geschichte (5. Kap.), sowohl entwicklungs- und lernpsychologisch als auch geschichtsanalytisch. Die verwirrende Vielfalt der unverrückbar gegebenen Realitätsabbilder trug dazu bei, dass in H.H. einen Zustand der gereizten ständigen Überforderung entstand, die sich auch auf den Leser seines Buches übertragen kann. Was für eine Überfülle an Fakten, Eindrücken, Namen, Details! Wo ist der rote Faden? H.H. hatte Angst, dass ihm das Gehirn auslaufe, klagte er an einer Stelle (*DhV*, S. 212). Wenn Musik oder feierliche Großereignisse seine Gefühle anrührten, hatte er mit Tränen zu kämpfen, immer wieder. Im Einklang mit der Familie und der gesamten kaiserlichen Vorkriegsgesellschaft hatte H.H. auch keine Vorstellung von den grauenhaften Wirklichkeiten, die ein neuer Krieg entfesseln könnte, im Gegenteil! Er begeisterte sich für vaterländischen Schwulst à la Spengler und schrieb Kriegsgedichte. Ein Potenzial des Widerstandes gegenüber den psychohistorischen Verwirrungen der Zeit hatte die fragile junge Persönlichkeit nicht entwickeln können.

## 14.2 HERMANNS ANGST VOR DEM FEUER

Die Angst vor Feuer spielte in H.H.s jungen Jahren bis hinein in die Adoleszenz eine auffällig starke Rolle, die aber psychogenetisch schwer zu erklären ist. Über die Feuerangst hat er an zwei Stellen seiner Publikationen relativ ausführlich berichtet (von weiteren Nebenbemerkungen abgesehen), an erster Stelle in seinen Kindheits- und Jugenderinnerungen (*DhV*, 6. Kapitel), an zweiter Stelle in einem sehr viel späteren Nachtrag (*Traum im November*). Gegen die Angst vor dem Feuer, „die tägliche Angst" (!), half kein Gebet, erinnert sich H. H., als er auf das neue Landhaus in Grainau zu sprechen kommt. Lesen wir einen Ausschnitt aus seinen Erinnerungen (*DhV*, S. 86-87):

„Im vorigen Jahr hatten Spengels den Sommer in Bad Schachen am Bodensee zugebracht, in dem ‚Zwinghof', der den Vettern Fels gehörte. Eines Abends in der Dämmerung brannte die Villa Wacker mit irgendwelchen Nebengebäuden ab. Bob hörte von verbranntem Vieh, roch verkohlte Balken, sah die glimmende Brandstätte. Wenn er vom Zwinghof zu den Lindauer Verwandten gehen musste, bedrohte ihn die dunkelrote Ruine des schlossartigen, unverhältnismäßig hohen Hauses; nur in atemlosen Lauf überwand er die Stelle. Seitdem ließ ihn die Feuerangst nicht los."

Es folgen detaillierte Angaben über die neurotischen Erscheinungsformen der Feuerangst, die u.a. durch das damals noch unverzichtbare Kerzenlicht genährt wurde und etwa so zum Ausdruck kam: „Konnte nicht der Kopf des Zündholzes, konnte nicht ein Funke auf den Boden gesprungen sein? War es nicht doch besser, noch einmal nachzuschauen, in allen Ecken des Zimmers und besonders gründlich unter dem Bett? Bald setzte sich der gesunde Bubenschlaf durch, und alle Angst war vergessen, wenn am Morgen der Vater ins Zimmer stürmte. ‚Die Fenster auf, die Herzen auf!' das war sein Weckruf (...).[79] Gerade unter dem Fenster goss Bobs Spezialheiliger St. Florian einen Eimer Wasser auf ein schrecklich brennendes Haus."

(Bobs „Spezialheiliger" und sein Wasserguss regen die Frage an, ob dem Kind und Jugendlichen die Enuresis Probleme bereitet hat. Ich denke, man kann die Frage stellen, sollte aber keine stimmige Antwort suchen, zumal diese für eine abschließende Würdigung von Werk und Leben H.H.s irrelevant wäre.)

---

[79] „Die Fenster auf, die Herzen auf! Geschwinde! Geschwinde!" Mit diesen zwei Zeilen, die wie Fanfarenstöße ertönen, beginnen die sechs Strophen eines Gedichts von Wilhelm Müller (1794-1824), das H.H.s Vater offenbar rudimentär im Kopf hatte. Es gefiel ihm wahrscheinlich wegen des „Geschwinde, geschwinde!", das der Dichter am Ende des Gedichts noch einmal hervorhebt.

Der zweite ausführliche Text zur Feuerangst setzt die Lebensgeschichte mit einer Erinnerung an das Jahr 1923 chronologisch fort, ist jedoch viel später geschrieben, nämlich 1961 (abermals abgedruckt 1981 in *GWU* und 1990 in *Nachklänge*). Er schildert zuerst das Erleben des jungen „Erhard"[80] im Bürgerbräukeller und daran anschließend einen Traum, in dem Fackeln der SA einen gewaltigen Brand verursachen. Das Feuer erfasst eine ganze Bibliothek mit kostbaren seltenen Werken (*Nachklänge*, S. 47):

„Ach Gott, warum lässest Du Bücher brennen. Der Corpus [lateinischer Inschriften] brennt. Mommsen brennt. Ach Gott, was habt ihr verbrochen. Giesebrecht brennt, alle brennen, die Fleißigen, Würdigen, sie staunen und leiden im Feuer. Da stürzt ein Regal. Da brennt es auf. Das Feuer hat Fraß – Acta Sanctorum, die Taten der Heiligen, hoch oben auf der Galerie, nach Monaten geordnet. Achtundreißig Folianten sacken zusammen. Die Heiligen brennen. Ach Gott, der November ist noch nicht fertig."

Was haben diese Ängste und Fantasien zu bedeuten? Welchen Einfluss üben sie auf H. H., den Historiker, aus? Eine Antwort auf diese Frage ist aus Mangel an eindeutigen klinischen Belegen nicht einfach und mit allen Vorbehalten einer ungesicherten Deutung zu versehen. Halten wir zunächst fest: Feuer hat etwas Unheimliches, vor allem im kindlichen Erleben. Es flackert unruhig, lässt sich nicht anfassen und beruhigen, brennt sofort höllisch, wenn man unbedacht die Hand hineinhält, „frisst" und verwandelt die Gegenstände, die es erfasst, in Asche, in graues Pulver, kann vom unscheinbaren Flämmchen zur riesigen Feuersbrunst anwachsen und verweist mit diesen Eigenschaften auf Triebkräfte und Gefühle in uns, die nicht oder nur schwer zu beherrschen sind. Einen Deutungshinweis in dieser Richtung gibt uns H.H. selbst, wenn er am Ende der Traumgeschichte schreibt (*Nachklänge*, S. 49):

„Aus dem Historischen Seminar lugen zwei Studenten, einer hat einen Bleistift in der Hand. Die Historiker sind gestört von der Geschichte. Erhard flieht zu Haushofers. Albrecht kommt später.[81] ,Sie haben ihre Toten getragen', sagt er sibyllisch. Es kommt wohl eine Zeit, in der nicht tot zu sein ein Vorwurf ist."

---

[80] *Erhard* war nach *Bob* der zweite erfundene Rufname H.H.s (vgl. *DhV*, S. 47). Warum *Hermann*, der eigentliche Vorname, keine Verwendung fand, ist den einschlägigen Texten nicht zu entnehmen. Möglicherweise übten historische-martialische Assoziationen einen abträglichen Einfluss aus (vgl. Hermannsdenkmal, 1875 eingeweiht), möglicherweise kollidierte der heroische *Hermann* auch mit dem leicht zu entstellenden Familiennamen *Heimpel*, den H.H. offenbar doof fand (*DhV*, S. 230).

[81] Hermann Heimpel und Albrecht Haushofer waren zeitweise befreundet. Haushofer wurde kurz vor Kriegsende wegen seiner Verbindung zum deutschen Widerstand von der Gestapo erschossen. In der Haft schrieb er die „Moabiter Sonette". Auf die Bedeutung Haushofers im Leben Heimpels kommen wir im Abschnitt 17.1 zurück.

Ein Antriebsfaktor der Feuerfantasien scheint also – erstens – das peinigende Gewissen zu sein. Aber auf wenn oder was ist es gerichtet? Wie unzählig viele Textstellen in H.H.s Werk ist der *Vorwurf, nicht tot zu sein,* realgeschichtlich vieldeutig. Gemeint können Vorwürfe und Schuldgefühle sein, die in der Nachkriegszeit eine Rolle spielten. Zumindest indirekt mit angesprochen ist aber auch die den Opfertod einfordernde Nazi-Ideologie, der zufolge nur ein minderwertiger Rest des Volkes den Lebenskampf überstehen könne.

Der Bibliotheksbrand als Traum erinnert realgeschichtlich an die Bücherverbrennungen der Nationalsozialisten, 1933, die H.H. mit Sicherheit in der einen oder anderen Weise noch vor Augen hatte (von weiteren historischen Vernetzungen ganz abgesehen, denken wir etwa an die Verbrennung der päpstlichen Bannandrohungsbulle durch Luther 1920). Sollte der Traum Bedauern oder Reue ausdrücken, damals nicht mehr gegen die Vernichtung des Geistes getan zu haben? Wir können nur Vermutungen anstellen. Was H.H. im Traum Albrecht Haushofer andichtet, das Geheimnisvoll-„Sibyllische", hat bei ihm selbst Methode. In Bezug auf sich selbst im Fadennetz historisch-politischer Querverbindungen bleibt H.H. immer verschwommen, schemenhaft, „sibyllisch".

Wir denken auch an das Niederbrennen von ganzen Dörfern und ähnliche Kriegsgräuel, die H.H. in sicherer Distanz registrierte, aber nicht zuletzt an die Verbrennungsöfen von Auschwitz, die emotional und real noch weiter entfernt waren. Der aus der politischen NS-Realität auf H.H. zukommende Gewissensschauer rührte später, nach 1945 oder schon vorher, die unbewältigten Ängste der Kindheit auf und paralysierte ihn geistig, von einigen zaghaften Bewegungen im Herzen abgesehen.

H.H.s Angst vor dem Feuer steht in auffälligem Gegensatz zur gierig-pathologischen Erregung, die Hitler beim Anblick brennender Städte erfasste,[82] wenn er sie etwa auf Filmaufnahmen sah. Obwohl ein psychohistorisch-faktischer Zusammenhang zwischen den beiden emotionalen Konstellationen unwahrscheinlich ist, wäre es interessant dem Feuer-Syndrom, das auf eine Verbindung von Untergangsängsten und Untergangssehnsüchten verweist (Friedländer 2007), genauer nachzugehen.

Der zweite Antriebsfaktor der Feuerängste und -fantasien liegt wahrscheinlich, wie schon angedeutet, in archaischen Triebregungen und Aggressionen, die H.H. undeutlich spürte, aber nicht deutlich benennen, geschweige denn „durcharbeiten" und integrieren konnte. Wutausbrüche in H.H.s Jugend sind nach seinem eigenem Bericht keine Seltenheit. Jähzornig schmiss er als Kind Spielsoldaten an die Wand, dann, als junger Mann, auch Bücher, wenn etwas

---

[82] Darüber berichtet Albrecht Speer in seinen Spandauer Tagebüchern 1975, S. 126.

nicht so lief, wie er sich das vorstellte. Hat er sich später unbewusst als Bücherverbrenner fantasiert?

Tief verdrängt, psychogenetisch sozusagen verzögert, und doch unterschwellig deutlich spürbar waren sexuelle Regungen, die aber unverständlich bleiben, da er nicht „aufgeklärt" wurde. Pferde (auffällig viele Textstellen) als Verkörperungen animalischer Triebhaftigkeit erregten und beschäftigten ihn: „Bob kann sich nicht sattsehen an dem nickenden Paar" der beiden Pferde (*DhV*, S. 80), als er auf dem Kutschbock saß und dem neuen Landhaus in Grainau zufuhr.

Ohne diese Erbschaft aus früher Kindheit und Jugend ist die Heftigkeit und zähe Persistenz des Feuermotivs als Visualisierung von Triebregungen und Gewissensängsten nicht zu verstehen. Die religiöse Komponente dieser offenbar unbewussten Lebensangst wird Thema des 23. Abschnitts dieses Kapitels sein.

## 14.3 DIE MISSLUNGENE LÖSUNG VON DEN ELTERN

> „Wie oft vermissen wir den festen Blick der Väter." H.H. 1951 (*Der Mensch…*, S. 41)

„Die Ablösung des heranwachsenden Individuums von der Autorität der Eltern ist eine der notwendigsten, aber auch schmerzlichsten Leistungen der Entwicklung. Es ist durchaus notwendig, dass sie sich vollziehe, und man darf annehmen, jeder normal gewordene Mensch habe sie in einem gewissen Maß zustande gebracht. Ja, der Fortschritt der Gesellschaft beruht überhaupt auf dieser Gegensätzlichkeit der beiden Generationen. Anderseits gibt es eine Klasse von Neurotikern, in deren Zustand man die Bedingtheit erkennt, dass sie an dieser Aufgabe gescheitert sind." Freud, *Der Familienroman der Neurotiker*, 1909 (4. Bd., S. 223).

Die sozialen und institutionellen Strukturen der Kaiserzeit, in die H.H. hineingewachsen ist, haben sich mit der Ausrufung der Republik nicht einfach aufgelöst, sondern in vielfältiger Weise fortgesetzt – so auch in der Familie Heimpel, wie am Lebenslauf ihres später so bekannten Sohnes deutlich nachgewiesen werden kann. Für H.H. waren Republik und Demokratie keine Ziele, für die sich das Streiten lohnte. Er blieb in der Vorstellungswelten der Kaiserzeit gefangen, die vor allem vom Vater, in geschlechterspezifische Weise aber auch von der Mutter verkörpert wurden, und engagierte sich konsequenterweise in den Epp'schen Freikorps, die den Linken den Garaus machen wollten.

Das heißt, psychohistorisch gewendet: Die Ablösung von den Eltern und ihren Erfahrungswelten misslang. Sie konnte nicht gelingen, nach allem, was sich bis zum Abitur interaktiv ereignet hatte. Sehen wir uns einige Vignetten des Verhältnisses zwischen Vater und Sohn an, wie es H.H. später als etwa 45jähriger erinnerte.

Nach heutigen Maßstäben würde man den Vater nicht als Hauspatriarchen bezeichnen, sondern als Haustyrannen. Einen Beleg für dieses Urteil kennen wir schon: die Arbeit mit dem Sohn in Garten und Keller, die H.H. als ein „Spiel" des Vaters bezeichnete (*DhV*, S. 96), doch ist das eine für den Text typisch verharmlosende Kennzeichnung der Rücksichtslosigkeit, mit der der Vater den Sohn für sich in Anspruch nahm. H.H. empörte sich, er wurde wütend, er erkannte die Rücksichtslosigkeit des Vaters. Doch weder die Einsicht noch die Emotionen, die der Einsicht ihre Schärfe verliehen, hatten Folgen. Zu einer rebellierenden Auflehnung gegen den Vater kam es nicht, von einem „Vatermord" im symbolischen Freud'schen Sinn ganz zu schweigen.

Das autoritäre Verhalten des Vaters ließ dem Sohn keinen Spielraum für eigene Entwicklungen. Anstatt diese Entwicklungen um ihrer selbst willen zu unterstützen, nutzte der Vater den Sohn für seine Zwecke aus. H.H. bewunderte die Stärke des Vaters und unterwarf sich. Der Vater genoss die Bewunderung des Sohnes etwa so wie er auch die Untertänigkeit seiner Angestellten brauchte.

Ein weiteres Symptom für die unaufgelöste Unterordnung des Sohnes unter den Vater ist das spätere (ebenfalls schon erwähnte) Loblied, das H.H. im hohen Alter auf seinen Vater angestimmt hat (*gemütliche und rasende Technik*, abgedruckt in *Nachklänge*, S. 51 ff.). Vergeblich sucht der psychohistorisch interessierte Leser hier vorsichtige Andeutungen zur früheren ödipalen Konstellation, die allem Anschein nach nicht deutlicher bewusst geworden ist und daher auch nicht auf die eine oder andere Weise artikuliert wurde, von möglichen Umbrüchen in dieser Konstellation ganz zu schweigen. Ob die Technik zur Zeit des Vaters wirklich so „gemütlich" war, wie H.H. es retrospektiv schildert, wäre darüber hinaus genauer zu erörtern.

Während es dem Vater an narzisstischen Bestätigungen offenbar nicht mangelte, hatte H.H., ganz im Gegenteil, mit einem frustrierten Bedürfnis nach Anerkennung zu kämpfen, das sich für die weitere Entwicklung als besonders verhängnisvoll erweisen sollte. Als ein eher beiläufiges Symptom (auf H.H.s Aufstieg als Historiker in nationalsozialistischen Dienst kommen wir weiter unten noch zu sprechen) können hier die zahlreichen Widmungen an verschiedene Vater-Figuren genannt werden, die sozusagen nachliefern sollten, was früher vermisst wurde: Lob für vollbrachte Leistungen, Bestätigung des richtigen Weges, Ermutigung zu weiteren Schritten in derselben

Richtung. Die Schwestern, wie schon geschildert, umhegten und bemutterten H.H., aber sie konnten die Anerkennung des Vaters für den Sohn, des reifen Mannes für den jüngeren Mann, nicht ersetzen; und genau diese Anerkennung brauchte und vermisste H.H., der es aber auch nicht schaffte, sich nach alternativen Gratifikationen umzusehen (etwa in Gruppen, in einer Partei, im Sport o.ä.).

Eine der zahlreichen Widmungen galt dem Philosophen Martin Heidegger (1889-1976).[83] Die Verquickung von persönliche Defiziten und politischen Fehlentwicklungen wird an diesem Knotenpunkt besonders deutlich.

H.H. brauchte schon als junger Mensch Ruhe und Rückzugsgebiete, in denen er nicht mit fremden Ansprüchen überladen wurde. Die Geschichte schien dafür besonders geeignet zu sein. Hier hatte der eigene Vater direkt nichts zu sagen, indirekt-unbewusst übte er später gleichwohl seinen Einfluss aus; denn in H.H.s Schriften treten faktisch nur „Väter" auf: Könige, Kaiser und Päpste, Kirchenfürsten und Herzöge, Generäle, Staaten- und Religionsgründer, aber keine Philosophen (mit denen konnte er wie der Vater überhaupt nichts anfangen), und Frauen schon gar nicht. Das entsprach einer lange Zeit vorherrschenden Tradition, die wollte, dass vor allem große Männer Geschichte machen. Freilich gab es auch zu dieser Denkrichtung Alternativen, die aber nicht beachtet und ernsthaft diskutiert wurden.

Da in der Zwischenüberschrift nicht nur der Vater, sondern beide Eltern als übermächtiger Einflussfaktor genannt worden ist, sei auch die Mutter abschließend kurz erwähnt. Sie hätte, rein theoretisch, durchaus ein Gegengewicht zum Vater bilden können, wir erinnern uns an diesbezügliche Belege (Kap. 9.2.1). Aber ein Gegengewicht oder Ausgleich durch die Mutter, der freilich eine eigene Problemdynamik entwickelt hätte, ergab sich nicht, wie wir gesehen haben. Das wird man keineswegs ausschließlich der Mutter, sondern auch H.H. selbst zuschreiben, der es nicht schaffte, das Gefühl des elementaren Geborgenseins, des Verstanden- und Akzeptiertwerdens in sich zu sichern. Hat er dieses Gefühl, das in psychosomatischen Erfahrungen der ersten Lebenszeit wurzelt, wirklich nie gehabt?

H.H. erinnert sich an die Frustration seines adoleszentes Bedürfnisses, verstanden zu werden, folgendermaßen (*DhV*, S. 237):

„Mein Vater, du verstehst mich nicht. Mama, du bist lieb, und verzeih mir alles, aber du hast keine Ahnung. Die Schwestern, ja, die ahnen es, Christina, Elwina. Aber sie können es nicht ausdrücken."

Bei der Konstellation ist es sozusagen subcutan lebenslang geblieben. Ausgleichende Akzeptanz ergab sich wirksam durch die beruflichen Erfolge,

---

[83]  Hermann Heimpel: Deutschlands Mittelalter – Deutschlands Schicksal. Martin Heidegger, dem Rektor der Universität. Freiburger Universitätsreden, Heft 12, 1933.

die aber weniger der mit dem Verstandenwerden verbundenen Wahrheitsbefriedigung dient als vielmehr ihrer Verdrängung.

Alternativ denken, wie in den einleitenden Überlegungen gefordert, heißt nicht
etwas erfinden und ins Utopische abheben, sondern andere Lebensverläufe vergleichend einbeziehen, u.a. den von Ludwig Quidde (1858-1941), Historiker, Nobel-
preisträger von 1927, der H.H. eine alternative Lebensorientierung hätte bieten
können, wenn dieser danach überhaupt Ausschau gehalten hätte. Genau das hat er
aber sicherlich nicht getan.

Quidde wuchs in einem Milieu auf, in dem die März-Revolution *nicht* abgelehnt und verachtet wurde (Holl 2007). In seinem zehnten Lebensjahr starb seine
Mutter. Das war ein Verlust, „den das oft an Gefühlen der Vereinsamung leidende
Kind nur allmählich überwand" (Holl 2007, S. 36) – und zwar u.a. dadurch, dass er
sich diszipliniert und engagiert den Herausforderungen des Lebens zuwandte, die
politisch durch den Vater vorgezeichnet waren: Freidenkertum und Demokratie.
Ludwig Quiddes Leben bietet ein überzeugendes Beispiel für die Verkörperung der
„depressiven Position", in der die Sorge um ein Leben in Frieden eine maßgebliche
Rolle spielt.

## 15. Der Erste Weltkrieg und seine psychohistorischen Folgen

### 15.1 SOZIALISATIONSDIFFERENZEN DER „KRIEGSJUGENDGENERATION"

Der Erste Weltkrieg bildete eine scharfe generationsspezifische Trennlinie, je nachdem ob man einberufen wurde oder nicht. Schulin (in: *Geschichtsdiskurs*, Bd. 4) unterscheidet diesbezüglich drei Generationen:

- die älteren Historiker (u.a. Friedrich Meinecke, geb. 1862), die den Krieg auf die eine oder andere Weise in der Reife ihres Lebens erlebten;
- die Frontgeneration (u.a. Hans Herzfeld, geb. 1892), die den Krieg als junge Männer mitmachen mussten. Zu dieser Frontgeneration gehörte auch der Jahrgang 1898, was bedeutet, dass ganze Abiturklassen mit 18jährigen an der Front „verheizt" wurden (vgl. dazu Erich Maria Remarque: *Im Westen nichts Neues*);
- die Kriegsjugendgeneration (u.a. Hermann Heimpel, geb. 1901), die vom Krieg und seinen Folgen nicht direkt erfasst wurden.

Was bedeutet die Erfahrungsdifferenz der Jahrgänge für den Werdegang H.H.s? Hätte er sich anderes entwickelt, wenn er den Ersten Weltkrieg direkt an der Front mitgemacht und vielleicht schwer verletzt worden wäre? Das ist theoretisch möglich, aber eher unwahrscheinlich. Wahrscheinlich wäre im Fall einer kriegsbedingten Verletzung eher das noch schnellere Erstarken faschistoider Tendenzen und ressentimentgesteuerten Hasses, der die vermeintlich Schuldigen suchen und finden würde. H.H.s Beteiligung am Freikorps Epp ist bekannt (Sommer 2001).[84] Von diesen Freund-Feind-Fixierungen waren es nur noch wenige Schritte zum enthusiastischen Willkommensgruß an Adolf Hitler.

Psychohistorisch übte in diesem Prozess die „Sehnsucht nach dem völkischen Führer" (*Schulin* 1997, S. 180) einen starken Einfluss aus. Diese Sehnsucht erfasste mit Macht offenbar auch H.H.

Wie stark das bürgerlich-rechte Gesellschaftsklima auf H.H. einwirkte, wird an einem Vergleich mit Ernst Glaesers Roman *Jahrgang 1902* besonders deutlich. Die Autoren sind ein Jahr auseinander. Heimpel wurde 1901 geboren, Glaeser 1902. Beide haben die Kriegsfolgen in der Heimat erlebt – aber wie verschieden waren doch ihre Eindrücke!

---

[84] Das Freikorps Epp hatte zur blutigen Niederschlagung der Münchner Räterepublik maßgeblich beigetragen. Über die Kämpfe 1919 in München berichtet H.H. im letzten Kapitel seiner Jugenderinnerungen (*DhV*, S. 278): „Mama schauderte vor den roten Armbinden…"

| *Hermann Heimpel*, geb. 1901 | *Ernst Glaeser*, geb. 1902 |
|---|---|
| Kindheits- und Jugenderinnerungen „Die halbe Violine": geschrieben zur Selbstfindung erst nach dem II. Weltkrieg; Der Autor, einer gutbürgerlichen Familie entstammend, wächst sozusagen in den Nationalsozialismus hinein, den er als junger Geschichtsprofessor aktiv unterstützt. Er kämpft um innere „Kontinuität", auch nach dem historisch-objektiven Bruch von 1945. | Roman „Jahrgang 1902": geschrieben als Protest nach dem Ersten Weltkrieg; Ideologisch beginnt der Autor seine Karriere als Sympathisant der KPD; sein Erstlingsroman *Jahrgang 1902* landet 1933 im Feuer der Bücherverbrennungen. Glaeser emigriert, kehrt 1939 jedoch nach Deutschland zurück und stellt sich in den Dienst des NS-Staates (!). |
| Das Erinnerungsbuch enthält sich der Gesellschaftskritik und erotisch-sexueller Reminiszenzen. Das Erinnerungsbuch reproduziert Kindheit und Jugend, wie sie erlebt wurden. Auf alternative Erlebniswelten, etwa die von Glaeser, lässt es sich nicht ein. | Der Roman ist links orientiert, krass gesellschaftskritisch, pazifistisch und sexuell drastisch-brutal aufklärend. Der Roman distanziert sich reflexiv-kritisch von den erlebten Verhältnissen. |
| Marginalisierung des Krieges. Gottesglaube, Gottesängste. Kleine Diebstähle von Nahrungsmitteln im familiären Kreis aus Hunger. | Erste Liebe, heftiger Verlustschmerz; Ausführliche, eindringliche Schilderung der Kriegseinwirkungen. Kritik an Kirche, Militarismus, Antisemitismus. Hunger, organisierte Klauerei aus Hunger. |
| Homerische Helden und Freiheitskriege gegen Napoleon als historisch-politische Bildungsinhalte Arbeitsintensive Ernteeinsätze der Schüler im Krieg Mythisierte Vorbilder aus Literatur- und Kunstgeschichte | Homerische Helden und Freiheitskriege gegen Napoleon als historisch-politische Bildungsinhalte Arbeitsintensive Ernteeinsätze der Schüler im Krieg Idealisierte Vorbilder in der gesellschaftlichen Realität |

Geburtsjahr und Generationszugehörigkeit, Milieu und Sozialisation, manipulative Einwirkungen der Medien und der Politik, Lebensstil der herrschenden Klasse, Langzeitwirkungen besonderer prägender Kindheitserlebnisse – diese und weitere Faktoren bilden das prägende psychohistorisches Netzwerk, das immer nur in Teilen zu entwirren ist.

Wir wenden uns im Folgenden dem Faktor *Scham/Beschämung/Demütigung* zu, der sowohl individuell-lebensgeschichtlich als auch kollektiv-geschichtlich Wirkungen zeitigte und gerade im Zusammenspiel beider Quellen den historisch-politischen Fortgang so verhängnisvoll beeinflusste. Die Amalgamierung des Persönlichen mit dem Gesellschaftlich-Allgemeinen bildet in der Erkenntnisabwehr eine besonders schwer zu erobernde Bastion.

## 15.2 ZUR PSYCHOHISTORISCHEN BEDEUTUNG KOLLEKTIVER NARZISSTISCHER KRÄNKUNGEN

H.H. geriet als Adoleszenter in den auf die Heimat sich auswirkenden psychohistorischen Malstrom des Ersten Weltkrieges, der bekanntlich mit einer totalen Niederlage endete und damit mentalitätsgeschichtlich-kollektiv eine schwere *narzisstische Kränkung* bewirkte. Im Versailler Vertrag, Paragraph 231, wurde Deutschland die „Alleinschuld" am Krieg zugewiesen, was die narzisstische Kränkung vertiefte und verschärfte. Die Wörter „Schuld" und „Alleinschuld" sind in Anführungszeichen zu setzen, weil sie als Begriffe im berüchtigten Artikel 231 des Versailler Vertrages gar nicht vorkommen. Es heißt vielmehr, dass Deutschlands für alle Schäden „verantwortlich" und dass der Krieg den Alliierten „aufgezwungen" worden sei; der Wortlaut im Einzelnen:

„Die alliierten und assoziierten Regierungen erklären, und Deutschland erkennt an, dass Deutschland und seine Verbündeten als Urheber für alle Verluste und Schäden verantwortlich sind, die die alliierten und assoziierten Regierungen und ihre Staatsangehörigen infolge des ihnen durch den Angriff Deutschlands und seiner Verbündeten aufgezwungenen Krieges erlitten haben."

Gegen Kriegsschuld-Vorwurf, Versailler Vertrag und narzisstische Kränkung formierte sich in Deutschland schnell – man könnte sagen: automatisch-reaktiv – eine massive Abwehrfront, sowohl politisch und gesellschaftlich allgemein, als auch besonders stark in der Historiker-Zunft, die ein beträchtliches professionelles Potenzial aufbot, um den Kriegsschuld-Vorwurf zu entkräften. Sicherlich waren auch kritische Stimmen zu hören, die den lügenhaften Selbstrechtfertigungen Paroli boten (vgl. etwa *Metzler* 1919, *Lipp,* u.a. 2010, *Quidde*), aber sie fanden wenig Beachtung und gingen schnell im allgemeinen Rache-Geschrei unter.

In einem aufschlussreichen und anregenden Buch über *die Psychologie des Natio-nalsozialismus* hat Stephan Marks die mentalen Folgen analysiert, die von Beschä-mungen ausgehen können und in der Tat durch das „Schanddiktat" von Versailles ausgegangen sind. Wenn frühkindliche Beschämungen wie bei H.H. durch poli-tisch-kollektive Entwertungen verstärkt werden, die auch die Erwachsenen, ja die gesamte Gesellschaft erfassen, dann entsteht ein geradezu manisches Bedürfnis, dieses Gefühl der absoluten Wertlosigkeit abzuwehren und mit einem Gegenge-wicht zu versehen, das die Scham verdrängt. Die Verarbeitung der Enttäuschung schlug sich in den zwanziger Jahre, wie Habermas (1989) nachwies, auch im philo-sophischen Denken Martin Heideggers nieder.

Scham sei der „narzisstische Affekt par excellence", lesen wir bei Wurmser (1993, S. 119), was im psychohistorischen Kontext bedeutet, dass kollektive Er-niedrigungen wie die von 1918/1919 lebensgeschichtlich-individuelle Beschämun-gen aktivieren, absorbieren und zu einem schier unauflöslichen kollektiven Panzer zuammenschweißen.

H.H.s Erinnerungen enthalten etliche Hinweise an beschämende Situationen, die so demütigend und peinlich waren, dass sie sich in Angstträumen nieder-schlugen oder diese, im Zusammenspiel mit anderen Faktoren, verstärkten. In einer scheinbar nebensächlichen Episode schämt er sich zum Beispiel, dass der Konzertsaal nicht voll war, in dem die geliebte und verehrte Geigen-lehrerin auftrat und vorspielte (*DhV*, S. 59): „Erhard hätte in den Boden sin-ken mögen: vor Scham, weil er nicht dafür hatte sorgen können, dass dieser Saal voll war; vor Liebe zu jenem Wesen dort, das sich selbst geschmückt zur Schlachtbank führte." Was für heftige Emotionen in einer doch eher kon-ventionellen gesellschaftlichen Konstellation! Wie stark mussten die eigenen Beschämungen nachwirken, wenn diese Peinlichkeiten, die ihn direkt gar nicht betrafen, rund dreißig Jahre später noch so stark spürbar waren.

Der geschichtsanalytisch aufschlussreichste Satz lautet (*DhV*, S. 277): „Erhard fürchtet Peinlichkeit denn doch mehr als Gerichte." Das heißt, dass Schuldgefühle und Schuldängste sich erst an zweiter Stelle bemerkbar mach-ten. Das Primäre war die Scham, die unbedingt verdrängt werden musste.

Die individuell-persönlichen und politisch-gesellschaftlichen Faktoren der Schamabwehr griffen nach dem Vertrag von Versailles eng ineinander, ohne dass H.H. bewusst merkte, was sich da in ihm und in der Gesellschaft abspielte; jedenfalls findet sich dafür kein Beleg in seinen Schriften. Belegt wird nur die mentale Abwendung von der Gegenwart bei gleichzeitiger Hin-wendung zu einer zeitlich weit entfernten Epoche, in der sich H.H. sozusa-gen heimisch fühlte, u.a. wegen der konfliktreichen religiösen Auseinander-setzungen, die ihn ja auch innerlich umtrieben. Wie aus dem im Anhang abgedruckten biographischen Überblickstext zu ersehen ist, galt fortan das voll bewusste, professionelle Geschichtsinteresse dem späten Mittelalter

(Dissertation, Habilitation), und dabei wird es lebenslang bleiben, abgesehen von den vorübergehenden Erweiterungen des Geschichtsinteresses nach dem Zweiten Weltkrieg, die aber eher dem intellektuellen Ausagieren als dem Durcharbeiten der Erfahrungen dienten.

## 16. Ein „Zauberlehrling" in den Fluten der Geschichte
Oder: *Durch Wissenschaft zur Selbstbeherrschung?*

Als die Jugendzeit mit dem Abitur beendet schien und ein neuer Lebensab-schnitt vor ihm lag, ermahnte H.H. sich selbst, so berichtet er am Ende seiner Kindheits- und Jugenderinnerungen, zur Sachlichkeit. Ob er dabei den Vater als Vorbild bewusst vor Augen hatte, teilt er an der Stelle nicht mit. Als sein eigener Lebensprophet sagte er sich:

„Du wirst lernen und wissen und intensiv sein (so ein Wort, es muss gar nicht sehr gut sein, hakt sich in junge Leute ein und führt sie, jahrelang) und du musst sachlich werden. Nicht immer nach innen, nach innen (wie einst am Sonntag früh, im Bett [vgl. *DhV*, S. 100]), sondern hinaus, hinaus, hin-auf."

„Intensiv" sein, ohne sich im Innern zu verlieren. Hinaus ins Leben und hinauf zum Licht der persönlichen Erfolge, des Ruhms…: Dass die national-sozialistische Emphase dieses Bedürfnis nach Intensivsein aufgreifen und binden konnte, verweist auf die Inhaltsleere der pubertären Entschlossenheit.

H.H. entwarf also so etwas wie einen autosuggestiver Selbstrettungsplan, der das Überschwemmtwerden mit diffusen, angstmachenden Gefühlen in Zukunft verhindern sollte. Mit autosuggestiver Sachlichkeit hatte sich der junge H.H. schon in jüngeren Jahren über Angstattacken hinweggeholfen, die ihn etwa im Keller überfielen, wenn er im Auftrag des Vaters von dort etwas zu holen hatte (*DhV*, S. 158).

Die wissenschaftlich-sachliche Beschäftigung mit Geschichte schien ge-eignet zu sein, mit dieser inneren Versachlichung voranzukommen, ohne dass dabei Größenfantasien aufgegeben werden mussten, im Gegenteil. Der Wille zur Überwindung kindlicher Träumereien bei gleichzeitiger Entschlos-senheit, einen realen Aufstieg zu Erfolg und Anerkennung in Angriff zu nehmen, ist in dem Schlussakkord der Selbstdarstellung ziemlich deutlich angesprochen.

Doch das psychische Innenleben blieb unheimlich, bedrohlich. Auch dichte menschliche Beziehungen oder Verpflichtungen lösten Unbehagen und Abwehr aus. H.H. wollte auf keinen Fall Lehrer werden; er hatte noch die Angst vor den Mitschülern sowie die Not der Lehrer vor der pubertären Roheit „im Leib", wie es in einem Erinnerungsfragment heißt (*Aspekte*, S. 198). Bezeichnend ist auch das Zurückweichen vor einer engeren Freund-schaft mit dem vier Jahre älteren Arnold Berney, der ebenfalls Historiker werden wollte, 1935 aber, da er Jude war, von der Freiburger Universität vertrieben und aus dem Staatsdienst entlassen wurde.

Ganz im Unterschied zu den Unsicherheiten emotional-menschlicher Konstellationen versprachen bestimmte äußere Karrieremöglichkeiten Befreiung vom psychischen Chaos, sichere Orientierung, gesellschaftliche Anerkennung. – Hier wirkte sich der Realitätssinn des Vaters aus. Ein fast manisch zu nennender Lern- und Studiereifer ergab sich als Konsequenz aus dieser Perspektive. Schnurstracks, ohne sich ablenken zu lassen, brachte H.H. Promotion (1924) und Habilitation (1927) hinter sich; auch die Heirat 1928 behinderte oder verlangsamte die Karriere nicht, im Gegenteil. Weitere drei Jahre später, 1931, wurde ihm der hochangesehene Lehrstuhl seines verstorbenen Lehrers Georg von Below anvertraut. H.H. war damit, neunundzwanzigjährig, „in die erste Reihe der deutschen Historiker aufgerückt" (*Fleckenstein*, S. 34). Er spielte also nicht mehr als Kind die kleine, die „halbe Violine", sondern in der vorderen Reihe der ersten Geigen. Was für ein Lebenstriumph!

Die Kehrseite dieser Erfolgs- und Aufstiegsgeschichte bestand in einer breit gefächerten Problematik, aus der geschichtsanalytisch drei Seiten herausgehoben werden sollen:

*Erstens* macht großer Erfolg, der gesellschaftlich bestätigt und gefeiert wird, süchtig. Was einmal so gut gelungen ist, das muss nicht nur ein zweites Mal gelingen, sondern darüber hinaus, nächstes Mal, noch besser gelingen. Erfolge, Siege, Triumphe, Ruhm fordern zur Steigerung heraus. Wer deutscher Meister geworden ist, der kann auch Weltmeister werden…

*Zweitens* macht das narzisstisch süchtige Verlangen nach Bestätigung und Rangerhöhung, nach Applaus usw. unkritisch; es durchkreuzt Sachkompetenzen und korrumpiert. Misserfolge werden der selbstkritischen Analyse entzogen und mit verstärkter neuer Bemühung um den nächsten Erfolg überdeckt. Die Sucht als Dimension der Lebensführung wird als normal empfunden und lebenspraktisch, ich-synton integriert.

*Drittens* – und das ist in dem hier entwickelten Zusammenhang das Wichtigste – löst die durch den Erfolg ausgelöste Euphorie den bis dahin angewachsenen Problemstau nicht auf, sondern verstärkt ihn, wenn auch meistens unsichtbar.

Auch die Metapher eines mentalen Schwelbrandes, der sich unter der Oberfläche der Erfolgsstory weiter frisst, passt gut zur realen Lebensgeschichte H.H.s, insbesondere im Rückblick auf seine Feuerangst, die ja von der Kindheit bis zum Lebensende reicht.

Ein gedanklicher Türöffner für die Diskussion des psychogenetischen Problemstaus ist der von H.H. zur Selbstcharakterisierung verwendete Begriff „Zauberlehrling", auf dessen weitreichende Bedeutung Klaus P. Sommer in einer kenntnisreich-kompetenten Sammelrezension über *Arnold Berney und Hermann Heimpel – zwei Freunde und ihr Verhältnis zum Nationalsozialismus* 1999 hingewiesen hat. In einer kleinen Abhandlung zum Gedenken

an Albrecht Haushofer geht H.H. auf den die Weimarer Republik abwertenden „Aristokratismus" ein, der sowohl seinen kurz vor Kriegsende erschos-
senen Schulfreund Albrecht Haushofer (Moabiter Sonette!) als auch den
Stefan-George-Kreis gekennzeichnet habe, und urteilt dann (*Aspekte*,
S. 138): „Wie sollte diese, wie sollte die einmal als ‚Herde', das andere Mal
als ‚Sumpf' abgetane Demokratie sich wehren gegen so viel Edles, Vorneh-
mes, dessen sich endlich das Gemeine zu bedienen wusste. Wir, viele von
den Abiturienten von 1920, waren Zauberlehrlinge geworden."

Geschichtsanalytisch ist *der Zauberlehrling* ein besonders interessantes Sinnbild,
weil es auf Unbewusstes anspielt, ohne dass H.H. das bewusst beabsichtigt hat:
Wasser steht symbolisch für Unbewusstes, Erde („einen festen Boden unter den
Füßen haben") eher für Bewusstes. In dem bekannten Goethe-Gedicht, auf das
H.H. anspielt, transportiert ein durch Zauberspruch zum Knecht verwandelter Be-
sen Wasser aus dem Fluss ins Haus und droht, alles zu überschwemmen, da dem
Zauberlehrling der den Spuk beendende Zauberspruch nicht mehr einfällt.
   Das Unheimliche, gefühlsmäßig Überbordende, Irrationale mit den richtigen
Leitsätzen oder gar Zaubersprüchen beherrschen – das ist eine durch Goethes Ge-
dicht angeregte Fantasie, die H.H. in der einen oder anderen Weise beschäftigt hat.

Sommer nimmt zur der oben zitierten Textpassage Heimpels folgendermaßen Stellung (a.a.O., S. 6):
   „Daß Heimpel auch sich selbst als ‚Zauberlehrling' bezeichnet, ist ein
unzweideutiges Eingeständnis, nicht nur passiv Opfer einer Entwicklung
geworden zu sein, sondern sie selbst mit herbeigeführt und wohl auch her-
beigewählt zu haben. Erstaunlicherweise ist sowohl Schulin als auch
Matthiesen diese Selbst-Titulatur Heimpels entgangen und was sie bedeutet.
Heimpels eigene Worte legen folgende Deutung nahe: Auf der einen Seite
gibt es die ‚Edlen', auf der anderen ‚das Gemeine', die Nazis.[85] Selbst wenn
die ‚Edlen' sie seit Jahren gewählt haben sollten, konnten sie qua eigener
‚Vornehmheit' nie ordinäre Nazis sein, haben sie höchstens strategische
Allianzen mit ihnen geschlossen."
   Ein Blick auf die Struktur der zitierten Heimpel-Sätze mit ihrer spezifischen Verteilung von Subjekten und Objekten bestätigt Sommers Deutung;
denn wer hat eigentlich, realgeschichtlich gesehen, wen „bedient"? Das war
nicht so einseitig, wie H.H. formuliert, dass das Gemeine sich des Edlen zu
bedienen wusste, das Umgekehrte galt ebenso: Die sich vornehm Dünkenden
haben die Gemeinheit bedient oder, als Provokation formuliert: Sie verkör-

---

[85]  Diese Trennung findet sich auch in dem Bericht von Peter Bamm (1952) über seine Tätigkeit
     als Arzt während des Zweiten Weltkrieges. Die Nazis waren für ihn einfach „die Anderen",
     mit denen man nichts zu tun hatte. Hitler wurde als „der primitive Mann" abgetan. Als Leser
     der Nachkriegszeit war man mit Bamm auf der Seite der Guten, der Humanitas.

perten selbst die Gemeinheit und merkten es nicht. Die maligne Spaltung war perfekt.

Als Zauberlehrling meinte H.H., die Fluten der Geschichte bändigen und in seinem Sinn kanalisieren zu können. Das war eine grandiose Überschätzung seiner Kräfte und der menschlichen Kräfte überhaupt. Der Philosoph Martin Heidegger ist vielleicht das bekannteste Beispiel für diese elitär unfruchtbare und politisch reaktionäre Verblendung. Habermas schrieb dazu (1989, S. 22):

„Es war wohl doch ein spezifisch deutscher Professorenwitz, der Heidegger die Idee eingab [und mit ihm auch anderen wie Heimpel], den Führer führen zu wollen."

Werfen wir jetzt einen Blick auf die Jahre 1933-45, die geschichtsanalytisch – wer wollte das heute bezweifeln? – einschneidende Bedeutung hatten, die aber weder in dem Überblicksartikel der Enzyklopädie (Anhang) noch bei H.H. selbst eine dementsprechende Beachtung erfahren und bis zur Öffnung des persönlichen Nachlasses im Jahres 2018 auf Vermutungen angewiesen bleibt.

# 17. Zur Bedeutung und Wirkung der Jahre 1933-1945

## 17.1 VERRAT AN FREUNDEN UND AM SELBST

H.H. hat im Laufe der NS-Jahre einige Freunde und Gönner menschlich hintergangen, er hat sie fallen gelassen, man kann auch sagen: Er hat sie verraten. Für den hier entfalteten psychohistorischen Zusammenhang ist es wichtig einzusehen, dass der Verrat an Freunden unausweichlich mit einem Verrat am Selbst amalgamiert wird, was in auch in weniger spektakulären Alltagserfahrungen als Gefühlsunruhe zur Geltung kommen mag, als schlechtes Gewissen, Unwohlsein, nicht zu verdrängende Beschämung oder unbewusstes Bemühen um Wiedergutmachung.

Die eigenen ethischen Maßstäbe verdrängen, Freundschaften dem eigenen Erfolg und Aufstieg opfern, Liebe und Anstand zugunsten eines vordergründigen Macht- und Lustgewinns preisgeben: dafür finden wir in der Geschichte des Nationalsozialismus unzählige Beispiele,[86] zum Glück aber auch entsprechende Gegenbeispiele, ich erinnere hier nur an die Weigerungen deutscher Frauen, ihre jüdischen Ehemänner dem Schicksal preiszugeben (Stichworte: a] Aufstand in der Rosenstraße; b] Lebenslauf Victor Klemperer).

„Die menschliche Entwicklung bietet zwei Möglichkeiten, die der *Liebe* und die der *Macht*." So beginnt Arno Gruen, der selbst vor den Nationalsozialisten fliehen musste, sein Buch über den *Verrat am Selbst* in bewusst vereinfachender Stilisierung menschlicher Grenzsituationen, die realiter meistens nicht so einfach zu überblicken sind, wie das Entweder-oder es nachträglich suggeriert. H.H. hat die Macht gewählt. Zur Forschungslage äußert sich ein Kenner der Konstellationen, in denen H.H. steckte, folgendermaßen (*Matthiesen* 1998, S. 12):

„Heimpels Weg durch das ‚Dritte Reich' ist bis heute weitgehend noch gar nicht untersucht. Zwar hat er später von der Schuld seiner Generation gesprochen, aber er konnte diesen Begriff nicht im Hinblick auf sein eigenes Verhalten konkretisieren. Heimpel war sprachlich und künstlerisch ungewöhnlich begabt und nutzte gern das Genre der autobiographischen Skizze, hüllte sich aber in Schweigen, was den eigenen politischen Standort zwischen 1933 und 1945 betrifft."

---

[86] Ein trauriges Beispiel, gut dokumentiert durch Briefe und Berichte, bietet das Buch von Martin Doerry (2002) über Lilli Jahn, die durch die Scheidung von ihrem „arischen" Mann dem Verderben preisgegeben war, was der Mann sicherlich nicht „gewollt", aber doch leichtsinnig in Kauf genommen hat, um des höchst unsicheren Lustgewinns bei einer anderen Frau willen.

Versuchen wir dennoch, uns ein ungefähres Bild zu machen, so weit es sich ergibt

- erstens aus den bereits vorliegenden (leider nur sehr knappen) Forschungsergebnissen über H.H. (Sommer 1999, Racine 2000 und 2005) sowie
- zweitens aus den Schriften, die H.H. selbst in dieser Zeit verfasst hat.

Wie ungezählt viele Deutsche in allen Schichten der Bevölkerung begrüßte H.H. die Machtergreifung der Nationalsozialisten begeistert. Aufstiegsorientiert und ehrgeizig beeilte er sich nachzuweisen, dass auch er als Mittelalter-Historiker seinen Beitrag zur „nationalen Erhebung" leisten könne. Mit Hitler sei die Zerrissenheit Deutschlands endlich überwunden, schrieb er, durch Hitler werde das Abendland neu gestaltet; das Abendland liege in Deutschland (vgl. im Einzelnen *Schulin*, S. 30 ff.). „Wir, die wir das Glück hatten oder uns nahmen, in der Zeit des Kampfes uns zu bilden und die Arbeiten zu fördern, die wir liebten, wir beugen uns vor dem Führer." (Weitere Belege finden sich auch bei Johannes Fried in der wichtigen Eröffnungsrede zum 42. Historikertag 1998 in Frankfurt.)

Doch in dieses damals so oft zur Schau gestellte devote Sich-Verbeugen vor dem „Führer" mischten sich frühzeitig auch Zweifel und Vorbehalte, die zum Teil Heimpels christlicher Erziehung und zum Teil seinem den Quellen verpflichteten Ethos als Geschichtswissenschaftler entstammten. Das deutet sich schon in den zwei Freiburger Reden von 1933 an, die H.H. dem Rektor der Universität Freiburg, Martin Heidegger, widmete. In der ersten Rede ist der sprachliche und ideologische Einfluss der nationalsozialistischen Propaganda deutlich zu spüren. Da ist von Deutschland als dem „Reich der heroischen Kraftanstrengung" die Rede, vom Willen der Zukunft, von „Ostmission" und „neuem Raum", von Helden und Jugend und vom Glauben an das neue Deutschland. Dagegen fällt die zweite Rede spürbar sachlicher aus; sie enthält sich schwülstiger Formulierungen und schließt (S. 55) mit einem Ausblick auf das, „was wir der Zukunft schuldig sind: eine Geschichte des Deutschen [sic] Staates". Das blieb ja ein Leitmotiv in H.H.s Schaffen, auch nach 1945.

Das autosuggestive Element wissenschaftlicher Redlichkeit wie auch das christliche Gewissen haben möglicherweise dazu beigetragen, dass H.H. sich nicht noch tiefer in die NS-Verderbnisse verstrickt hat. Einen anschaulichen Beleg für Heimpels (zumindest deklamatorisches) Festhalten an Wahrheit und Wissenschaftlichkeit liefert Otto B. Roegele, der im Dritten Reich studiert hat und später berichtet, wie H.H. mit einem Rosenberg-Ideologen in

Streit geriet und sich dabei nicht unerheblich exponierte (Roegele 1966, S. 18):

„Nie werde ich vergessen, wie der Historiker Hermann Heimpel, gerade aus Rußland zurückgekehrt [was nach *Boockmann*, 1990, S. 55, aber ein Irrtum ist], seinen Schüler Hermann Mau nach einem großartigen Referat über Odilo von Cluny gegen Angriffe eines Ordinarius verteidigte, der dem germanischen Artglauben Alfred Rosenbergs eine akademische Legitimation zu verschaffen suchte. Der Streit geriet schon im zweiten Schlag-Abtausch ins Politische, im dritten ins Weltanschauliche. Hermann Heimpel, weiß vor Wut über Inhalt und Niveau der gegnerischen Vorwürfe, offenbarte rückhaltlos seine Meinung. Sein Ausbruch schloß mit der Empfehlung, der Herr Religionswissenschaftler möge endlich selber an die Front gehen und nachprüfen, an welchen Gott die Soldaten dieses Volkes glaubten. Es gab kurzen, heftigen Beifall, dann erschrecktes Schweigen, niemand widersprach. Alle gingen nach Hause in der Erwartung, daß noch in der gleichen Nacht die Gestapo erscheinen und jeden Teilnehmer zum Verhör holen werde. Aber es geschah nichts dergleichen. Das halbe Hundert akademischer Bürger, darunter einige, die gründlich miteinander zerstritten waren und sich von Herzen haßten, darunter auch ein höherer SD-Führer, wahrte das Schweigen. Von diesem Abend an wurde im ‚Germanischen Großseminar' im Klartext gesprochen."

Repräsentativen Aussagewert in dem Sinn, dass Heimpel zum Nationalsozialismus konsequent geistige Distanz gewahrt habe oder gar ein Mann des Widerstandes gewesen sei, hat diese Erinnerung allerdings nicht. Allein die Tatsache, dass H.H. sich auf eine Professur im besetzten Frankreich eingelassen und damit dem nationalsozialistischen Imperialismus zugearbeitet hat, spricht dagegen. H.H. umgab die Annahme des Rufs nach Straßburg mit der Gloriole reinen Wissenschaftsinteresse und schrieb: „Im Elsaß Geschichte des Mittelalters treiben zu dürfen, ist ein Geschenk des Himmel. Die Zeugen des deutschen Mittelalters stehen um uns" (zitiert nach *Boockmann* 1990, S. 20).

Es wäre unsachgemäß, wie schon angedeutet, diesen Wissenschaftsenthusiasmus ausschließlich für vorgeschobenes Theater zu halten. Ebenso unsachgemäß wäre es aber auch, Heimpels Selbstdarstellung als solche zu akzeptieren und auf Recherchen nach weiteren Motiven, die sich nicht so gut vorführen lassen, von vornherein zu verzichten, wozu der eben schon zitierte Boockmann (1934-1998) neigte, Heimpels Schüler und Verehrer. Geschichtsanalytisch wäre, sofern dazu die Quellen etwas sagen, die Entwirrung der einander widerstrebenden Kräfte angesagt: Politisch-moralische Bedenken werden im Clinch mit den Wünschen des narzisstischen Größenselbst gelegen haben, aber das ist im Einzelnen wohl nicht mehr zu rekonstruieren. Noch schwieriger wäre es, die latente Kastrationsangst der Heimpel-Verehrer zu diagnostizieren, die sich davor hüteten, die eigene Erkenntniskraft gegen den Vater phallisch gleichsam auszufahren. (Der psychoanalytische Begriff der Kastration ist in diesem Kontext eher metaphorisch als wörtlich zu verstehen, als ein Nicht-zur-Geltung-kommen-lassen der eigenen geistigen Stärke bei gleichzeitiger Ausschaltung des Vaters als Konkurrenten.)

Im Juni 1944 erhielt H.H. in Straßburg Besuch von seinem Klassenkameraden und Schuldfreund Albrecht Haushofer, der als vielgereister, welterfahrener Geograf einen Aufgabenbereich im Ribbentrop-Ministerium gefunden, später aber Kontakte zum Widerstand aufgenommen hatte, in Folge dessen er festgenommen und kurz vor Kriegsende, am 23. 4. 1944, von der SS erschossen wurde. Im Gefängnis, also wenige Wochen vor seinem Tod, hat Haushofer die berühmt gewordenen „Moabiter Sonette" verfasst. (Albrechts Vater, Karl Haushofer, kompromittiert durch seine „Geopolitik", die den Nazis sehr willkommen war, nahm sich mit seiner Frau 1946 selbst das Leben.)

H.H. erinnert sich im hohen Alter von 86 Jahren an eine Begegnung mit Albert Haushofer in Straßburg (*Nachklänge*, S. 31-37), nach der Albert, der Besucher, ihm einen Dankesbrief mit Datum vom 13. Juni 1944 geschickt hatte. H.H. fragt: „Was wollte Albrecht im Juni 1944 in Straßburg? Was mußte er auf dieser Reise wollen? Er hat es mir, selbstverständlich, nicht verraten, und wieso hätte ich ihn fragen sollen? Sicher ist: er hatte, um mit seinem Bruder Heinz zu sprechen [der ebenfalls inhaftiert war, aber freigelassen wurde], ‚längst seine Hand in eine Maschine gesteckt, die sie ihm abschlagen könnte'."

Wie viele Texte bzw. Textstellen dokumentieren auch diese Zeilen ein noch im hohen Alter zuverlässig funktionierendes Erinnerungsvermögen bei gleichzeitiger Funktionseinschränkung der selbstkritischen Denk- und Deutungsfähigkeit. Dass H.H. in der *damaligen* Situation nicht recht wusste, was er hätte fragen können, ist nachvollziehbar und verständlich. Dass die frühere Fragehemmung aber auch in den folgenden Jahrzehnten bestehen blieb und nicht vom Fluss weiterführender Gedanken aufgelöst wurde, ist dagegen befremdlich oder vielmehr: kennzeichnend für die psychohistorische Stagnation, in der H.H. stecken geblieben war. „Wenn ich mich heute vor dem Hintergrund der inzwischen bekannten damaligen Umstände frage, was Haushofer mit seinem Besuch bezweckte, dann kann ich der Frage nicht ausweichen…" Auch so hätte hätte ja eine Überlegung im Abstand vieler Jahre beginnen können.

Wie schon vermerkt, klammerte H.H.s ausgezeichnetes Gedächtnis die NS-Jahre und insbesondere die Straßburger Zeit fast vollständig aus. Deshalb können wir im Hinblick auf spätere Forschungsergebnisse hier nur fragen, ob er zum Beispiel keinen Kontakt zu seinem Kollegen August Hirt gehabt hat (geb. 1898, gest. 1945 durch Selbsttötung), einem Rasse-Anthropo-

logen, der Versuche mit dem Kampfstoff *Lost* an Häftlingen des KZ Natz-
weiler-Struthof durchgeführt hatte und damit am Prozess der bürokratisierten
Vernichtung von jüdischen Häftlingen aktiv beteiligt war.

In der Annahme, dass Hirt untergetaucht und noch am Leben sei, verurteilte ein
französisches Militärgericht in Metz ihn am 23. Dezember in Abwesenheit zum
Tode. Was H.H. bis 1945 von den Menschenversuchen Hirts exakt wusste, bleibt
bis auf Weiteres ungewiss. Dass H.H. in den fünfziger Jahren Bescheid wusste,
scheint mir hingegen gewiss zu sein, auch wenn „harte" Beweise fehlen. Das rhetorische Navigieren in diffusen Begriffen der Menschlichkeit bei gleichzeitigem Wissen um das damalige Involviertsein in Abgründe der Unmenschlichkeit stellt die
Selbstverpflichtung zur geschichtsanalytischen Sachlichkeit auf eine besonders
harte Probe.

Von den Personen, mit denen H.H. nachweislich recht intensiven Kontakt
hatte, ist noch Siegmund Hellmann (1872-1942) zu nennen, Heimpels Förderer, Lehrer und Kollege, der in Theresienstadt, „von uns allen verlassen"
(*Aspekte*, S. 147), elendiglich ums Leben gebracht worden ist. Das war insofern eine besonders schwere Lebenshypothek, als Hellmann 1933 von seinem Leipziger Lehrstuhl verjagt wurde, auf den H.H. dann 1934 berufen
wurde. Was für eine Pein für das später erwachende schlechte Gewissen! Zu
fragen ist abermals: Was bewog H.H. damals, die Berufung anzunehmen?
Hatte er überhaupt keine Zweifel und Skrupel gegenüber dem renommierten
Kollegen, der vom Alter und der wohlwollenden Haltung her sein Vater
hätte sein können?
  „Faßt man den traurigen Mut, sich des Schicksals zu erinnern, in dem
man einen Siegmund Hellmann im Stich gelassen hat, so sieht man Erstaun-
liches, Gegensätzliches" (*Aspekte*, S. 150). Dieser Satz aus einer im Nachlass
gefundenen Erinnerung Heimpels an Siegmund Hellmann dokumentiert eine
weitere Eigentümlichkeit von NS-Enthusiasten (Marks 2007), die später über
ihre Erfahrungen befragt wurden, nämlich: die nachhaltige Ausblendung
eines eigenen kritischen ICH. Dreimal „man", wo eigentlich das Ich als Subjekt die Aussage anführen müsste. Dementsprechend ausweichend ist die
Fortsetzung des Heimpel'schen Berichts (*Aspekte*, S. 151), die den Ermordeten mit einigen hellsichtigen Äußerungen zu Wort kommen lässt (immerhin!), der eigenen inneren Stimme aber keinen Ausdruck verleiht; wahrscheinlich nahm er sie selbst nicht wahr.
  Als sich 1944/45 abzeichnete, dass der Krieg nicht mehr zu gewinnen
war und die Alliierten Deutschlands Grenzen sowohl vom Westen wie auch
vom Osten her durchbrachen, verließ H.H. als Volkssturmmann mit einem
Marschbefehl in der Tasche Straßburg und fuhr, unterbrochen von „Luft-
krieg-Aufenthalten" über Freiburg, Tübingen nach Göttingen, man lese dazu

(in: *Aspekte*) seine Texte über „Weihnachten 1944" und den „Neubeginn 1945". Geistig wandte er sich, man lese und staune, autobiographisch seiner Jugend zu (*Die halbe Violine*), offenbar zur Sicherung einer inneren Stabilität und Kontinuität, die sowohl durch drohenden Zusammenbruch als auch durch sich verstärkende Zweifel über die Richtigkeit des eigenen Handelns ins Wanken gerieten. Dieses die bedrückende Wirklichkeit auflösende Schreiben war ein „neues ‚Glück', ein neuer Fall von rettender Normalität vor der Wand der Feuerstürme" (*Aspekte*, S. 237).

Welchen Eindruck hinterlässt das notgedrungen nur „ungefähre Bild", das wir uns von den Jahren 1933 bis 1945 zu machen versuchten? Ich denke: Ohne die militärische Niederlage von 1945 und die äußerlich erzwungene Umkehr des Denkens, die später als „Erschütterung" wie ein persönliches Verdienst in Anspruch genommen wurde, wäre H.H. wie ungezählt viele Deutsche ein NS-Enthusiast geblieben. Der Gruppen- und Systemzwang verbunden mit dem Macht- und Siegesnarzissmus hätten keinen Wandel von innen her erlaubt.

Vor dem Hintergrund der überreichlich dokumentierten Realgeschichte und den ausdrücklich benannten methodologischen Vorbehalten bereitet das Mitdenken von Alternativen keine besondere Schwierigkeit. Wir kennen inzwischen

- die vielfältigen Möglichkeiten, sich dem unmenschlichen Wahnsinn im Alltag zu widersetzen, ohne deswegen dem organisierten, lebensgefährlichen Widerstand beizutreten;
- den Rückzug in die „innere Emigration" wie auch die äußerlich-politische Emigration;[87]
- die BBC-Sendungen für deutsche Hörer, die – obwohl verboten – heimlich gehört wurden und so mannigfaltige Anstöße zum Umdenken vermittelten.[88]

---

[87] Der Vergleich mit Exil-Historikern ist in diesem Zusammenhang besonders ergiebig (Keßler 2005), nicht nur für die NS-Zeit selbst, sondern auch für die vorangehenden und folgenden Geschichtsphasen. Der (in 14.3) schon erwähnte Ludwig Quidde war ein Exilhistoriker, der heute bezeichnenderweise fast vergessen ist.

[88] Exemplarisch seien hier die BBC-Ansprachen Thomas Manns von 1940 bis 1945 erwähnt. Dass H.H. gar nichts von ihnen wusste, ist unwahrscheinlich. Ob die Öffnung des Archivs Einblicke in ein differenziertes, ambivalentes Wechselspiel von Identitifikationen mit dem System und Restbeständen innerer Freiheit eröffnet, bleibt abzuwarten.

## 17.2 ANGST VOR DEM EIGENEN SPIEGELBILD UND PANIK VOR DEM AN-BLICK DER REALGESCHICHTLICH MITVERSCHULDETEN BLUTORGIEN

Die Angst vor der Geschichtsmedusa (vgl. Kap. 6.8.3 und Text [14] im Anhang) äußert sich in verschiedenen Formen, u.a. als Vermeidungsstrategie, für die der folgende Heimpel-Text (in *Schulin* 1998, S. 68)[89] eine Illustration liefert.

„Aber nicht nur die gewissermaßen naturhafte Verbindung des Menschen zur Geschichte ist in die Krise geraten, sondern der Historismus, als ein vom Geist geschaffenes geschichtliches Bewusstsein. Nennen wir dieses Taedium an der Geschichte eine anthropologische Wendung der Historie: eine Art Müdigkeit, eine Art von Schlaf, in dem sich die geschichtsvergifteten Menschen erst einmal gesundschlafen. Denn es gibt ja eine Grenze, die nicht bei Leuthen und nicht bei Königgrätz, vielleicht bei Verdun und ganz sicher in Auschwitz überschritten wurde: die Grenze der Heiligkeit des Rechts und des Menschenantlitzes. Man bedenke aber, daß die Krise Deutschlands in der Teilung und die Krise des geschichtlichen Bewusstseins zusammenwirken in den unverkennbaren Auseinanderentwicklungen diesseits und jenseits der Zonengrenze."

*Erklärung einiger Wörter:*

*Taedium an der Geschichte* bedeutet etwa Abscheu vor der Geschichte (vgl. dazu Wikipedia, Zugriff 15. 12. 2008): „Das *Taedium vitae* (lat. *Lebensekel*) ist ein von dem römischen Philosophen Seneca, einem Stoiker, geprägter Begriff, der in der Psychoanalyse den Verlust oder die Verminderung der Lebensfreude bei depressiven Syndromen bezeichnet." Das Einschlafen und der Schlaf sind Geschwister des Todes und des Sterbens, die uns durch das Motiv der Geschichtsmedusa vertraut sind.

*Leuthen*: Ort/Schlachtfeld westlich von Breslau, Sieg 1757 der Preußen unter Friedrich dem Großen über die Österreicher.

*Königgrätz* (erscheint in nichtdeutscher Geschichtsschreibung meistens als Sadowa): 1866 Sieg der Preußen über Österreich und Sachsen.

*Verdun*: Ort/Schlachtfeld in Nordfrankreich, konnte von den Deutschen im Ersten Weltkrieg nicht erobert werden (Grabenkrieg, unfassbar große Verluste [tausende

---

[89] Der Text entstammt einer 1954 gehaltenen Vorlesung zum Thema „Deutsche Geschichte", die nicht veröffentlicht worden ist. Die Frage, was genau H.H. bewogen haben mag, die Vorlesung, die durch Manuskriptvorlagen und Mitschriften rekonstruiert wurde, nicht zu veröffentlichen, kann vielleicht nach der Öffnung des Archivs beantwortet werden.

täglich!]: Verdun als Realität und Symbol der sinnlosen massenhaften Vernichtung von Menschen).

Hermeneutischer Drehpunkt des Heimpel-Textes (oder besser: des Subtextes) ist das erschreckte Innehalten nach dem Stichwort Auschwitz, das im Zusammenhang und Zusammen*klang* mit den religiös konnotierten Wörtern *Heiligkeit des Rechts und des Menschenantlitzes* wie eine Posaune des Jüngsten Gerichts vom Himmel herabdröhnt, etwa in dem Sinn: O Mein Gott, was habe ich getan...

Dann folgt der Sprung und die Kehrtwendung in der verschriftlichten Gedankenentwicklung: „Man bedenke aber"...

Etliche Leserinnen und Leser werden das für eine überzogene Deutung und die Anrufung der Heiligkeit eher für eine Floskel halten. Auf der Ebene empirischer Verifizierbarkeit von Äußerungen hätte dieser Einwand seine volle Berechtigung. Vor dem Hintergrund der religiös begründeten Gewissensnöte, die eine Konstante in H.H.s Leben bilden (vgl. Berg über H.H.s „protestantische Bußfertigkeit"), ist ein hypothetischer Vorstoß in diese Richtung zumindest nicht völlig abwegig. Nach drei militärgeschichtlich illustren Ortsnamen, die H.H. offenbar unter der Rubrik „normal" einordnet, erscheint in seinem Text an vierter Stelle Auschwitz, als wenn in der Nähe dieses Städtchens auch eine Schlacht stattgefunden hätte. Dass die „Grenze" des gerade noch Zulässigen „sicher" in Auschwitz überschritten sei, verweist auf die Deutlichkeit der inneren Stimme als Ahnung, dass es nach Auschwitz nicht so weitergehen können wie bisher.

Auch an diesem Punkt könnte man nüchterner urteilen. Vielleicht war es einfach die ins Ungeheure gesteigerte Zahl der Toten, die H.H. zu seiner Bewertung gebracht hatte: Während die Toten in den Schlacht bei Leuthen und Königgrätz noch nach tausenden zu zählen waren, müssen sie bei Verdun schon nach Hunderttausenden gerechnet werden und in Auschwitz nach Millionen.

Die psychohistorische Kalamität ist auch in dieser Version schmerzhaft: Anstatt den Schreckensbildern argumentativ Raum zu geben, fordert H.H. auf seine Leserinnen und Leser auf (und damit autosuggestiv auch sich selbst), die Auseinanderentwicklungen diesseits und jenseits der Zonengrenze als Folge des Zusammenwirkens zweier Krisenherde (Teilung Deutschlands, Spaltung des Geschichtsbewusstseins) zu bedenken: „Man bedenke aber..."

Wäre die Auschwitz-Thematik eine andere gewesen, wenn Deutschland nicht geteilt worden wäre? H.H. nahm das offenbar an. Die diffuse Erinnerung an Nicht-Teilung Deutschlands nach dem Ersten Weltkrieg, in der gesellschaftliche Kräfte gewaltsam neu formiert und mit persönlichen Ambitionen verbunden wurden, übte wahrscheinlich einen vorbewussten Einfluss aus.

Mit der Teilung Deutschlands wurde auch die Einsicht in die Ungeheuerlichkeit des vergangenen Geschehens geteilt und damit der konfrontativen
Schmerzhaftigkeit beraubt. Das Arsenal der Abwehrmanöver, das die Geschichtsmedusa herausforderte, war vielfältig und wird weiterhin raffiniert
und vielfältig sein. Mit dem Stichwort der „Geschichtsvergiftung" hätte H.H.
einem Gefühl nachgehen können, das zum Kern der Problematik geführt
hätte. Doch was macht er damit? Er verallgemeinert anthropologisierend
seine persönliche Empfindung und artikuliert statt ihrer den Wunsch, sich
gesund schlafen zu können. Die Geschichtsvergiftung als Hinweis auf ein
bedeutungsträchtiges Lebensgefühl wurde damit ebenfalls der genaueren
Reflexion entzogen. Sachlich war es sicherlich nicht falsch, nach so viel
selbst produziertem historisch-politischem Unrat ein Gefühl der inneren Erkrankung bei vielen Zeitgenossen anzunehmen; ich persönlich kann es
rückblickend gut verstehen. Durch langen Schlaf ließ sich diese Erkrankung
jedoch nicht kurieren.

## 18. Traumatisierung eines Heimpel-Sohnes

Hermann Heimpel (1901-1988) und seine Frau Elisabeth Heimpel, geb. Michel (1902-1972), hatten fünf Kinder, von denen das vierte, Christian, geb. 1937, im Jahre 1987 ein interessantes kleines Buch veröffentlicht hat, das über eine traumatisierende Erfahrung seiner Kindheit berichtet. Der Inhalt dieses nur fünfzig Seiten umfassenden *Bericht[s] über einen Dieb* ist schnell wiedergegeben: Das Kind Christian wird des wiederholten, ja kleptoman-zwanghaften Stehlens beschuldigt und, als unverbesserlicher Dieb scheinbar überführt, kurz vor Ende des Krieg, am 18. März 1945, in ein Erziehungsheim gebracht, wo es anderthalb Jahre verbringen wird. Im Laufe dieser Zeit stellt sich dann heraus, dass nicht das Kind die Diebstähle begangen hat, sondern Rosemarie, eine Hausangestellte, die es immer wieder geschafft hatte, dem kleinen Jungen entwendete Gegenstände in die Hosentasche oder in ein Versteck seines Zimmers zu „zaubern".

„Im Sommer 1946 beschloss man, den Dieb heimzuholen", erzählt Christian Heimpel, der in seiner Erzählung an der alten Bezichtigung festhält, obwohl diese sich längst als ein durch die pathologischen Manöver der Hausangestellten bewirkter Irrtum erwiesen hat. Das spiegelt eine inhaltlich-innere Konsequenz; denn die kindliche Erwartung, „dass sich der Knoten sofort nach seinem Eintreffen löse", wurde herbe enttäuscht.

Am Ende des Berichts (S. 44 f.) lesen wir dann:

„Immerhin, eine Art Versöhnung mit dem Vater erfolgt am Ankunftstage doch. Der Vater setzt den Dieb [!] auf seinen Schoß, einen für einen dünnen, aber ziemlich hoch aufgeschossenen Achtjährigen ebenso unbequemen wie verkindlichenden, also herabwürdigenden Platz, es folgt ein Räuspern, das Kratzen – eher unangenehm, aber das waren wohl die Begleiterscheinung der Erlösung – einer Männerbacke, und der Vater sagt (ähnliches schrieb, wie bereits bemerkt, die Mutter später in ihr Tagebuch [das der Junge entdeckte und las]), er habe das erfahren von der Rosemarie und verstanden, dass der Dieb, verführt von ihren Taten (teilweise wurde der Dieb also immerhin entlastet), mit eigenen Taten habe folgen müssen und dass man nun nach so langer Zeit dieses alles als nach den Umständen erklärbare Verirrung vergeben und vergessen sei. Es war also, statt der Entzauberung, die jetzt endgültige und lebenslängliche Verurteilung allenfalls unter Zubilligung mildernder Umstände, was den Dieb schlimmer traf als ein Peitschenhieb – an solche Hiebe erinnerte sich der Dieb sehr wohl [bevor er ins Heim gebracht wurde, wurde wegen der angeblichen Diebstähle gezüchtigt], so dass wir uns den etwas dramatischen und abgegriffenen Vergleich [„Peitschenhieb" – übertragener und wörtlicher Sinn] erlauben dürfen –, wogegen er sich aber ebenso wenig wehren konnte wie seinerzeit im Badezimmer gegen die Magie, als Rosemarie den Ring, beobachtet von ihm selbst, in seine Hosentasche gezaubert hatte."

In der geschichtswissenschaftlichen Historiographie über Hermann Heimpel spielt dieser Bericht überhaupt keine Rolle; er konnte bisher als *privatissimum* beiseite geschoben werden, da er über die wissenschaftlichen Verdienste des berühmten Historikers nichts aussage. Ich meine zwar nicht, dass persönlich-moralische Defizite gegen die Dignität wissenschaftlicher und philosophischer Leistungen ins Feld geführt werden sollten (Heidegger bleibt ein bedeutender Philosoph, auch wenn er zeitweise mit dem Nationalsozialismus paktierte), denke aber, dass die Story des H.H.-Sohnes unser Bild um eine Facette bereichert und das Gesamtbild bestätigt. „Wir haben dir Unrecht getan, du bist kein Dieb, ich bitte um Verzeihung": Dieses Eingeständnis, etwa so oder anders zum Ausdruck gebracht, hatte Christian Heimpel ersehnt in den anderthalb Jahren, in denen er als Nicht-Dieb behandelt wurde (!). Aber daraus wurde nichts. Die Verzauberung blieb erhalten. Die Scham über die eigene Jämmerlichkeit stand wie eine unsichtbare Mauer vor den Worten, die Vater und Mutter hätten aussprechen müssen und die alle drei befreit hätte, Vater Mutter und Sohn. Nicht der Vater hatte dem Sohn etwas zu verzeihen, sondern umgekehrt: der Sohn wartete mit Recht auf eine Entschuldigung des Vaters.

Im Dezember 1988, als der Tod schon an H.H.s Krankenbett stand und wartete, war es für ein persönlich-direktes Geständnis zu spät. Aber der bewährte Fluchtweg ins Religiös-Allgemeine war noch offen. „Ich bitte alle um Verzeihung, denen ich Leid antat. Ich bitte alle, die mich lieben, um ihre Fürbitte." Diese Worte fügte H.H. dem Vaterunser an, das er mit dem ihn betreuenden Pfarrer, Lothar Perlitt (Abt von Bursfelde) bei dessen letztem Besuch im Krankenhaus gebetet hatte. An wen hatte H.H. bei seiner Bitte um Verzeihung gedacht? Vielleicht auch an seinen Sohn. Wir wissen es aber nicht.

Was diesen betrifft, den sogenannten „Dieb", so habe er in diesem Sommer „einen tiefen Trunk aus den bitteren Wassern des Hasses, des Misstrauens und der Verzweiflung" genommen: Mit diesen Worten beschließt Christian Heimpel seinen Bericht. Er habe damit aber über seinen Vater keine „falschen Argumentationselemente" veröffentlichen, sondern nur die Geschichte eines Kindes darstellen wollen. Ja, das ist verständlich angesichts einer Familienkonstellation, in der Vater und Mutter zeitweise eine geradezu hagiographische Verehrung genossen.

Die Abschweifung in H.H.s Privatleben wäre überflüssig gewesen, wenn sie nicht die Annahme einer moralisch-reflexiven Ich-Schwäche bestätigen würde, die es nicht zuließ, das eigene Versagen konfrontativ einzugestehen und damit gleichzeitig dem Sohn Entlastung und Förderung zu gewähren, die dieser so dringend benötigte.

## 19. „Die halbe Violine"
## Vergewisserung in den Ungewissheiten
## von Kindheit und Jugend?

### 19.1 ZUR MINDERUNG DES LEIDENSDRUCKS DURCH SCHRIFSTELLERISCHE KREATIVITÄT

Wenn man bei der Lektüre von H.H.s Jugenderinnerungen vor Augen hat, dass diese am Ende des Krieges begonnen wurden, mithin in den Monaten des totalen militärischen und lebensweltlichen Zusammenbruchs, und dass hinter den Vergegenwärtigungen eines vergangenen, anscheinend unbeschwerten Lebensabschnitts die Erlebniswelt der Nachkriegszeit lauerte, über der ja auch das Damokles-Schwert der Konfrontation mit der eigenen NS-Loyalität hing, dann fallen doch Schatten und skeptische Fragen auf den Glanz der elegant formulierten Schilderungen, die ihr Autor spürbar selbst genoss: Er schwelgte, wie schon angedeutet, in Bildern, Namen und Personenbeschreibungen, in Erlebnisberichten von frischer, authentischer Eindringlichkeit und kulturgeschichtlichen Panoramen, die den Historikern des frühen 20. Jahrhunderts zukünftig durchaus als Quelle dienen können.

Der Mechanismus der autosuggestiv-illusionären Schaffung einer inneren Kunstwelt half abermals, das Elend der Gegenwart zu ertragen. H.H. selbst deutet den Vorgang selbstverständlich anders, doch was *er* erkennt, widerspricht dem eben formulierten Votum nicht.

„Der Verfasser strebte sich selbst zu finden, indem er im Bilde seiner Jugend ein Stück bürgerlicher Welt vom Anfang des Jahrhunderts bis ungefähr 1920 zu fassen suchte." (*Der Mensch...*, Vorwort) Mit anderen Worten: Durch die Rekonstruktion der vergangenen Welt, die retrospektiv in Ordnung zu sein schien, sollten die gegenwärtigen Zerstörungen überwunden werden – ein ziemlich fragwürdiges Vorhaben.

„Dann fand ich, dass das Buch ‚Der Heimweg' heißen sollte. Bald – seit dem 6. Juli – hieß es ‚Die halbe Violine'. Noch in dieser Neujahrsnacht [Neujahr 1945!] schrieb ich weiter. (...) Ein neues ‚Glück', ein neuer Fall von rettender Normalität vor der Wand der Feuerstürme. (...) Wie zäh ist doch der menschliche Wille zur Normalität, als weigere sich eine alte geistige Kultur, aus welchem Grund und aus welcher Schuld auch immer, eingetretene Katastrophen hinzunehmen." (*Aspekte*, S. 236 f. und 263)

H.H. verstand die „rettende Normalität" nicht als persönlichen Wunsch (von einer reflexiven Problematisierung dieses Verlangens nach „Normalität" ganz zu schweigen), sondern als anthropologische Konstante – eine bei

Historikern häufig anzutreffende Denkfigur –, die auch dazu dient, den persönlichen Leidensdruck, wenn er sich denn unterschwellig bemerkbar machen sollte, aufzulösen.

Man spürt als aufmerksamer Leser der Heimpelschen Texte hier und da den Leidensdruck, der sich offenbar nicht ganz unterdrücken ließ. Man spürt als Leser aber auch, wie souverän der Leidensdruck umschifft oder aufgelöst werden konnte, zumindest in der sprachlichen Wendung nach außen. Die angestrebte Selbstfindung geriet zur Selbstbestätigung, die sich auf Religion stützte, um nicht ins Wanken zu geraten.

Dass sich H.H. mit dem Schreiben seiner Jugendgeschichte innerlich schützte und „rettete", ist auch ohne Psychoanalyse subjektiv nachzuvollziehen; denn der Umbruch von 1945 war für ihn und unzählig viele Deutsche nicht zu verkraften und zu „verdauen". Er zeitigte auch in der zweiten und dritten Generation noch seine Wirkungen.

Die Glücksmomente der Kindheit und Jugend festhalten (ob retrospektiv konstruierte oder authentische Glücksmomente – das wäre noch zu klären) und den begonnenen Weg mit besserer Einsicht fortsetzen; die Aussicht auf inneren Zusammenhalt und unbeschädigtes Leben neu eröffnen; im Unglück nicht verzweifeln oder resignieren, sondern alle geistigen Kräfte zusammen nehmen, damit der nächste Lebensdurchlauf besser gelingt...: Der Autor dieses Buches kann diese psychohistorische Tendenz im Rückblick auf die eigene Bildungsgeschichte durchaus nachvollziehen (→ *Jugend-Glück-Gesellschaft*, 1979).

## 19.2 LEIDENSDRUCK UND GESCHICHTSBEWUSSTSEIN

Zum Geschichtsbewusstsein im Sinn der hier entwickelten Argumentationsstruktur gehört so etwas wie ein psychohistorischer Leidensdruck, der sich nicht im Lebensgeschichtlich-Persönlichen erschöpft.

Wer die Unvernunft der historisch-politischen Geschehnisse (das *Narrenschiff* steht dafür als Symbol und Metapher) mit allen ihren schrecklich Folgen teilnahmslos rekonstruiert und rekapituliert, archiviert eben diese Unvernunft, anstatt zu ihrer Minderung beizutragen.

Das heißt, bitte schön, nicht, dass Verstand und Ratio ausgehebelt werden und die Historiker der Zukunft sich in Wehklagen ergehen sollen. Der hier ins Auge gefasst psychohistorische Leidensdruck ist als eine indirekt einwirkende Dimension der Grundeinstellung zur Geschichte zu denken, die einigen der hier zitierten Historiker (denken wir etwa an Gibbon und Hobsbawm) in je eigener Weise eigentümlich ist, ohne dass damit ihre Fachkompetenz als Historiker Schaden genommen hätte.

Leidensdruck, und zwar mit erheblicher Schärfe, entsteht auch durch Gewissensbisse und Schuldgefühle. Doch dieser Leidensdruck, wie er sich etwa in H.H.s Schriften nach 1945 niederschlägt, hat eine andere Qualität als der in diesem Unterkapitel ins Auge gefasste Leidensdruck. Es geht hier generell um die Resonanz der fortgesetzten historisch-politischen Unsinnigkeiten in uns, um Empörung, Verzweiflung, Trauer in je eigenen Schattierungen; es geht um Empathie mit den historisch Unterlegenen, die nur ihr gutes Recht eingefordert haben und dafür oft verstärkte Unterdrückung oder gar einen qualvollen Tod erleiden mussten. Dieser Leidensdruck war H.H. offenbar wesensfremd.

Leidensdruck als Dimension einer psychohistorischen Lebenshaltung ist existenziell nicht so unerbittlich scharf wie der in Gewissenskonflikten entstandene Leidensdruck, dafür aber emotional konstant spürbar so wie auf der kognitiv-rationalen Seite Realitätssinn und Quellenorientierung integrale Bestandteile des Geschichtsbewusstseins sind und nicht suspendiert werden können.

*Wer nicht leiden will, muss hassen*, titelte der bekannte Psychoanalytiker und Friedensforscher Horst-Eberhard Richter mit Blick auf gesellschaftlich pathologisierte Jugendliche und ihre Gewaltausbrüche. In vorsichtiger Übertragung auf die hier entwickelt Argumentation können wir sagen: Wer als Historiker oder auch als Geschichtsamateur in seinem Geschichtsbewusstsein keinen Platz hat für die Leiden der Geschichte, der muss diese Leerstelle mit viel Rhetorik auffüllen bzw. überdecken. H.H. praktizierte diesen Ausweg in souveräner Weise, indem er die größten Blutorgien rhetorisch überspielte, religiös neutralisierte und jedem Desaster der eigenen Erfahrung eloquent ein Gegengewicht gegenüber stellte.

- Man lese seine Abhandlungen zum Mittelalter und zu den Kreuzzügen. Das von den Kreuzzug-Rittern angestellte Blutbad in Jerusalem 1099 hat es in seinen Abhandlungen nicht gegeben. Statt dessen wird die „Idee" der Kreuzzüge thematisiert, Weltgeschichte als „Heilsgeschichte" (*der Mensch...*, S. 73) beschworen und „Ritterlichkeit" als „Gabe des Mittelalters an Europa" (ebd. S. 86) festgehalten.
- Man lese seinen Vortrag zur vierzigjährigen Wiederkehr der Wiedereröffnung der Göttinger Universität. Am Ende seines Textes (*Neubeginn...*, S. 29) verweist er auf eine Predigt, die Friedrich Gogarten (Theologe, 1887-1967) damals gehalten hatte und die der biblischen Metapher *Vom Haus auf dem Felsen* gewidmet war (Matthäus 7, 24-27).[90]

---

[90] Die zwei Zeilen, die H.H. aus Gogartens Predigt zitiert („Und wer von uns könnte sagen, er habe in gar keiner Weise mitgetan bei dem, was geschehen ist?") sind typisch für H.H.s selek-

- Man beachte, mit welcher rhetorischen Behändigkeit H.H. über Geschichtsgräuel hinweg gleitet, sowohl in den Jugenderinnerungen als auch in historiographisch-sachlichen Texten. Dazu noch zwei Zitate:

„Wie schrecklich ist das Schießen, und der Tod, Blut und Krankheit [in München 1919/20]. Achilles schleifte den toten, blutverschmierten Hektor um die Mauern Trojas. Die Ilias müßte man in der Chirurgischen Klinik lesen oder beim Zahnarzt. Wie könnte man zu Christina? Auf den Bäumen vor der Klinik sitzen Schützen, es knallt in die Träume.

Jetzt ist es Mitte Mai. Mama, die protestantische Mama, geht in die Maiandacht, die Sträucher sind grün, der Abend wird länger, die Basilika ist so feierlich, Ruhe strömt aus dem Gesang der Armen." Heimpel, *DhV*, S. 284.

- „Am 8. August 1588 besiegten die Engländer die spanische Armada. Wer aber redet von den see- und durchfallkranken Spaniern und von den Galeerenknechten, die man über Bord warf in die unbarmherzige See, wenn sie nicht mehr rudern konnten? Was aber vom Jammer gilt [*Jammer* – nach Heimpel ein Lieblingswort von Jacob Burckhardt], das gilt auch vom Glück." Und es folgen Sätze, in denen das Wort Glück sich rhetorisch überschlägt: Glück, Glück, Glück ... Heimpel, *Der Mensch...*, S. 34.

Der Medusa-Effekt gilt also nicht nur für den Anblick von Auschwitz, sondern allgemeiner und tendenziell für alle Unerfreulichkeiten der Geschichte. Die Druckwelle des Leidens in der Geschichte dringt selten bis in die Arbeitszimmer der Historiker, aber eben hier sollte sie auch ankommen. Zum oben (Kap. 2.2) diagnostizierten Unbehagen in der Gegenwart gehört wohl auch die permanente Verdrängung des Leidendrucks, der einer Beschäftigung mit Geschichte eigentlich affin sein sollte.

Psychoanalytiker brauchen den Leidensdruck ihrer Patienten, um mit der Therapie überhaupt voran zu kommen. Geringer oder fehlender Leidensdruck ist, psychoanalytisch gesehen, oft ein Zeichen von Charakterstörungen, die einer psychotherapeutischen Behandlung schwer oder gar nicht zugänglich sind. In dem Maße wie die gegenwärtig vorherrschende Spaß- und Unterhaltungskultur Medien und Mentalitäten beherrscht, ist eine auch nur ansatzweise Übertragung der individuellen Therapie auf die Gesellschaft illusorisch. Historiker und Psychoanalytiker als „Container" der Geschichtsleiden: diese Utopie möchte ich trotzdem nicht aus meinem Geschichtsbewusstsein streichen. Gegen das kollektive Unvermögen in dieser

---

tive Argumentationsweise. Das Zitat verschaffte ihm ein moralisches Alibi, ohne einen effektiven Schritt in die Aufarbeitung der Vergangenheit zu wagen. Die Predigt und der Bibeltext selbst enthielten verschiedene Ansatzpunkte für eine direktere Auseinandersetzung: Der Theologe Gogarten war 1945 mutiger als der Historiker Heimpel 1985.

Hinsicht ist ein kollektives Vermögen in Rechnung zu stellen, das sich in mehreren Mittelmeerländern beträchtliche Veränderungen in Gang, die kurz vorher niemand für möglich gehalten hätte. Ähnliches gilt für den Umbruch in der DDR 1989/90. Um kollektiven Leidensdruck registrieren und dokumentieren zu können, bedürfte die Sensibilität der Historiker sich selbst gegenüber professioneller Stärkung.

Ohne Leidensdruck im psychohistorisch-latenten Sinn gäbe es keine Friedensbewegung, keine Amnesty-International-Gruppen, keine Genderforschung, keine Ökologie-Bewegung, keine Altersreue (Kap. 9.2.3), keine Revolutionen, keinen „Völkerfrühling", keine occupy-Bewegung, um nur einiges anzudeuten.

Dieser Ausflug in allgemeinere Belange des Geschichtsbewusstseins hätte keine Berechtigung, wenn H.H.s Biographie die skizzierten Tendenzen nicht in besonders auffälliger Form verkörperte. H.H. hat wiederholt betont, wie viel Lust ihm die Beschäftigung mit der Geschichte bereitet. Diese Lust soll prinzipiell überhaupt nicht vermindert werden, im Gegenteil: Indem der Leidensdruck durch Geschichte, der Veränderungen bewirken kann (und im Fall H.H. wahrscheinlich auch bewirkt hätte), introspektiv stärker wird, mindert sich gleichzeitig die Macht der depressiven historiographischen Selbsttäuschung (vgl. oben Kap. 2.5: *Zur hermeneutischen Ich-Spaltung*).

### 19.3 DIE SPRACHE – SPIEGELREFLEXE DES GESCHICHTSBEWUSSTSEINS

Aufschlussreich für Vorstöße in die unbewussten Wurzeln des historisch-politischen Bewusstseins sind H.H.s Kindheits- und Jugenderinnerungen auch unter sprachlichem Aspekt. H.H. schilderte seine Erinnerungen romanhaft, mit dem Gestus der sicheren Distanz, in der dritten Person: Bob heißt das kleine Kind, Erhard der ältere Junge und adoleszente junge Mann, aber bei diesen verwirrenden Umbenennungen (warum wurde er nicht bei seinem eigentlichen Namen gerufen?) bleibt es nicht. Schwerfällige Passivkonstruktionen, die das scheinbar Unpersönliche verstärken (vgl. etwa *Der Mensch...*, S. 36: „Es wurde viel gestorben") stehen an Textstellen, wo der Erzähler, Akteur und die gemeinten Personen auch direkt hätten genannt werden können, ohne dass damit ein aufdringliches Personen-Kaleidoskop entstanden wäre, für das sich niemand mehr interessiert.

Am deutlichsten tritt die Problematik einer Ich-Vermeidung, die den Zugang zu unbewussten Verankerungen des Geschichtsbewusstseins versperrt, in einem späteren Interview zu Tage, wo H.H. nach der Möglichkeit einer Fortsetzung seiner Jugenderinnerungen gefragt wurde und antwortete (Berkefeld 1962, S. 54): „Ich hänge ein wenig an dem Titel ‚Die Zweite Violine'. Die erste hat man [!] ja nie gespielt, wissen Sie."

Die erste Geige spielen, spielen wollen… Es wäre reizvoll, diesen Gedanken, der als Wunsch nicht zum Zuge kam, in verschiedenen lebensgeschichtlichen Kontexten genauer zu untersuchen. Doch bleiben wir beim Erzählstil der Kindheits- und Jugenderinnerungen.

Der Erzählstil ist lebendig, alles andere als nur informativ und sachlich; er passt sich den Erlebnisqualitäten an und springt. Am Ende des Buches, in einer Erinnerungssequenz an Todesängste, die er bei einer Bergtour durchlebt hat, bricht das existenzielle Ich durch (S. 301 f.), das aber schnell von dem konventionellen, oft benutzten „man" wieder eingerahmt wird: „Man wird nur froh sein, dass man lebt (…) Jetzt muss man sich befreien."
Im Unterschied zum konventionellen „Wir", das in späteren wissenschaftlichen Publikationen durchgehend Anwendung findet und an keiner Stelle in Frage gestellt wird, mischen sich in den Erinnerungen hier und da vorsichtige Reflexionen über Sprachgewohnheiten ein, z.B. im 6. Kapitel (S. 65), wo die Sprachgewohnheit des „man" auf Vorlieben des Vaters zurückgeführt wird. Aber weder hier noch in einem anderen Zusammenhang nimmt H.H. die Beobachtung zum Anlass, gründlicher über Traditionen und verinnerlichte Sprachformen nachzudenken und damit einen Schritt in die Emanzipation der eigenen Geschichte zu wagen.

Während die Tendenz zur Ich-Vermeidung und das Schwanken in der Erzähler-Perspektive in einem literarischen Werk als Ausdruck künstlerischer Freiheit und Kreativität gewertet werden kann, konstituiert und generiert dasselbe Syndrom in psychohistorischen Auseinandersetzungen mit Geschichte, insbesondere mit der Geschichte des Nationalsozialismus und des Holocaust, eine Erkenntnisverzerrung mit nachteiligen Folgen für die Geschichtsschreibung und das Geschichtsbewusstsein der nachfolgenden Generationen, denn diese wachsen ja, bevor sie eigene Wege gehen, in die vorfindlichen Sprach- und Denkformen hinein (und bleiben oft in diesen stecken).
Auch nach 1945 diente nicht jedes rhetorische „Wir", das an die Kommunikationsgemeinschaft von AutorIn oder SprecherIn und ZuhörerInnen appelliert, der Verschleierung oder Verdrängung des persönlichen Involviertseins in peinliche historisch-politische Sachverhalte, gewiss nicht. Gleichwohl ist nach dem Holocaust mehr Sensibilität gegen bestimmte Redewendungen notwendig, die rhetorisch, gedankenlos ein gemeinsames „Wir" beschwören und damit die Spannung auflösen, die nach 1945 aufgrund unversöhnlich konträrer Erfahrungen das Geschichtsbewusstsein bestimmen – oder vorsichtiger: bestimmen sollten. Die Geschichte der Juden in einer deutschen Geschichte gleichsam unkenntlich machen – das kommt einem zweiten, einem intellektuellen Genozid gleich.

*Der Mensch in seiner Gegenwart* – schon der Titel dieses Essays (von 1951), der zum Titel einer Sammlung von acht Essays gemacht wurde und mit einer intellektuell wendigen Sprache u.a. die Versöhnung von Geschichte und Gegenwart beschwört, bedeutet für alle Opfer der Gewaltherrschaft eine schwer erträgliche Missachtung. An den Auschwitz-Überlebenden in seiner Gegenwart hat H.H. bei seinen eleganten Formulierungen mit Sicherheit nicht gedacht. Auch bei seinen Schuldbekenntnissen bleibt er ja in seiner eigenen Erlebnisperspektive; hier liegt ein grundsätzliches, ein immer nur ansatzweise lösbares Problem.

Vor einem die verschiedenen Ich-Befindlichkeiten vernebelnden „Wir" hat auch Anita Eckstaedt in einem Analyse-Bericht über den Nationalsozialismus in der „zweiten Generation" gewarnt (1989, S. 397): „Die Vermeidung eines ‚Wir' in der Sprache des Analytikers ist geradezu erstes Gebot." Dieses Gebot hätte wohl auch für Analysanden der ersten Generation gegolten, wenn sie denn analytische Hilfe und Aufklärung nachgesucht hätten, was aber meines Wissens nie der Fall war. (H.H. in der Analyse auf der Couch – ich kann mir das gar nicht vorstellen!)

Ist ein inhaltlich substanzielles „Wir" nach Auschwitz überhaupt noch möglich? Rund fünfzig Jahre nach dem hier festgehaltenen Zeitpunkt in der Chronologie (Kriegsende und Zeit unmittelbar danach) hat der französische Philosoph Jean-François Lyotard diese Frage im Grunde verneint (deutsch 1998). Auschwitz stehe für etwas Namenloses.

## 20. Vom Ende des Krieges bis in die 60er Jahre – Die verzweifelte Suche nach einem „richtigen und ruhigen Geschichtsbewusstsein".

Ich werde in diesem Abschnitt einige Stichworte aus H.H.s damaligen Publikationen aufgreifen und in psychohistorische Kontexte stellen. Wir beginnen mit dem Begriff Kapitulation in seiner militärischen und metaphorischen Bedeutung (20.1), gehen über zu der etwas überraschenden „Dankbarkeit", die H.H. nach 1945 gegenüber dem Leben und der Geschichte artikulierte (20.2), erörtern sodann die durch H.H. ins Auge gefasste „Vergangenheitsbewältigung" sowie die Teilung Deutschlands als eine das Spaltungstrauma verfestigenden politischen Realität (20.3), um mit dem in der Kapitelüberschrift schon zitierten angestrebten „richtigen und ruhigen Geschichtsbewusstsein" zu schließen (20.4).

### 20.1 KAPITULATION? NIEMALS!

Ein besonders wichtiger Begriff für H.H. nach 1945 (wie für unzählig viele Menschen in Europa) war die *Kapitulation*. Wer wollte die Wichtigkeit dieses Begriffs für die damalige Zeit in Frage stellen! Gemeint war realgeschichtlich selbstverständlich die bedingungslose militärische Kapitulation Deutschlands. Psychohistorisch müssen wir aber auch die metaphorische Bedeutung des Begriffs vor Augen haben, ohne die H.H.s emphatische Weigerung zu kapitulieren, nicht recht verständlich wäre.

H.H. wehrte die nationale Niederlage pathetisch ab, indem er sie zur professionalisierten Frage an sich selbst umformte und ausrief (*Kapitulation...* 1956, S. 10): Wir kapitulieren „wirklich ‚nie': vor der Geschichte."

Indem H.H. die metaphorische Bedeutung des Begriffs *Kapitulieren* ausnutzte und auf seine Profession als Geschichtswissenschaftler bezog, meinte er, die reale Bedeutung der Kapitulation und damit auch den eigenen Irrweg überspielen zu können. Als Historiker blieb er Sieger. Geschichte als Wissenschaft wurde für H.H. von den Wechselfällen der Realgeschichte nicht in Frage gestellt – was für eine kurzsichtige Selbstgerechtigkeit, die erst vierzig Jahre später, zehn Jahre nach H.H.s Tod, als solche erkannt und benannt wurde.

Alternativen nicht retrospektiv einfordern, sondern einfach mitdenken, darum geht es hier abermals. Was hätte uns das rechtzeitige Eingeständnis der Niederlage, des Irrwegs, der totalen Fehleinschätzung historisch-politisch erspart! Es ging ja 1933-

1945 nicht nur um ein partielles moralisches Versagen, das man als verständliche menschliche Schwäche in den Hintergrund hätte abschieben können, sondern darüber hinaus auch um die durchgehende, professionelle Verblendung der Geschichtswissenschaft als Zunft, die nicht, wie Nietzsche es gefordert hatte, dem Leben gedient hatte, sondern dem Tod und der massenhaften, völlig sinnlosen Vernichtung von Menschen. Die Geschichtswissenschaft hatte Wissen aufgehäuft und sich selbst damit erhalten, aber kein Bewusstsein für die eigene Nekrophilie entwickelt.

## 20.2 DANKBARKEIT – ERLEICHTERUNG – LEBENSLUST

Dass die Deutschen nach Kriegsende zunächst einmal mehrheitlich erleichtert waren und die Lebenslust sich bei vielen Bahn brach, auch wenn im Untergrund schon das Wissen um apokalyptische Gräueltaten und untilgbare Schuld schwelte, das wird niemanden retrospektiv überraschen oder moralisch empören (spätere Entwicklungen und ein Beharren in dieser Haltung wären allerdings ein anderes Thema). Wer das bittere Ende überlebt und überstanden hatte (vielleicht sogar unverletzt), der wollte nicht in sich gehen und Rückschau halten, sondern ergreifen und genießen, was das Leben nun zu bieten hatte. Es war „ein unglaublicher Frühling" – so fassten Protagonisten der Oral History die „erfahrene Geschichte im Nachkriegsdeutschland 1945 – 1948" zusammen, indem sie eine (amerikanische) Zeitzeugin zitieren (*Plato* 1997, Vorwort, S.8), ohne damit die ganze Palette der damaligen Erlebniskonstellationen auf den Punkt bringen zu wollen.

Aber Dankbarkeit, wie sie durch H.H. und andere nach 1945 verbal demonstriert wurde? Dankbarkeit wofür und wem gegenüber? Politisch-moralisch hätte die Dankbarkeit den Alliierten gelten müssen, die uns Deutsche von der NS-Tyrannei befreit hatten. Aber die waren offenbar nicht gemeint. Wer war gemeint? War überhaupt ein bestimmter Adressat angesprochen?

Religiös gläubige Menschen richten ihren Dank an Gott, den Allmächtigen, der Gebete erhört, Auserwählte beschützt und rettet und Bösewichte straft oder gar vernichtet. H.H.s Dankbarkeit wurde von diesem Gottesbezug inspiriert, sowohl expressis verbis als auch sinngemäß zwischen den Zeilen. Er gebärdete sich damit als Rankeaner par excellence; denn die religiös gebundene Dankbarkeit (nicht etwa gegenüber bestimmten Personen oder Institutionen, sondern) gegenüber Gott und den kreatürlichen Ursprüngen war ein Wesenszug der historiographischen Argumentationsstruktur Rankes.[91] „Der Dank für die Gewährung der Existenz als solcher" ist religions-

---

[91]  Diese Einschätzung findet sich u.a. bei Ranke-Kennern wie Walther P. Fuchs, vgl. seine Einleitung zum Briefwerk Rankes, S. XXIV.

philosophischem Denken geschuldet, urteilt auch Hans Jonas, ohne auf die Geschichte der Geschichtsschreibung (Jonas 1997, S. 395) genauer einzugehen. Das Problem in unserem Kontext ist allerdings: Zur Philosophie in diesem Sinn hatte H.H. praktisch gar keinen Zugang. Er *agierte* seine Dankbarkeit, indem er sie als historisches Argument präsentiert, *reflektierte* sie aber nicht.

Lesen wir einige Heimpel-Zitate, in denen im appellativen Wir-Stil zur Dankbarkeit aufgefordert wird:

- „Entschließen wir uns also, verliegen wir uns nicht, bis der Strom der Geschichte die Insel unserer einmaligen Gegenwart weggerissen hat, bevor wir selbst uns freiwillig dem Strom anvertraut haben. Seien wir zu unserm bescheidenen Teil Mitschöpfer, nicht bloß Opfer der Ideen mit ihrer nötigenden Gewalt. Unser Entschluss hat Namen, aus denen man nicht moralische Appelle hören wolle, sondern vielleicht eine gewisse Einsicht in die Gegenwart, aber warum sollen wir die schönen deutschen Worte vermeiden: entschließen wir uns mit Mut, Nüchternheit und Dankbarkeit." *(Der Mensch...,* S. 37)
- „Zeitgemäß ist allein die Dankbarkeit für das Wunder, für das gläserne Glück, das täglich zerbrechen kann." *(Der Mensch...,* S. 40)
- „Darum feiern die Sehenden mit ihren Festen lauter Lob- und Dankfeste für das Leben selbst. Denn eben, Dankbarkeit ist das letzt Wort für unsere Gegenwart." *(Der Mensch...,* S. 41)
- „Der historische Sinn (…) ist die wissenschaftlich gefasste Form der Dankbarkeit." *(Geschichte und Geschichtswissenschaft,* in: *Der Mensch...,* S. 214)
- „Es gibt auch so etwas wie historische Dankbarkeit" – nämlich dem Staat gegenüber, der die Wissenschaft ermögliche *(Freiheit der Bildung,* in: *Kapitulation...,* S. 58).

H.H. war – und so bezeichnete er sich selbst – ein „Davongekommener". Er gehörte zu jenen, die die Verheerungen der NS-Zeit, die Bombenangriffe der Alliierten und die auf den Zusammenbruch folgenden Strafgerichte ohne Schaden überstanden hatten. Seine Entnazifizierungsakte ergibt keine direkt belastenden Befunde, was allerdings weder psychohistorisch noch realgeschichtlich viel besagt. Haushofer, sein Schulfreund, habe dagegen mit einem bitteren Tod bezahlt, schrieb er *(Aspekte,* S. 135), „was *wir, die Davongekommenen,* noch schuldig sind. Wir dürfen leben, er musste sterben...".

Das ist eine künstlich poetisierende, orakelhafte Sprache, die schmerzhafte Kontakte mit der Wirklichkeit überfliegt. Haushofer „musste" sterben? War ein unausweichliches Schicksal dafür verantwortlich? Die Beschwörung des Schicksals gehörte auch zu Hitlers beliebten Argumentationsfiguren.

H.H. war dankbar für das Leben, das ihm sozusagen abermals geschenkt wurde. Er war auch dankbar für seine erfolgreiche Karriere, die der Staat ihm ermöglich hatte und die durch die Kapitulation nur kurzfristig unterbrochen worden war. H.H.s historischer Sinn hat sich auf der Schiene dieser Lebenserfahrungen gebildet. Manche seiner Äußerungen klingen kreatürlich, elementar, authentisch, ursprünglich, sind im Kern aber kindlich-naiv und narzisstisch-selbstbezogen, ohne Gefühl für den millionenfachen Tod und das Elend anderer Menschen. Wie ein Kind dankbar ist, wenn ein Erwachsener es aus selbst verschuldeter Gefahr rettet, so verkündet H.H. seine Dankbarkeit, die er aber nicht nur für sich in Anspruch nimmt, sondern als eine allgemeine Tugend empfiehlt. So dankten die Menschen früher Gott, wenn sie die Pest überstanden hatten. Die Erleichterung als Lebensgefühl von Davongekommenen ist im Hinblick auf unbewusste Implikationen zu analysieren und nicht fraglos zu akzeptieren.

*Abb. 9*: Väter und Großväter als Retter, denen man dankbar zu sein hat. – Protest gegen die Wehrmachtausstellung

Wenn wir dieses Geschichtsbewusstsein der Dankbarkeit, das u.a. auf ein dem Bewusstsein entzogenes Gefühl des privilegierten Erwähltseins verweist und gleichzeitig ein Verlangen nach innerer Kohärenz signalisiert, mit dem Riss im Geschichtsbewusstsein vergleichen, der sich bei anderen im

Nachdenken über Auschwitz gebildet hat, dann ergibt sich folgendes psy-
chohistorisch-klinische Bild:

Nach allem, was der Nationalsozialismus den Menschen und der
Menschheit angetan hat, zeugt historisch pauschale Dankbarkeit, von einem
Historiker der NS-Zeit ausgesprochen, von einem dissoziativen Denken, das
überhaupt keinen Zugang zu den wesentlichen historischen Ereignissen hat
und damit den in Anspruch genommenen „historischen Sinn", der disparate
Vergangenheitsdimensionen zu integrieren hätte, in sein Gegenteil verkehrt.
Die schizoide Einseitigkeit dieser Denkfigur und Lebenseinstellung sieht
man mit schmerzhafter Deutlichkeit daran, dass von den an Leib und Seele
Geschädigten keine Dankbarkeit erwartet werden kann. Das wäre eine
sadistische Verhöhnung. An die überlebenden KZ-Häftlinge hat H.H. bei
seinen Dankes- und Lobtiraden sicherlich nicht gedacht, sonst hätte er andere
Worte gewählt.

Sicherlich gibt es, wie oben mit den religionsphilosophischen Hinweisen schon
angedeutet wurde, auch so etwas wie eine unspezifische Lebensdankbarkeit, etwa
für Gaben der Natur (Gesundheit) oder für das, was einem die Eltern „mitgegeben"
haben. „Vom Vater hab ich die Statur, /des Lebens ernstes Führen. / Vom Mütter-
chen die Frohnatur / und Lust zu fabulieren", dichtete Goethe im Rückblick auf
das, was er den Eltern verdankt. Aber diese elementare Lebensdankbarkeit entspringt gerade nicht dem die Epochen umspannenden historischen Sinn (und schon
gar nicht dem historischen Sinn nach Auschwitz!), wie auch umgekehrt der historische Sinn nicht in Lebensdankbarkeit wurzelt.

PsychoanalytikerInnen (*Auchter und Strauss*, S. 53) unterscheiden zwischen
einer authentischen Dankbarkeit und einer Dankbarkeit, die der Abwehr von
Schuld- und Neidgefühlen dient. Wahrscheinlich hat H.H. mit seinen Dankbarkei-
tausbrüchen Ressentiments und Schuldgefühle abgewehrt.


## 20.3 VERGANGENHEIT WIE EINE BÖSE KRANKHEIT HEILEN UND „BEWÄLTIGEN"?

Die fixe Idee einer möglichen und möglichst zügigen „Vergangenheitsbewältigung" ist auf H.H. zurückzuführen (Belege u.a. in Nicolas Berg, Kap.
3.1). Psychohistorisch gesehen hatte H.H. aber nicht nur die „deutsche
Katastrophe" (Meinecke 1946) von 1945 zu bewältigen, sondern im Grunde
auch die scheinbar überwundenen Schwierigkeiten seiner Kindheits- und
Jugendgeschichte, die freilich als das scheinbar Normale von den Anormali-
täten der folgenden Jahre innerlich abgetrennt und damit der kritischen
Selbstreflexion entzogen wurden.

Das Wort *bewältigen* hängt etymologisch mit *Gewalt* zusammen. Wir haben in den vorigen Abschnitten gesehen, wie viel Mühe es H.H. kostete, von den disparaten Eindrücken in Kindheit und Jugend nicht *überwältigt* zu werden. Die Angst war ein Leitmotiv seines Lebens. Mit geschichtswissenschaftlicher Sachlichkeit war er dieser Angst vor der Überwältigung entgegen getreten und hatte damit gleichzeitig seinen narzisstischen Aufstiegs- und Profilierungsehrgeiz befriedigt. 1945 brach die Lebenslösung in sich zusammen, und die Ängste meldeten sich zurück, verstärkt und verschärft durch die zwölfjährige nicht-integrierbare Erfahrung.

Die kognitiv nicht zu bewältigende Überfülle der Ereignisse kommt im folgendem Zitat zum Ausdruck (*Neujahr 1956*, in: *Kapitulation...*, S. 87):

„Dem älteren Menschen aber mag es schwindeln vor der unbewältigten Geschichte seines Jahrhunderts, wenn er das Auf und Ab, das scheinbar Feste und doch ins Vergessen Sinkende der Jahrestage bedenkt: Kaisers Geburtstag und Reichsgründung und Tag der Nationalen Erhebung, Verfassungstag, aber Sedanstag, aber wieder Waffenstillstand, und schon ist dieser veraltet durch den Tag der Kapitulation. Das war am 8. Mai, vor zehn Jahren."

Die nicht zu bewältigende Geschichte des Völkermordes kommt in diesem Zitat noch nicht vor. Gleichwohl plagt H.H. das schlechte Gewissen, das er in anderen Textpassagen beiläufig beim Namen nennt. Die Ängste der Kindheit sind durch realgeschichtlich bedingte Schuldgefühle massiv verstärkt worden.

„Aber die klare, nicht durch Rechtfertigung verstellte Sicht auf das Leben und die Geschichte des einzelnen und des Volkes kann allein die Krankheit unserer Zeit heilen, kann allein die unbewältigte Vergangenheit bewältigen" (ebd. S. 90).

„Die Krankheit der Zeit" heilen? Das war schon im Ansatz des Gedankens ein Fantasma, um nicht zu sagen: eine Wahnidee.

Neben der Geschichtswissenschaft sei die Kunst befähigt, „Geschichte zu bewältigen", aber diese sei im Unterschied zur Geschichtswissenschaft nicht an das Kriterium der Richtigkeit gebunden.

H.H.s Rede von der unbewältigten Geschichte ist nicht nur, aber eben *auch* als Aussage in der ersten Person zu lesen. Für ihn, H.H., war die Vergangenheit unbewältigt, in erster Linie sicherlich die Jahre 1933 bis 1945, die aber nicht vom Himmel gefallen sind, sondern ihre Vorgeschichte haben.

Mit dem Stichwort von der unbewältigten Vergangenheit hat H.H. auf ein Lebensgefühl verwiesen, das sicherlich seine Berechtigung hatte; denn nur politisch-pathologische Wirrköpfe konnten meinen, dass im Grunde alles, außer der militärischen Niederlage, in Ordnung sei und daher nichts Besonderes zu überdenken, neu zu ordnen und zu „bewältigen" sei. Aber: Dieses *Gefühl* des Ungenügens, der Überlast, des Überwältigtseins hätte aufgegriffen und einer vertieften Klärung zugeführt werden müssen. Indem wir das denken, bewegen wir Geschichte als Aggregat unverwirklichter Möglichkeiten, die damit einer Geschichtsschreibung der Zukunft überantwortet werden.

## 20.4 DIE DEUTSCHE TEILUNG UND DIE SEHNSUCHT NACH EINHEIT

H.H. hat die BRD-DDR-Vereinigung nicht mehr erlebt. Er wäre über alle Maßen glücklich gewesen, da der historisch-politische Vorgang von 1989/90 eine tiefe, lebenslange, in Mutter-Imagines wurzelnde Sehnsucht erfüllt hätte, die historiographisch ihren Ausdruck im Konstrukt der Nation finden sollte. H.H. hat sein Vorhaben, eine für die verunsicherte Gegenwart hilfreiche „Deutsche Geschichte" 1954 – 1959 als mündlich vorgetragene Vorlesung verwirklicht (Schulin 1998), dann aber nicht, wie geplant, für eine Buchpublikation zu Papier gebracht. Historisch-politisch äußere Diskrepanzen, psychologisch-innere Unsicherheiten sowie wissenschaftlich-rationale Bedenken (Irrweg des NS, militärische Niederlage, Teilung Deutschlands, persönliche Mitschuld an dem Desaster usw.) waren stärker als das innere Verlangen nach einer alles integrierenden Perspektive, durch die projektiv aufgelöst worden wäre, was innerlich als Gefühl der Zerrissenheit rumorte.

Werfen wir trotz dieses unausweichlichen Scheiterns im Historiographischen einen Blick auf H.H.s Such- und Sehnsuchtsbild einer starken, in sich einigen Nation, das er sowohl in Straßburg bis 1945 als auch in Göttingen nach 1945 vor Augen hatte. Lesen wir den Anfang seiner kleinen Abhandlung über die Kaiserstadt Aachen (*Vier Kapitel...*, S. 7), die mit dem Leitbild einer „karolingischen Synthese" schon seinen Kampf gegen die „Kapitulation vor der Geschichte" inspiriert hatte:

„Wann beginnt die deutsche Geschichte?[92] Wie fängt die deutsche Geschichte an? Wer diese Fragen nicht richtig beantwortet, verfehlt den Einstieg in die eigene Geschichte, verliert sich in der Vergangenheit und orientiert sich verkehrt in der Gegenwart. Stellt man die Frage: seit wann gibt es ein deutsches Volk?, so trifft man noch nicht den Kern der Sache. Die Frage: seit wann gibt es ein deutsches Volk? ist verschwistert der anderen: seit wann wissen die Deutschen, dass sie ein Volk sind? Seit wann nennen sie sich Deutsche? Aber auch dies: eine tatsächliche und eine bewusste Einheit von Deutschen, von deutschen Landen also und deutschen Leu-

---

[92] Diese Frage haben damals auch andere Historiker erörtert; dazu gab es einschlägige Sammelbände. Die Frage nach dem Beginn der deutschen Geschichte war ein Thema im mündlichen Teil meines Staatsexamens vor bald 50 Jahren.

ten, die sich von nichtdeutschen Landen und Leuten unterscheiden, fordert noch nicht eine deutsche Geschichte heraus. Diese beginnt erst, wenn diese Deutschen nicht nur zusammenbleiben wollen, sondern, nach menschlichem Ermessen gemäß ,rückwärts gewandter Prophetie' auch die Aussicht haben zusammen zu bleiben, da ihre Einheit ihnen ein durchaus gemeinsame Erlebnisse entstandenes und befestigtes Schicksal wird, ein Schicksal, das von Erschütterung zu Erschütterung, von Bewährung zu Bewährung die Aussichten dafür immer mehr einengt, dass diese Lande und diese Leute sich auch anders ordnen als gerade in einer deutschen Einheit. Mit anderen Worten: die deutsche Geschichte beginnt, wenn deutsch zu sein ein politisches Schicksal wird, das heißt in der einfachen Sprache der alten Zeit, wenn die Deutschen nicht nur ein Volk bilden, sondern ein Reich haben: und wir werden lernen, dass das deutsche Volk und das deutsche Reich nicht hintereinander, sondern miteinander entstanden sind."

H.H. denkt so intensiv über den Beginn der spezifisch deutschen Geschichte nach wie andere Menschen ihre Eltern suchen, wenn deren Identität nicht bekannt ist. Weder die Wahl des Themas noch die Obsession, mit der H.H. das Thema erörtert, ergeben sich zwingend aus einem rein geschichtswissenschaftlich definierten Forschungsinteresse, das von sich aus keine Emotionalisierung ausgelöst hätte. H.H. identifizierte sich mit seinem Thema. Doch Deutschland, Deutschlands Einheit, deutsches Reich, deutsches Volk – das ist nicht nur sein Thema, das ist sein Schicksal[93] und sein Besitz, den er schützen, pflegen und weiter entwickeln muss. H.H. als Historiker ist Wächter über ein kostbares Gut, das ihm anvertraut ist, kein Zauberlehrling mehr, sondern ein mit magischen Kräften ausgestatteter gottgleicher Vermittler, ein Wächter und Friedensfürst, der Widrigkeiten ausräumt und neues Glück entbindet (*Entwurf einer deutschen Geschichte*, in: *Der Mensch...*, S. 180):

"Eine neue Deutsche Geschichte löst ihr eigenes Rätsel und tröstet die Deutschen für die Zukunft. Eine neue Deutsche Geschichte geht mit sich ins Gericht und versöhnt sich mit sich selbst. Der Historiker wache darüber, dass die Deutsche Geschichte sich nicht in unzeitgemäßer Weise und in begreiflicher Reaktion auf erlittenes Unrecht und erlittene grausame Rache über sich selbst beruhigt."

Das ist Geschichtsmystik, in der es kein Subjekt gibt (eine neue deutsche Geschichte „versöhnt sich mit sich selbst" – ? – ) und die Täter sich als Opfer gebärden („erlittenes Unrecht"?). H.H.s Essays sind da, wo sie den Boden der Realgeschichte verlassen, dem Stil nach Geschichtspredigten. H.H. verstand sich als Klio-Priester, der je nach den Zeitumständen verschiedene liturgische Gewänder anlegte. Gedanklicher Mörtel in dieser Einheits-

---

[93] *Schicksal* ist ein häufig verwandter Begriff in der zitierten Publikation. Wir erinnern uns, dass Begriffe wie *Volksgemeinschaft* sowie *Blut- und Schicksalgemeinschaft* zum festen Repertoire der NS-Propaganda gehörte, die auch nach 1945 noch ihre Wirkungen zeitigte.

mystik sind die Parallelen zwischen der nach Einheit „sich sehnenden Kirche" (*Dietrich von Niem*, S. 80) und dem „nach endgültiger Form sich sehnenden Volk" (*Schulin*, S. 35). Es wurde schon darauf hingewiesen, dass Großkollektive wie Volk, Masse und Kirche, wie Nation und Partei usw. als Frauen imaginiert werden; das könnte bildhistorisch an zahllosen Beispielen nachgewiesen werden, denken wir nur an die Germania. Frauen-Imagines ziehen die Sehnsucht nach dem Mütterlich-Verbindenden an.

Stärker noch als in den Vorlesungstexten zur deutschen Geschichte, ja geradezu aufdringlich, kommt das Verlangen nach Einheit in der Abhandlung *Karl der Kühne und der burgundische Staat* zur Geltung (in: *Aspekte...*, S. 19-41). Hier gibt es kaum eine Druckseite, die nichts zum Suchwort Einheit enthält. Nicht nur Karl der Kühne selbst (1433-1477), der große Herrscher, auch die (in anderen Zusammenhängen meistens auf ihre Eigenständigkeit achtenden) Stände haben in Heimpels Rekonstruktion die Einheit des Staates und die Vereinheitlichung der Landschaften zu ihrer Sache gemacht. Als „Mittelreich" zwischen Frankreich und dem Heiligen Römischen Reich bot das historische Burgund einen ansprechbaren Resonanzboden für die realgeschichtlich verspielten Ambitionen, die direkt aber nicht mehr thematisiert werden durften. Der Aufsatz über Karl den Kühnen, 1950 kurz nach den Festschreibungen der Teilung Deutschlands veröffentlicht, thematisierte auf der Bühne der Historie, was sowohl realgeschichtlich als auch innerlich mental ins Unerreichbare entschwunden war. Die Kontinuitäten der Inhalte bei kaum spürbarer Verschiebung im Argumentationsduktus wird deutlich, wenn man den Nachkriegsaufsatz über Karl den Kühnen vergleicht mit einem Aufsatz von 1939/40 über „Frankreich und das Reich."

Zwei Jahre vor der Vereinigung von BRD und DDR ist Heimpel verstorben. Welche Beglückung ihm die Wiedervereinigung beschert hätte, kann man sich ausmalen.

H.H. wollte die Deutschen für die Zukunft „trösten". Trost in der Geschichte fand und propagierte auch Theodor Heuss (1884-1963), über zehn Jahre (1949-1959) Bundespräsident, zusammen mit Heimpel und Reifenberg Herausgeber einer groß (und großdeutsch[94]) angelegten Sammlung von Beiträgen über die „großen Deutschen". Indem er sich am Ende seines einleitenden Essays von dem Vorgänger-Unternehmen aus der NS-Zeit distanzierte (a.a.O., S. 17), reklamierte Heuss „Trost, daß es diese ‚großen Deutschen' gegeben hat und daß in der Vielfalt ihrer Art und

---

[94] Die Herausgeber haben in die Sammlung auch Persönlichkeiten aufgenommen, die „das Deutsche" in einem, wenn man so will, kulturell-sprachlichen Sinn repräsentierten, mit Deutschland im völkerrechtlichen Sinn aber gar nichts zu tun hatten, vgl. u.a. Heimpel über den Schweizer Jacob Burckhardt. Zur aufgesetzten Rechtfertigung dieses Verfahrens, dessen Problematik den Herausgebern offenbar bewusst war, vgl. Nachwort zum ersten Band (1956).

Farbigkeit die Fülle deutscher Möglichkeiten sich darstellt, als Erbe und als Verpflichtung."

Die Stichworte „Erbe" und „Verpflichtung" scheint die Botschaft des dritten
Teils dieses Buches vorweg zu nehmen, doch der Eindruck täuscht. Vor allem ist es
die Verpflichtung auf Ruhm, Macht, „Größe", die hier Skepsis auslöst. Wenn es
einen *Trost* durch Geschichte überhaupt geben kann, dann muss er kompatibel sein
mit der *Fassungslosigkeit* (Friedländer), die der Holocaust auslöst. Trost-Bedürfnis
ist eher ein Thema für persönliche Psychoanalysen als für Geschichtsbetrachtun-
gen. Wer Trost in früherer „Größe" sucht und findet – der Gedanke geht auf Nietzsches Idee einer bewahrenswerten „monumentalischen Geschichte" zurück –,[95] der
agiert intellektuell den realgeschichtlich bedingten Verlust seines Größenselbst,
anstatt ihn zu betrauern und durchzuarbeiten, der zelebriert eine innere Spaltung,
anstatt nach Wegen der Überbrückung und der Integration des unersättlichen
Überich zu suchen.

Die Alternative zum (vermeintlichen!) Trost durch Größenfantasien wird mit
einem Blick auf eine psychoanalytische Studie deutlich.

Léon Wurmser schließt sein material- und gedankenreiches Buch über
die Flucht vor dem Gewissen mit folgenden Worten ab: „Was wir als Analytiker erhoffen können, ist die Abnahme des Zwangs und die Zunahme der
inneren Freiheit, die Verminderung der Spaltung und das Wachsen der inneren Einheit. Aber auch das ist nur ein Mehr oder Weniger, kein Entweder-
Oder. Zwang und Freiheit sind komplementär und Bedingungen unseres
Geschicks."

Im lebendigen Geschichtsbewusstsein ist das *Wachsen der inneren Einheit* nicht nur lebensgeschichtlich-therapeutisch, sondern darüber hinaus als
unabschließbare transgenerationelle Aufgabe für längere Zeiträume zu
sehen.

---

[95]  *Zur Erinnerung*: „In dreierlei Hinsicht gehört die Historie dem Lebendigen: sie gehört ihm als
dem Tätigen und Strebenden, ihm als dem Bewahrenden und Verehrenden, ihm als dem Lei-
denden und der Befreiung Bedürftigen. Dieser Dreiheit von Beziehungen entspricht eine Dreiheit von Arten der Historiographie: sofern es erlaubt ist eine *monumentalische*, eine *antiquarische* und eine *kritische* Art der Historie zu unterscheiden. Nietzsche, *Vom Nutzen...*, 2. Kap.,
a.a.O., S. 18-19 (Hervorhebungen im Orginal). – Anknüpfend an Jacob Burckhardts *Weltgeschichtliche Betrachtungen* stellt Joachim Fest in einer „Vorbetrachtung" zu seiner Hitler-Bio-
grafie die Frage, ob man Hitler „groß'" nennen solle. Nicht die Frage als solche und ihre
Beantwortung, sondern ihr Subtext wären geschichtsanalytisch von Interesse, das hier aber
nicht weiter verfolgt werden kann.

## 20.5 DIE FATA MORGANA EINES „RICHTIGEN UND RUHIGEN GESCHICHTSBEWUSSTSEINS"

Wie man nach dem Zweiten Weltkrieg und den zu Tage tretenden massenhaften Verbrechen auf die Idee kommen konnte, ein richtiges und ruhiges Geschichtsbewusstsein zu bewahren und weiter zu entwickeln, ist vom heutigen Standpunkt aus kaum noch zu verstehen. Die Rhetorik der autosuggestiven Selbstberuhigung erinnert an traumatisierende Schocksituationen, in denen Betroffene sich selbst oder einem anderen Betroffenen einzureden versuchen, dass das lebensgefährliche Ereignis (z.B. eine schwere Verletzung) nicht so schlimm sei, Hilfe sogleich eintreffen werde und der Schaden in Kürze vergessen sei. Die dem Historiker aufgegebene „vaterländische Aufgabe" beschrieb H.H. folgendermaßen (*Entwurf einer deutschen Geschichte*, in: *Der Mensch...*, S. 165):

„So dient dem deutschen Volk nur eine neue, freilich an Hallers geistiger Höhe zu messende Deutsche Geschichte: eine Deutsche Geschichte, zugleich tiefgreifend und leicht fasslich, aus der Erschütterung neu gedacht und doch plastisch, ein Buch, das dem Deutschen, der sich in die Geschichte verflochten weiß, ein unklares Bild klärt und somit dem deutschen Volk ein richtiges und ruhiges geschichtliches Bewusstsein bilden hilft, Wallungen und Reaktionen in Einsichten und Aktionen, Vorurteile in Urteile verwandelt. Dies ist eine vaterländische Aufgabe, weil ein richtiges und ruhiges geschichtliches Bewusstsein ein notwendiger Bestandteil eines richtigen und ruhigen, von Ressentiments freien nationalen Selbstbewusstseins ist."

Hatte H.H. bei seiner Rektoratsrede von 1953, aus der eben zitiert wurde, Heideggers Rektoratsrede von 1933 als Gefühlserinnerung im Sinn? Stellte er sich vielleicht sogar vor, Heideggers damalige Vision unter neuen Vorzeichen aufgreifen und vollenden zu können? An ideologischen Überschneidungen fehlt es jedenfalls nicht, zu nennen sind u.a.

- die Eloge des starken Willens und des „Kampfes",
- die Betonung der historisch-heroischen Ursprünge (Heidegger) bzw. der Anfänge des Deutschtums (Heimpel),
- Europa und das Abendland mit Deutschland als seinem Zentrum[96] und

---

[96] Die Einheit des christlichen Abendlandes trotz der konfessionellen Spaltungen war ein Leitthema in Rankes „Epochen der neueren Geschichte" (in kritischer neuer Ausgabe hrsg. 1971), die H.H. sicherlich bekannt waren. Der Übergang vom Konstrukt der christlich abendländischen Einheit, die es realgeschichtlich nie gab, zum Konstrukt der gewalttätig erzwungenen nationalen Einheit verstehe ich psychohistorisch als pathogene Verschärfung.

- die Selbstverpflichtung zum Führertum (der Philosoph und der Historiker als Geschichtslenker),
- der leitmotivartige Bezug auf „das deutsche Volk", das bei Heidegger der Realgeschichte völlig entzogen war und so den philosophierenden Größenfantasien als Projektionsfläche dienen konnte. Aber auch für H.H., den Historiker, waren die deutsche Nation und das deutsche Volk" mehr als ein Forschungsfeld, wie am Ende der Rektoratsrede besonders deutlich zu sehen ist.

H.H. zitiert am Ende seiner Rektoratsrede Heinrich von Treitschke (1834-1896), dessen von antisemitischen Tönen durchwirktes nationales Pathos zur Entstehung des Nationalsozialismus ideologisch beigetragen hat. Überflutet von den Gewaltwellen der Geschichte hielt H.H. an eben jenen Ideen fest, die den Auftrieb der Gewaltwellen verstärkt hatten.

H.H. ist nach 1945 sicherlich ins *Nachdenken* geraten, aber nicht bis zum *Umdenken* gekommen. Gegen den Geschichtsschock wehrte er sich nach Leibeskräften. Mit der wachsenden Einsicht in die verbrecherische Struktur des ganzen System drohte dem Geschichtsbewusstsein aber der eingangs diagnostizierte Bruch, der unerträglich geworden wäre, der die bis dahin erkämpfte Identität zerstört hätte und daher mit großer Anstrengung gekittet, überdeckt und verdrängt werden musste.

H.H.s Rückversicherung beim offenkundig bewunderten Historiker Johannes Haller (1865-1947) verweist auf das grundsätzliche Problem von Geschichtspublikationen, die sich bürokratisch verschiedenen Gesellschaftssystemen andienen, ohne dass der Leser etwas davon merkt, geschweige denn ausdrücklich erfährt.

Haller hatte 1939 im Vorwort zur 50. (!) Auflage seines Buches *Epochen der deutschen Geschichte* Hitler als Lichtgestalt und Geschichtsretter enthusiastisch gefeiert. Das Buch gehörte noch in meiner Studienzeit zum Kanon der grundlegenden Geschichtswerke, die man auf jeden Fall zu lesen hatte. Allerdings fehlte in der mir vorliegenden Nachkriegsausgabe das Vorwort von 1939! So wie Atomphysiker sowohl in totalitären als auch in demokratischen Staaten willkommen sind (wir erinnern uns in groben Zügen an den Lebenslauf des Werner von Braun, 1912-1977), so können auch Historiker als Geschichtsfachleute Diener verschiedener Herren sein, vielleicht nicht gleichzeitig wie bei Goldoni, aber doch nacheinander, unabhängig von politischer Struktur und Moral und des jeweiligen Staates.

Eine auf ihr Spezialistentum reduzierte Geschichtswissenschaft ist kurzsichtig, wenn nicht sogar blind gegenüber etlichen Sachverhalten. Das ihr eigene kritische Potenzial muss aus den Fesseln der Zunftzwänge befreit werden. Eine ihrer gesellschaftlichen Implikationen entkleidete Psychoanalyse ist schwerhörig, wenn nicht sogar taub. Sie braucht kritisches historisch-politisches Bewusstsein, um den ihr innewohnenden Ruf nach Freiheit in allen seinen Tonschattierungen hören zu können.

Die *Richtigkeit* von Fakten, die in einem gewählten Forschungsbereich ermittelt werden, sagt nicht viel über die *Wahrheit* der Geschichte aus, die H.H. so oft in Anspruch und gefeiert hat. Der geschichtlichen Wahrheit nähern wir uns an über das Nicht-Gesagte und die Resonanzen der Historie in uns selbst.

## 20.6 DER DULDENDE, STREBENDE UND HANDELNDE MENSCH

1959 begann der Autor dieses Buches zu studieren, Romanistik und Geschichte. Unter den Büchern, die ich mir während des Studiums gekauft habe und die mir bis heute geblieben sind, ist eine Taschenbuchausgabe der *Weltgechichtlichen Betrachtungen* von Jacob Burckhardt, versehen mit einer einleitenden biographischen Skizze von Hermann Heimpel, der seinen Text mit einem Burckhardt-Zitat abschließt (S. 24). Burckhardt benennt in diesem nicht nur von H.H. in Anspruch genommenen Ausspruch als Ausgangspunkt und Zentrum seines historischen Denkens und Forschens „den duldenden, strebenden und handelnden Menschen, wie er ist und immer war und sein wird." Wenn wir das Zitat im Burckhardt'schen Original-Kontext nachlesen, müssen wir allerdings feststellen, dass Heimpel den wichtigen, ja entscheidenden Schlusssatz weggelassen hat, der lautet: „...daher unsere Betrachtung gewissermaßen pathologisch sein wird."

Im Ganzen lautet Burckhardts Kernaussage so (a.a.O., S. 27):

„*Unser* Ausgangspunkt ist der vom einzigen bleibenden und für uns möglichen Zentrum, vom duldenden, strebenden und handelnden Menschen, wie er ist und immer war und sein wird; daher unsere Betrachtung gewissermaßen pathologisch sein wird."

Der ausgelassene Halbsatz verkehrt die in Anspruch genommene Aussage in ihr Gegenteil. Die Verkehrung ins Gegenteil ist ein psychoanalytisch häufig diagnostizierter Denkmechanismus, der eng verwandt ist mit der Reaktionsbildung. Ein nicht annehmbarer Impuls wird durch die übermäßige Besetzung der gegenteiligen Tendenz verdrängt.

Der kritische Befund wäre Beckmesserei und der Erwähnung kaum wert, wenn H.H:s Burckhardt-Darstellung ein Nebenprodukt geblieben wäre. Doch genau das war sie nicht. Sie fand ja auch Aufnahme in dem schon erwähnten (20.4) repräsentativen Werk über „die großen Deutschen" (der Schweizer Jacob Burckhardt als „großer Deutscher" – ich weiß nicht, ob ihm das gefallen hätte).

Nachdem H.H.s Frau Elisabeth 1972 gestorben war, heiratete H.H. 1973 ein zweites Mal; Inga Heimpel, geb. Sahl, war zwanzig Jahre jünger als er. Einem Kollegen, der nicht genannt werden wollte, bekannte er 1987 (Perlitt,

S. 57): „Ich habe das unfassbare Glück gehabt, dass mit 70 noch einmal das Leben anfing." Dass dieser Neuanfang des Lebens nicht die kognitive und emotionale Unruhe der Nachkriegsjahre erfasst, fortgesetzt und vertieft hat, ist zu bedauern.

## 21. Die starken Jahre – Integration und
## Desintegration der Emotionen

### 21.1  MUSIK – TRÄNEN – TRAUER

Die Musik spielte in H.H.s privater Lebensgestaltung eine nicht zu unterschätzende Rolle, was schon *Die halbe Violine*, der Titel seiner Jugenderinnerungen, deutlich macht. Aber auch die schmale Publikation mit Texten seines Alters unter dem Titel *Nachklänge* verweist auf diese Lebensdimension.
H.H. war kein Meister-Violinist, aber doch geachtet und gern gesehen
bei Hausmusikabenden und nichtkommerziellen öffentlichen Veranstaltungen. Im musikalischen Zusammenspiel mit anderen artikulierte er vieles von
dem, was er weder geschichtswissenschaftlich noch überhaupt sprachlich
erfassen konnte. Es ist bezeichnend, dass er einen bestimmten Musikkurs, an
dem er als gereifter Mann teilnahm, als „Erlebnis der Toleranz" in Erinnerung hat (*Nachklänge*, S. 74), während Toleranz oder verwandte mentalitätsgeschichtliche Themen in seinen geschichtswissenschaftlichen Abhandlungen praktisch nicht vorkommen. Eine Gewöhnung an Toleranz durch das
Nebeneinander verschiedener Konfessionen schrieb er auch seinen individuellen Schulerfahrungen zu (*Nachklänge*, S. 12), die aber weder in größere
schulpolitische Kontexte platziert, noch überhaupt durch die radikalen Ge-
generfahrungen während der Nazizeit in Frage gestellt wurden.

In der Musik war die Emotionalität seiner Persönlichkeit gut aufgehoben, viel besser als in seinen Schriften, in denen die Integration des Emotionalen und Kognitiven nie recht gelang. Mit Musik konnte H.H. eine innere
Kontinuität entwickeln, die auf der rational-wissenschaftlichen Seite geradezu zwanghaft herbei geredet werden musste.. Das war der große Lebensgewinn der in der Jugend begründeten Liebhaberei, die den Empfindungen
nicht einfach freien Lauf ließen (eben das war riskant), sondern disziplinierte
Übungsarbeit abverlangte, um zum Lebengenuss sich steigern zu können.

Unberücksichtigt in diesem auf seine besondere Artikulationsform an-
gewiesenen Lebensgewinn blieben Gefühle der Scham, des Entsetzens und
der Selbstzweifel, die nach 1945 retrospektiv den realgeschichtlichen Erfahrungen des NS-Desasters entsprangen. H.H. soll bei Vorträgen über die deutsche Geschichte besonders leise gesprochen haben und den Tränen nahe gewesen sein, wenn er auf besonders bedrückende Themen zu sprechen kam.
Das mag damalige Zuhörer beeindruckt und Rückfragen verhindert haben;
„man" möchte ja nicht aufdringlich und indiskret sein und vor allem nicht

die Hand auf Wunden legen, die schon ohne Fremdberührung schmerzhaft genug sind.

Aber was war das, diagnostisch genau, für eine Wunde im Gefüge des Seelisch-Geistigen: Schuldschmerz? Trauer? Bedauern? Angst? Beschämung? Enttäuschung? An welchen Inhalt heftete sich der unterdrückte Affekt? An die eigene Geschichte? An die deutsche Geschichte? An die Geschichte der Täter? An die Geschichte der Opfer? Wir können es nicht mit Sicherheit sagen, und H.H. hätte es wahrscheinlich selber nicht sagen können, von den üblichen Umkreisungen des Problems einmal abgesehen. Wir können aber die Vermutung äußern, dass hier eher Selbstmitleid als Mitgefühl mit den Kriegs- und KZ-Toten am Werke war.

Mit Vorsicht formuliert, sozusagen als Suchauftrag für weitere Recherchen: Die mit Mühe zurückgehaltenen Tränen verweisen auf einen Rohzustand von Affekten, die in keine Sprache passten und nicht deutlicher bewusst werden konnten. Das Unbewusste hat viele Schichten, die auch psychoanalytisch nicht alle in einem raschen Durchgang zu erreichen sind.

Unter den in Nürnberg einsitzenden NS-Prominenten weinte der „Schlächter von Polen", Hans Frank (1900-1946), der nach dem Zusammenbruch des NS-Systems und seiner Gefangennahme zum Katholizismus konvertiert war, besonders häufig und besonders heftig, so dass ihn die Gefangenenwärter, die sich immer wieder Einblick in die Zellen verschaffen mussten, verächtlich eine „damned Heulsuse" nannten, wie u.a. vom Sohn Niklas Frank in seiner Biographie über die Mutter (S. 106, S. 130 ff.) berichtet wird.

„Nur nicht weinen!" so ermahnte H.H. sich selbst schon als junger Mann beim Anhören der *Zauberflöte* bei einer Melodie, die die Violinen (!) in einer klagenden Triole anstimmten und zu einem „Sforzati der Erwartung" spannten (*DhV*, S. 261).

Nur nicht weinen – warum eigentlich nicht? Das Weinen galt damals (und zum Teil noch heute) als unmännlich. Also war es zu vermeiden, zu unterdrücken. Kein junger Mann wollte ausgelacht werden. Das Weinen erinnerte ferner an Situationen der kindlichen Ohnmacht. Auch die sollten nicht erneut Oberhand gewinnen. Das Problem ist: In dem Maße, wie Emotionen (meistens im Unterschied zum Intellekt) im Verlaufe des Lebens nicht weiter kultiviert, reflektiert und integriert werden, bleiben sie in unterentwickelt-desintergrierter Form erhalten, die Angst erzeugt und abgewehrt werden muss.

Ungeachtet herausragender intellektueller Leistungen bewegte sich H.H. menschlich auf der Kippe zwischen paranoider und depressiver Position (vgl. dazu Text im Anhang, Nr. 15), was freilich nicht viel besagt, weil es unendlich vielen Mensche ebenso geht. Er schwankte, war mal diesseits und mal jenseits der Grenze, die das Paranoide vom Depressiven trennt. Das ist keine Entwertung der geschichtswissenschaftlich-intellektuellen Leistung, sondern verweist im Gegenteil auf ihre Qualität und Notwendigkeit; denn die inhaltlich-sachliche Forschung hat, wie mehrmals aufgezeigt wurde, bei H.H. mit hoher Wahrscheinlichkeit dazu beigetragen, dass die schizoid-paranoiden Tendenzen entschärft und in ihre Grenzen verwiesen werden konnten.

## 21.2 HÖHEPUNKTE

Ein beachtlicher Höhepunkt in H.H.s Leben war zweifellos die von seinen Freunden in Erwägung gezogene Möglichkeit, dass er Bundespräsident werden könnte. Die Überlegung ergab sich nach der ersten (fünfjährigen) Amtsperiode von Theodor Heuss (1949-1954) und noch einmal, als dessen zweite Amtsperiode sich dem Ende zuneigte. H.H. traf eine lebenskluge Entscheidung (vielleicht die klügste seines Lebens), diese Möglichkeit von vornherein nicht in Betracht zu ziehen. In einem Brief an Heuss vom 18. 10. 1958 erklärte er, warum er für dieses hohe Amt „nicht geeignet" sei: „seine Haut sei für die heutige Form von Öffentlichkeit zu dünn..." (zitiert bei *Fleckenstein*, S. 43), was wohl auch bedeutete, dass er die unausweichlichen und möglicherweise inquisitorisch vorgetragenen Enthüllungen oder Nachfragen zu seiner NS-Zeit nicht gelassen hätte ertragen können.

H.H.s Hinweis auf Pflicht und Neigung zur Wissenschaft, die mit dem neuen Amt nicht mehr zu vereinen wäre, mutet rhetorisch-rituell an, hat jedoch sicherlich einen wahren Kern; denn die Wissenschaft bot ihm, wie hier mehrmals betont und belegt wurde, ungetrübte Sicherheit, Souveränität und Anerkennung sowie Distanz zu politisch-aktuellen Parteien- und Proporzstreitereien, während das hohe Amt des Bundespräsidenten genau diese Lebenselemente nicht gewährleisten konnte. Die Überforderung durch Geschichte wäre zum unausweichlichen Dauerstress angewachsen.

Außerdem wäre der Wahlerfolg keineswegs ganz sicher gewesen. Auch diese realistische Einschätzung seiner Chancen haben den vom Erfolg verwöhnten H.H. von einer Kandidatur abgehalten. Nachfolger von Heuss wurde Heinrich Lübke (1959-1969), dessen Involviertsein in NS-Dienste prompt ein öffentliches Thema wurde.

Ein weiterer Höhepunkt kam mit dem siebzigsten Geburtstag H.H.s, der mit einer gewaltigen Festschrift gewürdigt wurde: Die Festschrift umfasst sage und schreibe drei voluminöse Bände mit 105 Beiträgen auf insgesamt 2647 Seiten. Den vielen, die H.H. „beschenkt" habe, so heißt es in der Widmung, dürfe es nicht verwehrt werden, „dass sie ihm ihren Dank darbringen. Sie tun es nach dem alten, oft kritisierten, aber durch nichts ersetzten Brauch der Gelehrtenrepublik mit Ergebnissen der eigenen Arbeit." Das heißt, mit anderen Worten: Eine kritische Auseinandersetzung mit Leben und Werk des Jubilars fand aber nicht statt. Deutlicher konnte sich der Zunft-Solipsismus kaum zur Schau stellen.

Ein Beitrag (Laufner, 2. Band, S. 247 ff.) behandelte einen Wallfahrtsbericht von 1492/93 unter der Überschrift *„Ein* Mensch in *seiner* Gegenwart" (Hervorhebung P. S.-H): Was für eine Chance, sich mit dem Menschen H.H. in seiner Zeit etwas intensiver auseinander zu setzen! Was für eine sinnige Anspielung auf dessen ideologisch-anthropologisierende Gedankensprünge, die vorsichtig auf den Boden der Tatsachen hätten zurück geholt werden können. Doch abgesehen von einer einleitend-formalen Reproduktion der vier Gegenwarts-Typen, die H.H. in seinem Essay von 1951 beschwor, enthält sich auch dieser Beitrag jeder direkten Konfrontation mit den Selbstverblendungen des Heimpelschen Werkes. „Nur vom sachlichen Bezug sei hier die Rede." Etwas anderes hätten die Herausgeber wahrscheinlich auch gar nicht zugelassen. Die geschichtswissenschaftliche Exklusivität der „Sachlichkeit" bildet den unaufhörlich sich erneuernden emotionalen Kitt, der das Geschichtsbewusstsein der Zunft zusammenhält. Begriffe können, wie wir sahen, der Abwehr unliebsamer Diskussionen dienen oder aber der Versachlichung ideologischer Kontroversen. Dieser Dualismus gilt auch für den Begriff der Sachlichkeit selbst.

Bestätigung und Lob oder Kritik und Ablehnung, die wir gesellschaftlich erfahren, üben auf unsere Entwicklung starken Einfluss aus. Der Wirkung kann sich niemand leichthin entziehen. H.H. hat eher zu viel als zu wenig Bestätigung erfahren. Sein gesellschaftlicher und akademischer Erfolg signalisiert einen Haupttrend der deutschen Nachkriegsgesellschaft, die sich selbst bestätigen und nicht kritisieren wollte. Hätte H.H. nach 1945 mehr Kritik erlebt und wahrgenommen (an Vorstößen, sich selbst in Frage zu stellen, fehlte es gewiss nicht!), wäre seine wissenschaftliche Entwicklung der Nachkriegszeit möglicherweise anders verlaufen; doch das ist abermals „virtuelle Geschichte", mithin Denkanregung ohne faktenrelevante Schlussfolgerung.

## 22. „Die Vener" – das monumentale Alterswerk im lebensgeschichtlichen Kontext

Heimpels monumentales Alterswerk (drei Bände, insgesamt 1625 Seiten mit Quellenanhang und Index) ist weit mehr als eine Familien- oder Personengeschichte. Der Untertitel *Studien und Texte zur Geschichte einer Familie sowie des gelehrten Beamtentums in der Zeit der abendländischen Kirchenspaltung und der Konzilien von Pisa, Konstanz und Basel* vermittelt einen ersten Eindruck vom historiographisch umfassenden Anspruch der Untersuchungen, mit denen H.H. für sich allerdings kein neues Terrain eroberte, sondern Ergebnisse aus den Anfängen seiner geschichtswissenschaftlichen Karriere in den zwanziger Jahren vertiefte und erweiterte. Eine Zwischenstation war die Studie über Dietrich von Niem, die er 1932, ein Jahr vor der Machtergreifung durch die Nationalsozialisten, veröffentlichte. (Der romtreue Kleriker Dietrich von Niem oder Nieheim, geb. um 1345, gestorben 1418, taucht mehrmals in H.H.s Vener-Studien auf, vgl. ebd. Index.)

H.H.s Hauptinteresse galt Job Vener, der sich als ein *historisches Selbstobjekt* quasi aufdrängte. „Job (Hiob) – Ihm der Hauptperson dieses Buches, widmen wir die folgenden Kapitel", betonte H.H. (Bd. I, S. 140), als wenn Job Vener eine Persönlichkeit aus dem Kreis seiner persönlichen Lebenserfahrungen gewesen wäre. Die namentliche Verbindung zu Hiob, dem großen Dulder und Ankläger der biblischen Geschichte, verweist im Subtext auf ein weiteres Motiv zur genaueren Beschäftigung H.s mit diesem Geschichtsakteur, der Zeit seines Lebens keine politische Machtstellung anstrebte, sondern im Hintergrund verblieb und von hier aus Einfluss ausübte, H.H. durchaus vergleichbar.

Die Identifizierung H.H.s als Autor mit der durch ihn schriftstellerisch verlebendigten Person trifft sicherlich einen markanten Zug der dreibändigen elaborierten Geschichtsstudie. Geschichtsanalytisch müssen wir aber auch einen Prozess in umgekehrter Richtung annehmen, der darin bestand, dass H.H. seinen Protagonisten Job Vener *mit sich* identifizierte, was bedeutet, dass er bestimmte Charakterzüge und Ereignisse projektiv hervorgehoben, andere dagegen nicht wahrgenommen oder vernachlässigt hat.

Geschichtstheoretisch, in der Einstellung zur Geschichte und zu den wissenschaftlichen Prinzipien ihrer Erarbeitung, hatte H.H. im Vergleich zu seinen Nachkriegsschriften eine Kehrwendung vollzogen. 1956/57 hatte er den Grundsatz vertreten, dass „die erste Geschichtsquelle des Historikers" die Gegenwart sei (*Der Mensch ...1957*, S. 204). In späteren Werken vertrat er das genaue Gegenteil (*Die Vener*, Bd. I, S.18): „Wir gehen nicht von den Problemen zu den Quellen, sondern von den

Quellen zu den Problemen." Das war eine Rückkehr zur Sicherheit verheißenden Quellenorientierung, hinter der die Gegenwartsprobleme gleichsam verschwanden. Die geschichtlichen Befunde bleiben gleichsam immanent mit sich selbst beschäftigt; sie werden nicht oder nur höchst vorsichtig mit Befunden aus anderen Erfahrungsbereichen verbunden. Damit wurden vor allem Erfahrungs- und Ich-Bezüge, „Psychologisierung" und „Politisierung" vermieden. Dementsprechend ist der Stil der Heimpel'schen Monographie knochentrocken und narrativ ermüdend; fast jede Mitteilung wird mit dicker Wissenschaftlichkeit ummantelt. Wer soll das alles lesen außer den wenigen Spezialisten, die dasselbe Thema bearbeiten? Das ist rekonstruktive Geschichtswissenschaft als Selbstzweck und als Lebensberuhigung.

Die Chance der lebendigen Auseinandersetzung mit dem historischen Selbstobjekt wurde nicht genutzt. Die Alternative – entweder Quellenorientierung oder Gegenwartsorientierung – ist widersinnig. Es ist nicht einzusehen, warum es zwischen beiden Standpunkten nicht eine lebendige Wechselbeziehung geben soll, die der jeweiligen Problemlage Rechnung trägt und dementsprechende Akzente setzt.

Die hermeneutische Bindung von Geschichte und Geschichtswissenschaft an die Gegenwart wurde nach 1945 zum Teil mit guten sachbezogenen Gründen, zum Teil aber auch aus unbewältigten Ängsten nach den Erfahrungen mit dem Machtanspruch der NS-Ideologen zurückgewiesen. Die Zurückweisung erfasste auch meine Dissertation, die ich in zweiter Auflage um ein Kapitel über „Gegenwartsbezüge" erweitert hatte. H.H.s Eloquenz über vier verschiedene Gegenwarten (jeweilige, dauernde, einmalige und unsere Gegenwart, vgl. im Einzelnen H.H. 1957, S. 9 ff.) war eine willkommene Intellektualisierung, mit der die Konfrontation mit der eigenen Psychohistorie vermieden werden konnte. Inzwischen haben sich die Fronten aufgelöst bzw. verschoben. Die Schwierigkeit einer lebensgeschichtlich-wissenschaftlichen Positionierung in der Geschichtswissenschaft ist aber geblieben.

H.H. galt als „detailbesessen", und dieser Ruf gab der Ehre des Historikers besonders Glanz. H.H.s *Detailbesessenheit* (*Aspekte*, S. 9) entsprang aber nicht nur dem Wissenschaftsinteresse und -ethos, sondern auch der Tendenz zum Ausweichen vor unangenehmen Fragen. Das sei mit einem Interview veranschaulicht (Berkefeld 1962), in dem er gefragt wurde, warum er seine „Deutsche Geschichte" nicht vollendet und publiziert habe. Anstatt auf diese Frage einzugehen, was eine gehörige Portion von lebensgeschichtlich-ehrlicher Nachdenklichkeit erfordert hätte, verwies H.H. auf eine Textstelle in einer mittelalterlichen Quelle, die die Worte "weder nur" enthielt, in dieser Form aber überhaupt keinen Sinn ergab. Der Sinn habe sich erst nach wochenlangen Grübeleien und Recherchen erschlossen. Das „weder nur" entpuppte sich schließlich als „feder s nur", mithin als „Federschnur" – eine Vorschrift, die im Fischereirecht ihre Rolle spielte. Bis in eine bestimmte Tiefe durften die kleinen Leute in den Gewässern der großen Leute angeln, tiefer nicht.

Job Veners Lebens*dauer* kann nicht exakt angegeben werden. Das Todesjahr 1447 ist überliefert, das Geburtsjahr aber nicht (Bd. I, S. 160 und 620). Job Vener erreichte nach Heimpels Recherchen das für die damalige Zeit sehr hohe Alter von fast achtzig Jahren (Lebensdaten also etwa von 1370 bis 1447), womit eine weitere scheinbar nur äußere Ähnlichkeit zwischen dem Biographen und der Persönlichkeit seines historiographischen Hauptinteresses festgestellt ist.

---

*Die Reformkonzile des späten Mittelalters (Pisa 1409; Konstanz 1914-1418; Basel 1431-1448) bilden den gleichbleibenden realgeschichtlichen Rahmen für Hermann Heimpels geschichtswissenschaftliche Untersuchungen vom Anbeginn seiner beruflichen Karriere bis ins hohe Alter. Der epochale Zweck dieser Reformkonzilien soll daher kurz zusammengefasst werden.*

Auf die „babylonische Gefangenschaft" der Päpste in Avignon (1309-1377) folgte das große abendländische Schisma (Kirchenspaltung, mehrere gegeneinander konkurrierende Päpste: 1378-1417), das ein Verlangen nach einer Reform der Kirche an Haupt und Gliedern weckte.

Um das Papstschisma zu beseitigen, einigten sich die Kardinale beider Obödienzen (Benedikt XIII. und Gregor XII.) auf ein allgemeines *Konzil in Pisa*, auf dem dann, 1409, die konkurrierenden Päpste verurteilt und abgesetzt wurden. Ihre Stelle nahm ein neu gewählter Papst ein. Da die beiden abgesetzten Päpste weiter regierten, spaltete sich die Papstkirche bis zum Konstanzer Konzil in drei Obödienzen.

Das *Konstanzer Konzil* (1414-1418), das nicht zuletzt durch die Initiativen von König Sigismund (1410-1437) zustande kam, hatte nicht nur die Kircheneinheit wieder herzustellen (Ausschaltung der konkurrierenden Päpste, Wahl Martins V.), sondern auch Glaubensfragen zu klären (Stichwort *Hussitenaufstände*) und notwendige Kirchenreform voranzubringen, was aber nur unbefriedigend gelang. Daher wurde, wie verabredet und vom Papst gebilligt (Dekret „Frequens"), ein weiteres *Konzil nach Basel* einberufen (1431-37 bzw. 1448 nach Verlegungen an andere Orte), das zwar etliche Reformen beschloss, den inzwischen angewachsenen Hauptkonflikt zwischen Konziliarismus und päpstlicher Hoheit aber nicht lösen konnte.

(Zusammenfassend formuliert nach der Lektüre einschlägiger Artikel in: *Wörterbuch der Kirchengeschichte* von Georg Denzler und Carl Andresen)

---

Von den inhaltlich-mentalen Verwandtschaften zwischen Job Vener, dem historischen Kanzleibeamten am Rhein um 1400, und Hermann Heimpel, seinem Biographen aus München im 20. Jahrhundert, können folgende Auffälligkeiten festgehalten werden:

- Unverbrüchliche Orientierung an Obrigkeit und etablierten Machtverhältnissen. –
  Die tiefgehenden psychohistorischen Folgen dieser Orientierung, die als selbstverständlich empfunden und daher nie in Frage gestellt wurde, blieben unbewusst, sowohl bei Job Vener als auch bei Hermann Heimpel. So wenig Verständnis und Sympathie wie Job Vener für das Aufbegehren der Hussiten gegen die etablierte Kirchenherrschaft empfand, so wenig interessierte sich H.H. für die Friedensbewegung der Nachkriegszeit.
- Ausgeprägtes theologisches Interesse.–
  Es galt bei Job Vener spezifischen kirchlichen Rechtsansprüchen, bei H.H. eher einem allgemeineren, protestantischen Gottesbezug.
- Selbsteinschätzung und berufliche Karriere.–
  Job Vener war nach H.H.s Recherchen „ein Hoch- und Frühbegabter" (*Aspekte*, S. 93) – nicht „ein Ideenreicher wie der um ein Menschenalter jüngere Nikolaus Krebs aus Kues (Nicolaus Cusanus, 1401 – 1464), sondern ein Musterstudent, ein ‚Einser-Jurist'." (Wir erinnern uns an H.H.s steile Karriere, die ihn in kürzester Zeit zum Ordinarius befördert hatte.) Wenn H.H. von sich behauptete (nach *Boockmann* 1990, S. 10-11), dass er lieber ein „hoher Verwaltungsbeamter" als Geschichtsprofessor geworden wäre, dann ist das meines Erachtens keine untertreibende Koketterie, sondern eine zutreffende Selbsteinschätzung, die ihre Rechtfertigung nicht zuletzt in den personellen und professionellen Ähnlichkeiten zwischen H.H. und seinen biographisch bevorzugten Geschichtsprotagonisten (Dietrich von Niem und Job Vener) findet. Dass in H.H. Person und Beruf „ohne Rest" ineinander aufgegangen zu sein scheinen, wie Boockmann betont, widerspricht Heimpels Selbsteinschätzung überhaupt nicht, im Gegenteil: Geschichtsverwaltung ohne eigene kritische Einmischung – eben das war ja ein Gestaltungsprinzip H.H.s in großen Teilen seiner professionellen Aktivitäten.
- Lebensweltliche Rahmenbedingungen.–
  Die kirchenpolitische Zerrissenheit des späten Mittelalters entspricht der nach dem Zweiten Weltkrieg entstandenen Teilung Deutschlands, die sich auch psychologisch als Gefühl der Uneinigkeit niederschlug. Realgeschichtlich handelt es sich zwar um grundverschiedene Konstellationen, mentalitätsgeschichtlich und geschichtsanalytisch können wir jedoch von einer Vergleichbarkeit der Erlebniswelten ausgehen.
- Angst vor dem Feuertod.–
  Von besonderem Interesse in unserem Kontext ist ein Detail, in dem realgeschichtliche und psychohistorische Fakten zusammentreffen. Veners Vorschläge zur Reform des Inquisitionsprozesses dokumentieren, so lautet Heimpels Einschätzung, seine eigene [d.h. Job Veners] Angst vor dem Feuertod, den die der Ketzerei Angeklagten zu befürchten hatten (*Aspekte*, S. 99). Job Vener trug zur Verurteilung von mindestens zwei Angeklagten maßgeblich bei. Lesen

wir dazu einen Textausschnitt, der Veners Rolle als Inquisitor und damit gleichzeitig H.s „Unbehagen" kennzeichnet (Bd. I, S. 405 f.):

„Zum Biographischen ist nur noch zu sagen, dass Job, Bewohner einer Domherrenkurie, den vom Domkapitel angestellten Schulmeister Turnau gewiß vor dessen Verdächtigung [als Ketzer] schon kannte, wohl auch schätzte. Denken wir an Jobs Traktat ‚gegen die Hussiten', so sehen wir den ‚Meister' zwar nicht mit Unsicherheit, wohl aber mit Unbehagen auf der Richterbank sitzen. Vor vier Jahren hatte er geschrieben, die klerikalen Gebrechen seien die beste Ketzerspeise. Nicht die Inquisition der von städtischer und hussitischer Aufsässigkeit geschreckten Bischöfe und nicht das vom weltlichen Armen zu entfachende Feuer, nicht das Austreten auch des letzten Fünkchens aus Böhmen tat not, sondern Reform. Wir dürfen wohl einen Augenblick *der Möglichkeit nachsinnen* [Hervorhebung P.S.-H],[97] dass ein Job Vener auch im Udenheimer Gericht so fühlte und dachte."

- Pestzeiten überleben.–

„Job Vener überlebte die Speyrer Pestjahre, 1426 und 1436 -1439" (I, S. 619), H.H. überlebte die „Pest" des Nationalsozialismus. Rational-geschichtsanalytisch ist die Analogie zwischen der mittelalterlichen Pest und der modernen NS-Pest abermals nicht oder nur mit starken Vorbehalten zulässig, die evident sind und daher nicht weiter erläutert werden müssen. Psychohistorisch gesehen, mithin bezogen auf das Erleben der Menschen, die die jeweilige Pest überlebten, ist eine Parallelisierung, die ihrer eigenen Grenzen bewusst bleibt, gleichwohl lehrreich. H.H. fühlte sich nach 1945 erwählt und errettet und ähnelte mental insofern den Pestüberlebenden früherer Zeiten, die Gott mit Dankgebeten, Stiftungen, Errichtungen von Pestsäulen u.ä., für ihr Schicksal dankten.

Alles in allem sind Verschmelzungen psychohistorischer Konstellationen aus verschiedenen Epochen eher die Domäne künstlerischer Gestaltungen, denken wir nur an den bekannten Roman von Albert Camus (1913-1960) *die Pest.*

Die unermüdliche Arbeitsenergie, die H.H. im hohen Alter für sein Werk investierte, sowie die dabei zur Anwendung kommenden vielfältigen Fachkompetenzen (Sprachen: Latein, Mittelhochdeutsch), Graphologie (Identifizierung Job Veners als eines bis dahin unbekannten Verfassers bestimmter Handschriften), Verschränkung von „großer" Geschichte (z.B. Königswahlen) mit realgeschichtlichen Detailstudien, zielorientierte Wissenschaftskontakte und kombinierte Archivstudien je nach Fragestellung und etliches mehr verdienen Bewunderung, die das geschichtsanalytisch-kritische Nachfragen aber nicht ausschließt.

---

[97] Einer Möglichkeit „nachsinnen", die dem Quellentext nicht direkt zu entnehmen ist, das war, wie oben schon erwähnt, in H.s Vener-Studien eher die große Ausnahme und blieb auch nicht mehr als eine rhetorische Ankündigung.

## 23. Krankheit – hohes Alter – die letzten Tage

Es würde durchaus Sinn machen, Heimpels ganzes Leben vom Ende her zu deuten; denn die religiös bedingte *Angstneurose der letzten Lebensphase*, über die der betreuende Pfarrer, Lothar Perlitt, Abt von Bursfelde, in seiner Ansprache zur Trauerfeier berichtete, galt nicht nur dem nahenden Tod; sie warf auch ein scharfes Schlaglicht auf die lebenslange Motivkette eines Menschen, der sich selbst (und der NS-Teufelei!) mehr gedient hatte als dem allmächtigen Gott, so wie ihn Martin Luther (1483-1546) verstanden und reformatorisch verkündet hatte.

Luther hatte sich in seinem spätadoleszenten Glaubenskampf mit dem strafenden Gott versöhnt, als er im Römerbrief las (vgl. *Turmerlebnis*): „Denn im Evangelium wird die Gerechtigkeit Gottes offenbart aus Glauben zum Glauben, wie es in der Schrift heißt: *Der aus Glauben Gerechte wird leben.*" H.H. hatte Luthers *Sola-Fide-Dictum* sicher im Kopf,[98] aber bei weitem nicht so sicher im Herzen. Im Herzen wüteten wahrscheinlich Drohungen der Offenbarung, die da etwa lauteten (Offenbarung des Johannes, 20.15): „Wer nicht im Buch des Lebens verzeichnet ist, wurde in den Feuersee geworfen." Wahrscheinlich übte auch das Dantesche Inferno, das er als Gymnasiast gelesen hat, einen zumindest indirekten Einfluss aus.

In Luthers Übersetzung, die H.H. noch vorlag, lautete der entscheidende Satz: „Der Gerechte lebt aus dem Glauben." H.H. teilte genau diesen Glauben nicht, im Gegenteil: Er wurde von Angst und Zweifeln aufgerieben und kämpfte gegen die Todespanik u.a. durch

- tägliche Gebete, alleine für sich oder zusammen mit Glaubensgefährten;
- die Aussicht auf Fürbitte durch Menschen, die ihn liebten (darum hatte er über Perlitt alle ausdrücklich gebeten!); und nicht zuletzt durch
- Wünsche, letzte Bitten, zur Gestaltung der Trauerfeier bis hin zur Auswahl der Lieder und der Bibeltexte, über die zu predigen war. – Am wichtigsten war ihm, wie Perlitt berichtet, die Bitte des Vaterunsers: „Und vergib uns unsere Schuld, wie auch wir vergeben unseren Schuldigern."

---

[98] Vgl. H.H. über *Luthers weltgeschichtliche Bedeutung*, in: *Der Mensch ...* sowie H.H.s Studie *Wittenberg*, in: *Vier Kapitel...*). Die Betonung des „*nur*" in „*sola* fide" ist eine für theologische Positionierungen typische Ausschließlichkeitsformel, die so im Vulgata-Text nicht vorkommt. Dort wird zwar die Rechtfertigung der Menschen durch den Glauben unabhängig von Werken des Gesetzes verkündet (Römer 3.28: *arbitramur justificari hominem per fidem sine operibus legis*), ein „Nur" der Ausschließlichkeit aber vermieden, auch in inhaltlich vergleichbaren Aussagen, zum Beispiel im Galater-Brief 2.16.

H.H. bezeichnete sich selbst in diesen letzten Tagen als „homo religiosus". Aber war er das wirklich? Hatte er sich nach den Glaubensturbulenzen der Pubertät (*DhV*, 12. Kapitel) nicht selbst zur Sachlichkeit ermahnt und ebenso zielstrebig wie erfolgreich seine Karriere als *Wissenschaftler* begonnen? Was war er wirklich? Hat er das nahende Sterben akzeptiert, wie es Erikson in seinen Darlegungen des Lebenszyklus und Horst-Eberhard Richter in seinem Buch über den *Gotteskomplex* in Aussicht genommen hat? Wenn der Gotteskomplex des modernen Menschen, an dem H.H. auf seine Weise partizipiert hatte, untergehen soll, bedarf es nach Richter einer solchen Bejahung des Sterbens. In psychoanalytischer Sicht erinnert Heimpels Neurose vor dem Lebensende an eine Deutung, die Richter im Hinblick auf einen seiner Analysanden so formuliert hat (1979, S. 277):

„Wer seine Zerbrechlichkeit nicht erträgt und dem Sterben durch Identifizierung mit der Unendlichkeit davonlaufen will, wird von dem Tod als einem grauenhaften Nichts eingeholt."

Wenden wir uns abschließend der Frage zu, wie H.H. im Rückblick insgesamt beurteilt und ideographisch eingeordnet werden könnte.

## 24. Wirklichkeit und Wirkung des Nicht-Verwirklichten

(1) Die psychohistorische Hauptfrage, was H.H. im Kern wirklich war (sie erinnert auf der sachlich-fachlichen Ebene an Rankes berühmtes Verlangen zu erforschen, „wie es eigentlich gewesen ist"), kann objektiv überhaupt nicht beantwortet werden, weil jede Antwort unausweichlich an den Standpunkt des Urteilenden gebunden ist und angesichts der Vielfalt an lebensgeschichtlichen Elementen in H.H.s Biographie einseitig wäre. Ich mache daher aus der Not eine Tugend und frage politisch-ethisch, was denn in Heimpels Leben als Wirklichkeit stärker hätte zur Geltung kommen *sollen*: die mehr oder weniger direkte Unterstützung der nationalsozialistischen Vernichtungspolitik? Nein, sicherlich nicht! Das Durchhalten auf dieser Linie bis zum bitteren Ende? Nein, sicherlich auch nicht. Das geschichtswissenschaftlich nie ganz preisgegebene Ethos der retrospektiven Wahrhaftigkeit? Ja, gewiss! Die Reue über die Untaten der Nazizeit, verbunden mit der Mahnung, auf das zu sehen, was „man" selbst verschuldet hat? Ja, eben das unbedingt!

Ein durch Psychoanalyse aufgeklärtes Geschichtsbewusstsein transzendiert nach meiner Erfahrung Recherchen über vergangene Wirklichkeiten mit der Frage, was in der Vergangenheit Wirklichkeit hätte werden können und was der Verwirklichung harrt. Die Frage, was und wie H.H. im Kern wirklich war, ist dialektisch bezogen auf die Frage nach der Bearbeitung unserer eigenen Wirklichkeiten: Was greifen wir auf? Was lassen wir fallen? Was H.H. wirklich war, das hängt von uns ab. Was *wirklich* war, ist auch als *Wirkung* in uns selbst zu sehen.

Das gilt prinzipiell auch für die Psychoanalyse, die ohne kritisches Geschichtsbewusstsein dazu neigt, Kranke arbeitsfähig machen und das ganze kranke System zu stabilisieren. Wir erinnern uns an den brutalen Kampf der Mediziner gegen „Drückeberger" im Ersten Weltkrieg (u.a. mit Elektroschocks) und an Frantz Fanon (1925-1961), der als Arzt im Algerienkrieg tätig war und von krank gewordenen Folterern aufgefordert wurde, sie wieder „gesund" und „arbeitsfähig" zu machen (*Die Verdammten...*, besonders prägnant auf S. 227)

(2) Die Leitidee eines lebendigen, ungeteilten Geschichtsbewusstseins ergibt sich aus H.H.s Biographie als Geschichtswissenschaftler, der es nicht geschafft hat, die hochanspruchsvoll elaborierte geschichtswissenschaftliche Qualifikation mit der lebensgeschichtlich-geschichtlichen Erfahrung zu verschmelzen, die im dem totalen Zusammenbruch der NS-Welt entstanden

war. Eine Verbindung zwischen den emotional bewegten Nachkriegsessays und den geschichtswissenschaftlichen Werken ist nicht zu erkennen.

Die Spaltung wird von H.H.s geschichtswissenschaftlichen Söhnen und Töchtern einfach nicht wahrgenommen und setzt sich daher unterschwellig transgenerationell fort. Eine einheitlich-lineare Entwicklung, wie sie H.H.s geistige „Erben" konstruieren (vgl. dazu Text von Boockmann im Anhang) ist aus H.H.s Texten als „Quellen" nicht zu erschließen. Dass die Ausblendung der NS-Produktion genannt wird (u.a. in der Einleitung von Sabine Krüger zum Sammelband mit Heimpel-Texten: *Aspekte*, S. 11), öffnet eine Tür ins Feld der Vergangenheitsintegration, erschließt aber nicht die Vergangenheit selbst.

Psychohistorisch argumentiert: Wer die Zerrissenheit der spätmittelalterlichen Glaubenswelt (zeitweise drei Päpste) auf sich beruhen lässt und keinen Anlass sieht, über Spaltungen in der eigenen Gegenwart nachzudenken (sowohl lebensgeschichtlich-persönlich als auch politisch-geschichtlich), der vergibt Erkenntnis- und Fortschrittschancen, die im Historischen liegen. In der Didaktik wird das Fach Geschichte seit einiger Zeit als „Denkfach" bezeichnet, ohne dass das Denken mit seinen persönlich-moralischen Implikationen angemessen berücksichtigt wird.

Während im Bereich des Naturwissenschaftlich-Technologischen die Trennung des Fachlich-Machbaren vom Politisch-Ethischen in der Menschengeschichte selbst angelegt zu sein scheint (Stichwort *Homo faber*) und daher auch besonders schwer zu überwinden ist, obwohl es an Ausnahmen nicht fehlt (nicht alle Atomphysiker haben die Entwicklung der Atombombe konsequent bis zu ihrer abwurfbereiten Herstellung unterstützt!), gerät die Trennung im Geisteswissenschaftlichen zur *déformation professionelle*, die nur noch gesellschaftlich irrelevante Resultate generiert. Es werden immer mehr Details zur Geltung gebracht für einen Gesamtzusammenhang, den kaum noch jemand reflektiert, geschweige denn zu beeinflussen imstande wäre. Genau das war ja (auf einer abgehobene Ebene, vom Grauen historischer Fakten abstrahierenden Ebene argumentiert) der schier unaufhaltsame Gang und Niedergang des Nationalsozialismus, der als Geschichts*bruch* wahrzunehmen und zu deuten ist, wenn unser Geschichtsbewusstsein nicht in Künstlichkeit erstarren soll.

(3) „In Auschwitz kam es zu der für das 20. Jahrhundert so charakteristischen Vereinigung einer hohen *Rationalität der Mittel* (hier: das Lager-System) mit einer völligen *Irrationalität der Zwecke* (hier: der Vernichtung eines Volkes). Die Trennung von Wissenschaft und Moral wurde besiegelt, das Resultat war eine destruktive Technologie." (Traverso 2000, S. 338, mit Bezug auf Zymunt Baumann.)

Während die Trennung von Wissenschaft und Moral in den KZs (Versuche an Menschen) und in der ihnen vorgelagerten rassistischen Ideologie eine kriminell-perverse Perfektion erreichte, verblieb sie in den Geistes- und Geschichtswissenschaften sozusagen im Rahmen des als normal Empfundenen, der daher den Bruch von 1945 fast unbeschädigt überstand. Die Geschichtswissenschaft sah keinen Anlass zu einer grundsätzlichen Revision ihrer Strukturen, da in ihren Augen die Rationalität der Mittel (z.B. Akteneditionen) mit der Rationalität der Zwecke (Aufklärung über die Vergangenheit) bestens übereinstimmte, so dass die Frage nach Schuld und Gefühlen oder Gefühlskonflikten der gesamten Zunft lange Zeit als fachfremd abgewiesen werden konnte und tendenziell immer noch abgewiesen wird. H.H. mit seiner „protestantischen Bußfertigkeit" (Nicolas Berg) war ja eher eine Ausnahme in der Zunft.

Das Resultat der Trennung von Wissenschaft und Moral in den Geschichtswissenschaften ergab zwar keine neue „destruktive Technologie", kasernierte aber die Vergangenheitsinhalte, indem ihnen die Moral weitgehend entzogen wurde.

(4) H.H. hätte vom NS nicht angeworben werden können, wenn diese (vermeintlich) moralfreie Wissenschaft nicht schon lange der Karawanenweg der Geschichtswissenschaft gewesen wäre. Sein persönlicher Ehrgeiz und diese Einstimmung in das, was nicht hinterfragter Mainstream war, setzten das protestantische Gewissen außer Kraft. Erst nach 1945 meldete sich die Moral wieder zu Wort. Der feste Glauben an Gott, auf den sich die Kirchen wieder beriefen, war eine ungeheure Selbsttäuschung, um nicht zu sagen: eine bewusst inszenierte Heuchelei.

Wer eine solche Entwicklung nicht wiederholen oder neu antreiben will, müsste sowohl den geschichtlichen Fortschrittsgedanken als auch das persönliche Verlangen nach narzisstischer Bestätigung immer wieder kritisch und selbstkritisch in Frage stellen. Der Sturm des Unrats, der uns aus der Vergangenheit anweht (Walter Benjamin) müsste auf Elemente des Widerstandes treffen, die ihn abbremsen, filtern, umlenken – zumindest an ausgewählten Punkten.

Wer die Einsicht in die wechselseitigen Abhängigkeiten des menschlichen Lebens verinnerlicht hat (Abhängigkeit von Lebensressourcen, von anderen Menschen, vom Erhalt der Welt und des Weltvertrauens) und mit Sorge in die Zukunft blickt, der „verkörpert" Lebenswünsche, die gegen Todeskräfte zu mobilisieren sind. Das gilt auch für Auseinandersetzungen mit Vergangenheiten, denen Lebenswünsche in je eigener Qualität eigen sind: diese sind zu ermitteln, zumindest als Subtexte, und wissenschaftlichsachlich zur Geltung zu bringen.

# Dritter Teil

Erbschaften, Geschichtsbewusstsein,
Vermächtnisse

Geschichtsbewusstsein

Selbstobjekt(e) Vermächtnis(se)

Geschichtsbewusstsein
Geschichtsbewusstsein Geschichtsbewusstsein Geschichtsbewusstsein

Die Message der umseitigen Grafik kombiniert verschiedene Gedankensträn-ke, deren Vernetzung visualisiert werden sollte.

Der obere Teil visualisiert die verworrenen Weg des Fortschritts. Die Frage nach dem menschlichen Fortschritt war eine Subtext-Leitfrage dieses Buches. Fortschritt wird im Allgemeinen völlig einseitig nur als technisch-wissenschaftlicher Fortschritt anerkannt und dementsprechend einseitig gefördert.

Im Rechteck eingerahmt wurden die psychohistorisch und realgeschicht-lich indizierten Begriffe platziert:

*Erbschaften, Geschichtsbewusstsein, Vermächtnisse.*

Darunter erscheinen die Vermächtnisse noch einmal, dieses Mal aber in inhaltlicher Überschneidung mit sogenannten Selbstobjekten, die einem modernen Trend des psychoanalytischen Denkens und Forschens entnom-men wurde.

Das Geschichtsbewusstsein ist so etwas wie ein Versammlungsraum, in dem die verschiedenen Strebungen aufeinander treffen.

# 25. Lebenstriebe und Melancholie

## 25. 1 VERGÄNGLICHKEIT UND GEFÜHLSERBSCHAFTEN (SIGMUND FREUD)

Dass Freud etliche Hoffnungen in die Zukunft projizierte, haben wir im Lauf der vorliegenden Abhandlung schon zur Kenntnis nehmen können. Seine relativ optimistische Zukunftserwartung kommt auch in einem knappen Text zum Ausdruck, der im November 1915 geschrieben wurde und die Überschrift *Vergänglichkeit* erhielt. Anlass der Niederschrift war ein Gespräch, das im Sommer *vor* dem Krieg stattgefunden hatte. Freuds Gesprächspartner, ein „bereits rühmlich bekannter Dichter", gab in diesem Gespräch seinem depressiven Gefühl über die sinnlosen Zerstörungen Ausdruck, die ein nächster Krieg verursachen würde, während Freud allen kommenden Zerstörungen zum Trotz die Unzerstörbarkeit künstlerischer und intellektueller Leistungen hochhielt und am Ende (der Abhandlung) frohgemut sagte (Bd. X, S. 227): „Wir werden alles wieder aufbauen, was der Krieg zerstört hat, vielleicht auf festerem Grund und dauerhafter als vorher."

Dass es noch viel schlimmer kommen könnte, viel schlimmer, das kam Freud offenbar nicht in den Sinn. Dass bald nach seinem Tod (1939) sogar die atomare Zerstörung der gesamten Welt eine reale Möglichkeit werden würde, konnte er nicht ahnen. War er als Arzt des Berufs wegen oder zum Erhalt seiner eigenen psychischen Gesundheit zu optimistisch? Freud-Spezialisten lassen sich auf derartige Fragen nicht ein, sondern betonen den internen Zusammenhang zwischen Freuds kleiner Abhandlung über Vergänglichkeit (1915/16) und seiner bald danach entwickelten Theorie über Trauer und Melancholie (1917), die aber ebenfalls die Grenzen des Psychoanalytisch-Individuellen nicht überschritt.

Im krassen Unterschied zum Trauernden, lehrte Freud, sei dem Melancholiker nicht bewusst, was er eigentlich verloren habe. Dieser unbewusste Objektverlust greife ins Ich über, das sich verarmt und entleert fühlt und keiner neuen libidinös-persönlichen Besetzungen fähig ist. Auch für diese Perspektive hat das vorliegende Buch Belege geliefert, indem es u.a. auf die Bedeutung der Mutter für das später sich bildende Geschichtsbewusstsein hingewiesen hat. Die wohltuende Gefühlswelt der ersten Lebenserfahrungen kann in der Tat verloren gehen.

Zwischen Freuds Theorie und Gibbons faktisch-melancholischer Gedankenwelt, auf die wir im folgenden Abschnitt eingehen werden, besteht eine dialektische Spannung, die geschichtsanalytisch zu klären ist.

Während wir materielle Schäden beseitigen können, bleiben uns immaterielle Beeinträchtigungen (Schuldgefühle, Verdrängungen, Aggressionen) erhalten, wenn auch meistens unsichtbar, als „Gefühlserbschaften", wie das oft zitierte Wort von Freud lautet. Seiner waghalsigen Geschichtskonstruktion entsprechend hat Freud die Herkunft der historischen Gefühlserbschaft in die Urzeit der Menschheitsgeschichte verlegt, da die Horde der Söhne den Urvater tötete, um sich seine Macht anzueignen (vgl. im Einzelnen *Totem und Tabu*; das Wort „Gefühlserbschaft" erscheint im letzten Abschnitt IV.7). Die Folgen dieses urzeitlichen Verbrechens, u.a. Ambivalenzgefühle und Schuldbewusstsein, seien bis heute zu spüren, behauptete Freud.

Ich denke, dass wir der Psychoanalyse keine Gewalt antun, wenn wir die Bindung an die Urgeschichte etwas lockern und das Wort „Gefühlserbschaft" auch und gerade für mentalitätsgeschichtliche Kontinuitäten in Anspruch nehmen, die nicht so weit in die Vergangenheit zurückreichen. Insbesondere das Schuldbewusstsein bedarf der inhaltlichen Anbindung an lebensgeschichtliche Erfahrungen und realgeschichtlich greifbare Zusammenhänge, um geschichtsanalytisch emanzipatorische Wirkung entfalten zu können. Mentale Delegationen, durch die ein Generation in der nächsten sozusagen weiterlebt, werden ausführlich und detailliert in so vielen Psychoanalyse-Berichten, Biographien und Autobiographien sowie in psychohistorischen Studien mit recht verschiedenen Inhaltsprofilen geschildert, dass sich eine Beweisführung im Einzelnen erübrigt. Das vorliegende Buch wäre ohne Recherchen über familiäre Gefühlserbschaften motivations- und substanzlos geblieben.

Geschichtswissenschaftlich-bewusste Entsprechungen der weitgehend unbewusst wirkenden Gefühlserbschaften sind *Traditionen* und *Strukturen*, die wissenschaftlich-empirisch erfasst werden können. Die Begriffe stecken aber in je eigenen methodologischen und inhaltlichen Netwerken, so dass ein Element auf der einen Seite (z. B. die bewusst tradierten Rituale einer Adelsfamilie) nicht unbedingt mit einer „Entsprechung" auf der anderen Seite (etwa narzisstisch unbewusster Eigendünkel) korreliert werden kann. Vielmehr sind die verschiedenen Zugänge als Herausforderung zu begreifen, durch die Erklärungen geschichtsanalytisch vertieft und ergänzt werden können.

Geschichtsbewusstsein konstituiert sich in zahlreichen verschiedenen Schritten und damit auch auf verschiedenen vorläufigen Entwicklungsstufen im Spannungsfeld zwischen dem Einfluss von „Gefühlserbschaften", den „Realitäten" der Vergangenheit und der Aussicht auf unausweichliche „Vergänglichkeit". Für die Realitäten der Vergangenheit im geschichtswissenschaftlichen Sinn hatte Freud nicht viel übrig. Wenden wir uns daher einem Historiker zu, der in der Verteilung der Gewichte sozusagen ein Gegenbild verkörpert: Die starke, überstarke Gewichtung der fassbaren Geschichtsrealitäten, in denen Vergänglichkeiten unübersehbar deutlich in Erscheinung traten, war verbunden mit einem vergleichsweise schwachen Sinn für bestimmte Gefühlserbschaften (Traditionen).

## 25.2 VERGÄNGLICHKEIT UND VERGANGENHEIT (EDWARD GIBBON)

Ein Historikers des historisch-materiellen und politisch-irdischen Verfalls ist der schon mehrmals erwähnte Engländer Edward Gibbon (1737-1794), der sich über rund zwanzig Jahre mit dem Verfall und Untergang des Römischen Reichs beschäftigt hat. Die Initialzündung zu dieser beeindruckenden Unternehmung entsprang dem Anblick des zu Ruinen verfallenen Kapitols in Rom, das von einstiger Pracht zeugte und gleichzeitig Vergänglichkeit dokumentierte, die ja auch in unzähligen Kunstwerken nostalgisch zum Ausdruck gebracht wurde. Gibbon erinnerte sich (*Memoirs* 2007, S. 64, aus dem Englischen übersetzt):

„Es war in Rom, am 15. Oktober 1764. Ich saß nachdenklich zwischen den Ruinen im Kapitol, die Barfuß-Brüder sangen die Vesper im Jupiter-Tempel, da kam mir erstmals die Idee in den Sinn, Verfall und Untergang der Stadt zu beschreiben. Aber mein ursprünglicher Plan war begrenzt auf den Verfall der Stadt und nicht auf das Imperium. Und obwohl meine Lektüren und Überlegungen anfingen, auf diesen Punkt zu verweisen, vergingen einige Jahre, und etliche Nebenarbeiten kamen dazwischen, bevor ich mich ernsthaft auf die Ausführung dieser aufwendigen Arbeit eingelassen hatte."

Dass Gibbon in dieser Situation untergründig auch von lebensgeschichtlichen Verlusten und Untergängen inspiriert wurde, ist für jeden einsichtig, der die Biographie Gibbons kennt, und sei es nur in Umrissen. Als Edward Gibbon zehn Jahre alt war, starb die Mutter, 38 Jahre alt. Das Kind, nunmehr Halbwaise, war nach Gibbons eigener (im Nachhinein formulierter) Auffassung zu jung, um die Bedeutung dieses Verlustes zu spüren (*Memoirs*, S. 13). Welchen psychohistorisch-faktischen Hintergründen dieser Bedeutungsentzug entsprang, ist schwer zu ermitteln. Hat Gibbon seine Mutter nicht geliebt? War sie ihm eine Fremde? Löste ihr Tod ein Trauma mit schockartiger Wirkung aus?

Wie dem auch gewesen sein mag: Eine liebevolle Tante, die die Mutter-Rolle übernahm, half ihm über den Verlust hinweg. Eine generelle Disposition zur Depression ist Gibbon geblieben.

Als Kind war Gibbon gesundheitlich so schwach, dass der Tod mehrmals seine Hand nach ihm auszustrecken schien. Alle nach ihm geborenen

Geschwister – eine Schwester und fünf Brüder – starben, während er weiter lebte,[99] wenn auch zunächst unter mehr als unsicheren Vorzeichen. Verfall und Untergang – das war Gibbons Lebensthema, das er am Beispiel der römischen Geschichte sozusagen durchbuchstabierte, bis hin zum grandiosen Ende Konstantinopels als Bollweg des christlichen Abendlandes von 1453.

Über den Abschluss seiner hartnäckigen Forschungen, die ihn wahrscheinlich vor einer massiven Depression bewahrt haben, berichtet Gibbon ebenfalls in den *Memoirs*, wo wir (auf S. 86) lesen:

„Ich habe mir erlaubt, den Moment der Empfängnis (*conception*) anzugeben. Ich will nun an die Stunde der endgültigen Erlösung (*deliverance*) erinnern. Es war am Tag oder besser in der Nacht des 27. Juni 1787, zwischen elf und zwölf Uhr, im Sommerhaus meines Gartens, dass ich die letzten Zeilen der letzten Seite schrieb. Nachdem ich meinen Federhalter niedergelegt hatte, drehte ich mehrere Runde in einem Laubengang oder auf einem von Akazien gesäumten Weg am Abhang, der eine Aussicht auf das Land, den See und die Berge freigab. Die Luft war mild, der Himmel klar, die Silber-Kugel des Mondes wurde vom Wasser gespiegelt, die ganze Natur war still. Ich will nicht die ersten Gefühle der Freude über die Wiedererlangung meiner Freiheit und vielleicht auch über die Begründung meines Ruhms verhehlen. Aber mein Stolz wurde schnell gedämpft; durch die Idee, dass ich einen immerwährenden Abschied von einem alten und angenehmen Gefährten genommen hatte, legte sich eine nüchterne Melancholie auf meinen Geist, und [so dachte ich]: was immer das Schicksal meiner *History* sein mag, das Leben eines Historikers ist bestimmt kurz und prekär."

Vergänglichkeit des Römischen Weltreichs – Vergänglichkeit des eigenen Lebens: Gibbon verabschiedete sich von seinem Werk wie von einem lieb gewordenen Gefährten, mit dem er sich hatte unterhalten können. Tagebücher erfüllen oft eine ähnliche Funktion, wie wir aus der Literaturgeschichte wissen.[100] Einsamkeit und „Melancholie" waren Gibbon bewusst. Mit dem endgültigen Untergang des Römischen Reiches als einer despotischen „Universalmonarchie" (vgl. Robertson in McKitterick) war offenbar

---

[99] Geschichtsanalytisch vertiefende Recherchen könnten der Frage nachgehen, ob und wie sich der Tod seiner Geschwister (und der Mutter!) auf die Struktur seiner Arbeit ausgewirkt hat. Unter anderem ist die numerische Parallelität (sechs Geschwister – sechs Bände) auffällig. – Gibbon-Spezialisten von heute (McKitterick 2002) betonen übereinstimmend, dass Gibbon einen Niedergang, wie ihn das Römische Reich erlebt hat, in der modernen Zivilisation für ausgeschlossen hielt (was für eine Fehleinschätzung!). Mit anderen Worten: Er projizierte seine Angst vor dem persönlichen und kollektiven Untergang auf sein Thema, das ihm in Rom 1764 so suggestiv ins Auge gesprungen war.

[100] Vgl. etwa *Die Zeit* vom 18. März 2010 mit zahlreichen Beispielen und der Schlagzeile „Liebes Tagebuch" auf der Titelseite. – Der englische Historiker Eric Hobsbawm war als Jugendlicher für zwei Jahre ein eifriger Tagebuch-Schreiber, wie er in seiner Autobiographie berichtet. Tagebücher in der Jugendzeit dienen oft der Selbstfindung in eigener Regie.

auch die Drohung des persönlichen Untergangs „durchgearbeitet" und gebannt.

Diese *Melancholie der Vergänglichkeit,* die Freud offenbar nicht kannte (oder im Bewusstsein nicht zuließ), verdient genauere Beachtung, weil sie erstens über eine persönliche, situationsspezifische Traurigkeit weit hinausgeht und weil sie zweitens weitere Verbindungen zwischen den in der Kapitelüberschrift genannten Begriffen und ihren Geltungsbereichen zur Erscheinung bringt.

Edward Gibbon war in Kindheit und Jugend ein der Religion gläubig und interessiert zugewandter Mensch. Der konventionelle College-Unterricht in Religion und Geschichte fand aber nicht seine Zustimmung, da dieser sich auf die wörtliche Vermittlung von Glaubenssätzen der anglikanischen Kirche beschränkte. Statt dessen beeindruckten ihn englische Jesuiten und Werke des französischen Theologen Bossuet, die er mit obstinatem Eifer studierte. 1753 trat er zum katholischen Glauben über, was einen Skandal verursachte. Als Katholik musste Gibbon Oxford verlassen. Der Vater schickte ihn in die Obhut eines calvinistischen Pfarrers nach Lausanne, wo Gibbon formell zum anglikanischen Glauben zurückfand, ohne jedoch in der Religion wieder heimisch zu werden, im Gegenteil: Aus dem Glaubenssuchenden wurde ein Religionskritiker. Gibbons Liebe galt fortan der Historie, der er sich in redlicher lebenslanger Mühe um die Wahrhaftigkeit der Darstellung widmete.

Melancholie war nicht nur ein Grundzug seiner persönlichen Lebensstimmung, sondern auch ein maßgebliches Element seiner mühsam erkämpften Identität als Historiker, über die es zahlreiche Zeugnisse gibt. Nur ein Beleg sei zitiert (*Decline...* 15. Kapitel, a.a.O. S. 244, aus dem Englischen übersetzt, vgl. auch Anhang Text Nr. 9): „Der Theologe wird sich der angenehmen Aufgabe widmen, Religion zu beschreiben als vom Himmel gekommen, im Glanz ihrer ursprünglichen Reinheit. Dem Historiker ist eine melancholischere Aufgabe auferlegt. Er muss die unvermeidliche Mischung von Irrtum und Korruption aufdecken, die sie [die Religion] im Laufe eines langen Aufenthaltes auf Erden zusammenfügte, inmitten einer schwachen und degenerierten Rasse von Lebewesen."

Vor dem Hintergrund der lebensgeschichtlichen Identitätskrisen und Umbrüche ist die theoretisch konstruierte polare Spannung zwischen einem Theologen und der „melancholischeren" Aufgabe des Historikers gut zu verstehen: Ein Gläubiger, der Gibbon einmal war, kann den Glanz des ursprünglichen Glaubens feiern und dabei mit sich völlig einig sein; ein Historiker muss sich dagegen mit der Ungewissheit und Widersprüchlichkeit von Tatsachen herumschlagen, ohne je die beglückende Sicherheit der Erleuchtung erlangen zu können. Dieser Rückblick auf die eigene Vergangenheit musste ertragen werden, ebenso die damit verbundene Konfrontation mit den Vergänglichkeiten von Geschichte überhaupt. Die Sehnsucht nach Sicherheit im Glauben blieb ihm als Gefühlserbschaft lebenslang wohl vertraut, aber er gab ihr nicht nach, sondern schilderte sie als Historiker *sine ira et studio* – eine Haltung, die empathische Bewunderung für den Islam und für Mohammed durchaus zuließ (vgl. 50. Kapitel in *Decline...*).

Das Zusammenspiel von Eindrücken eines äußeren Verfalls und innerer Verlust-Erfahrungen ist eher ein literarisch-künstlerisches Thema als ein Forschungsgebiet der Geschichtswissenschaft. Es spielt als Leitmotiv auch in Orhan Pamuks Buch *Istanbul* eine maßgebliche Rolle, sogar mit einem gesonderten Begriff: *Hüzün*, der sich damit als geschichtsanalytisches Vergleichsobjekt anbietet, hier aber nicht weiter thematisiert werden kann. Wer dem Thema weiter nachgehen will, sei auch auf Marcel Prousts *Auf der Suche nach der verlorenen Zeit* verwiesen.

Zum Schluss dieses Kapitels sei noch eine persönliche Bemerkung über die lebensgeschichtliche Relevanz der ganzen Thematik gestattet. Gibbon als kirchenkritischer Historiker der Aufklärung bildete für mich ein notwendiges aber erst sehr spät entdecktes Gegengewicht zur deutschen Geschichtsschreibung, die mit Leopold von Ranke (1795-1866) die preußische Restauration, Gott als den allmächtigen Geschichtslenker und die Verbindung von Thron und Altar zum Ausgangspunkt historiographischer Recherchen und Reflexionen gemacht hatte. Und diese Feststellung erinnert noch einmal (vgl. 9.2.1) an die Frage: Was wäre aus „uns" geworden, den professionellen GeschichtsvermittlerInnen, wenn es einen deutschen Gibbon gegeben hätte, an dem man sich hätte abarbeiten können!

Gibbon befriedigte darüber hinaus das dringende Bedürfnis nach einem Geschichtsbewusstsein, das nicht vom Gift des mörderischen NS-Wahn infiziert war, nicht infiziert sein konnte. (Ein Held der politischen und persönlichen Emanzipation war Gibbon deswegen nicht. Doch das wäre in einer weiteren Untersuchung zu erörtern.)

Erlösung von Geschichte ist nicht möglich, nur Lösung, die in dem Maße gelingt, wie das jeweilige Geschichtsbewusstsein sich von bestimmten mentalen Vereinnahmungen befreien kann und befreien will, auch und gerade dann, wenn diese Vereinnahmungen nur gefühlt werden und damit weitgehend unbewusst sind.

Lebenstriebe wurden in diesem Abschnitt nicht dualistisch dem Todestrieb gegenüber gestellt, sondern mit Melancholie bzw. Depression korreliert. Der Theorie-Dualismus bedurfte eines lebensfähigen Kompromisses.

## 26. In Alternativen denken lernen

### 26.1 DAS GEDANKLICHE SPIEL MIT DEN MÖGLICHKEITEN DES LEBENS – EINE UNIVERSALIE

Sich etwas vorstellen können, das real nicht oder noch nicht existiert, das ist eine Besonderheit des menschlichen Denkens, die in allen Lebensbereichen eine Rolle spielt, vom Alltag, über Beruf, Wissenschaft und Literatur bis hin zu den philosophischen und religiösen Utopien, die in Gänze niemals verwirklicht werden können und doch in den historisch-politischen Wirklichkeiten einen je eigenen Einfluss ausüben, denken wir nur an die Friedensutopien des Alten Testaments (Schwerter zu Pflugscharen, Jesaja 2.4) und ihre Bedeutung für die realen Friedensbewegungen.

Das gedankliche Spiel mit den Möglichkeiten des Lebens ist eine Universalie, die in dem Maße, wie sie bewusst registriert wird, beträchtliche Konsequenzen für unsere Einstellung zur Geschichte hat, mithin für das Geschichtsbewusstsein, das einen Drehpunkt im Problemfeld der vorliegenden Untersuchung bildet. Wo alternative Möglichkeiten der Entwicklung retrospektiv ausgeschlossen werden (frei nach der Devise: Es konnte gar nicht anders kommen...), da wird auch der virtuelle und reelle Spielraum für die Gestaltungsmöglichkeiten des Lebens massiv eingeschränkt. Nur die Fakten anhand sicherer Quellen zur Kenntnis nehmen, wie ich es in meinem Studium gelernt habe, das trocknet nicht nur die Fantasie als ein lebenswichtiges Organ des Geistes aus, das bestätigt und verstärkt auch die Todsünde der moralischen Gleichgültigkeit (vgl. Kap. 6.4 über *Akedia*).

Leider nähern wir uns damit auch dem Bannkreis abgehobener Erlösungsfantasien, die ins Totalitäre abdriften können. Dogmatisch politisierte Wunschfantasien haben in dem hier entwickelten Argumentationszusammenhang jedoch keine Chance; denn es geht, wie die Überschrift zu diesem Unterabschnitt ankündigt, um die vielfältigen und nie ganz ausgeschöpften *Möglichkeiten des Lebens* und nicht um die des Todes und des Tötens.

Ein Denken in Alternativen, so wie es hier gemeint ist, führt weder in virtuelle Gegenwelten noch überdeckt es den Riss im Buch der Geschichte, im Gegenteil: es lässt den Riss, den Zivilisationsbruch, objektiv umso schärfer hervortreten, da er als Gefährdung des Geschichtsganzen subjektiv bewusst geworden ist und sozusagen mitdenkt, auch beim Auftreten scheinbar unscheinbarer Spalten in der Erdkruste der Zivilisation vor und nach dem Holocaust.

Als das Stichwort „Auschwitz" in einem Interview gefallen war, sagte Hannah Arendt: „Dies hätte nie geschehen dürfen."[101] Auch dieser prinzipielle Einwand gegen die Faktizität der Geschichte ist dem Denken in Alternativen geschuldet, das die eigenen politisch-ethischen Maßstäbe im Bewusstsein bewahren will (hermeneutische Ich-Spaltung), eben weil sie so brutal und so radikal übergangen wurden.

Wir arbeiten in der vorliegenden Abhandlung gedanklich sowohl mit geschichtsimmanenten Alternativen (z.B. Bald und Wette über Alternativen zur Wiederbewaffnung nach 1945) als auch mit geschichtstranszendenten Alternativen, die den unerträglichen Geschichtsrealitäten grundsätzlich entgegen gestellt werden (z.B.: ohne Feinde leben lernen), ohne dass damit, wie betont, die Flucht in irreale Ersatzwelten angetreten wird.

Wenn Historiker über Alternativen nachdenken, dann sind es, so viel ist inzwischen klar geworden, ausschließlich geschichtsimmanente Alternativen. Als konkretisierender Beleg für diese Tedenz sei ergänzend eine Abhandlung von Theodor Schieder über Vergleiche in der Geschichtswissenschaft erwähnt, in der als Alternative zur Reformation durch Luther die Reform der Katholischen Kirche bei gleichzeitigem Verschwinden des Protestantismus erwähnt wird. Diese immanente Möglichkeit ist retrospektiv m.E. ebenso abgehoben-irreal wie die geschichtstranszendente grundsätzliche Möglichkeit, ein Leben überhaupt ohne Religion zu imaginieren.

Alternativlos im geschichtsimmanenten Sinn war auch der imperialistische Aufbau Preußens zur ersten Militärmacht in Europa nicht. Wie das im Einzelnen zu verstehen ist, wäre bei Eckhard Most (1987) in einem Kommentar zum Politischen Testament Friedrichs des Großen nachzulesen . Der gedankliche Schritt von den geschichtsimmanenten Möglichkeiten zur prinzipiellen und konsequenten Einschränkung des Militarismus/ Imperialismus in der Welt ist nicht sehr groß.

Terminologisch durchdacht, scheint es dementsprechend zweckmäßig, *die* Alternative als eine bestimmte Möglichkeit des kollektiven oder individuellen Lebens und *das* Alternative als nicht gelebtes Leben im Allgemeinen zu unterscheiden und gleichzeitig den Zusammenhang der beiden Varianten im Kopf zu haben. In der Geschichtsdidaktik werden m.E. weder *die* Alternativen, noch *das* Alternative thematisiert. Vielmehr geht es hier um die *Alterität* des Geschichtlichen, um die Andersartigkeit der jeweiligen Vergangenheitssegmente, mit der das Geschichtliche in seinem Eigenwert gewürdigt und eilfertige Gegenwartsbezüge vermieden werden sollen.

Ich halte die Fähigkeit (heute würde man sagen: die Kompetenz), in Alternativen denken zu können, für ein herausragend wichtiges Richtziel der historisch-

---

[101]  Hannah Arendt in einem Interview mit Günter Gaus 1964, a.a.O., S. 9.- Vgl. den philosophischen Kontext in Arendts Abhandlung *Über das Böse* 2006.

politischen Bildung und kehre damit zu meiner in der Einleitung erwähnten Berufs-
kompetenz als Didaktiker zurück. Die Kompetenz, Struktur- Alternativen mitdenken zu können, ist aber weniger eine Lern- und Prüfziel für die Schülerinnen und
Schüler als vielmehr eine Dimension der professionellen Haltung des Lehrers und
der Lehrerin.

In Alternativen denken lernen ist ein Vorhaben, das gut zur Adoleszenz passt,
das heißt eher in der Sekundarstufe II als in der Grundstufe vorkommen wird, von
Übergangszonen einmal abgesehen. In der Grundschule bleibt es dem Lehrer und
der Lehrerin vorbehalten, Alternativen kommunikativ gleichsam zu verkörpern und
bei passender Gelegenheit das eine oder andere – inhaltlich ergänzend – einzubrin-
gen. Auch die Steinzeit fordert zum alternativen Nachdenken auf, denn sie hat Ent-
scheidungsprozesse eingeleitet, deren Folgen bis in die Gegenwart zu spüren sind,
denken wir an Kontroversen über die Dynamik von Matriarchat versus Patriarchat.

Das Thema *In Alternativen denken lernen* war bereits Gegenstand eines Auf-
satzes, der einem geschichtsdidaktisch-fachinternen Anlass und Zusammenhang
gewidmet war (Schulz-Hageleit in Bauer 2008) und daher nur als Idee und Anspruch, nicht aber als Textganzes übernommen werden kann.

## 26.2 WEHLER UND WINKLER – ZWEI SPIELARTEN DES GESCHICHTSBEWUSSTEN UMGANGS MIT MÖGLICHEN „ALTERNATIVEN" IN GESCHICHTE UND GEGENWART

Nach dieser geschichtstheoretisch grundsätzlichen Positionierung liegt es
nahe, jene Formationen des Geschichtsbewusstseins in Frage zu stellen, die
dem und den Alternativen im realgeschichtlichen Diskurs grundsätzlich keinen Platz einräumen wollen. (Wie schon erläutert wurde,[102] sind alternativlose Geschichtsdarstellungen und -deutungen Predigten der Faktizität, die
das Geschichtsbewusstsein narkotisieren und nicht animieren.)

Im 4. Band seiner Deutschen Gesellschaftsgeschichte (Kap. VI.5, S. 585-
587) stellt Hans-Ulrich Wehler die Frage: *Gab es Alternativen zum NS-
Regime?* Und die Antwort lautet: Es gab keine Alternativen. Wehler zählt
die realpolitisch immerhin denkbaren Alternativen auf (es sind fünf an der
Zahl, von der Rückkehr zur korrekten parlamentarischen Regierungsweise
bis zur Militärdiktatur), um dann zu schlussfolgern (S. 587):

„Was seit 1929 zählte, war der Umstand, dass der Nationalsozialismus
zur bedenkenlosen Ausnutzung der Krise zum richtigen Zeitpunkt, am richtigen Ort, als richtige ‚Volkspartei', mit der einzigen charismatischen Führerfigur in der deutschen Politik entschlossen war, seine Ziele zu verwirkli-
chen. Daneben verblassen alle anderen vagen Entscheidungsoptionen, so

---

[102]  Im Zusammenhang mit einer kritischen Beurteilung der Biografie von Hermann Heimpel
(Kap. 13, 14.2, 15, 19) sowie im Erörtern der Todestrieb-Hypothese (11.3, 11.4).

menschenfreundlich ihre Aufwertung auch daherkommen mag. Hitler, endlich Sieger im Machtkampf (sic!) – er sollte nicht nur Deutschlands Schicksal sein."

Richtig, richtig, richtig! Die einzige „charismatische Führerfigur", die
„endlich Sieger" wurde... Diese Rhetorik der Superlative soll jeden Gedanken an eine Alternative von vornherein ausschalten. Das historisch-politische
Denken wird damit nicht nur reguliert und kanalisiert, es wird seiner eigentlichen Erkenntniskraft beraubt und kaserniert.

Hatte Hindenburg, um wenigstens eine Schaltstelle für Alternativen zu
erwähnen, nicht die Möglichkeit, die Ernennung Hitlers zum Reichskanzler
zu verweigern? Im Unterschied zu Hans-Ulrich Wehler betont Heinrich August Winkler, dass die Machtergreifung der Nationalsozialismus keineswegs
alternativlos gewesen sei. Er schreibt (Winkler, *Der lange Weg...* I. Bd.,
S. 549):

„Hitlers Ernennung zum Reichskanzler war *nicht* [Hervorhebung im
Original] der unausweichliche Ausgang der deutschen Staatskrise, die mit
dem Bruch der Großen Koalition am 27. März 1930 begann und sich seit der
Entlassung Brünings am 30. Mai 1932 dramatisch zugespitzt hatte." Und
eine Seite danach abermals: „Nichts zwang den Reichspräsidenten dazu,
Hitler zum Reichskanzler zu ernennen."

Derartige Aussagen gehen in die hier eingeschlagene Richtung, durch
die individuelle Entscheidungssituationen und entsprechende Wahrnehmungen der jeweiligen Verantwortung stärkere Beachtung erfahren sollen. Freilich geht es dabei nicht nur um die Entscheidungen auf höchster politischer
Ebene, sondern auch um alltägliche und existenzielle Verantwortung grundsätzlich, mithin auch unscheinbar unbedeutende Handlungsalternativen. Als
Politicum sind die Handlungsalternativen der persönlichen Verantwortung
meines Wissens erst durch die Wehrmachtausstellung bewusst und diskutiert
worden.[103]

Während Wehler eine Art Absolutismus der geschichtlich obsiegenden
Tendenzen vertrat („Siegeszug" ist ein in Wehler *Gesellschaftsgeschichte*
auffällig häufig gebrauchtes Wort), reflektiert Winkler den Aufstieg des
Nationalsozialismus mit den Kategorien *Ursache und Alternativen*, so lauten
die Kopfzeilen der letzten Seiten im ersten Band seiner Deutschen Geschichte.

---

[103] Die „Wehrmachtsausstellung" des Hamburger Instituts für Sozialforschung wurde bereits als
Beispiel für die historisch-politische Wiederkehr des Verdrängten erwähnt (in Kap. 6.2). Sie
dokumentiert die *Verbrechen der Wehrmacht* in der Zeit des Nationalsozialismus und wurde
ab 1995 in zahlreichen Städten gezeigt, vorübergehend wegen Irrtümer in der Dokumentation
aus dem Verkehr gezogen und, nach einer kritischen Überprüfung der monierten Mängel,
abermals öffentlich zur Diskussion gestellt.

Eine grundsätzliche Alternative wollte er als Zugang zum Verständnis der deutschen Geschichte allerdings auch nicht gelten lassen, die Alternative des Sozialismus, die einen ganz anderen Weg eröffnet hätte, nämlich den *Weg nach Osten* (Winkler, II. Band, S. 651): Winkler erlag offenbar der Sogwirkung seiner eigenen historiographischen Leitidee, die Deutschlands langen *Weg nach Westen* nachzeichnet. „Einen Zugang zum Verständnis der deutschen Geschichte aber bietet der Revolutionsmythos nicht. Er ist der Ausdruck eines rückwärtsgewandten Wunschdenkens, das sich vom Neid auf die Revolutionen anderer Völker nährt. Er führt zur Konstruktion einer freischwebenden Alternativgeschichte, bei der die Frage nach den Kosten der ‚gesollten' Entwicklung regelmäßig ausgespart bleibt; er vermittelt eine falsche Gewissheit, wo Zweifel angebracht sind; er weicht der Erkenntnis aus, dass es in der Geschichte auch tragische Situationen geben kann – Situationen, in denen das, was dem rückblickenden Betrachter vernünftig erscheint, nicht Wirklichkeit werden konnte, weil die Verhältnisse mächtiger waren als die Vernunft."

Winkler argumentiert hier mit Anleihen bei psychoanalytischen Diagnosen (Wunschdenken, Neid), die ihrerseits der psychoanalytisch-kritischen Analyse bedürften. Über Richtigkeit oder Falschheit seiner historiographischen Leitidee ist hier überhaupt nicht zu urteilen. Als geschichtsanalytisch unerledigte Aufgabe ist aber die *Klärung der eigenen Wünsche* einschließlich ihrer Unbewusstheiten ins Spiel zu bringen. Winklers Wunsch nach einem sozusagen würdigen Nationalismus Deutschlands – den Nationalismen der europäischen Nachbarstaaten vergleichbar –, nach Aufhebung der Teilung und der deutschen „Sonderwege", nach Integration Gesamtdeutschlands in den Westen (wir erinnern uns an Heimpels Sehnsucht nach Einheit), ist 1990 in Erfüllung gegangen, was für eine Genugtuung! Für Einwände gegen die Verwestlichung des Ostens, wie sie u.a. von Habermas eingebracht wurden (Winkler, II. Bd., S. 561 ff.) hatte er wenig Verständnis. Der „Beitritt" der DDR zur Bundesrepublik (radikale Kritiker sprachen von imperialistischer „Übernahme") war für Winkler das einzig Richtige. Weitergehende Alternativen, die grundsätzliche gesellschaftliche und wirtschaftliche Strukturreformen in Angriffe hätte nehmen können, verfielen dem Verdikt, Konstruktionen einer „freischwebenden Alternativgeschichte" zu sein.

War die Ähnlichkeit zwischen Winklers „freischwebender Alternativgeschichte" und Freuds „freischwebender Aufmerksamkeit" ein Sprachzufall oder gewollte Assoziation?[104] Wahrscheinlich das erste; denn Freud kommt in Winklers Werk,

---

[104] „Gleichschwebende Aufmerksamkeit" sei die Haltung des Analytikers gegenüber den Erzählungen des Patienten, empfahl Freud den an Psychoanalyse interessierten Ärzten seiner Zeit,

302

das in dieser Hinsicht fest auf der Traditionslinie deutscher Historiker liegt, nur in einigen beiläufigen Bemerkungen vor.

Die psychoanalytische Aufmerksamkeit des Arztes eröffnet Einsichten in lebensgeschichtlich-mentale Vernetzungen, die dem Patienten bis dahin nicht bewusst waren. Damit werden Realitäten entfestigt und in neue Zusammenhänge gebracht. Analog dazu vertieft und erweitert das psychohistorische Umspielen des Faktischen mit den Chancen des Möglichen das Geschichtsbewusstsein. „Freischwebende Alternativgeschichten" sind in diesem Sinn keine weltanschaulichen Festlegungen, sondern Denkpotenziale, die den Realitätssinn dynamisieren.

## 26.3 GESCHICHTSBEWUSSTSEIN ALS TRAUER UND „TOLERANZ" GEGENÜBER DEN SINNLOSIGKEITEN DER HISTORIE

Zum Geschichtsbewusstsein in dem hier entwickelten und begründeten Verständnis gehört nicht nur Wissen und Intelligenz, sondern auch bewusste Wahrnehmung der emotionalen Implikationen, die die Auseinandersetzung mit bestimmten Themen der Historie begleiten, sei es Freude, Neugier, Genugtuung, Sympathie, aber auch Angst, Entsetzen und Trauer. Dass Toleranz in den Kanon emotionaler Implikationen des Geschichtsbewusstseins gehören soll, ist erstens ungewöhnlich zweitens von naheliegenden Missverständnissen bedroht. Der Begriff wurde seiner umgangssprachlich üblichen Bedeutung enthoben und daher in Anführungszeichen gesetzt.

Toleranz im Alltag bedeutet etwa moralische Großzügigkeit. Ein toleranter Mensch verhält sich gegenüber den Verfehlungen des Alltags nicht kleinlich. Er findet aber auch die großen Untaten der Geschichte „nicht so schlimm", insofern diese ja zum konstanten Repertoire der Historie gehören. Genau so ist das Wort Toleranz hier aber *nicht* zu verstehen. Toleranz heißt nicht, über die blutigen Exzesse der Geschichte mit relativem Gleichmut hinwegsehen, sondern sie konfrontativ aushalten. Hinsehen und standhalten heißt die Parole. *Tolerare* bedeutet nicht nur ertragen, sondern auch tragen.

Die Sinnlosigkeiten der Geschichte tragen und ertragen – darum geht es in diesem Abschnitt. Sinnlosigkeit wird dabei nicht erkenntnistheoretisch definiert, sondern realgeschichtlich auf bestimmte Inhalte bezogen, etwa auf das massenhafte Töten von Menschen, das keinem erkennbaren Zweck oder Nutzen dient, vom perversen Lustgewinn und der Steigerung des ebenso pathologischen Selbstgefühls abgesehen. Die Historie ist voll von Unsinnigkeiten und Sinnlosigkeiten aller Art, die zum Glück nicht alle mit Mord und

---

in: *Ratschläge für den Arzt bei der psychoanalytischen Behandlung* von 1912 (Ergänzungsband, S. 169-180).

Totschlag enden. Das gegenwärtig in bestimmten Bevölkerungskreisen übliche und quasi sakrosankte Anhäufen von Geld und Besitz, von immer mehr Geld und Besitz, hat m.E. keinen Sinn, es sei denn, man anerkennt pathologische Ursachen als „Sinn" eines Irrwegs.

Trauer ist die Schwester der so definierten Toleranz, weil man ja gegenüber der Verhunzung des Lebens nicht gleichgültig sein kann. Wenn man bedenkt, welche giftige Erblast „wir", die heutigen Geschichtsakteure, den nachfolgenden Generationen hinterlassen, und wenn wir darüber hinaus registrieren müssen, dass der Erhalt des Systems, das die giftige Erblast ständig vermehrt, wichtiger ist als die menschlich-qualitative Verbesserung des Lebens (Kapitalismus ist wichtiger als Klima- und Naturschutz), dann ist das Ertragen der Sinnlosigkeiten ohne Trauer kaum vorstellbar. In ihrer Ausgabe zum Jahreswechsel 2010/2011 veröffentlichte *Die Zeit* einen Artikel von Christoph Hein, der die üble Erblast beklagt, die „wir" den nachfolgenden Generationen hinterlassen. Haben Sie den Mut, uns *nicht* zu folgen, so lautet Heins Ratschlag an die Jüngeren. „Machen Sie es besser als wir, bitte."

Trauer und Toleranz als Dimension des Geschichtsbewusstseins in dem hier definierten Sinn haben viel gemeinsam mit Gibbons „Melancholie", die sich von diesem Historiker auf seine Leserinnen und Leser übertragen kann, wenn etwa die von Besitzgier und Machtwahn inspirierten Kriegsorgien geschildert werden. Trauer und Toleranz im Sinn des Ertragenkönnens konstituieren nicht die Geschichtsforschung selbst, aber sie begleiten diese und hellen das düstere Gesamtbild der Geschichte durch gelegentliche scheinbar unbedeutende Zwischenbemerkungen etwas auf. Es kommt ja nicht nur auf das *Was* der Erzählung an, sondern auch auf das *Wie*. Das Kopfschütteln des kritischen Geschichtsreferenten teilt sich seinen Lesern und Leserinnen mit, ohne dass es als kritischer Einwand inhaltlich ausdrücklich thematisiert werden muss.

Dem professionellen Geschichtsbewusstsein ist eine Intoleranz gegenüber Sinnlosigkeiten eigen, ja man kann die These wagen, dass professionelle Auseinandersetzungen mit der Vergangenheit nicht zuletzt dazu dienen, Gefühle und Ahnungen der Sinnlosigkeit erst gar nicht aufkommen zu lassen. *Sinnbildung* ist der Gegenbegriff zum Riss im Geschichtsbewusstsein in Stellung gebracht worden, der hier programmatisch im vierten Kapitel eingebracht wurde.

Geschichtserzählung *ist* Sinnbildung, würden die Sinn-Vertreter hier einwenden, nicht zu Unrecht, denn tatsächlich ziehen sich durch jede Erzählung Sinn-Stränge, ohne die das Ganze unverständlich, zusammenhangslos, eben sinnlos bliebe. Aber dieser immanente Sinn einer narrativen Sinn-Konstruktion ist etwas anderes als der Lebenssinn, den ich mir subjektiv selbst zu eigen mache und der den objektiven Sinnlosigkeiten standhält.

304

Narrativer Sinn strebt tendenziell danach, die Sinnlosigkeiten der Geschichte zu überspielen und zu „bewältigen". Das traumatisierende, auch später nicht mitteilbare Grauen, die individuellen und kollektiven Manifestationen menschlicher Daseinsgier und Mordlust, die auf inneren oder äußeren Befehl bedenkenlos alles zerstört, was sich ihr in den Weg zu stellen scheint, kann nicht im üblichen Sinn des Wortes erzählt werden, auch wenn es nach Worten sucht. Wenn Geschichte bzw. Geschichtsschreibung „als Sinngebung des Sinnlosen" gedeutet wurde (Lessing 1983), dann verstehe ich das als persönliches Festhalten an einem Vermächtnis, das in die Zukunft gerettet werden soll.

Gibbon geht erstens von den Glanzzeiten der römischen Geschichte aus (das waren für ihn die Antoninen),[105] und er hält zweitens im Fortgang seiner Schilderungen auch Erfreuliches fest, Aufbauendes, Tröstendes, Manifestationen der Vernunft und der Tugend (Gibbon, 1998, 57. Kap., S. 864): „From the paths of blood, and such is the history of nations, I cannot refuse de turn aside to gather some flowers of science or virtue. The name of Mahmud the Gaznevide is still venerable in the East: his subjects enjoyed the blessing of prosperity and peace; his vices were concealed by the veil of religion [...]."

Derartige Florilegien dienen aber nicht dem Nachweis eines Sinns der Geschichte, sondern der Selbststärkung Gibbons. Ohne persönliche Vergewisserungen mithilfe von Manifestationen der Vernunft und der Mäßigung, die es in der Geschichte selbstverständlich auch gibt, hätte Edward Gibbon sein Werk wohl nicht schreiben können. Lebensgeschichtlich erkämpfte Gewissheiten, die dazu beitragen, historische Sinnlosigkeiten zu ertragen, dieses Element eines lebendigen Geschichtsbewusstseins ist in Leben und Werk Gibbons recht gut zu erkennen.

Wo Trauer und Toleranz im Geschichtsbewusstsein keinen Platz finden, verdorrt die Geschichtsdarstellung zur Statistik oder zur Selbstrechtfertigung einer vorab definierten Geschichtsauffassung, die zwischen den Urteilen „richtig" contra „falsch" gleichsam eingezwängt ist und in dieser Zwangsjacke zu ersticken droht. Das heißt keineswegs, dass geschichtsbewusste Menschen in larmoyantem Geschichtsmitleid zerfließen, sondern dass sie mit

---

[105] Etwa 2. Jh. nach Chr., vgl. *Decline...* 3. Kapitel, a.a.O., S. 64-66.- Das „Goldene Zeitalter" der Antoninen war Gibbons realgeschichtliche „Utopie" (Carnochan 1987), sein historisches Lebenselixier, sein die Melancholie besänftigender Trost im Geschichtsbewusstsein, der sich nicht mit Fanfarentönen, sondern sehr zurückhaltend zu Worte meldete.- Im krassen Unterschied zur normativ eingefärbten Geschichtsauffassung Gibbons (die Byzantiner beurteilte er schlechter als die Römer, die Christen tendenziell strenger als die Heiden), vertrat der deutsche Historiker Leopold von Ranke bekanntlich die Auffassung, dass jede Epoche „unmittelbar zu Gott" sei.

sich einige sind und mit dieser Selbstgewissheit dem Geschichtselend trot-
zen.

An Alternativen ist ja kein Mangel. Sie erscheinen in der Realgeschichte,
in Zukunftswünschen und nicht zuletzt in uns selbst, psychologisch definiert
als „Selbstobjekte", auf die wir im folgenden und letzten Kapitel eingehen
wollen.

# 27. „Selbstobjekt" – historisch-politisches „Vermächtnis" – „depressive Position"

## 27.1 ZU DEN BEGRIFFEN DER KAPITELÜBERSCHRIFT

Wie die im Anhang abgedruckte Definition des Begriffs Selbstobjekt verdeutlicht (10. Text), wird das *Objekt* (das lebendige Gegenüber, das Du, die innere Repräsentanz) im kindlichen persönlichen Erleben vom *Selbst* nicht eindeutig unterschieden. Es erfährt aber im Laufe der Entwicklung beträchtliche Veränderungen, die eine „klarere Trennung und Unterscheidung von Selbst und Objekt zur Grundlage haben." Das ist für den psychohistorischen und geschichtsanalytischen Zugang zur Geschichte wichtig, in dem etwa folgende Fragen entstehen: Was bzw. Wer spricht mich aus der Vergangenheit so an, dass ich mehr hören und erfahren möchte? Was zeichnet dieses „Objekt" unverwechselbar aus? Was bin ich dagegen selbst? Inwiefern unterscheide ich mich von meinem Geschichtsobjekt?

In diesem Kapitel wird eine Brücke postuliert und konstruiert, die ein realgeschichtliches „Vermächtnis" und ein frühes inneres Selbstobjekt psychohistorisch miteinander verbindet.

Durch Erfahrungen wird das Selbstobjekt, das sich in der frühesten Beziehung zur Mutter formiert, immer mehr zu einem „objektiven Objekt", das auch in seiner eigenen Realität wahrgenommen wird, ohne dass damit die ersten inneren Verbindungen aufgegeben werden.

Das Selbstobjekt bleibt per Definition unbewusst. Dagegen entstammt ein Vermächtnis der bewussten Auseinandersetzung mit Geschichte. Das bewusst gewählte und kritisch erforschte Vermächtnis nimmt einen Platz in der Nachfolge des frühen, unbewussten Selbstobjekts ein und damit eine Aufgabe in Lebensgestaltung des reifen Erwachsenen.

Inhaltlich festzulegen sind Vermächtnisse in dieser Perspektive nicht. Eine Festlegung etwa im marxistischen Sinn wäre ideologischer Totalitarismus. Was dem einen im historischen Rückblick wesentlich ist und Halt gibt, das kann einem anderen gleichgültig sein. Ich denke, dass es trotz oder eben wegen dieses Pluralismus eine Schnittmenge der Verständigungen gibt, da und insofern das generelle Verlangen nach Menschenwürde, nach Wahrheit und Leben einen Dreh- und Mittelpunkt der Argumentationen bildet, der nicht zur Disposition steht.

Vermächtnisse, wenn sie denn angenommen und als Dimension des Geschichtsbewusstseins thematisiert werden, haben aber Anspruch auf diskursive Beachtung.

Im großen Unterschied zu den Kindern und Enkeln der Opfer, die auf verschiedene Weise versuchen, die Kluft, die durch die Zerstörung ihrer Lebenswelt entstanden ist, zu überbrücken und so, wenn auch oft nur fragmentarisch, Traditionen und Kontinuitäten wieder herzustellen, können die Kinder und Enkel der Täter keine analogen Vorgeschichten, keine „postmemory" entwickeln;[106] denn alles, was aktiv-linear auf den Holocaust zuläuft (u.a. der Antisemitismus und Antijudaismus), ist fürchterlich und zu verwerfen. Gleichwohl können wir Vermächtnisse in Anspruch nehmen, die eine politisch-moralische Vergewisserung ermöglichen, ohne dass das Infernalische verdrängt wird. Vielleicht ist das auch ein Schritt zur vorsichtigen Lösung der „negativen Symbiose" (Diner 1987) zwischen Juden und Deutschen.

Der Selbstobjekt-Entwicklung entsprechend bleibt ein Vermächtnis im „Lebenszyklus" nicht unverändert erhalten, ja, es kann aufgegeben und durch ein neues Vermächtnis ersetzt werden, das freilich die ursprüngliche Bindung nicht einfach aushebeln darf (wie bei sogenannten Wendehälsen), wenn der Begriff Selbstobjekt noch Sinn machen soll. Als metaphorisch-geistiger Begriffsrahmen kann ein Vermächtnis darüber hinaus mehrere durchaus verschiedene Inhalte umfassen, die in ein- und derselben Lebenshaltung vereint sind und sich nicht gegenseitig ausschließen.

Die emotionale Bindung an Vermächtnisse in der Vergangenheit und der dementsprechende intellektuelle Bezug scheint mir für eine *psychoanalytische Theorie des Geschichtsbewusstseins* unabdingbar wichtig zu sein, weil ein Geschichtsbewusstsein ohne politisch-ethische Vergewisserung in der Vergangenheit in einem konturenlosen Einerseits-und-andererseits zerfließt.

Ein Selbstobjekt gehört eher in den Bereich der Gefühle als in den Bereich von Erkenntnissen und Ideen. Im Unterschied zum historischen Vermächtnis kann es daher begrifflich nicht definitorisch exakt erfasst werden. Im Unterschied zu einer gelingenden Psychoanalyse, die das Selbstobjekt regressiv im Gefühl wieder beleben kann, ist ein rational argumentierendes Buch als Medium für die substanzielle Vergegenwärtigung von Selbstobjekten nur bedingt tauglich. Diese Spannung gilt es bei den inhaltlichen Spezifizierungen zu den folgenden Begriffe Selbst/Objekt/Vermächtnis im Auge zu behalten.

Der Begriff „Selbstobjekt" ist eine persönliche psychohistorische Vergewisserung im lebensgeschichtlichen Bemühen um ein stabiles Geschichtsbewusstsein. Da der Vater mir nichts hinterlassen hat, was im Sinne eines *Vermächtnisses* hätte aufge-

---

[106] Zur Idee und Praxis der *postmemory* vgl. Hirsch 2002.- Das Jüdische Museum in Berlin vergegenwärtigt mit seinen drei Achsen (Kontinuität, Exil, Holocaust) sowohl kulturgeschichtliche Verbindungen als auch Brüche und *Voids*, Leerstellen, die auf die totale Auslöschung jüdischen Lebens verweisen.

griffen und entfaltet werden können, da aber auch die Mutter, wie ich sie als reifer Erwachsener bewusst und kritisch erlebt hatte, eher Lebensfrust als Lebenslust hinterließ, habe ich begrifflich einen frühen lebensgeschichtlichen Fixpunkt re/konstruiert, der der sprachlich zugänglichen Realgeschichte gleichsam enthoben und eben deswegen geeignet war, das ebenso emotionale wie auch geschichtstheoretische Suchen zu beenden.

Die dem Selbstobjekt als Theorieelement zugrunde liegenden persönlichen Konstellationen gehören in einen Psychoanalyse-Bericht oder in ein Journal intime, aber nicht in ein Buch, das an einen Platz im öffentlichen, fachlich-sachlichen Diskurs interessiert ist. Das Selbstobjekt als emotionaler Besitz und als Antriebsaggregat historisch-politischer Vermächtnisse ist ein Element der „depressiven Position", die im Widerstreit zur „paranoid-schizoiden Position" (vgl. Anhang Nr. 15) einen sicheren Platz im psychoanalytischen Diskurs einnimmt.

## 27.2 „VERMÄCHTNIS" – EINE REIHE HISTORISCH-POLITISCHER BEISPIELE

Wer das Wort „Vermächtnis" in eine Suchmaschine eingibt, wird *links* finden, die das Vermächtnis bedeutender Persönlichkeiten thematisieren (z.B. das Vermächtnis Goethes, Bonhoeffers, Sacharows usw.), die uns philosophisch, religiös oder sozial etwas hinterlassen haben, das übersehen oder aber als Aufforderung wahrgenommen werden kann. Oft hat das Wort Vermächtnis die Bedeutung von Auftrag, der freilich – und das ist hier das Entscheidende – auch angenommen werden muss. Die Auswahl der folgenden Beispiele ist dem abschließenden Erkenntnisweg und der dementsprechend Fokussierung meiner Aufmerksamkeit als Autor geschuldet und dementsprechend zeitlich bedingt. Über Vermächtnisse, die in der Geschichte entdeckt und politisch-ethisch in Anspruch genommen werden, wird jedoch auch die Zukunft – dessen bin ich sicher – zahlreiche Belege bereit stellen.

Als erstes Beispiel sei die Allegorisierung des Selbstobjekts als gütige, tröstende Frau genannt. Als Gefangener zum Tod verurteilt, suchte der römische Staatsmann Boethius (geboren etwa 480, hingerichtet 524) Trost in der Philosophie, die er als Gesprächspartnerin in seiner Gefängniszelle auftreten ließ, um so – autosuggestiv – die Verzweiflung über die verleumderische Anklage zu bewältigen.

Ob ihm das wirklich gelang, kann bezweifelt werden; denn „die" Philosophie als gute, schützende Mutter war mit dem Auftrag zu trösten (und damit das Selbstobjekt zu retten) sozusagen total überfordert. Aber auch ein im früheren Leben gebildetes und dann wirksames gutes *Selbstobjekt* hätte den Philosophen kaum vor der Verzweiflung bewahren können. Menschen tun anderen Menschen mehr an, als diese jemals ertragen und integrieren können. Manchmal kommt der Tod auch als Erlöser. Er rettet sozusagen das Selbst, indem er das irdische Leiden beendet.

Imaginierte und idealisierte Frauengestalten als Symbole oder Allegorien für die Erfüllung einer unstillbaren Sehnsucht sind in der Kulturgeschichte keine Seltenheit, im Gegenteil, denken wir nur an *Maria*, die Mutter Gottes im christlichen Glauben, an Platons und Hölderlins *Diotima* sowie an Dantes *Beatrice*, die den Dichter in der berühmten *Divina Commedia* aufwärts ins Paradies führt:

> „doch ohne dass er sehend sie erkannte,
> nur durch geheime Kraft, die von ihr ausging,
> verspürt er alter Liebe Urgewalt."[107]

- Als Vermächtnis kann auch, philosophisch verallgemeinernd, das verstanden werden, was uns „Mutter Erde" bietet und was bewahrt und gepflegt werden müsste. Der englische Historiker Arnold Toynbee (1889-1975) hat ein Buch dem Thema „Menschheit und Mutter Erde" gewidmet (1988) und damit ein Motiv aufgegriffen, das in verschiedenen Varianten schon früher thematisiert wurde. Einer der ersten unter vielen Verteidigern der Mutter Erde war Paul Schneevogel, der 1492 eine kleine allegorische Erzählung veröffentlicht hatte, die sich, mit heutigen Augen gelesen, als „ein frühes und radikales grünes Manifest" entpuppt. *Grober, Ulrich*: Wem gehört die Erde? Vom Silberbergbau bis „Avatar". In: *Die Zeit*, 4. März 2010 (mit Verweis auf eine Buchpublikation über „Nachhaltigkeit").

- Aus dem großen Reservoir an Orientierungsmöglichkeiten, die wir der Antike verdanken, sei nur noch der Leitspruch des Orakels von Delphi genannt, das *Erkenne dich selbst*, das einen schmalen aber doch substanziellen Weg bis in die Gegenwart generiert hat. Auf diesem Weg liegt auch die Begründung und Weiterentwicklung der Psychoanalyse, mit deren Hilfe das *Erkenne dich selbst* durch ein *Erfühle dich selbst* ergänzt werden kann.

Im Mittelalter hat wurde das *Erkenne dich selbst* u.a. von Abaelard (1079-1142) aufgegriffen und dem religiösen Stil der Zeit entsprechend gedeutet.[108] Für die Neuzeit ist u.a. Hermann Hesse (1877-1962) als Autor zu nennen, der die Suche nach dem Selbst auf verschiedene Weisen gestaltet hat. „Ach, das weiß ich heute: nichts auf der Welt ist dem Menschen mehr zuwider, als den

---

[107] Dante, *Die Göttliche Komödie*, Purgatorium [Fegefeuer], Dreißigster Gesang, Verse 37-39.- Mehrmals verwendet Dante die Mutter-Metapher zur Kennzeichnung des religiös überhöhten Verhältnisses zu Beatrice.- Über eine von Dante inspirierte *Beatrice* findet Hermann Hesses *Demian* zu *Frau Eva*, der „Mutter aller Wesen".

[108] Selbsterkenntnis im Rahmen des mittelalterlichen theologischen Denkens ist nur indirekt mit Selbsterkenntnis im moderner „gott-loser" Konzeptionierung verbunden. Eine Schnittmenge liegt in der Fokussierung auf die innere Einstellung der Person („Gesinnung", Intentionalität, Einstellung), die Abaelard betonte und damit Luthers Kritik der katholischen Werkfrömmigkeit vorweg nahm.

Weg zu gehen, der ihn zu sich selber führt." (Hermann Hesse, *Demian*, Ende des
zweiten Kapitels.)
Das europäische Mittelalter enthält etliche Vermächtnisse, u.a. durch die
Kulturarbeit muslimischer Denker.

- „Man wagt kaum sich vorzustellen, wie die Entwicklung Europas und der Welt
  verlaufen wäre, wenn sich die gedanklichen Ansätze des großen Andalu-
  siers [Ibn Rushd, 1126-1198, in Europa meistens Averroes genannt] in
  der islamischen Welt durchgesetzt, wenn andere nach ihm seine Ideen
  aufgegriffen und weiter entwickelt hätten. Leider fiel er der Verfolgung
  durch die Hüter der Orthodoxie anheim. Seine Werke entwickelten ihren
  Einfluss im Abendland, nicht aber in der der islamischen Welt. Dort gerieten sie in Vergessenheit; es kam zu einer geistigen Stagnation. So
  konnte just das bedeutendste Vermächtnis des hispanischen Islams, der
  averroistische Aristotelismus, im Islam selbst seine befreiende Wirkung
  nicht entfalten." (Georg Bossing, Al-Andalus, goldener Traum. In: *Die
  Zeit*, 16. Juni 2011)
- Ende Oktober 1647 versammelten sich in Putney bei London Soldaten
  und Offiziere aus der Armee Oliver Cromwells, um über das weitere
  Schicksal Englands zu debattieren. Diese Debatten gestalteten sich nach
  Maßstäben der Zeit relativ freizügig. Auch das Königtum stand als
  Institution auf dem Prüfstand. Viele Engländer sehen in den *Putney
  Debates* ein *legacy*, ein Vermächtnis, das in Debatten über die Zukunft
  der Nation – Zukunftsdebatten haben immer historische Bezüge! – seinen
  Einfluss ausüben sollte und dementsprechend in Ausstellungen, Publikationen usw. gewürdigt wird.
- Historische Vermächtnisse liegen oft in gescheiterten oder nur halbwegs
  gelungenen Revolutionen. Eine von Berlin ausgehende Initiative will den
  18. März zum nationalen Gedenktag machen (Hamann und Schröder
  2010). Am 18. März 1848 kapitulierte das Militär des preußischen Königs Friedrich Wilhelm IV. vor den Kämpfen für Freiheit und Demokratie. Vier Tage später wurden die „Märzgefallenen" in Berlin unter großer
  Anteilnahme der Bevölkerung beerdigt. Zuvor pausierte der Trauerzug
  auf dem Schlossplatz, wo das Königspaar den Toten die letzte Ehre erweisen musste: Was für eine Demütigung für die bis dahin unumschränkt
  Herrschenden! Friedrich Wilhelm IV. wird die Demütigung so schnell
  nicht vergessen. Als ihm rund ein Jahr später die Kaiserkrone angetragen
  wird, lehnt er diesen „imaginären Reif aus Dreck und Letten[109] geba-
  cken" verächtlich ab.

---

[109] *Letten* = heute nicht mehr gebräuchliches Wort für Lehmerde, Kot (neudeutsch-vulgär Scheiße), vgl. Belege im Deutschen Wörterbuch von Jacob und Wilhelm Grimm, 12. Bd.

Die Märzrevolution wird auch als Völkerfrühling bezeichnet. Einen arabischen Frühling erleben wir im Frühling 2011.

Eine den Ereignissen in Deutschland vergleichbare Bewegung in England kann unter dem Stichwort der Chartisten ohne Schwierigkeiten vor Augen gerufen werden. Die Chartisten hatten zu ihren Lebzeiten überhaupt keinen Erfolg, aber ihre Forderungen (politische Gleichberechtigung, sozialer Schutz der Arbeiter) wurden nach und nach fast alle akzeptiert und politisch umgesetzt. Der Wikipedia-Artikel (Zugriff 18. April 2011) thematisiert ausdrücklich das Vermächtnis (*legacy*) der Chartisten.

- In der Gedenkkultur unserer Tage wird ein historisches Vermächtnis vor allem dann beschworen, wenn Menschen in Demonstrationen für Freiheit und Gerechtigkeit zu Tode gekommen oder gar willkürlich getötet worden sind wie zum Beispiel am 21. März 1960 in Sharpeville, Südafrika, wo die Polizei ohne Vorwarnung in die Menge der Demonstranten schoss. Die heutige Regierung habe das Vermächtnis (legacy) der Toten verraten, urteilte ein Veteran der damaligen Freiheitsbewegung. *Smith, David*: Sharpeville 50 years ago: a township still bristling with anger. In: *The Guardian*, Saturday 20 March 2010.

- Vergewissert sich der machtvoll aufstrebende Staat Indien des Vermächtnisses (*legacy*), das Gandhi und Nehru hinterlassen haben? Offenbar nicht, wie ein Kommentator vermerkt. Indiens Abdriften in die westlich orientierte Machtpolitik sei eine Tragödie. *Bidwai, Praful*: What would Gandhi say? Instead of kowtowing to the west, India should use its position on the global stage wisely. In: *The Guardian*, 22. 10. 2010.

- Eine konzise Würdigung der Bedeutung Theodor Fontanes schließt mit dem Satz: „Es steckt auch in seiner Kunst eine menschliche Freiheit, letztlich eine höhere, vollständig unbestechliche Souveränität, die freilich, das darf man nicht unterschlagen, für die engere und weitere Umgebung immer auch eine Zumutung, ein schlimmes Ärgernis sein kann. Dieses kostbare Ärgernis der humanen Souveränität ist Fontanes moralisches Vermächtnis." *Jessen, Jens*: Theodor Fontane. In: Sonderbeilage der Wochenzeitung *Die Zeit* Nr. 47 (November 2009) mit dem Rahmenthema: Vordenker, Vorbilder, Visionäre.

- Ein Portrait des großen Juristen Gustav Radbruch (1878-1949), das am Ende auf aktuelle Kriegsverbrecher-Prozesse in Den Haag eingeht und eine „universale Rechtsordnung" ins Auge fasst, schließt mit einem Radbruch-Zitat, das als Vermächtnis gewertet wird „'Weltrichter kann es nur geben, wenn es zuvor Weltbürger gab.' Diese Formel aber bleibt sein größeres Vermächtnis" [im Vergleich zu anderen Leistungen, etwa dem Kampf um Demokratie in der Weimarer Republik]. *Lahusen, Benjamin*: Aus Juristen Demokraten machen. Gustav Radbruch zu seinem 60. Todestag. In: *Die Zeit*, 5. November 2010.

- Ende Februar 2011 erinnerten viele europäische Zeitungen an die Ermordung Olaf Palmes (1927-1986) vor fünfundzwanzig Jahren. Palme war zweimal schwedischer Ministerpräsident (1969-1976 und 1982-1986) und hat vorgelebt, was er als Ideal vertreten hat: Sozialismus als Gesellschaftsform, Abrüstung, Friedenspolitik (von daher harte Kritik am Vietnam-Krieg) soziale Gerechtigkeit, Freiheit. Er lehnte Body Guards und Geheimdienste ab. An einer konsequenten Aufklärung seiner Ermordung hat der schwedische Staat offenbar kein ausreichendes Interesse entwickelt. Sein Tod hinterließ eine Lücke in der Politik und ein Vermächtnis, das Unterstützung verdient und verlangt.

  Die Liste der Ermordeten, die sich für mehr ausgleichende Vernunft in der Welt eingesetzt und eben damit den Hass der Blut-Fanatiker auf sich gezogen haben ist lang. Palme ist hier exemplarisch genannt worden. Als einzigen weiteren Namen nenne ich Rosa Luxemburg (1871-1919), die ebenfalls für ihre Ideale erschlagen wurde.

- Was schließlich das Vermächtnis der Kriegs- und Täterkinder angeht, deren frühe Lebenserfahrung dieses Buch maßgeblich bestimmt hat, so muss erstens an die Doppeldeutigkeit des Wortes erinnert werden (Vermächtnis, englisch *legacy*, einerseits als Hinterlassenschaft oder Erbe, andererseits aber auch als Auftrag); denn was die Lebenserfahrung in Gang bringen würde, das war ja nicht von Anfang an klar. Zweitens ist Vermächtnis eher im Sinn der Zukunftssorge als im Sinn einer retrospektiven Festlegung in Anspruch zu nehmen; unser Vermächtnis ist aufzuspüren und in die *Zukunft* zu retten. An politisch-moralischen Anhaltspunkten fehlt es deswegen nicht; sie werden ihrerseits aus älteren historischen Vermächtnissen angetrieben, denken wir nur an Ostermärsche und Friedensbewegung, Ökologie-Bewegung und Menschenrechte, an Aufklärung in retrospektiver und prospektiver Perspektive, an lebenspraktische und lebenstheoretische Stärkungen von Freiheit und Gerechtigkeit. Das alles wird untergehen, wenn wir uns nicht um Erhalt und Fortsetzung kümmern.

  Auch die methodologische Struktur dieses Buches mit seinem speziellen Ineinander von Ego-Geschichte und allgemeiner Geschichte, von Geschichtswissenschaft und Psychoanalyse, wird vom Sog der Geschichte erfasst werden und in der Tiefe verschwinden, wenn sie keine (weiteren) Befürworter finden, die sich den Anspruch zu Eigen machen. Psychoanalyse und Geschichtswissenschaft bergen, jede Disziplin für sich, mannigfaltige Vermächtnisse in sich, die erst noch entdeckt und verteidigt werden müssen. Der erste Anlauf zu einer Verbindung der beiden Denkformen in den dreißiger Jahren, bestätigt und bestärkt durch Vorstöße in den siebziger Jahren des vorigen Jahrhunderts, ist für mich ein Vermächtnis, dem ich mich verpflichtet fühle.

In den zwanziger und dreißiger Jahren des vorigen Jahrhunderts haben die sogenannten linken Freudianer (u.a. Siegfried Bernfeld 1892-1953) eine Verbindung von Psychoanalyse und Marxismus ins Auge gefasst. Vielleicht wird das später wieder aufgegriffen, unter neuen Vorzeichen; denn sowohl die Psychoanalyse als auch der Marxismus haben sich verändert, haben neue Inhalte ermittelt und neue Methoden entwickelt. Ihnen ist eine verstärkte öffentliche Wirkung zu wünschen.

Man sieht: die Geschichte ist voller Vermächtnisse, und ich denke, dass es eine Schnittmenge dieser Vermächtnisse gibt, ein Gemeinsames, das historiographisch stärker ins Bewusstsein zu heben ist. Das Problem ist, wie schon angedeutet, erstens: Während die üblen Erblasten der Geschichte mit jedem Jahrzehnt schwerer werden und sich anhäufen wie Sperrmüll, der nicht beseitigt wird, bleiben Vermächtnisse individuelle, punktuelle Leistungen, die nicht – oder zumindest nicht ohne Weiteres – zu akkumulieren und miteinander zu verschmelzen sind, sondern von nachfolgenden Individuen einzeln zu entdecken, zu schützen und fortzuführen sind.

Und zweitens: Vermächtnisse bedürfen starker Persönlichkeiten, die sich ihrer annehmen, der Werbung, der Verhandlung, des Engagements, des Verzichts aufs Siegenmüssen, der Liebe, der Trauer... Geschichtliche Erblasten kommen nicht nur ohne diese mentalen Konstellationen aus, sie existieren und vermehren sich ohne jedes Dazutun.

Mit der Annahme eines Vermächtnisses antworten wir kreativ auf den existenziellen „Fluch der Geschichte",[110] der uns in der einen oder anderen Weise erfasst und auch in Zukunft weiterhin erfassen wird, direkt oder indirekt, bewusst oder unbewusst. Etwas weniger pathetisch war in diesem Buch von geschichtlichen Erblasten, vom Zuviel der Geschichte, von Traumatisierungen und quälenden Gewissensbissen die Rede, die einige Individuen psychohistorisch stärker antreibt als andere.

Geschichtsbewusstsein ohne Bindung an historisch-moralische Vermächtnisse droht dem Fluch der Geschichte zu erliegen, ohne es zu merken.

Dass diese Bindung psychohistorisch durch den Referenzrahmen der depressiven Position vor politischer Instrumentalisierung zu schützen ist, wurde schon erläutert. Auch und gerade der Holocaust kann, wie immer wieder zu beobachten ist, für schizoid-paranoide Kampagnen instrumentalisiert werden, denken wir an die offenbar unausrottbare Neigung in Deutschland,

---

[110] Der pathetische Ausdruck „Fluch der Geschichte" findet sich in einer Abhandlung Eriksons (1977, S. 125), der sich seinerseits auf den dänischen Philosophen Kierkegaard (1813-1855) bezieht, allerdings ohne genauer auf diese Quelle und ihren religionsgeschichtlichen Ursprung einzugehen. Ausführlicher dazu s. Anhang, Text Nr. 12.

politische Gegner als Nazis zu beschimpfen und an die Gleichsetzung von Abtreibungen mit Holocaust-Opfern in den USA (Steinweis 2002).

An das generations- und kohortenbedingte Leitmotiv des vorliegenden Buches sei durch das Vermächtnis erinnert, das uns, exemplarisch zitiert, die Geschwister Scholl hinterlassen haben. Es wird durch eine jährliche Preisverleihung gewürdigt und im kollektiven Geschichtsbewusstsein bewahrt. Ergänzend sei auf den DDR-Autor Franz Fühmann verwiesen, der sich das Holocaust-Vermächtnis zu eigen gemacht hat (Wagner 2002).

## 27.3 FÜR EIN GESCHICHTSBEWUSSTSEIN DER „NACHHALTIGKEIT"

Eine permanente Bedrohung der historisch-politischen Vermächtnisse geht von dem kurzatmigen Präsentismus unserer Medienwelt aus, die von einem Event zum nächsten hastet und in wenigen Tagen schon nicht mehr weiß, was heute geschehen ist. So verschwinden – leider – auch die zu chronologischen Anlässen in Erinnerung gerufenen Vermächtnisse (Beispiel Olaf Palmes Ermordung 1986→2011) schnell in der Vielzahl neuer Aufregungen. Für die Verflachung und Verdünnung des Geschichtsbewusstseins möchte ich drei Belege einfügen, die ähnliche Aussagen enthalten, obwohl sie inhaltlich nichts miteinander zu tun haben.

- Am Sonntag, dem 30. Januar 2011, veröffentlichte *Der Tagesspiegel*, Berlin, ein Interview mit dem bekannten amerikanischen Historiker Fritz Stern, in dem dieser das besonders schlechte historische Gedächtnis der Amerikaner beklagte und meinte: „Viele können sich schon jetzt nicht mehr an die Euphorie von 2008 erinnern."
- In der großen englischen Tageszeitung *The Guardian* erschien einen Tag später ein Kommentar von Jackie Ashley, die das Phänomen der Kurzzeit-Aufmerksamkeit (*the short attention span*) als eine der schlimmsten Fehlentwicklungen unserer Kultur geißelte und dazu schrieb: „Eine ,Krise' braut sich wie eine Gewitterwolke unter leeren Himmel zusammen, zieht jedermanns Beachtung auf sich, produziert ganze Ozeane von Gequatsche und löst sich dann auf."[111]

---

[111] Der inhaltliche Ausgangspunkt dieser Klage war der *expensive scandal* in Groß-Britannien, der als *missbräuchliche Finanzierung privater Ausgaben aus öffentlichen Mitteln* wohl in allen Demokratien sein Unwesen treibt, mit dem ungeheuren, offenbar systematisierten Umfang, als dieser 2009 bekannt wurde, aber alles Bisherige übertraf und das Vertrauen der Wähler in ihr politisches System tief erschütterte.

- Gary Younge in einem Kommentar zu einem ganz anderen Thema, nämlich dem Afghanisten-Krieg, kommt zu demselben Schluss (*The Guardian*, 31. Januar 2011): Ein im Krieg getöteter Amerikaner, der in die Heimat zurück transportiert werde und in seinem Wohnort ankomme, rühre die Bewohner zu Tränen, ohne jedoch die nationale Einstellung im Ganzen zu ändern. Die Erregung verebbe [*fade away*] wie bei einem Stein, der in einen See geworfen werde und einige kleine Wellen erzeugt habe.

Geschichtsbewusstsein bedarf der Konstanz in der libidinös-intellektuellen Bindung, wenn es zum menschlichen Fortschritt beitragen und so „Sinn" generieren soll. Bezogen auf den in unseren Schulen erteilten Geschichtsunterricht heißt das grob, ja überspitzt zusammengefasst, dass die curriculare Ausrichtung auf bestimmte Ereignisse und Ereignisketten, aber auch die neuerdings beschworene Kompetenz-Fixierung zur Entfaltung geschichtsbewusster Langzeit-Aufmerksamkeiten nichts beiträgt, sondern, im Verbund mit den anderen Determinanten historisch-politischen Lernens, den oben skizzierten Fade-away-Effekt verstärkt.

Ob und wie das zu ändern wäre, kann nicht mehr Gegenstand dieses Buches sein.

## 27.4 RÜCKBLICK UND AUSBLICK – NEUN THESEN ZUM VERHÄLTNIS VON VERDRÄNGEN UND DURCHABEITEN DER VERGANGENHEIT IN ZUKUNFT

Im Ganzen diente die Arbeit an diesem Buch dem Durcharbeiten einer Holocaust-Obsession, die einigen Kindern der Täter eigentümlich war oder immer noch ist, andere aber ziemlich gleichgültig ließ. „Du kannst tun, was du willst, du kommst von Auschwitz nicht mehr los", diagnostizierte der im Abschnitt 27.2 schon erwähnte DDR-Schriftsteller Franz Fühmann (1922-1984) im Hinblick auf sein eigenes Erleben, nachdem die Schleuse zu der überwältigenden Vergangenheit einmal geöffnet war und die braune Flut des emotionalen Involviertseins ihn fast aus dem Leben geworfen hatte (Wagner 2002).

Doch so unauflöslich ist die Fixierung an dieses Syndrom aus Schuld, Scham und Strafangst nicht, wie es manchen schien, die durch ihre Eltern direkt und massiv von den bedrückenden Einsichten betroffen waren. Einerseits wird die zeitliche Distanzierung als „Historisierung" transgenerationell ihre Wirkungen entfalten: neue Generationsprobleme überlagern die alten in einem unaufhörlichen Prozess des historisch-politischen Stoffwechsels und

Wandels, der unsere Fähigkeiten des Lösens und Auflösens von Schwierigkeiten im Ganzen überfordert.

Andererseits kann, wird sich das Geschichtsbewusstsein *als* Holocaust-Bewusstsein (Kap. 1.2) so oder so einem *Geschichtsbewusstsein der Zukunftssorge* öffnen, bzw. öffnen müssen, wenn es nicht zur Selbstbestätigungsroutine verkommen soll. In diesem Geschichtsbewusstsein wird der Holocaust seinen zentralen Platz bewahren wird, gewiss, aber eben nicht exklusiv und sozusagen übermächtig, sondern neben weiteren Generationsthemen und ihren jeweiligen Vermächtnissen.

Die Endredaktion der vorliegenden Abhandlung (Frühjahr 2011) fiel zeitlich mit den Katastrophen in Japan zusammen (Erdbeben – Tsunami – Supergaus im Atomkraftwerk Fukushima), und ich möchte vor dem Hintergrund dieser Ereignisse, die die Welt erschütterten und lange Zeit für Diskussionen sorgen werden, einige Abschlussthesen formulieren, die inhaltliche und methodische Essentials in Erinnerung rufen und diese gleichzeitig im Hinblick auf die Zukunft profilieren. In meinem Geschichtsbewusstsein stehen Tschernobyl (April 1986) und Fukushima (März 2011) in einem Zusammenhang dissoziativer und destruktiver Strukturbedingungen (11. Kap.), die politisch nicht mehr aus der Welt zu schaffen sind, von kosmetischen Retuschen abgesehen. Der im ersten Schock vor allem in Deutschland geforderte Ausstieg aus der Atomindustrie ist global auf einem schier unaufhaltsamen Weg zu versanden.

1. In psychohistorischer Perspektive konstituieren *Verdrängungen* ein Hauptproblem des um existenziell-produktive Gewissheiten bemühten Lebens, individuell und kollektiv (vgl. oben 3.5.3). Ungeachtet der strukturellen Grundverschiedenheiten zwischen dem Holocaust und den Atomdesastern[112] kann die Dynamik von Verdrängungen recht deutlich am Umgang mit diesen beiden Ereignisketten studiert werden; sie umfasst vieles und reicht von bewusste lügenhaften Verschleierungen über sprachliche Verharmlosungen bis zu den unbewussten Mechanismen der mentalen Stilllegung schmerzhaft-peinlicher Gedanken.

2. Verdrängungen erfassen bestimmte Ereignisse, die dann so etwas wie einen blinden Fleck in unseren inneren Wahrnehmungen bilden, und die Strukturen des Denkens, Fühlens und Verhaltens, die als Subtexte zu betrachten sind und teilweise erschlossen werden können. Meistens ver-

---

[112] Auf begriffliche Kennzeichnungen im Vergleich reduziert, war der Holocaust *gewollt- infernalisch*, die Reaktor-Katastrophen dagegen bewusst *apokalyptisch-ungewollt*. Das genauer zu kommentieren wäre einen besonderen Text wert, der aber auch die Atombombe als Realität und Möglichkeit einer intentional-massenhaften Vernichtung einbeziehen müsste.

schränken und bedingen sich beide Verdrängungsbereiche: Die Verdrängung eines bestimmten Themas geht mit Verdrängungen im gesamten Lebensprofil einher, individuell und kollektiv.

3. Ohne ein gerüttelt Maß von Selbsterkenntnis gelingt das Durcharbeiten von Verdrängungen nur in Bruchstücken, die keine tiefgehende Wirkung entfalten können. Wir sind Meister im Aufdecken von Fehlern bei anderen und Meister im Verdecken von Schwächen in uns selbst. Geschichtswissenschaftlich-retrospektive Aufklärungen (u.a. über Vertuschungen unliebsamer Zusammenhänge) sind auch in Zukunft unverzichtbar. Solange sich jedoch der wissenschaftlich-institutionelle „Apparat" selbst nicht ändert,[113] bleibt der gesellschaftlich-allgemeine und fachlich-spezielle Gewinn der Aufklärung begrenzt.

4. Geschichtsbewusst und zukunftsbesorgt intensivieren wir vor allem den Kampf gegen das inzwischen tief verwurzelte pathologische Verhältnis zur Wahrheit. („Keine Lügen mehr!" so lautete die fett und rot gedruckte Schlagzeile der Wochenzeitung *Die Zeit* vom 17. März 2011, die sich in vielen lesenswerten Artikeln mit den Folgen der Kernkraft-Katastrophe in Japan beschäftigte.)

5. Der Königsweg der Selbsterkenntnis ist und bleibt die persönliche Psychoanalyse, die weitergehende Beschäftigungen mit dem Wechselverhältnis zwischen Geschichte und Lebensgeschichte bzw. zwischen Selbsterkenntnis und Welterkenntnis vorbereitet und fundiert. Neben dem „Königsweg" gibt es sicherlich weitere Wege, die der psychoanalytischen Aufklärung vergleichbare Effekte erzielen.

6. Wer nicht an der Vergangenheit leidet (genauer: an bestimmten, lebensgeschichtlich bedeutsamen Ausschnitten der Geschichte), der hat ein neutralisiertes, psychohistorisch gleichsam entsorgtes Geschichtsbewusstsein, das man in Unterscheidung von der stürmisch bewegten offenen See mit einem Bodden vergleichen kann.

7. Die curriculare Abtrennung der Geschichte als besonderes „Fach" von anderen Fächern bzw. Lebens- und Lernbereichen zerstückelt das für die Bewältigung von Zukunftsaufgaben notwendige gesellschaftskritische Potenzial. Die ersten Adressaten einer Erziehung zum Geschichtsbe-

---

[113] Der Begriff wissenschaftlich-institutioneller „Apparat" wird hier bewusst in Analogie zum Begriff „Apparat" verwandt, den Freud für das libidinöse, seelische Geschehen im Individuum verwandt hat.

wusstsein der Zukunftssorge sind nicht die Schülerinnen und Schüler, sondern die Lehrerinnen und Lehrer. Ihre Kompetenz der Vermittlung (des Ausgleichs, der Spannungstoleranz) zwischen bedrückenden Konfrontationen mit der Vergangenheit und ermutigenden Ausblicken in die Zukunft ist lebenswichtig (vgl. Kap. 2.5 über hermeneutische und pädagogische Ich-Spaltung).

8. *Psychohistorie* als Geschichte des Seelischen, individuell und kollektiv formatiert (Objektebene), sowie *Geschichtsanalyse* als Einbezug der durch Vergangenheitsinhalte ausgelösten Übertragungsdynamik auf der Subjektebene werden geschichtswissenschaftliche Forschungsfelder der Zukunft sein, Geschichtsdidaktik eingeschlossen.

9. Wir erinnern uns an die Haus/Raum-Metapher (2.2 und 8.4). – Es wäre illusorisch, das Haus der Realgeschichte alternativ (das heißt unter neuen Ordnungsgesichtspunkten) oder gar vollständig inventarisieren zu wollen. Es ging und geht vielmehr darum, methologisch bisher gemiedene oder gar verbotene Räume zu erschließen und im Geschichtsbewusstsein zu integrieren.

# *Anhang*

Ergänzungen zur diskursiven Argumentation des Buches

## (1) Kulturarbeit: Männer und Frauen
*Sigmund Freud*: Das Unbehagen in der Kultur, IV. Abschnitt, in: Bd. IX, S. 233

„Ferner treten bald die Frauen in einen Gegensatz zur Kulturströmung und entfalten ihren verzögernden und zurückhaltenden Einfluss, dieselben, die anfangs durch die Forderungen ihrer Liebe das Fundament der Kultur gelegt hatten. Die Frauen vertreten die Interessen der Familie und des Sexuallebens; die Kulturarbeit ist immer mehr Sache der Männer geworden, stellt ihnen immer schwierigere Aufgaben, nötigt sie zu Triebsublimierungen, denen die Frauen nicht gewachsen sind. Da der Mensch nicht über unbegrenzte Quantitäten psychischer Energie verfügt, muss er seine Aufgaben durch zweckmäßige Verteilung der Libido erledigen. Was er für kulturelle Zwecke verbraucht, entzieht er großenteils den Frauen und dem Sexualleben: das ständige Zusammensein mit Männern, seine Abhängigkeit von den Beziehungen zu ihnen entfremden ihn sogar seinen Aufgaben als Ehemann und Vater. So sieht sich die Frau durch die Ansprüche der Kultur in den Hintegrund gedrängt und tritt zu ihr in ein feindliches Verhältnis."

## (2) Historische Kränkungen der Eigenliebe
*Sigmund Freud*: Vorlesungen zur Einführung in die Psychoanalyse, Schlussabschnitt des 18. Kapitels, in: Bd. I, S. 283 ff.

„Mit der Hervorhebung des Unbewussten im Seelenleben haben wir aber die bösesten Geister der Kritik gegen die Psychoanalyse aufgerufen. Wundern Sie sich darüber nicht und glauben Sie auch nicht, dass der Widerstand gegen uns nur an der begreiflichen Schwierigkeit des Unbewussten oder an der relativen Unzugänglichkeit der Erfahrungen gelegen ist, die es erweisen. Ich meine, es kommt von tiefer her. Zwei große Kränkungen ihrer naiven Eigenliebe hat die Menschheit im Laufe der Zeiten von der Wissenschaft erdulden müssen. Die erste, als sie erfuhr, dass unsere Erde nicht der Mittelpunkt des Weltalls ist, sondern ein winziges Teilchen eines in seiner Größe kaum vorstellbaren Weltsystems. Sie knüpft sich für uns an den Namen Kopernikus, obwohl die alexandrinische Wissenschaft ähnliches verkündet hatte. Die zweite dann, als die biologische Forschung das angebliche Schöpfungsvorrecht der Menschen zunichte machte, ihn auf die Abstammung aus dem Tierreich und die Unverteilbarkeit seiner animalischen Natur verwies. Die Umwertung hat sich in unseren Tagen unter dem Einfluss von Ch. Darwin, Wallace und ihren Vorgängern nicht ohne das heftigste Sträuben der Zeitgenossen vollzogen. Die dritte und empfindlichste Kränkung aber soll die menschliche Größensucht durch die heutige psychologische Forschung erfahren, welche dem Ich nachweisen will, dass es nicht einmal Herr im eigenen Haus, sondern auf kärgliche Nachrichten angewiesen bleibt von dem, was unbewusst in seinem Seelenleben vorgeht. Auch diese Mahnung zur Einkehr haben wir Psychoanalytiker nicht zuerst und nicht als die einzigen vorgetragen, aber es scheint uns beschieden, sie am eindringlichsten zu vertreten und durch Erfahrungsmaterial, das jedem einzelnen nahegeht, zu erhärten. Daher die allgemeine Auflehnung gegen unsere Wissenschaft, die Versäumnis aller Rücksichten akademischer Urbanität und die Entfesselung der Opposition von allen Zügeln unparteiischer Logik, und dazu kommt noch, dass wir den Frieden dieser Welt noch auf andere Weise stören mussten, wie Sie bald hören werden."

### (3) Die „Bayernhymne" als Sachthema und als „Subtext"
Hinweise zur Konkordanz von zwei verschiedenen Heimpel-Texten

1973, in der Festschrift für Karl Bosl zum 65. Geburtstag (wieder abgedruckt in *Sabine Krüger (Hrsg.), Aspekte, Göttingen 1995*), veröffentlichte Heimpel einen Aufsatz über die sogenannte Bayernhymne (*Gott mit dir, du Land der Bayern...*), die im 19. Jahrhundert unter monarchischen Verhältnissen entstanden war (*Gott mit ihm, dem Bayernfürsten*), ein wechselhaftes „Schicksal" erlebte und über die Zeitläufe hinweg bis heute intoniert wird, wenn auch mit einem den jeweiligen Zeitumständen angepassten Text.

Heimpel widmete seinem Thema 35 Seiten mit gelehrten Detailuntersuchungen. Lebensläufe der heute völlig unbekannten Textdichter und Komponisten, Beschreibungen der verschiedenen Festveranstaltungen, Recherchen zur Aufnahme des Liedes in historischen Schulbüchern, Verhältnis der bayrischen Königstreue zu Deutschland im Ganzen und vieles anderes wird mit Genuss am historischen Detail ausgebreitet. Als Motivation für diese Forschungsarbeit an dem eher marginalen Thema verweist Heimpel selbst auf sein eigenes emotionales Involviertsein; denn er erinnerte sich „mit Bewegung" an einen unvergesslich strahlenden Tag im Jahre 1912, da Hunderte von Schulkindern, „noch unbeschattet von der Drohung des großen Krieges", die Bayernhymne auf der Theresienwiese anlässlich des „Luitpoldtages" im Chor gesungen hatten (*Aspekte*, S. 53).

Auf diese Festlichkeit geht Heimpel in seiner autobiographischen Erzählung *Die halbe Violine* relativ ausführlich ein (S. 194 f.), und der Vergleich beider Texte zeigt, dass die nacherlebte, emotionale Wirkung der Bayernhymne auf den Jugendlichen sowie seine spätere geschichtswissenschaftlich eingerahmte Erinnerung mit fast denselben Worten referiert werden. Was in der autobiographischen Erzählung als aufkommende „Rührung" bezeichnet wird, erscheint in der geschichtswissenschaftlichen Abhandlung als „Bewegung". Eine deutende Kontextualisierung der kindlichen Rührung durch den reifen Erwachsenen findet nicht statt (von einer kritischen Distanzierung ganz zu schweigen), obwohl der autobiographische Text mit seinem emphatischen Andeutungen („*In den kindlichen Geist war doch etwas Neues eingezogen*" ... „*etwas Großes, Feierliches, Schreckliches*"...) förmlich danach verlangt.

## (4) Leben und Werk Hermann Heimpels

*Hartmut Boockmann*, in Deutsche Biographische Enzyklopädie, hrsg. von Walther Killy und Rudolf Vierhaus, München 2001 (4. Bd., S. 505):

„Heimpel, Hermann, Historiker, geb. 19. 01. 1901 in München, gest. 23. 12. 1988 in Göttingen. Der Sohn eines Eisenbahningenieurs, von der Schulzeit her mit ▶Albrecht Haushofer befreundet, studierte in München – wo ihn namentlich ▶Siegmund Hellmann prägte – und Freiburg/Breisgau Geschichte, Germanistik und Staatslehre. Als Schüler ▶Georg von Belows wurde er 1924 zum Dr. phil. promoviert. Die erweiterte Dissertation veröffentlichte er 1926: *Das Gewerbe der Stadt Regensburg im Mittelalter*. In Freiburg trat er in enge Verbindung zu den Historikern Arnold Berney und Rudolf Stadelmann; auch beeindruckte ihn ▶Martin Heidegger.

Nach der Heirat mit der Pädagogin Elisabeth Michel vollendete H. die von ▶Heinrich Finke begründete Edition der Acta concilii Constanciensis. 1927 habilitierte er sich in Freiburg mit einer nicht publizierten Arbeit über König Sigismund und Venedig. 1931 wurde er auf einen Lehrstuhl in Freiburg berufen. 1934 nahm er einen Ruf nach Leipzig an, 1941 übernahm er, der damals in für seine Generation kennzeichnender Emphase *Deutschlands Mittelalter als Deutschlands Schicksal* (1933) verstand, einen Lehrstuhl an der wiedererrichteten deutschen Universität in Straßburg.

H. wandte sich vor allem der Geschichte des spätmittelalterlichen Deutschland zu, wie namentlich an seiner Biographie des ▶Dietrich von Niem, erschienen 1932, und an seiner Darstellung des Spätmittelalters in dem von Otto Brandt begründeten *Handbuch der deutschen Geschichte* (1938) sichtbar wird. Doch arbeitete er auch über Themen aus anderen Perioden und über die Geschichte im Ganzen.

Seit 1946 in Göttingen lehrend, setze H. seine Forschungen fort, doch wirkte er, damals einer der erfolgreichsten akademischen Lehrer, bald über das eigene Fach und über die Wissenschaft hinaus. Der Rektor der Göttinger Universität wurde Präsident der Westdeutschen Rektorenkonferenz und blieb auch danach einer der Autoren, die sich um eine Erneuerung der Universität bemühten. Erörterungen über ein den Katastrophen der jüngsten Zeit angemessenes Verständnis der deutschen Geschichte erreichten einen breiten Leserkreis, namentlich in Gestalt der Essay-Sammlung *Der Mensch in seiner Gegenwart* (1954). H.s künstlerischen Neigungen lässt namentlich die zuerst 1949 erschienene Darstellung seiner Kindheit erkennen (*Die halbe Violine*). Sein Ansehen in der außerwissenschaftlichen Öffentlichkeit zeigte sich auch daran, dass sein Name 1954 – und später noch einmal – als der eines künftigen Bundespräsidenten diskutiert wurde. Er selbst wies solche Erwägungen zurück.

In seinem Fach nahm H. nun, als Mitglied der Historischen Kommission in München und der Zentraldirektion der Monumenta Germaniae Historica, eine führende Position ein. 1955 wurde das Max-Planck-Institut für Geschichte in Göttingen nach seinen Vorstellungen gegründet, das er bis 1971 leitete.

In den folgenden 25 Jahren hat sich H. ganz auf seine gelehrte Arbeit konzentriert, deren Krönung die monumentale Monographie *Die Vener von Gmünd und*

*Strassburg* (3 Bde, 1982) wurde: nicht die geplante Darstellung der spätmittelalterlichen Geschichte, wohl aber eine innovative Spezialstudie, die am Beispiel eines
Juristen und seiner Tätigkeit die großen Themen des frühen 15. Jh. durchdrang und
besser sichtbar machte."

## (5) „Sinn" in psychoanalytischer Perspektive

Zum menschlichen Verlangen nach einer bündigen Antwort auf die Frage nach
Lebenssinn (ein typisch pubertäres Verlangen) geben Auchter und Strauss (S. 154)
folgende Einschätzung: „Freud und nach ihm auch andere Psychoanalytiker lehnen
es ab, die Sinnfrage aufzuwerfen, geschweige denn eine Antwort für jemand
anderen zu formulieren. Mit der Psychoanalyse steht aber eine Methode zur
Verfügung, die es jedem Individuum erlaubt, in einer ‚unendlichen' ▶Selbstanaly-
se nach dem Sinn seines Lebens zu fragen, zu suchen und vorläufige Antworten
darauf zu finden."

Als Begründung für diese Einstellung wird meistens ein Brief Freuds an Maria
Bonaparte vom 13. August 1937 zitiert, in dem es heißt (Gesammelte Werke 1960,
Bd. 16, S. 429): „Im Moment, da man nach Sinn und Wert des Lebens fragt, ist
man krank, denn beides gibt es in objektiver Weise nicht; man hat nur einge-
standen, dass man einen Vorrat von unbefriedigter Libido hat."

In seiner Abhandlung über das *Unbehagen in der Kultur* (II. Kapitel, a.a.O.,
S. 207 f.) geht Freud kurz auf die „Idee eines Lebens*zweckes*" ein, die er aber dem
religiösen Denken zuschreibt und damit als psychoanalytisches Thema entschieden
ablehnt.

## (6) Was ist „Sublimierung"?
*Sigmund Freud* in: Das Unbehagen in der Kultur, Abschnitt II und III, Bd. IX,
S. 211 und 227

„Eine andere Technik der Leidabwehr bedient sich der Libidoverschiebungen, welcher unser seelischen Apparat gestattet, durch die seine Funktion so viel an Ge-
schmeidigkeit gewinnt. Die zu lösende Aufgabe ist, die Triebziele solcherart zu
verlegen, dass sie von der Versagung durch die Außenwelt nicht getroffen werden
können. Die Sublimierung der Triebe leiht dazu ihre Hilfe. Am meisten erreicht
man, wenn man den Lustgewinn aus den Quellen psychischer und intellektueller
Arbeit genügend zu erhöhen versteht. Das Schicksal kann einem dann wenig anha-
ben. Die Befriedigung solcher Art, wie die Freude des Künstlers am Schaffen, an
der Verkörperung seiner Phantasiegebilde, die des Forschers an der Lösung von
Problemen und am Erkennen der Wahrheit, haben eine besondere Qualität, die wir
gewiss eines Tages werden metapsychologisch charakterisieren können."

„Die Triebsublimierung ist ein besonders hervorstechender Zug der Kulturentwicklung, sie macht es möglich, dass höhere psychische Tätigkeiten, wissenschaftliche, künstlerische, ideologische, eine so bedeutsame Rolle im Kulturleben spie-

len. Wenn man dem ersten Eindruck nachgibt, ist man versucht zu sagen, die Sublimierung sei überhaupt ein von der Kultur erzwungenes Triebschicksal. Aber man tut besser, sich das noch länger zu überlegen. Drittens endlich [nach der Charakterbildung und der Sublimierung], und das scheint das Wichtigste, ist es unmöglich zu übersehen, in welchen Ausmaß die Kultur auf Triebverzicht aufgebaut ist, wie sehr sie gerade die Nichtbefriedigung (Unterdrückung, Verdrängung oder sonst etwas?) von mächtigen Trieben zur Voraussetzung hat."

*Ergänzende Hinweise*: Mit Rückgriff auf einen bekannten Ausspruch von Voltaire in seinem kleinen „Roman" *Candide* („Cultiver votre jardin") betont Freud in einer langen Fußnote (ebd. S. 211-212) die *Wichtigkeit der Arbeit* bzw. einer befriedigenden Berufstätigkeit für den Prozess der Sublimierung, der sowohl im gesellschaftlich-kollektiven als auch im individuell-persönlichen Leben eine Rolle spiele. Pädagogisch und politisch bedarf es im Grunde keines theoretischen Rückgriffs auf biologisch vererbte Triebe, um dieser Perspektive zustimmen zu können.

In der von Freud so heftig kritisierten Religion finden sich Parallelen zur Theorie der Sublimierung, etwa bei Peter Abaelard (1079-1142), der verlangte, dass man seinen Begierden nicht einfach „zustimmen" dürfe. Nicht die Begierde (der Trieb) als solche sei das Verwerfliche, sondern ihre ungezügelte Annahme und Ausführung. Durch den dogmatischen Gesamtzusammenhang entfaltet die religiöse „Sublimierung", wenn man sie denn so nennen will, ideen- und realgeschichtlich freilich ganz andere Wirkungen als die psychoanalytisch definierte Sublimierung.

## (7) Sigmund Freud als Historiker seelischer Entwicklungen
in: Bd. VII, S. 276-277: „Über die Psychogenese eines Falles von weiblicher Homosexualität"

„Solange wir die Entwicklung von ihrem Endergebnis auch nach rückwärts verfolgen, stellt sich uns ein lückenloser Zusammenhang her, und wir halten unsere Einsicht für vollkommen befriedigend, vielleicht für erschöpfend. Nehmen wir aber den umgekehrten Weg, gehen wir von den durch die Analyse gefundenen Voraussetzungen aus und suchen diese bis zum Resultat zu verfolgen, so kommt uns der Eindruck einer notwendigen und auf keine andere Weise zu bestimmenden Verkettung ganz abhanden. Wir merken sofort, es hätte sich auch etwas anderes ergeben können, und dies andere Ergebnis hätten wir ebenso gut verstanden und aufklären können. Die Synthese ist also nicht so befriedigend wie die Analyse; mit anderen Worten, wir wären nicht imstande, aus der Kenntnis der Voraussetzungen die Natur der Ergebnisse vorherzusagen.

Es ist sehr leicht, diese betrübliche Erkenntnis auf ihre Ursachen zurückzuführen. Mögen uns auch die ätiologischen Faktoren, welche für einen bestimmten Erfolg maßgebend sind, vollständig bekannt sein, wir kennen sie doch nur nach ihrer qualitativen Eigenart und nicht nach ihrer relativen Stärke. Einige von ihnen werden als zu schwach von anderen unterdrückt werden und für das Endergebnis nicht in Betracht kommen. Wir wissen aber niemals vorher, welche der bestimmenden Momente sich als die schwächeren oder stärkeren erweisen werden. Wir sagen nur am Ende, die sich durchgesetzt haben, das waren die stärkeren. Somit ist die Verursachung in der Analyse jedesmal sicher zu erkennen, deren Vorhersage in der Richtung der Synthese aber unmöglich."

**(8) Was bedeutet in der Psychoanalyse „Symbolisierung"?**
*Thomas Auchter und Laura Viviana Strauss* in: Kleines Wörterbuch der Psychoanalyse, Göttingen 2003, S. 160 f.

„Die Fähigkeit zur Symbolbildung oder Symbolisierung bildet sich erst im Lauf der ersten 18 Monate heraus, wozu die Container-Funktion der Mutter wesentlich beiträgt (zu den Begriffen „Container" und „Containing" s. S. 74, Fn. 27). Die Symbolisierung setzt die Möglichkeit zur geistigen Abstraktionen (zum Beispiel Bilder oder Worte) voraus. Das umfasst die Fähigkeit, ein Symbol, zum Beispiel ein gesprochenes oder geschriebenes Wort, als solches zu erkennen und zugleich zu wissen, dass es für etwas anderes steht. Wenn der Symbolisierungsprozess oder die Fähigkeit zur Symbolisierung gestört wird (zum Beispiel durch traumatische Erfahrungen), kommt es zu Wahrnehmungsverzerrungen oder -defekten."

**(9) *Melancholy* in Gibbons Werk** – einige Textzitate
*Edward Gibbon*, The Decline and Fall oft the Roman Empire, London 1998

S. 315 (16. Kapitel): Von den vierzehn Bezirken Roms zerstörte der große Brand unter Nero (64 nach Chr.) drei Bezirke vollständig, vier blieben unversehrt, "and the remaining seven, which had experienced the fury of the flames, displayed *a melancholy prospect* of ruin and desolation."

S. 347 (16. Kapitel): "These *melancholy scenes* [gemeint sind Beschreibungen der Christenverfolgungen durch den Kirchenhistoriker Eusebius] might be enlivened by a crowd of visions and miracles destined either to delay the death, to celebrate the triumph, or to discover the relics of those canonised saints who suffered for the name of christ. But I cannot determine what I ought to describe, till I am satisfied how much I ought to believe."

S. 349 (Ende des 16. Kapitels): "We shall conclude this chapter by a *melancholy truth* which obtrudes itself on the reluctant mind (...)": Im Laufe ihrer Zerwürfnisse haben sich die Christen untereinander mehr Leid zugefügt als sie von den römischen Kaisern erdulden mussten.

**(10) Vom „Selbstobjekt" zum historischen Vermächtnis**
*Thomas Auchter und Laura Viviana Strauss* in: Kleines Wörterbuch der Psychoanalyse, Göttingen 2003, S. 151

Der Begriff Selbstobjekt charakterisiert in der Sichtweise der Selbst-Psychologie den Teil der inneren Objekte, der vom Selbst nicht unterschieden erlebt wird. Die Selbstobjekt-Beziehung beherrscht das früheste Erleben des Säuglings, spielt jedoch auch lebenslang eine bedeutsame Rolle.

Die gesunde individuelle Entwicklung und ein gelingender psychoanalytischer Prozess zeichnen sich im allgemeinen Verständnis der Psychoanalyse durch ein fortschreitendes Wachstum der Selbstobjekt-Beziehung zugunsten von reiferen Objektbeziehungsmodi aus, die eine klarere Trennung und Unterscheidung von Selbst und Objekt zur Grundlage haben (▶ Loslösung). Andererseits bleiben in der Sicht der Selbst-Psychologie alle Menschen lebenslang immer wieder auf eine Selbstbestätigung durch Selbstobjekte angewiesen (▶ Spiegeln, ▶ Selbstobjekt-Übertragung, ▶ Spiegelübertragung). In dieser Perspektive besteht die ‚Reifung' von Objektbeziehungen in den Entwicklungsphasen entsprechenden Umgestaltung von Selbstobjekt-Beziehungen.

In der Terminologie Donald W. Winnicotts wird das Selbstobjekt als ‚subjektives Objekt' bezeichnet, das im Entwicklungsverlauf durch Erfahrungen immer mehr zu einem objektiven Objekt wird, als auch in seiner eigenen Realität wahrgenommen werden kann und damit den Weg zu einer wirklichen gegenseitigen Beziehung freimacht.

## (11) Edward Gibbon und Hermann Heimpel
### ein geschichtsanalytischer Vergleich

Zwei methodologische Hürden mahnen zur Skepsis bzw. Vorsicht gegenüber scheinbar schlüssigen Vergleichsparametern: erstens die kultur-, sozial- und familiengeschichtlichen Kontraste der beiden Lebensläufe, die rund zweihundert Jahre voneinander entfernt sind; zweitens die Unterschiedlichkeit der Quellenbefunde im Hinblick auf die psychogenetischen Einschätzungen dieser Lebensläufe. Während Edward Gibbon seine „Melancholie" direkt ansprechen, ja thematisieren und in seine „Geschichtsphilosophie" integrieren konnte, fand Hermann Heimpel keinen Zugang zur depressiven Dimension seiner Psyche, die dementsprechend nur indirekt erschlossen werden kann (Subtexte, Anspielungen, expressive Ausdrücke).

Geschichtstheoretisch näher läge es, Hermann Heimpel zum Beispiel mit dem Franzosen Marc Bloch zu vergleichen (das ist ein Vorschlag von Pierre Racine, 2005, S. 177),
- chronologisch gesehen wegen der näher beieinander liegenden Geburtsjahre (1886 : 1901),
- inhaltlich gesehen wegen der sich überschneidenden Forschungsgebiete,
- weltanschaulich-psychohistorisch gesehen wegen ihrer je eigenen patriotischen Überzeugungen (Racine: „tous deux avaient und sens patriotique profond")

Diese Parallelbetrachtungen würden, so meine Hypothese, andere Eigentümlichkeiten hervorheben, aber wenig am Gesamtbefunde ändern, im Gegenteil.

Edward Gibbon, unser Referenzhistoriker, vergleicht am Ende des 49. Kapitels seiner Studie über *Decline and Fall of the Roman Empire* die weit auseinander liegende Protagonisten Augustus (erster Römischer Kaiser 31 v. – 14 n. Chr.) und Karl IV. (römisch-deutscher Kaiser 1347-78). Gibbons spezieller inhaltlicher Spannungsbogen macht's möglich. Ein entsprechender Spannungsbogen ist bei Hempel nicht festzustellen.

| Edward Gibbon 1737-1794 | Hermann Heimpel 1901-1988 |
|---|---|
| Geburt als erstes Kind seiner Eltern Edward und Judith Gibbon in Putney; sechs nach ihm geborene Geschwister sterben in ihrer Kindheit | Geburt als drittes Kind seiner Eltern Hermann und Elisabeth Heimpel in München; seine älteren Schwestern (Christina geb. 1890, Elwina geb. 1893) übernehmen wichtige Erziehungs- und Schutzfunktionen |
| kränkliche Konstitution als Kind | gesundheitlich stabile Konstitution |
| materielle Unabhängigkeit als Adliger, der keinen Beruf zu erlernen hat | Sozialisation im Milieu des wohlhabenden Erfolgs- und Bildungsbürgertums |
| *Zeitgenössische kulturgeschichtliche Hintergründe:*<br><br>• Das britische Weltreich gewinnt im 18. Jahrhundert schier unaufhaltsam Macht und Ansehen (Mandrou 1977, Walter 2006)<br>• Aufklärung, Religionskritik<br>• England und der Anglikanismus, Frankreich und der Katholizismus, die Schweiz und gesellschaftlich tolerante Lebenshaltungen | *Zeitgenössische kulturgeschichtliche Hintergründe:*<br><br>• Deutschland taumelt im „kurzen" 20. Jahrhundert von einer politischen „Katastrophe" in die nächste, die Nation wird 1945 entmachtet, beschnitten und gespalten.<br>• Unversöhnliche Ideologien als politische Religionen<br>• Deutschland und der Protestantismus, Deutschland und der deutsch-nationale Konservatismus, Deutschland und der Nationalsozialismus |
| Bewusste, entschlossene Abkehr von der Religion und ihren Glaubensinhalten, Hinwendung zur Geschichte, ihren Realitäten und „Wahrheiten" | Lebenslange Bindung an die Religion, Heimpel versteht sich selbst im Alter als *homo religiosus* |
| Konstanz der geistigen Arbeit generiert ein Lebensgefühl der inneren Kohärenz, das sich im Laufe der Jahre selbst verstärkt | Konstanz der geistigen Arbeit generiert ein Lebensgefühl der inneren Kohärenz, das sich seiner selbst aber nicht sicher ist |
| Einheit und interne Wechselwirkungen von: wissenschaftlicher Gelehrsamkeit, philosophischer Reflexion, Ich-Bewusstheit | Suche nach Einheit in der Geschichte; wissenschaftliche Gelehrsamkeit |
| Verfall und Untergang des Römischen Reiches: ein Zeitraum von rund 1500 Jahren, als lebenslanger wissenschaftlich-thematischer Rahmen; Europa und der Mittelmeerraum als regionaler Rahmen | Das Spätmittelalter mit seinen konfessionellen Spaltungs- und Umbruchtendenzen als lebenslanger wissenschaftlich-thematischer Fokus; das deutsche Reich als regionaler Rahmen |

| | |
|---|---|
| Boethius (480-524, *Trost der Philosophie*, exemplarisch zitiert) als weltanschauliche Orientierung: Gibbon versteht sich selbst als Historiker-Philosoph | Martin Luther (1483-1546) als weltanschaulich konstruierte Orientierung |
| Kenntnis der für die Quellenarbeit relevanten alten Sprachen; Zweisprachigkeit, passiv und aktiv, für die eigenen Narrative | Kenntnis der für die Quellenarbeiten relevanten alten Sprachen |
| Religiöse Polarisierungen werden neutralisiert durch ich-starke Hinwendung zur Wissenschaft | Exzessive politisch-historische Spaltungen (Erster Weltkrieg, rassistisches Denken der NS-Zeit, Kalter Krieg) überfordern die integrierenden Ich-Kräfte |
| kein politischer Ehrgeiz (bleibt als Abgeordneter im Unterhaus hartnäckig stumm) | politisch-gesellschaftlicher Ehrgeiz, übernimmt öffentliche Ämter und präsentiert sich als Redner |
| Freiheitsideale, normatives Denken, weitgehende innere Autonomie (kein „Zunftzwang") | Christliche Wertorientierung in Konflikt mit der Lebenspraxis, enge Orientierung an Trends und Trendsettern |
| Melancholie als historiographische Grundhaltung („depressive Position") | Ungesicherte depressive Position; Rückfälle in die „paranoid-schizoide Position") |
| Trauer | Schuldschmerz, Schuldbewusstsein, Gewissensangst |
| Toleranz und Distanz gegenüber Widersprüchen und Sinnlosigkeiten der Geschichte | Intellektualität des Ausgleichs, der Harmonisierung, des Verlangens nach Einheit und Sinn |
| Versuch der autobiographischen Selbstvergewisserung *am Ende des Lebens* | Versuch der autobiographischen Selbstvergewisserung in der Mitte des Lebens *nach dem gewaltsamen Umbruch von 1945* |
| Tod schon mit 57 Jahren | Tod im hohen Alter von 87 Jahren |

## [12] „Fluch der Geschichte"
Exkurs über einen vieldeutigen Ausdruck

Das psychohistorische, motivgeschichtliche Netz, in dem ein „Fluch der Geschichte" diagnostiziert werden kann, ist weit gespannt und vielschichtig. Als erstes fällt uns sein alttestamentarischer Ursprung ein; wir erinnern uns: Nachdem Adam vom Baum der Erkenntnis gegessen hatte, verflucht Gott die Schlange sowie Eva und Adam und vertreibt sie aus dem Paradies (Genesis 3, 1-24). Daraus ergab sich die theologische Idee der *Erbsünde*. Weder Erikson noch Kierkegaard thematisieren diesen theologischen Kontext direkt, obwohl Kierkegaard, auf den sich Erikson bezog, von Christentum und Glaubensängsten massiv beeinflusst wurde.

Diagnostisch exakter und sachlicher sollte man einfach von einer besonderen familiengeschichtlichen Problemkonstellation in psychohistorischer Perspektive sprechen. Sören Kierkegaards Vater, der in seiner Kindheit ein elendes Leben als Hirte führen musste, hatte Gott wegen eben dieses Elends lauthals verflucht, lebenslang unter dieser „Sünde wider den Heiligen Geist" gelitten und seine Kinder mit seiner „stillen Verzweiflung" depressiv infiziert. Gott schien sich für den Fluch des Kindes zu rächen, denn der Tod schlug große Lücken in die kinderreiche Familie (vgl. Rohde, 2006, S. 37 ff. über „das Erdbeben"), am Ende waren von sieben Kindern nur noch zwei Söhne übrig (weitere Todesfälle in der Familie nicht mitgerechnet): Sören und sein sieben Jahre älterer Bruder Peter Christian. Puritanisch induzierte Schuldgefühle wegen bestimmter sexueller Vorkommnisse, die nach heutigen Maßstäben kaum Beachtung fänden, verstärkten die mental-existenzielle Notlage.

Es würde sich nicht lohnen, auf diese psychohistorische Konstellation genauer einzugehen, wenn die verhängnisvolle *Rolle des Vaters* bei der Genese des Geschichtsfluches nicht abermals so krass in Erscheinung träte. Sören Kierkegaard (1813-1855) hat sich bis an sein Lebensende nicht vom neurotischen Erbe seines Vaters lösten können. Kurz vor seinem Tod notierte er (Rohde, S. 156): „Durch ein Verbrechen bin ich entstanden, ich bin entstanden gegen Gottes Willen."

Freilich entbindet dieser Fluch in manchen Töchtern und Söhnen auch mächtige Kräfte der Wiedergutmachung, wie wir etwa aus Eriksons Studie über Gandhi erfahren.[114]

Die nationalsozialistischen Massenmorde haben über die nachfolgenden Generationen einen „Bannfluch" verhängt (Huhnke und Krondorfer 2002), der einige Individuen umtreibt, andere gleichgültig lässt.

Zur psychohistorischen Vernetzung der Thematik gehört der Umstand, dass Erikson einen dänischen Vater hatte, der ein Unbekannter geblieben ist. Eltern, die ihre Kinder verleugnen, sind auch so etwas wie ein Geschichtsfluch, wie aus entsprechenden Lebensberichten eindrucksvoll hervorgeht.

**[13] Fressen oder gefressen werden**
  Ergänzende Bemerkungen zur Bedeutung der oralen Phase

Wenn wir die Angst vor Macht- und Kontrollverlust entwicklungspsychologisch zurückverfolgen, stoßen wir in der ersten (oralen) Lebensphase auf die Ängste des Gefressen- und Geschlucktwerdens, die normalerweise (aber eben nicht immer) durch die Wonnen des Gestilltwerdens ausgeglichen und überwunden werden. Sprachgewohnheiten verweisen auf die Dauerhaftigkeit einer solchen psychologischen Konstellation. „Volkswagen will Porsche ganz schlucken" titelte zum Beispiel *Der Tagesspiegel* am 19. Juli 2009 in einer Erörterung des Machtkampfes

---

[114] Vgl. im Einzelnen: Erikson, *Lebensgeschichte*..., S. 118 ff.; über den „Fluch der Geschichte", der manche Kinder zu mächtigen Geschichtsrevisionen anspornt, S. 125, 167, 169 f.).

zwischen den beiden Autoherstellern (fünf Tage später: „VW schluckt Porsche").
Entsprechend hatte die Geschichtswissenschaft Angst, dass sie von der Soziologie,
von der Psychologie oder einer anderen Wissenschaft „geschluckt" wird.

*Homo hominis lupus* – der Mensch ist dem Menschen ein Wolf: Das ist der be-
rühmteste Ausspruch des englischen Philosophen Thomas Hobbes (1588-1679),
der in verschiedenen Varianten noch heute die Gedanken und Gefühle beherrscht:
Fressen oder gefressen werden... Der Kampf aller gegen alle (*bellum omnium
contra omnes*) müsse durch einen starken Staat eingedämmt werden, lehrte Hobbes. „On risque toujours d'être mangé par plus gros que soi", schrieb Fernand
Braudel (1902-1985) in einer Analyse von Kollektivschicksalen und Megatrends
der Geschichte des Mittelmeers.[115]

*Leviathan* und *Behemoth*, diese alttestamentarischen Tiermonster der Endzeit,
die Hobbes zur Veranschaulichung seiner Staatstheorie programmatisch evoziert
hat,[116] geistern bis heute durch die Kultur- und Ideengeschichte.

In einer Untersuchung über die Behauptungskämpfe der Menschlichkeit in
einer von Grausamkeiten beherrschten Geschichte des 20. Jahrhunderts (Glover,
2000) wird diese Lebenseinstellung und -angst als Falle kritisiert, als *trap of the
Hobbesian fear*.

Der effektive Nachweis einer solchen oralen Angst und Aggression könte nur
in einer individuellen Psychoanalyse erbracht werden, die auf die Ängste der
frühen Kindheit zurückgehen müsste. Als emotionaler Untergrund des erwachsenen
Agierens, auch im kollektiven Zusammenhang, hätte diese frühkindliche Angst
gewiss eine Bedeutung.

**(14) Zur *Medusa* als Metapher für die Unerträglichkeit bestimmter histori-
scher An-Blicke – Belege und Deutungen**

Im Medusa-Mythos (vgl. lexikalisch auch *Gorgo*) versteinert das so genannte
Ungeheuer den Betrachter allein durch ihren Anblick. Metaphorisch zur Erklärung
bestimmter Reaktionen gegenüber geschichtlichen Inhalten angewandt, hat der
Medusa-Effekt keinen wirklichen Tod, keine Versteinerung zur Folge. Er dient
vielmehr der innerlich vorsorgenden Ausblendung des Geschehens, das Angst und
tiefe Verunsicherung auslösen würde, wenn man es anhaltend intensiv betrachtete.
Im Mythos schafft es Perseus, die Medusa zu töten, indem er das Ungeheuer in seinem Schild spiegelt und so den Kopf mit abgewandtem Gesicht abschlagen kann;
in vielen Darstellungen hat der Kopf zur Steigerung des Widerwärtigen Schlangen
anstatt der Haare.

---

[115] Braudel, *La Méditerrannée...* 1966, II. Bd., S. 10. Das ist nur ein Beleg unter zahlreichen
weiteren Belegen ähnlichen Inhalts in den Werken Braudels.
[116] Vgl. auch *Behemoth* als Symbol für die destruktiv-gefräßige Natur des Menschen im Kapitel
6.7.3.

*Abb. 10*: Franz von Stuck (1863-1928), das Haupt der Medusa

Der Tod der Medusa ist mythologisch möglich, historisch-politisch jedoch nicht, jedenfalls nicht end-gültig für immer; denn – auch das gehört noch zum Mythos: Sobald der Medusa-Kopf eines öffentlichen Übels abgeschlagen ist (in direkter Konfrontation oder durch einen Prozess des allmählichen Eliminierung) wächst ein anderer Kopf nach. Um mit dem Aufarbeiten historisch-politischer Ungeheuerlichkeiten voran zu kommen, müssten wir uns zuerst und vor allem mit der Kindheitsangst und dem Monster in uns selbst konfrontieren, was schwer genug ist.

Es folgen zuerst einige Textpassagen (14.1 bis 14.3), in denen die Medusa als Metapher zur Vergegenständlichung eines unerträglichen Anblicks bewusst eingesetzt wird. Der Medusa-Effekt als reflexartiges Wegsehen ist freilich auch dort zu beobachten, wo der Begriff als solcher nicht gebraucht wird (14.4). Der letzte Abschnitt (14.5) stellt eine Verbindung zur Psychohistorie des Autors her.

[14.1] „Wahrheit scheint gleichgültig gegen das, was wir Glück nennen, scheint gegen unsere Wünsche gleichgültig. Sie kann anblicken als strahlende, uns beschwingende Göttin, und sie kann das Antlitz der versteinernden Gorgo tragen.

Zur Wahrhaftigkeit gehört Mut. Philosophie lehrt, vor dem Äußersten die Augen nicht zu verschließen. Sie verlangt, im Sehen standzuhalten." *Karl Jaspers* (1883-1969), Der philosophische Glaube…, 1962, S. 471.

[14.2] Die wirklichen Greuel [wie die in Auschwitz] können wir nicht ansehen, lehrte Siegfried Kracauer (1889-1966) in seiner Theorie des Films, „weil die Angst, die sie erregen, uns lähmt und blind macht; und dass wir nur dann erfahren werden, wie sie aussehen, wenn wir Bilder von ihnen betrachten, die ihre wahre Erscheinung reproduzieren." Das Kino fungiere demnach, erläutert Gertrud Koch in ihrem Essay über Kracauer, als „Spiegel einer Natur, die schaurig wie das Haupt der Medusa ist, in der sich die Ereignisse abspielen, die ‚uns versteinern würden, träfen wir sie im wirklichen Leben an. Die Filmleinwand ist Athenes blanker Schild.'"

*Gertrud Koch* über *Kracauer*, in: *Diner* 1988, S. 101. f.

[14.3] „Deutsche Hörer!

Was ich euch aus der Ferne zu sagen hatte, das haben andere Münder euch bisher überliefert. Diesmal hört ihr meine eigene Stimme.

Es ist die Stimme eines Freundes, eine deutsche Stimme; die Stimme aus Deutschland, das der Welt ein anderes Gesicht zeigte und wieder zeigen wird als die scheußliche Medusen-Maske, die der Hitlerismus ihm aufgeprägt hat. Es ist eine *warnende* Stimme – euch zu warnen ist der einzige Dienst, den ein Deutscher wie ich euch heute erweisen kann; und ich erfülle diese ernste und tief gefühlte Pflicht, obgleich ich weiß, dass keine Warnung an euch ergehen kann, die euch nicht längst vertraut, nicht längst in eurem eigenen, im Grunde nicht zu betrügenden Wissen und Gewissen lebendig wäre." *Thomas Mann*, BBC-Rundfunkansprache im März 1941; 1987, S. 22.

[14.4] „Im Herbst 1941 begannen die Judentransporte. Zwischen 1941 und 1944 wurden etwa 8500 Juden aus Bayern nach dem Osten deportiert. Es hat den Anschein, dass die Bevölkerung die Transporte *fast nicht wahrgenommen* hat. (…) Das Fehlen registrierter Reaktionen auf die Judentransporte in unserem Quellenmaterial stellt sicherlich *kein* groteskes Zerrbild einer in Wirklichkeit ganz anders gearteten Volksmeinung und der allgemeinen Haltung der Bevölkerung gegenüber den Deportationen dar. Nicht nur Einschüchterung, sondern auch *Indifferenz* gegenüber aus der Gesellschaft ausgeschalteten kleinen jüdischen Restminderheit erklärt viel von der *geringen Anteilnahme* der Bevölkerung an den Deportierten." *Ian Kershaw* in *Broszat und Fröhlich*, Bd. II, S. 338 (Hervorhebungen P.-S.-H.)

[14.5] Psychologisch wird die **Medusa-Mythos** u.a. dann assoziiert (Köhler, in: Hartmann, S. 42, mit Bezug auf Green 2004), wenn das Entsetzen metaphorisch veranschaulicht werden soll, das ein Kind erfasst, wenn es in das Gesicht einer innerlich „toten" Mutter sieht. „Oder in das einer ablehnenden Mutter? Ist es die Fratze der Medusa, die dem Kind die Berechtigung seiner Freude und Daseinslust abspricht?"

Eine realgeschichtliche Verbindung zwischen der Geschichtsmedusa und dem Erleben des Autors liegt in den alliierten Luftangriffen auf Berlin (ab November 1943). Mit einem Gesicht, das von Erschöpfung und Todesangst gezeichnet war (so meine Rekonstruktion), riss die Mutter uns Kinder beim Aufheulen der Sirenen aus dem Schlaf, um mit uns in den Luftschutzkeller zu hasten, wo sich dann die Angst in dem Maße zusammenballte, wie die Bombeneinschläge näher kamen. Da! Der durch eine ganz in der Nähe eingeschlagenen Bombe verursachte Luftdruck war so stark, dass die Stahltür des Kellers aufsprang und die Mutter plötzlich ohnmächtig nach Atem rang.

### (15) Paranoid-schizoide und depressive Lebenspositionen
Ergänzende Hinweise

Ausgehend von der Psychoanalyse von Kindern unterschied Melanie Klein (1882-1960) zwei Grundpositionen kleinkindlicher Befindlichkeiten, die aber auf das ganze Leben ausstrahlen: die paranoid-schizoide Position und die darauf folgende depressive Position. In der ersten Befindlichkeit, die etwa die ersten sechs Lebensmonate umfasst, erlebt das Kind mal eine „böse" und mal eine „gute" Mutter, ohne die beiden Teile zusammenführen zu können. Danach erlebt das Kind die Mutter, sofern die Entwicklung ungestört verlaufen ist, als ganze Person, mit guten und mit schlechten Seiten. In der depressiven Position ist das Kind besorgt um die Mutter, von der es abhängt, und traurig in der Trennung. Die gute Mutter sozusagen verinnerlichen, damit reale Trennungen zu ertragen sind – das gehört u.a. zum Programm psychoanalytischer Therapien.

Im reifen Menschen artikuliert sich die depressive Position u.a. als Sorge um die Welt im Allgemeinen, während das Schizoid-Paranoide als generelles Misstrauen und als fluktuierende Omnipräsenz verschiedenster Feinde und dementsprechender Ängste zum Ausdruck kommt. Die depressive Position ist eine mentale Errungenschaft, die unter starken Belastungen wieder eingebüßt werden kann. Angesichts der allgegenwärtigen Lebensbedrohungen, die uns das eigene politische Menschenwerk beschert, müssen wir alle im Grunde tagtäglich um den Erhalt der depressiven Position kämpfen.

Unsere Gesellschaft mit ihrer mentalen und materiell-spürbaren Dominanz von Kampf und Sieg, von heroisch aufgeputzten Kreuzzügen für das nackte Interesse, von weltweit agierenden Schurken und Bösewichten, die vernichtet werden müssen (die künstlich geschürte Kriegsmentalität der Bush-Administration ist ja mit dem neuen Präsidenten Obama ab 20. Januar 2009 nicht einfach aufgelöst!) ist im Ganzen ein ungeeigneter Nährboden für die depressive Position, und daran wird sich voraussichtlich auch nicht viel ändern.


### (16) Zur „Anwendung" psychoanalytischer Begriffe auf die Geschichte
*Heinz Kohut*: Überlegungen zum Narzissmus und zur narzisstischen Wut, in: Psyche 6/1973, S. 532-533

„Der Analytiker darf nicht vor der Aufgabe zurückschrecken, seine Kenntnisse vom Individuum auch auf die Geschichte anzuwenden, und er muß vor allem auf die entscheidende Rolle hinweisen, die die menschliche Aggression nicht nur im Leben des Einzelmenschen, sondern auch in der menschlichen Geschichte spielt. Es ist insbesondere meine Überzeugung, dass wir zu soliden Ergebnissen kommen werden, wenn wir unsere Aufmerksamkeit auf die menschliche Aggression richten, wie sie aus der Matrix des archaischen Narzissmus hervorwuchert, d.h. auf das Phänomen der narzisstischen Wut.

Die menschliche Aggression ist dann am gefährlichsten, wenn sie an die zwei großen absolutistischen psychologischen Konstellationen geknüpft ist: das grandiose Selbst und das archaische allmächtige Objekt. Der grauenhaftesten Zerstörungsgewalt des Menschen begegnet man nicht in Form wilden, regressiven und primitiven Verhaltens, sondern in Form ordungsgemäßer organisierter Handlungen, bei denen die zerstörerische Aggression des Täters mit der absolutistischen Überzeugung von seiner eigenen Größe und mit seiner Hingabe an archaische allmächtige Figuren verschmolzen ist. Ich könnte meine Aussage stützen, indem ich die von Selbstmitleid, Prahlerei und Selbstvergötterung triefenden Ansprachen Himmlers an jene Kader der SS zitiere, die die Exekutoren der Ausrottungspolitik der Nazis waren (siehe…[es folgen Literaturhinweise]), aber ich weiß, man wird es mir verzeihen, wenn ich mich hier nicht weiter über diese Tatsachen verbreite."

*Rückfragen*: Geschichte wird auf die narzisstisch-pathologische Konstellation Himmlers reduziert. War und ist Himmler repräsentativ für die Geschichte als Ganzes? Ist die individuelle „narzisstische Wut" allein für die „grauenhafteste Zerstörungsgewalt der Menschen" verantwortlich? Lässt sich Geschichte im Fokus individueller Pathologien erfassen?

# Bibliographie

*Redaktioneller Hinweis*: Über einige der in diesem Buch thematisierten Inhaltsbereiche habe ich mich nicht durch die vollständige Lektüre bestimmter Print-Publikationen informiert, sondern durch einfaches „googeln" im Internet (Beispiele: Sedantag, Massada, Buch der Geschichte [als Metapher], Kritik an der Triebtheorie, *Indignez-vous*, Chartismus, *histoire totale*, Troja u.a.m.). Sofern anzunehmen war, dass diese Internet-Informationen für alle Interessenten auch in nächster Zukunft ohne Weiteres zugänglich sind, wurde auf genauere Angaben verzichtet.

*Abaelard, Peter*: Scito de ipsum [Ethica]. Erkenne dich selbst. Übersetzt und herausgegeben von Philipp Steger. Felix Meiner Verlag, Hamburg 2006.

*Adorno, Theodor W.*: Minima moralia. Reflexionen aus dem beschädigten Leben. Suhrkamp, Frankfurt a.M. 1997 (23. Auflage).

- : s. auch *Horkheimer.*

*Al Gore*: The Assault on Reason. Penguin Press, New York 2007. In deutscher Übersetzung: Angriff auf die Vernunft. Reimann, München 2007.

*Aly, Götz*: Macht – Geist- Wahn. Kontinuitäten deutschen Denkens. Büchergilde Gutenberg, Frankfurt a.M. 1997.

*Améry, Jean*: Jenseits von Schuld und Sühne. Bewältigungsversuche eines Überwältigten (1964). Klett-Cotta, Stuttgart 1980 (2. Auflage).

*Appelfeld, Aharon*: Geschichte eines Lebens. Rowohlt, Berlin 2005.

*Arendt, Hannah*: Über das Böse. Eine Vorlesung zu Fragen der Ethik. Piper, München 2006 (zweite Auflage).

- : Günter Gaus im Gespräch mit Hannah Arendt (Sendung des Rbb am 28. Oktober 1964) In: http://www.rbb-online.de/zurperson/interview_archiv/arendt_hannah.listall.on.printView.on.html

*Aschheim, Steven E.*: Archetypen und der deutsch-jüdische Dialog. Erwägungen zur Goldhagen-Kontroverse. In: Heil und Erb 1998, S. 184-201.

- : Grenzüberschreitende Kulturfiguren. Das Vermächtnis des deutsch-jüdischen Geistes zur Beginn des 21. Jahrhunderts. In: *Mittelweg 36*, Heft Dezember 2010/Januar 2011, S. 3-25.

*Assheuer, Thomas*: Unhaltbar. Vor fünfzig Jahren erschien die „Dialektik der Aufklärung. In: *Die Zeit*, 6. Juni 1997.

*Assmann, Jan*: Gedächtnis. In: Jordan 2007, S. 97-101.

*Auchter, Thomas / Strauss, Laura, Viviana*: Kleines Wörterbuch der Psychoanalyse. Vandenhoeck & Ruprecht, Göttingen 2003 (2. überarbeitete Auflage).

*Bald, Detlef / Wette, Wolfram* (Hrsg.): Alternativen zur Wiederbewaffnung. Friedenskonzeptionen in Westdeutschland 1945-1955 (Beiträge zur Historischen Friedensforschung, Band 11). Klartext, Essen 2008.

*Bamm, Peter*: Die unsichtbare Flagge. Ein Bericht. Kösel-Verlag, München 1952.

*Bauer, Jan-Patrick / Meyer-Hamme, Johannes / Körber, Andreas* (Hrsg.): Geschichtslernen – Innovationen und Reflexionen. Festschrift für Bodo von Borries zum 65. Geburtstag. Geschichtsdidaktik im Spannungsfeld von theoretischen Zuspitzungen, empirische Erkundungen, normativen Überlegungen und pragmatischen Wendungen. Centaurus, Kenzingen 2008.

*Behringer, Wolfgang*: Bauern-Franz und Rassen-Günther. Die politische Geschichte des Agrarhistorikers Günther Franz (1902-1922). In: Schulze und Oexle, S. 114-141.

*Beland, Hermann*: Die Angst vor Denken und Tun. Psychoanalytische Aufsätze zu Theorie, Klinik und Gesellschaft. Psychosozial-Verlag, Gießen 2008.

- : Sorge für Wahrheit und Leben. Psychoanalytische Beiträge zur Ethik (Freud, Klein, Bion). In: Beland 2008, S. 83-112.

- : Oblomows Retreat (Gontscharow) als Paradigma des psychosozialen Mechanismus. In: Beland 2008, S. 213-234.

- : Das destruktiv-allwissende Überich und der melancholische Mechanismus. In: Beland 2008, S. 235-249.

*Berg, Nicolas*: Der Holocaust und die westdeutschen Historiker. Erforschung und Erinnerung. Wallstein, Göttingen 2004 (3. durchgesehene Auflage).

*Berkefeld, Wolfgang*: Hermann Heimpel – Freude an der Geschichte. In: Westermanns Monatshefte 10/1962, S. 49-54.

*Bettelheim, Bruno*: Kinder brauchen Märchen. Dtv, München 1988.

*Bismarck*: Gedanken und Erinnerungen. Drei Bände in einem Band. Ungekürzte Ausgabe. Goldmann, München o.J.

*Bloch, Ernst*: Das Prinzip Hoffnung. Drei Bände. Suhrkamp, Frankfurt a.M. 1973.

*Blumenberg, Yagal*: Die Crux mit dem Antisemitismus. In: Psyche 1997, S. 1115-1160.

*Boethius*: Trost der Philosophie (geschrieben 524). dtv/Beck, München 2007 (3. Auflage). Herausgegeben und mit einem Vorwort versehen von Kurt Flasch.

*Bohleber, Werner*: Die Entwicklung der Traumatheorie in der Psychoanalyse. In: *Psyche* 2000, Sonderheft, S. 797-839.

*Boockmann, Hartmut*: Der Historiker Hermann Heimpel. Vandenhoeck & Ruprecht, Göttingen 1990.

*Braudel, Fernand*: La Méditerranée et le Monde Méditeranéen à l'Epoque de Philippe II. Zwei Bände. Armand Colin, Paris 1966.

- : Die Suche nach einer Sprache der Geschichte. Wie ich Historiker wurde. In: *Freibeuter* Heft 24 (1985), 45-50. Rahmenthema des Heftes: Vom Kleinschreiben der Geschichte.

*Bredthauer, Karl D. / Heinrich, Arthur* (Hrsg.): Aus der Geschichte lernen. How to learn from History. Verleihung des Blätter-Demokratiepreises 1997 (Blätter für deutsche und internationale Politik, mit Reden von Jürgen Habermas, Jan Philipp Reemtsma und Daniel Jonah Goldhagen: edition Blätter 2).

*Broder, Henryk M. / Abdel-Samad, Hamed*: „Angst ist das deutsche Lebenselixier". In: *Die Zeit* 10 März 2011.

*Broszat, Martin u.a.* (Hrsg.): Bayern in der NS-Zeit. Soziale Lage und politisches Verhalten der Bevölkerung im Spiegel vertraulicher Berichte. Vier Bände (I: 1977; II. 1979; III: 1981; IV: 1981). Oldenbourg, München 1979.

*Broszat, Martin*: Plädoyer für eine Historisierung des Nationalsozialismus. In: *Merkur* 1985, S. 373-385.

*Bruhns, Wibke*: Meines Vaters Land. Geschichte einer deutschen Familie. Econ. München 2004 (9. Auflage).

*Bruns, Tissy*: Guttenberg und Merkel. Popularität und Täuschung. In: *Der Tagesspiegel*, 23. 2. 2011.

*Bullitt*: s. Freud.

*Burckhardt, Jacob*: Weltgeschichtliche Betrachtungen. Mit einer Biographie J. Burckhardts von H. Heimpel. Ullstein-Taschenbuch, Berlin 1963.

*Camus, Albert*: Die Pest. Roman (frz. 1947). Rowohlt, Hamburg (1950), 1983.

*Carnochan, W. B.*: Gibbon's Solitude. The inward world of the historian. Stanford University Press. Stanford, California 1987.

*Chakrabarty, Dipesh*: Europa als Provinz. Perspektiven postkolonialer Geschichtsschreibung. Campus Verlag, Frankfurt a.M. 2010.

*Chaunu, Pierre / Duby Georges / Le Goff, Jacques / Perrot, Michelle*: Leben mit der Geschichte. Vier Selbstbeschreibungen. Fischer, Frankfurt a.M. 1989.

*Dahl, Gerhard*: Die zwei Zeitlinien von Nachträglichkeit in der Entwicklung der Ichorganisation. Beitrag auf der EPF-Konferenz, Barcelona 2007 (Zugriff 25. 3. 2009).

*Dante, Alighieri*: Die Göttliche Komödie. Aus dem Italienischen, mit einer Einleitung und Anmerkungen von Karl Vossler. Piper, München 2002 (3. Auflage).

*Delumeauu, Jean*: Angst im Abendland. Die Geschichte kollektiver Ängste im Europa des 14. bis 18. Jahrhunderts. Rowohlt, Reinbek 19985 (frz. Originalausgabe 1978 unter dem Titel *La peur en Occident. XIV – XVIIIe siècles – Une cité assiégée*).

*Denzler, Georg / Andresen, Carl*: Wörterbuch der Kirchengeschichte. Dtv, München 1982.

*Diamond, Jared*: Kollaps. Warum Gesellschaften überleben oder untergehen. Fischer, Frankfurt a.M. 2006 (8. Auflage).

*Diner, Dan* (Hrsg.): Ist der Nationalsozialismus Geschichte? Zu Historisierung und Historikerstreit. Fischer, Frankfurt a.M. 1987.

- : Negative Symbiose. Deutsche und Juden nach Auschwitz. In: Diner (Hrsg.) 1987, S. 185-197.

- : Zivilisationsbruch. Denken nach Auschwitz (12 Beiträge). Fischer, Frankfurt a.M. 1988.

- : Gegenläufige Gedächtnisse. Über Geltung und Wirkung des Holocaust. Vandenhoeck & Ruprecht, Göttingen 2007.

Dörr, Margarete: „Wer die Zeit nicht miterlebt hat ..." Frauenerfahrungen im Zweiten Weltkrieg und in den Jahren danach. Drei Bände (1. Lebensgeschichten; 2. Kriegsalltag; 3. Das Verhältnis zum Nationalsozialismus und zum Krieg). Campus, Frankfurt a.M. 1998.

*Doerry, Martin*: „Mein verwundetes Herz". Das Leben der Lilli Jahn. Deutsche Verlags-Anstalt, München 2002.

*Duby, Georges*: Das Vergnügen des Historikers. In: *Chaunu* u.a. 1989, S. 65-99.

*Eckstaedt, Anita*: Nationalsozialismus in der „zweiten Generation". Psychoanalyse von Hörigkeitsverhältnissen. Suhrkamp, Frankfurt a.M. 1989.

*Eissler, Kurt R.*: Todestrieb, Ambivalenz, Narzißmus. Fischer, Frankfurt a.M. 1992.

*Engels, Friedrich:* Der deutsche Bauernkrieg. In: Karl Marx/Friedrich Engels. Werke Bd. 7. Berlin/DDR 1960, S. 327-413.

*Erdmann, Karl Dietrich*: Handbuch der deutschen Geschichte. Bd. 4: Die Zeit der Weltkriege. Union Verlag, Stuttgart 1959 (zweiter verbesserter Nachdruck 1961). Hier S. 22-25: Die Kriegsschuldfrage.

*Erdheim, Mario*: Psychoanalyse und Unbewusstheit in der Kultur. Aufsätze 1980-1987. Suhrkamp, Frankfurt a.M. 1988.

- : Das Unbewußte in der Geschichte. In: *Ders.*: 1988, S. 169-177.

- : Einleitung zu einer Taschenbuchausgabe von Siegfried Freuds „Totem und Tabu". Fischer, Frankfurt a.M. 1991.

-: Zur psychoanalytischen Konstruktion des historischen Bewusstseins. In: Rüsen und Straub (Hrsg.) 1998, S. 174-193.

*Erikson, Erik H.* Identität und Lebenszyklus. Drei Aufsätze. Suhrkamp, Frankfurt a.M. 1970 (Neuauflage 2003).

- : Kindheit und Gesellschaft. Klett, Stuttgart 1971 (vierte Auflage).

- : Der junge Mann Luther. Eine psychoanalytische und historische Studie. Rowohlt, Reinbek bei Hamburg 1970 (5. unveränderte Auflage 2003).

- : Lebensgeschichte und historischer Augenblick. Suhrkamp, Frankfurt a.M. 1977.

*Erikson, Erik H. /Erikson, Joan M. / Kivnick, Helen Q.*: Vital Involvement in Old Age. W.W. Norton & Company, New York und London 1989, Neuauflage 1994.

*Erikson Bloland, Sue*: Im Schatten des Ruhms. Erinnerungen an meinen Vater Erik H. Erikson. Psychosozial-Verlag, Gießen 2007.

*Evans, Richard J.*: Bürgerliche Gesellschaft und charismatische Herrschaft (Rezension über den dritten Band der „Deutschen Gesellschaftsgeschichte" von Hans-Ulrich Wehler). In: *Die Zeit*, 13. Oktober 1995.

*Ewers, Hans-Heino u.a.* (Hrsg.): Erinnerungen an Kriegskindheiten. Erfahrungsräume, Erinnerungskultur und Geschichtspolitik unter sozial- und kulturwissenschaftlicher Perspektive. Juventa, Weinheim und München 2006.

*Faimberg, Haydée*: Die Ineinanderücken (Telescoping) der Generationen. Zur Genealogie gewisser Identifikationen. In: Jahrbuch der Psychoanalyse 20 (1987), S. 114-142.

*Fanon, Frantz*: Die Verdammten dieser Erde (mit einem Vorwort von Jean-Paul Sartre) Suhrkamp, Frankfurt a.M. 1981.

*Ferenczi, Sándor*: Schriften zur Psychoanalyse. Auswahl in zwei Bänden, hrsg. und eingeleitet von Michael Balint. Fischer, Frankfurt a.M. 1982.

*Fest, Joachim*: Hitler. Eine Biographie. Lizenzausgabe Deutscher Bücherbund, Stuttgart 1973.

*Fischer, Fritz*: Griff nach der Weltmacht. Die Kriegszielpolitik des kaiserlichen Deutschland 1914-18. Droste, Düsseldorf 1961/1967.

*Flasch, Kurt*: s. Boethius.

*Fleckenstein, Josef*: Gedenkrede auf Hermann Heimpel anlässlich der Gedenkfeier am 23. Juni 1989. In: *In Memoriam Hermann Heimpel*, S. 27-43.

*Flinthoff, John-Paul*: I told them to be brave. In: *The Guardian*, 16. 10. 2010.

*Fontane, Theodor*: Effi Briest. Insel-Taschenbuch, Frankfurt a.M. 1976.

*Frank, Niklas*: Der Vater. Eine Abrechnung. Goldmann, München (Taschenbuchausgabe 2001).

- : Meine deutsche Mutter. Goldmann, München 2006 (Taschenbuchausgabe, 1. Auflage).

*Franz, Günther*: Das Geschichtsbild des Nationalsozialismus und die deutsche Geschichtswissenschaft. In: Hauser 1981, S. 91-111.

*Frei, Norbert* (Hrsg.): Martin Broszat, der „Staat Hitlers" und die Historisierung des Nationalsozialismus. Wallstein Verlag, Göttingen 2007.

*Freud, Sigmund*: Studienausgabe in zehn Bänden und einem Ergänzungsband. Fischer, Frankfurt a.M. 1969-1975.

Band I (1969): Vorlesungen zur Einführung in die Psychoanalyse (1917); Neue Folge der Vorlesungen zur Einführung in die Psychoanalyse (1933).

Band II (1972): Die Traumdeutung (1900).

Band III (1975): Psychologie des Unbewußten.

Band IV (1970): Psychologische Schriften.

Band V (1972): Sexualleben.

Band VI (1971): Hysterie und Angst.

Band VII (1973): Zwang, Paranoia und Perversion.

Band VIII (1969): Zwei Kinderneurosen.

Band IX (1974): Fragen der Gesellschaft / Ursprünge der Religion.

Band X (1969): Bildende Kunst und Literatur.

Ergänzungsband (1975): Schriften zur Behandlungstechnik.

EINIGE EINZELSCHRIFTEN; DIE IM TEXT ZITIERT WURDEN:

- : Ratschläge für den Arzt bei der psychoanalytischen Behandlung (1912). In: Ergänzungsband, S. 169-180.

- : Neue Folge der Vorlesungen zur Einführung in die Psychoanalyse (1933). In: Bd. I, S. 448-608.

- : Das Ich und das Es (1923). In: Bd. III, S. 273-330-

- : Der Familienroman der Neurotiker. In: Bd. IV, S. 221-226.

- : Eine Teufelsneurose im siebzehnten Jahrhundert (1923). In: Bd. VII, S. 283-319.

- : Das Unbehagen in der Kultur (1929). In: Bd. IX, S. 191-270.

- : Warum Krieg (1933)? In: Bd. IX, S. 271-286.

- : Die endliche und die unendliche Analyse (1937). In: Ergänzungsband, S. 352-392.

- : Trauer und Melancholie (1915/1917). In: Bd. III, S. 193-212.

- : Vergänglichkeit (1915/1917), In: Bd. X., S. 223-227.

*Freud, Sigmund / Bullitt, William C.*: Thomas Woodrow Wilson – der 28. Präsident der Vereinigten Staaten von Amerika (1913-1921). Eine psychoanalytische Studie. Herausgegeben von Hans-Jürgen Wirth, übersetzt von Klaus Laermann. Mit einem ausführlichen Anhang zur Entstehung und Rezeption des Buches mit Beiträgen von Paul Roazen, Alexander Sedlmaier und Hans-Jürgen Wirth. Psychosozial-Verlag, Gießen 2007.

*Frevert, Ute*: Was haben Gefühle in der Geschichte zu suchen? In: Geschichte und Gesellschaft, Heft 2/2009, hrsg. von Ute Frevert, S. 183-208 (Rahmenthema des Heftes: Geschichte der Gefühle).

*Fried, Johannes*. Eröffnungsrede zum 42. Deutschen Historikertag am 8. September 1998 in Frankfurt a.M. In: *Zeitschrift für Geschichtswissenschaft* 10/1998, S. 869-874.

*Friedländer, Saul*: Es gibt keine Katharsis (1989, Interview mit Hajo Funke, a.a.O., S. 149-166).

- : Das Dritte Reich und die Juden. Erster Band: Die Jahre der Verfolgung 1933-1939. Beck, München 1998 (zweite Auflage).

- : Das Dritte Reich und die Juden. Zweiter Band: Die Jahre der Vernichtung 1939-1945, Beck, München 2006.

- : Nachdenken über den Holocaust (Beiträge). Beck, München 2007b (hier u.a. abermaliger Abdruck des Briefwechsels mit Broszat aus dem Jahr 1988).

*Friedrich der Große*: Das Politische Testament von 1752. Aus dem Französischen übertragen von Friedrich von Oppeln-Bronikowski und mit einem Nachwort versehen von Eckhard Most. Reclam, Stuttgart 1987/2001.

*Fuchs, Walther Peter*: Einleitung zum „Briefwerk" Leopold Rankes. Hoffmann und Campe, Hamburg 1949.

*Gall, Lothar*: Bürgertum in Deutschland. Siedler, Berlin 1989.

*Gay, Peter*: Münchner Rede (Dankesrede zur Verleihung des Geschwister-Scholl-Preises 1999) im Wortlaut. In:
http://www.spiegel.de/kultur/gesellschaft/0,1518,53752,00.html,
siehe auch: http://bbpp.org/aufgelesen/spiegelgay.htm.

- : Freud. Eine Biographie für unsere Zeit. Fischer, Frankfurt a.M. 1989.

- : Kult der Gewalt. Aggression im bürgerlichen Zeitalter. C.H. Beck, München 1996.

*Geschichtsdiskurs*: s. Küttler

*Gibbon, Edward*: The Decline and Fall of the Roman Empire (6 Bände, mit einer Einleitung von Hugh Trevor-Roper). Everyman's Library, London 1993 (2. Auflage).

- : The Decline and Fall oft the Roman Empire (gekürzte Ausgabe in einem Band). Wordsworth Classics of World Literature, London 1998.

- : Memoirs of My Life and Writings. The Echo Library, Middlesex 2007 gekürzte Ausgabe in einem Band).

*Glaeser, Ernst*: Jahrgang 1902. Roman (1928). Ullstein, Frankfurt a.M. 1986.

*Glover, Jonathan*: Humanity. A Moral History of the Twentieth Century. Yale University Press, New Haven and London 2000.

*Glucksmann, André*: Am Ende des Tunnels. Das falsche Denken ging dem katastrophalen Handeln voraus. Eine Bilanz des 20. Jahrhunderts. Siedler, Berlin 1991.

*Gogarten, Friedrich*: Gehören und Verantworten. Ausgewählte Aufsätze [hier, S. 29-234: Zur Wiedereröffnung der Universität – Predigt (1945)], hrsg. von Hermann Götz Göckeritz. J.C.B. Mohr, Tübingen 1988.

*Goldhagen, Daniel Jonah*: Hitlers willige Vollstrecker. Ganz gewöhnliche Deutsche und der Holocaust. Siedler, Berlin 1996.

- : Dankesrede zur Verleihung des Demokratiepreises 1997: s. Bredthauer.

*Graf, Klaus*: Zum 100. Geburtstag von Hermann Heimpel am Mittwoch, den 19.9.2001. In: *hsozkult.geschichte.hu-berlin.de* (Zugriff 28. 12. 2008).

*Green, André*: Die tote Mutter. Psychoanalytische Studien zu Lebensnarzissmus und Todesnarzissmus. Psychosozial Verlag, Gießen 2004.

*Gross, Raphael*: Anständig geblieben. Nationalsozialistische Moral. Fischer, Frankfurt a.M. 2010 (hier, 5. Kapitel, S. 93-123: Deutsche Schuld 1946: Hans Frank, Traudl Junge, Karl Jaspers; und 9. Kapitel, S. 201-236: „Unvergängliche Schande": Martin Walser und das Fortwirken der NS-Moral).

*Grünberg, Kurt*: Zur Tradierung des Traumas der nationalsozialistischen Judenvernichtung. In: *Psyche*, 2000, Sonderheft, S. 1002-1037.

*Habermas, Jürgen*: Vorwort zu: Victor Farías, Heidegger und der Nationalsozialismus. Fischer, Frankfurt a.M. 1989.

- : Erkenntnis und Interesse (1973). Suhrkamp, Frankfurt a.M. 1994 (11. Auflage).

- : siehe auch Bredthauer.

*Hamann, Christoph / Schröder, Volker* (Hrsg.): Demokratische Tradition und revolutionärer Geist. Erinnern an 1848 in Berlin. Centaurus Verlag & Media KG, Freiburg 2010.

*Hanika, Iris*: Das Eigentliche. Roman. Droschl, Wien 2010.

*Hartmann, Hans-Peter / Milch, Wolfgang E. / Kutter, Peter / Paál, János* (Hrsg.): Das Selbst im Lebenszyklus. Psychosozial, Gießen 2007 (Neuauflage der Ausgabe von 1998).

*Hausen, Karin*: Die Nicht-Einheit der Geschichte als historiographische Herausforderung. Zur historischen Relevanz und Anstößigkeit der Geschlechtergeschichte. In: Medik und Trepp (Hrsg.) 1998, S. 17-55.

*Hauser, Oswald* (Hrsg.): Geschichte und Geschichtsbewußtsein. 19 Vorträge gehalten vor der Ranke-Gesellschaft). Musterschmidt-Verlag, Göttingen 1981.

*Hebbel, Friedrich*: Sämmtliche Werke. Hoffmann und Campe, Hamburg 1867.

- : Tagebücher in vier Bänden. Auf Grund der Quellen ausgewählt und mit einer Einleitung, sowie mit erläuternden Anmerkungen herausgegeben von Hermann Krumm. Max Hesses Verlag, Leipzig 1904.

*Heil, Johannes / Erb, Rainer*: Geschichtswissenschaft und Öffentlichkeit. Der Streit um Daniel G. Goldhagen. Fischer, Frankfurt a.M. 1998.

*Heimpel, Hermann*: Deutschlands Mittelalter – Deutschlands Schicksal. Zwei Reden. Freiburger Universitätsreden Heft 12, 1933.

342

- : Dietrich von Niem. Regensbergsche Verlagsbuchhandlung. Münster 1932.
- : Frankreich und das Reich (Vortrag, gehalten am 14. Juli 1939). In: HZ Bd. 161 (1940) S. 229-243.
- : Frankreich und das Reich. In: Historische Zeitschrift 161 (1940), S. 229-243.
- : Kaiser Friedrich Barbarossa und die Wende der staufischen Zeit. Strassburger Universitätsreden, Heft 3. Hüneburg Verlag, Strassburg 1942. Hrsg. zusammen mit Theodor Heuss und Benno Reifenberg: Die großen Deutschen. Deutsche Biographie. 5 Bände. Propyläen, Berlin 1956.
- : Karl der Kühne und der burgundische Staat (1950). In: *Nachklänge*, S. 19-41.
- : Der Mensch in seiner Gegenwart. Acht historische Essays. Vandenhoeck & Ruprecht, Göttingen 1957.
- : Die halbe Violine. Eine Jugend in der Haupt- und Residenzstadt München (Erstveröffentlichung 1958). Suhrkamp, Frankfurt a.M. 1978.
- : Vier Kapitel aus der deutschen Geschichte (Aachen, Canossa, Wittenberg, Frankfurt). Festgabe zum 225jährigen Bestehen des Verlages Vandenhoeck & Ruprecht, Göttingen 1960.
- : Zwei Historiker: Friedrich Christoph Dahlmann und Jacob Burckhardt. Vandenhoeck & Ruprecht, Götting1962.
- : Jacob Burckhardt (Einleitung zur Taschenbuchausgabe der *Weltgeschichtlichen Betrachtungen* im Ullstein-Verlag, 1963.).
- : Für Bayern. Schicksale der „Bayernhymne" (Erstveröffentlichung 1972). In: Krüger 1995, S. 52-87.
- : Nachklänge (verschiedene Beiträge, vorwiegend autobiographisch, zusammengestellt von Sabine Krüger), Hubert & Co, Göttingen 1990.
- : Die Vener von Gmünd und Strassburg 1162-1447. Studien und Texte zur Geschichte einer Familie sowie des gelehrten Beamtentums in der Zeit der abendländischen Kirchenspaltung und der Konzilien von Pisa, Konstanz und Basel. Drei Bände. Veröffentlichungen des Marx-Planck-Institus für Geschichte, Bd. 52. Vandenhoeck & Ruprecht, Göttingen 1982.
- : Der Neubeginn der Georgia Augusta zum Wintersemester 1945-46. Akademische Feier [...] am 29. November 1985 mit Vorträgen von Hermann Heimpel, Norbert Kamp und Walter Kertz. Vandenhoeck & Ruprecht, Göttingen 1986.
*Hein, Christoph*: Worauf ich hoffe. In: *Die Zeit*, 30. Dezember 2010.
*Hesse, Hermann*: Demian. Die Geschichte von Emil Sinclairs Jugend (1919). Suhrkamp, Frankfurt a.M. 1972.
*Heuss, Theodor*: Über Maßstäbe geschichtlicher Würdigung (= einleitender Essay zu der von Heimpel u.a. hrsg. Sammlung von Beiträgen über „die großen Deutschen", s. 1. Band, S. 9-17), 1956.
*Hilberg, Raul / Söllner, Alfons*: Das Schweigen zum Sprechen bringen. Ein Gespräch über Franz Neumann und die Entwicklung der Holocaust-Forschung. In: Dan Diner 1988, S. 175-200.
*Hilberg, Raul*: Die Vernichtung der europäischen Juden. Drei Bände. Fischer, Frankfurt a.M. 1990.

- : Täter, Opfer, Zuschauer. Die Vernichtung der Juden 1933-1945. Fischer, Frankfurt a.M. 1992, vierte Auflage 2003. (Die amerikanische Originalausgabe erschien 1992 unter dem Titel „Perpetrators, Victims, Bystanders. The Jewish Catastrophe 1933-1945" bei Harper Collins, New York 1992).

*Hirsch, Marianne*: Vergangene Leben. *Postmemory* im Exil. In: Huhnke und Krondorfer (Hg.) 2002, S. 299-314.

*Hobsbawm, Eric*: Interesting Times. A twentieth-Century Life (Autobiografie). Abacus, London 2002.

*Holl, Karl*: Ludwig Quidde (1858-1941). Eine Biographie. Droste Verlag, Düsseldorf 2007 (Schriften des Bundesarchivs, Bd. 67).

*Homer*: Ilias. Nach der Übertragung von Johann Heinrich Voss. Goldmann, München 1962.

*Horkheimer, Max / Adorno, Theodor W.*: Dialektik der Aufklärung. Philosophische Fragmente (1947). Fischer, Frankfurt a.M. 1988.

*Horkheimer, Max*: Geschichte und Psychologie (1932). In: Alfred Schmidt (Hrsg.), Kritische Theorie. Eine Dokumentation. Einbändige Studienausgabe. Fischer-Verlag, Frankfurt a.M. 1977, S. 9-30.

*Huch, Ricarda*: Der Dreißigjährige Krieg. Zwei Bände. Insel-Verlag, Frankfurt a.M. 1974.

*Huhnke, Brigitta / Krondorfer, Björn* (Hrsg.): Das Vermächtnis annehmen. Kulturelle und biographische Zugänge zum Holocaust. Beiträge aus den USA und Deutschland. Psychosozial-Verlag, Gießen 20202.

*In Memoriam Hermann Heimpel*: Gedenkfeier am 23. Juni 1989 in der Aula der Georg-August-Universität. (Göttinger Universitätsreden, Heft 87). Vandenhoeck & Ruprecht, Göttingen 1989.

*Iser, Mattias*: Empörung und Fortschritt. Grundlagen einer kritischen Theorie der Gesellschaft. Campus, Frankfurt a.M. 2008.

*Jaspers, Karl*: Von der Wahrheit. Piper, München 1991 (4. Auflage, Neuausgabe).

- : Der philosophische Glaube angesichts der Offenbarung. Piper, München 1962.

*Joffe, Lawrence*: Raul Hilberg (Nachruf). In: *The Guardian*, 25. September 2007.

*Jonas, Hans*: Das Prinzip Leben. Ansätze zu einer philosophischen Biologie. Suhrkamp, Frankfurt a.M. 1997.

*Jordan, Stefan* (Hrsg.): Lexikon Geschichtswissenschaft. Hundert Grundbegriffe. Reclam, Stuttgart 2007.

*Judt, Tony*: Reapraisals. Reflections on the forgotten Twentieth Century (hier u.a. der Essay über Eric Hobsbawm). Penguin Books, London 2009.

*Jung, Carl Gustav*: Das C.G. Jung Lesebuch, ausgewählt von Franz Alt. Hier u.a.: Wotan – Sein Wiedererwachen im Dritten Reich. Ullstein, Frankfurt a.M./Berlin 1986.

*Jureit, Ulrike / Schneider, Christian*: Gefühlte Opfer. Illusionen der Vergangenheitsbewältigung. Klett-Cotta, Stuttgart 2010.

*Kattermann, Vera*: Gruppenbild mit Kriegskind. Ererbte Schuld, gelebte Gewalt – Gudrun Ensslin und das Dilemma einer Generation. In. *Der Tagesspiegel*, 14. August 2010.

*Kennedy, Roger*: Die Wiedereinführung der Geschichte in die Psychoanalyse. In: *Psyche*, Sonderheft 2003, S. 874-888.

*Kershaw, Ian*: Antisemitismus und Volksmeinung. Reaktion auf die Judenverfolgung. In: Broszat und Fröhlich 1979, Bd. II., S. 281-348.

*Kerz-Rühling, Ingrid*: Nachträglichkeit. In: *Psyche*, Heft 10/1993, S. 911-933.

*Keßler, Mario (Hrsg.)*: Deutsche Historiker im Exil (1933-1945). Ausgewählte Studien. Metropol Verlag, Berlin 2005.

- : Zwischen Kommunismus und Antikommunismus: Franz Borkenau. In: Keßler (Hrsg.) 2005, S. 169-196.

*Kielar, Wieslaw*: Anus Mundi. Fünf Jahre Auschwitz. Fischer, Frankfurt a.M. 1982.

*Killy, Walther (Hrsg.)*: Deutsche Biographische Enzyklopädie (10 Bände). Deutscher Taschenbuch Verlag, München 2001.

*Kittsteiner, Heinz D.*: Wir werden gelebt. Formprobleme der Moderne (hier u.a.: Die Angst in der Geschichte und die Re-Personalisierung des Feindes, S. 103-128). *Philo*, Hamburg 2006.

*Klein, Melanie*: Das Seelenleben des Kleinkindes und andere Beiträge zur Psychoanalyse. Klett-Cotta, Stuttgart 1983 (2. Auflage).

*Klemperer, Victor*: LTI. Lingua Tertii Imperii. Die Sprache des Dritten Reiches (1946). Reclam, Leipzig 1991.

- : Ich will Zeugnis ablegen bis zum letzten. Tagebücher 1933-1945 (2 Bände). Aufbau-Verlag, Berlin1995.

*Klüger, Ruth*: weiter leben. Eine Jugend. Wallstein Verlag, Göttingen 1992.

*Koch, Erwin*: Warnung an die Welt (Reportage über die Osterinseln heute). In: *Die Zeit*, 28. Mai 2009.

*Koch, Gertrud*: „...noch nirgends angenommen". Über Siegfried Kracauer. In: Diner (Hrsg.) 1988, S. 99-110.

*Kohl, Walter*: Leben oder gelebt werden. Schritte auf dem Weg zur Versöhnung. Integral Verlag, München 2011 (dritte Auflage).

*Kohut, Heinz*: Überlegungen zum Narzissmus und zur narzisstischen Wut, in: Psyche 6/1973, S. 532-533.

*Köhler, Lotte*: Das Selbst im Säuglings- und Kleinkindalter. In: Hartmann u.a. (Hrsg.) 1998/2007, S. 31-54.

*König, Hans-Dieter*: George W. Bush und der fanatische Krieg gegen den Terrorismus. Eine psychoanalytische Studie zum Autoritarismus in Amerika. Psychosozial-Verlag, Gießen 2008.

*Korff, Gottfried (Hrsg.) / Ranke, Winfried (Text)*: Preußen – Versuch einer Bilanz. Eine Ausstellung der Berliner Festspiele GmbH, 15. August – 15. November 1981 im Gropius-Bau, Berlin. Ausstellungsführer in fünf Bänden bei Rowohlt, Reinbek bei Hamburg 1981.

*Kraushaar, Wolfgang*: Auschwitz ante. Walter Benjamins Vernunftkritik als eine Subtheorie der Erfahrung. In: Dan Diner 1988, S. 201-241.

*Krockow, Christian Graf von*: Eine Frage der Ehre. Stauffenberg und das Hitler-Attentat vom 20. Juli 1944. Rowohlt, Berlin 2002.

*Kröger, Martin / Thimme, Roland*: Die Geschichtsbilder des Historikers Karl Dietrich Erdmann. Vom Dritten Reich zur Bundesrepublik. Oldenbourg, München 1996.

*Krüger, Sabine* (Hrsg.): Aspekte. Alte und neue Texte [von Hermann Heimpel]. Wallstein Verlag, Göttingen 1995.

*Kühner, Angela*: Kollektive Traumata. Konzepte, Argumente, Perspektiven. Psychosozial-Verlag, Gießen 2007.

*Küttler, Wolfgang / Rüsen / Jörn / Schulin, Ernst (Hrsg.)*: Geschichtsdiskurs. Fünf Bände. Fischer-Verlag.

Band 1 (1993): Grundlagen und Methoden der Historiographiegeschichte.

Band 2 (1994): Anfänge modernen historischen Denkens.

Band 3 (1997): Die Epoche der Historisierung.

Band 4 (1997): Krisenbewußtsein, Katastrophenerfahrungen und Innovationen – 1980-1945.

Band 5 (1999): Globale Konflikte, Erinnerungsarbeit und Neuorientierungen seit 1945(digitale Neuauflage 2007).

*Lahusen, Benjamin*: Aus Juristen Demokraten machen. Gustav Radbruch zu seinem 60. Todestag. In: *Die Zeit*, 5. November 2010.

*Laplanche, J. / Pontalis, J.-B.*: Das Vokabular der Psychoanalyse. Suhrkamp, Frankfurt a.M. 1986 (7. Auflage).

*Laufner, Richard*: Ein Mensch in seiner Gegenwart. In: Festschrift für Hermann Heimpel zum 70. Geburtstag am 19. September 1971, hrsg. von Mitarbeitern des Max-Planck-Instituts für Geschichte. Drei Bände (Beitrag Laufner im 2. Bd. S. 247-265) Vandenhock Ruprecht, Göttingen 1971.

*Lessing, Theodor*: Geschichte als Sinngebung des Sinnlosen. Matthes & Seitz Verlag, München 1983.

*Levi, Primo*: Ist das ein Mensch? Roman. Lizenzausgabe Büchergilde Gutenberg. Frankfurt a.M. o.J., (it. 1958, © deutsch Hanser Verlag München).

*Löchel, Elfriede*: „Jenseits des Lustprinzips". Lesen und Wiederlesen. In: Psyche 8/1986, S. 681-714.

*Lowenfeld, Henry*: Über den Niedergang des Teufelsglaubens und seine Folgen für die Massenpsychologie. In: *Psyche* 1967, S. 513-519.

*Ludwig, Emil*: Wilhelm der Zweite. Ernst Rowohlt Verlag, Berlin 1926.

*Lyotard, Jean-François*: Der Widerstreit (frz.: Le Différend, 1983). Wilhelm Fink Verlag, München 1989 (2. Auflage).

- : Streitgespräche. Oder: Sprechen „nach Auschwitz". Trotzdem-Verlag, Grafenau/Württ. 1998.

*Macmillan, Margaret*: The Uses and Abuses of History. Profile Books, London 2009.

*Mandrou, Robert*: Staatsräson und Vernunft (Propyläen Geschichte Europas, Band 3, 1649-1775). Propyläen-Verlag, Frankfurt a.M. 1977.

*Mann, Thomas*: Deutsche Hörer! Radiosendungen nach Deutschland aus den Jahren 1940 bis 1945. Fischer. Frankfurt a.M. 1987 (Neuausgabe 1995).

*Marks, Stephan*: Warum folgten sie Hitler? Die Psychologie des Nationalsozialismus. Patmos, Düsseldorf 2007.

- : Scham – die tabuisierte Emotion. Patmos, Mannheim 2007.

*Matthiesen, Michael*: Verlorene Identität. Der Historiker Arnold Berney und seine Freiburger Kollegen 1923-1938. Vandenhoeck & Ruprecht, Göttingen 1998.

*Mayer, Hans*: Der Turm von Babel. Erinnerungen an eine Deutsche Demokratische Republik. Suhrkamp, Frankfurt 1991.

*Mazarweh, Gehad*: s. Ute Scheub.

*McNamara, Robert*: In Retrospekt: The Tragedy and Lessons of Vietnam. Vintage Books, New York 1995.

*McKitterick, Rosamond / Quinault Roland* (Ed.): Edward Gibbon and Empire. Cambridge University Press, Cambridge 1997 (Paperback edition 2002).

*Medick, Hans / Trepp, Anne-Charlotte (Hrsg.)*: Geschlechtergeschichte und Allgemeine Geschichte. Herausforderungen und Perspektiven. Wallstein Verlag, Göttingen 1998.

*Meier, Christian*: Athen. Ein Neubeginn der Weltgeschichte. Siedler, Berlin 1993.

*Meinecke, Friedrich*: Die deutsche Katastrophe. Betrachtungen und Erinnerungen. Brockhaus Verlag, Wiesbaden 1946.

*Melancholie, Genie und Wahnsinn in der Kunst*: Katalog zu einer Ausstellung in Berlin, hrsg. von Jean Clair. Neue Nationalgalerie 17. Februar bis 7. Mai 2006.

*Metzler Georg* [Pseudonym für Richard Witting]: Die Schuld am Kriege. In: Die Weltbühne, hrsg. von Siegfried Jacobsohn, 15. Jahrgang (1919), S. 163-181.

*Miller, Arthur*: Hexenjagd (engl. The Crucible, 1952). Ein Drama in zwei Akten. Fischer, Frankfurt a.M. 2005 (42. Auflage).

- : Widerhall der Zeit. Essays. Fischer, Frankfurt a.M. 2003.

*Mitscherlich, Alexander*: Auf dem Weg zur vaterlosen Gesellschaft. Ideen zur Sozialpsychologie. Piper, München 1963.

*Montaigne, Michel de*: Essais. Erste moderne Gesamtübersetzung von Hans Stilett. Eichborn Verlag, Frankfurt a. M. 1998.

*Morison, James Cotter*: Edward Gibbon. University Press of the Pacific, Hawai 2003 (Nachdruck einer Ausgabe von 1901).

*Morrison*: siehe Welsh.

*Most, Eckhard*: siehe *Friedrich der Große*.

*Müller, Klaus E. / Rüsen, Jörn* (Hg.): Historische Sinnbildung. Problemstellungen, Zeitkonzepte, Wahrnehmungshorizonte, Darstellungsstrategien. Rowohlt, Reinbek 1997.

*Müller-Neuhof, Jost*: Adel verzichtet. In: *Der Tagesspiegel* 26. Oktober 2010.

*Mütter, Bernd / Uffelmann, Uwe* (Hrsg.): Emotionen und historisches Lernen. Forschung – Vermittlung – Rezeption. Schriftenreihe des Georg-Eckert-Instituts, Hannover 1996 (3. Auflage).

*Neimann, Susan*: Moralische Klarheit. Leitfaden für erwachsene Idealisten. Hamburger Edition, Hamburg 2010.

*Neumann, Almut*: Teufelsbund und Teufelspakt (Mittelalter). Netzeintrag 2007. In: Lexikon zur Geschichte der Hexenverfolgung, hrsg. v. Gudrun Gersmann, Katrin Moeller und Jürgen-Michael Schmidt, in: historicum.net, URL: http://www.historicum.net/no_cache/persistent/artikel/5527/ (Zugriff 30.1.2011).

*Nietzsche, Friedrich*: Vom Nutzen und Nachteil der Historie für das Leben (1873). Reclam, Stuttgart 1970.

- : Die fröhliche Wissenschaft (1978). Reclam, Stuttgart 2009.

*Ogden, Thomas H.*: Zur Analyse von Lebendigem und Totem in Übertragung und Gegenübertragung. In: *Psyche* 11/1998, S. 1067-1092.

*Pandel, Hans-Jürgen*: Emotionalität – Ein neues Thema der Sozialgeschichte? In: Mütter und Uffelmann 1996, S. 41-61.

*Peisker, Ingrid*: Vergangenheit, die nicht vergeht. Eine psychoanalytische Zeitdiagnose zur Auseinandersetzung mit dem Nationalsozialismus. Psychosozial-Verlag, Gießen 2005.

*Perlitt, Lothar*: Ansprache zur Trauerfeier für Hermann Heimpel. In: Memoriam Hermann Heimpel. Göttinger Universitätsreden Nr. 87. Vandenhoeck & Ruprecht, Göttingen 1989. (Zugänglich auch über Internet: http://web.uni-frankfurt.de/fb01/Troje/Heimpel.htm)

*Plato, Alexander von / Leh, Almut*: „Ein unglaublicher Frühling". Erfahrene Geschichte im Nachkriegsdeutschland 1945-1948. Bundeszentrale für politische Bildung, Bonn 1997.

*Psyche*. Zeitschrift für Psychoanalyse und ihre Anwendungen, hrsg. von Werner Bohleber.
Sonderheft 9/10 (September/Oktober) 2000, Rahmenthema: Trauma, Gewalt und kollektives Gedächtnis.
Sonderheft September/Oktober 2003, Rahmenthema: Vergangenheit in der Gegenwart. Zeit – Narration – Geschichte.

*Quinault, Roland*: Winston Churchill and Gibbon. In: McKitterick und Quinault 1997, S. 317-332.

*Racine, Pierre*: Hermann Heimpel à Strasbourg. In: Schulze und Oexle 2000, S. 142-158.

- : L'Histoire à la Reichsuniversität de Strasbourg, au temps où les Historiens dérapaient. In: Baechler, Christian / Igerheim, François, Racine, Pierre (Ed.): Les Reichsuniversitäten de Strasbourg et de Poznan et les résistances universitaires 1941-1944. Presses Universitaires de Strasbourg 2005.

*Radbruch*: s. Lahusen.

*Radebold, Hartmut / Heuft, Gereon / Fooken, Insa* (Hrsg.): Kindheiten im Zweiten Weltkrieg. Kriegserfahrungen und deren Folgen aus psychohistorischer Perspektive. Juventa, Weinheim und München 2006.

*Radkau, Joachim / Radkau, Orlinde*: Praxis der Geschichtswissenschaft. Die Desorientiertheit des historischen Interesses. Bertelsmann Universitätsverlag, Düsseldorf 1972.

*Raleigh, Gary Younge*: Obama needs the movement that got him elected more than ever. In: *The Guardian* 31 August 2009.

*Ranke, Leopold von*: Das Briefwerk. Eingeleitet und herausgegeben von Walther-Peter Fuchs. Hoffmann und Campe, Hamburg 1949.

- : Über die Epochen der neueren Geschichte, historisch-kritische Ausgabe, hg. von Theodor Schieder und Helmut Berding, München 1971.

- : Ranke – Treitschke: Weltgeschichte der Neuzeit in ihren leitenden Ideen. Hrsg. und bearbeitet von Kurz L. Walter Schomburg. Safari-Verlag, Berlin 1939.

*Reemtsma, Jan Philipp*: Die Gewalt spricht nicht. Drei Reden (hier u.a.: Nationalsozialismus und Moderne). Reclam, Stuttgart 2002.

- : siehe Bredthauer.

- : Wozu Gedenkstätten? In: *Mittelweg 36*, Heft April/Mai 2004, S. 49-63.

- : Folter im Rechtsstaat? Hamburger Edition, Hamburg 2005.

- : Laudatio für Saul Friedländer anlässlich der Verleihung des Geschwister-Scholl-Preises 1998. Zugänglich über Internet oder als Print-Publikation: Saul Friedländer und Jan Philipp Reemtsma: Gebt der Erinnerung Namen. Zwei Reden. Beck, München 2007 (2. Auflage).

*Richter, Heike*: Die Obama-Entschärfer (über die Aushöhlung der Reformen durch Lobbyisten in den USA). In: *Die Zeit*, 8. Juli 2010.

*Richter, Horst Eberhard*: Des Gotteskomplex. Die Geburt und die Krise des Glaubens an die Allmacht des Menschen. Rowohlt, Reinbek bei Hamburg 1979.

- : Flüchten oder Standhalten? Rowohlt, Reinbek bei Hamburg 1976 (Neuauflage 1998).

*Ricoeur, Paul*: Gedächtnis – Vergessen – Geschichte. In: Müller und Rüsen (Hg.) 1997, S. 433-454.

*Robertson, John*: Gibbon's Roman Empire as an universal monarchy: the *Decline and fall* and the imperial idea in early modern Europe. In: McKitterick and Quinault 1997, S. 247-270.

*Rohde, Peter P.*: Kierkegaard. Rowohlt, Hamburg 2006 (25. Auflage).

*Roegele, Otto B.*: Student im Dritten Reich. In: *aus politik und zeitgeschichte* 21. September 1966 [beilage zur wochenzeitung *das parlament*, B. 38/66].

*Rohlfes, Joachim*: Geschichte und ihrer Didaktik. Vandenhoeck & Ruprecht, Göttingen 1986.

*Rosenthal, Bernard* (General Editor): Records of the Salem Witch-Hunt. Cambridge University Press, Cambridge 2009.

*Rüsen, Jörn*: Historische Orientierung. Über die Arbeit des Geschichtsbewusstseins, sich in der Zeit zurechtzufinden. Wochenschau-Verlag, Schwalbach im Ts. 2008 (zweite Auflage). (Hier erstes Kapitel: Fundamente und Dimensionen historischer Sinnbildung).

- : Historische Methode und religiöser Sinn – Vorüberlegungen zu einer Dialektik der Rationalisierung des historischen Denkens in der Moderne. In: Geschichtsdiskurs Bd.2, 1994, S. 344-377.

- : Sinnverlust und Sinnbildung im historischen Denken am Ende des Jahrhunderts. In: Geschichtsdiskurs Bd. 5, 1999, S. 360-377.

– : Europäische Identitätsbildung durch Kultur? In: Bauer, Meyer-Hamme und Körber (Hrsg.) 2008, S. 363-372.

– : Elemente einer zukunftsfähigen europäischen Geschichtskultur. In: Radebold, Heuft, Fooken (Hrsg.) 2006, S. 241-252.

– : Sinn, historischer: In: Jordan (2007), S. 263-265.

*Sartre*: s. Fanon.

*Schafer, Roy*: Die zeitgenössischen Kleinianer in London. In: *Psyche* 4/1997, S. 338-357.

*Schepers, Norbert*: Einen Nerv getroffen. Debatten zum Umgang mit der NS-Vergangenheit in den neunziger Jahren in Deutschland (Schriftenreihe *Manuskripte* der Rosa-Luxemburg-Stiftung, Bd. 48). Dietz-Verlag, Berlin 2005.

*Scheub, Ute*: Das falsche Leben. Eine Vatersuche (Erstausgabe 1972). Piper, München 2007.

*Schieder, Theodor*: Geschichte als Wissenschaft. Eine Einführung (hier: Möglichkeiten und Grenzen vergleichender Methoden in der Geschichtswissenschaft). Oldenbourg, München 1965.

*Schiller, Friedrich*: Was heisst und zu welchem Ende studiert man Universalgeschichte? Pforte Verlag, Dornach 2005.

*Schirach, Richard von*: Der Schatten meines Vaters. Hanser Verlag, München 2005.

*Schleier, Hans* (Hrsg.): Karl Lamprecht – Alternative zu Ranke. Schriften zur Geschichtstheorie. Reclam, Leipzig 1988.

*Schliemann*: Heinrich Schliemann's Selbstbiographie. Bis zu seinem Tode vervollständigt von Sophie Schliemann. EBOOKS.AT Verlag, Klagenfurt 2007.

*Schlösser, Anne*-Marie / *Gerlach, Alf (Hrsg.)*: Kreativität und Scheitern. Psychosozial-Verlag, Gießen 2001.

*Schmid, Hans-Dieter*: Finanzverwaltung und Judenverfolgung. Die „Tortenheberliste". In: Schneider (Hrsg.) 2008, S. 163-176.

*Schmid, Thomas*: Das Eiland am Ende der Welt. *Zeit Online* 16/2006 (Serie: Zeitläufte). www.zeit.de/2006/16/A-Osterinseln

*Schneider, Gerhard* (Hrsg.): Meine Quelle. Ein Lesebuch zur deutschen Geschichte des 19. und 20. Jahrhunderts. b/d edition, Schwalbach/Ts. 2008.

*Schulin, Ernst*: Hermann Heimpel und die deutsche Nationalgeschichtsschreibung. Winter, Heidelberg 1998.

– : Weltkriegserfahrung und Historikerreaktion. In: *Geschichtsdiskurs* (s. dort) Fischer-Verlag, Frankfurt a.M. 1997, 4. Bd. (Krisenbewßtsein, Katastrophenerfahrungen und Innovationen 1880-1945), S. 165-188.

*Schulze, Winfried / Oexle, Otto, Gerhard* (Hrsg.): Deutsche Historiker im Nationalsozialismus. [Beiträge zum 42. Deutschen Historikertag, 1998 in Frankfurt a.M.]. Fischer, Frankfurt a.M. 2002 (2. Auflage).

*Schulz-Hageleit, Peter*:

– : Jugend – Glück – Gesellschaft. Quelle & Meyer, Heidelberg 1979.

- : Geschichtsbewusstsein und Zukunftssorge. Unbewusstheiten im geschichtswissenschaftlichen und geschichtsdidaktischen Diskurs. Centaurus, Herbolzheim 2004.

- : Menschlicher Fortschritt – gibt es den überhaupt? Geschichte – Ethos – Bildung. Centaurus, Herbolzheim 2008.

- : In Alternativen denken lernen. Gedanken über die Zukunft des historisch-politischen Lehrens und Lernens. In: Bauer/Meyer-Hamme/Körber 2008, S. 403-418.

*Schur, Max*: Sigmund Freud – Leben und Sterben. Suhrkamp, Frankfurt a.M. 1982.

*Schweitzer, Albert*: Die Ehrfurcht vor dem Leben. Grundtexte aus fünf Jahrzehnten. Beck, München 1991.

*Seumas, Milne*: Terror is the price of support for despots and dictators. In: *The Guardian*, 7. Januar 2010.

*Söllner*: s. Hilberg.

*Sommer, Klaus P*: Arnold Berney und Hermann Heimpel – zwei Freunde und ihr Verhältnis zum Nationalsozialismus. Neuere Literatur und Archivalien. In: hsozkult.geschichte.hu-berlin.de (1999, Zugriff 10. Januar 2009).

- : Zum 100. Geburtstag von Hermann Heimpel am Mittwoch, den 19.9.2001. In: hsozkult.geschichte.hu-berlin.de (Zugriff 18. 12. 2008).

- : Sammelrezension: Berney und Heimpel. In: H-net, Clio-online (Zugriff: 1. Juli 2011).

*Speer, Albert*: Spandauer Tagebücher. Propyläen, Frankfurt a.M. 1975.

*Spitz, René A.*: Brücken. Zur Genese der Sinngebung. In: Psyche 11/1974, S. 1003-1018.

*Stambolis, Barbara*: Leben mit und in der Geschichte. Deutsche Historiker Jahrgang 1943. Klartext, Essen 2010.

*Steinweis, Alan E.*: Holocaust Gedenken in Nebraska. In: Huhnke und Krondorfer (Hg.) 2002, S. 217-235.

*Tas, Louis M. / Wiese, Jörg* (Hrsg.): Ererbte Traumata. Vandenhoeck & Ruprecht, Göttingen 1995.

*Tellkamp, Uwe*: Der Turm. Geschichte aus einem versunkenen Land. Roman. Suhrkamp, Frankfurt a.M. 2008.

*Tepl, Johannes von*: Der Ackermann (etwa 1400). Reclam, Stuttgart 2000.

*Thadden, Elisabeth von*: Ute Frevert – Das Wesen der Gefühle (Interview). In: *Die Zeit*, 15. Mai 2008.

- : Ehre klingt bei uns nicht wohltemperiert (Interview mit Ute Frevert). In: *Die Zeit*, 22. April 2010.

*Thukydides*: Geschichte des Peloponnesischen Krieges. Rowohlt 1965.

*Tillich, Paul*: Der Mut zum Sein. Walter de Gruyter, Berlin 1991.

*Tomasky, Michael*: Change is tough. So liberals can't just leave it to Obama. In: *The Guardian*, 24. August 2009.

*Toynbee, Arnold*: Menschheit und Mutter Erde. Die Geschichte der großen Zivilisationen. Claasen, Düsseldorf 1988.

351

*Traverso, Enzo*: Auschwitz denken. Die Intellektuellen und die Shoa. Hamburger Edition, Hamburg 2000.

*Trevor-Roper, Hugh*: Einleitung [Introduction] zu Gibbons Werk "The Decline and Fall of the Roman Empire". Everyman's Library, London 1993 (2. Auflage).

*Troje, Hans Erich*: Hermann Heimpel.
http://web.uni-frankfurt.de/fb01/Troje/Heimpel.htm

*Tullner, Mathias / Möbius, Sascha* (Hrsg.): 1806: Jena, Auerstedt und die Kapitulation von Magdeburg. Schande oder Chance? Protokoll der wissenschaftlichen Tagung vom 13. bis 15. Oktober 2006 in Magdeburg.

*Vogler, Günter*: Die Gewalt soll gegeben werden dem gemeinen Volk. Der deutsche Bauernkrieg 1525. Dietz Verlag, Berlin (Ost) 1983.

*Volkan, Vamik D.*: Das Versagen der Diplomatie. Zur Psychoanalyse nationaler, ethnischer und religiöser Konflikte. Psychosozial-Verlag, Gießen 2000 (2. Auflage).

*Wagner, Irmgard*: Nachdenken über Auschwitz in der DDR. Franz Fühmann. In: Huhnke und Krondorfer (Hg.) 2002, S. 199-216.

*Walter, Rolf*: „Rule, Britannia": England auf dem Weg zur Weltherrschaft. In: *Die Zeit*, Welt- und Kulturgeschichte, Zeitverlag 2006, 9. Band (Zeitalter des Absolutismus), S. 220-232).

*Walser, Martin*: Dankesrede zur Verleihung des Friedenspreises des Deutschen Buchhandels in der Frankfurter Paulskirche am 11. Oktober 1998. Quelle: Börsenverein des Deutschen Buchhandels.

*Wedgwood, C.V.*: Der 30jährige Krieg. List-Verlag, München 1994 (6. Auflage)

*Wehler, Hans-Ulrich*: Deutsche Gesellschaftsgeschichte. Fünf Bände. Beck, München 1987-2008.
1. Band (1987): Vom Feudalismus des Alten Reiches bis zur defensiven Modernisierung der Reformära. 1700-1815.
2. Band (1987): Von der Reformära bis zur industriellen und politischen „deutschen Doppelrevolution" 1815-1845/49.
3. Band (1995): Von der „deutschen Doppelrevolution" bis zum Beginn des Ersten Weltkrieges 1849-1914.
4. Band (2003): Vom Beginn des Ersten Weltkriegs bis zur Gründung der beiden deutschen Staaten. 1914-1918.
5. Band (2008): Bundesrepublik und DDR. 1949-1990
- : Nationalsozialismus und Historiker. In: Schulze und Oexle 2000, S. 306-339.

*Weilnböck, Harald*: „Das Trauma muss dem Gedächtnis unverfügbar bleiben." Trauma-Ontologie und anderer Miss-/Brauch von Traumakonzepten in geisteswissenschaftlichen Diskursen. In: *Mittelweg 36*, Heft April/Mai 2007, S. 2-64.

*Weinrich, Harald*: Lethe. Kunst und Kritik des Vergessens. Beck, München 2000 (dritte überarbeitete Auflage).

Welsh, Anne Morrison: Held in the Light. Norman Morrioson's Sacrifice for Peace and His Family's Journey of Healing. Orbis, New Yyork 2008.

*Winkler, Heinrich August*: Der lange Weg nach Westen. Deutsche Geschichte (erster Band: Vom Ende des Alten Reichs bis zum Untergang der Weimarer

Republik; zweiter Band: Vom „Dritten Reich" bis zur Wiedervereinigung). Beck, München 2005 (6. Auflage).

*Wirth, Hans-Jürgen*: Das Menschenbild der Psychoanalyse: Kreativer Schöpfer des eigenen Lebens oder Spielball dunkler Triebnatur? In: Schlösser/Gerlach 2001, S. 13-40.

- : Narzissmus und Macht. Zur Psychoanalyse seelischer Störungen in der Politik. Psychosozial-Verlag, Gießen 2003 (2. Auflage).

- : Psychoanalyse und Politik. In: Freud /Bullitt 2007, S. 327-382.

*Wittram, Reinhard*: Das Faktum und der Mensch. Bemerkungen zu einigen Grundfragen des Geschichtsinteresses. In. *Historische Zeitschrift* (HZ) 185 (1958, S. 55-87.

- : Das Interesse an der Geschichte. Zwölf Vorlesungen über Frage des zeitgenössischen Geschichtsverständnisses. Vandenhoeck & Ruprecht, Göttingen 1958 (3. Auflage 1968).

- : Anspruch und Fragwürdigkeit der Geschichte. Sechs Vorlesungen zur Methodik der Geschichtswissenschaft und zur Ortsbestimmung der Historie. Vandenhoeck & Ruprecht, Göttingen 1969.

*Wurmser, Léon*: Flucht vor dem Gewissen. Analyse von Über-Ich und Abwehr bei schweren Neurosen. Springer-Verlag, Berlin 1993 (2. Auflage).

*ZEIT* – Geschichte (Themenhefte der Wochenzeitung *Die Zeit*, u.a.:):
Heft 4/2008: 1938 – Abschied von der Zivilisation
Heft 1/2010: Das Mittelalter.

*Zuckermann, Moshe* (Hrsg.): Geschichte und Psychoanalyse (Tel Aviver Jahrbuch für deutsche Geschichte XXXII, 2004). Wallstein Verlag, Göttingen 2004.

# Personen- und Sachregister

Das Register ist „psychohistorisch" fokussiert, das heißt: Es erfasst weder alle punktuellen Erwähnungen (z.B. Namen), die nur der Illustration eines übergreifenden realgeschichtlichen Sachverhalts dienen, noch die um die Begriffe „Geschichtsbewusstsein" und „Psychoanalyse/Freud" kreisenden inhaltlichen Variationen des Buchthemas, die direkt oder indirekt auf jeder Seite präsent sind. Statt dessen werden kapitelübergreifende Schwerpunkte herausgehoben, die eine Art psychohistorische Vernetzung des Buches abbilden.

*Peter Schulz Hageleit*

## Menschlicher Fortschritt – gibt es den überhaupt?

*Geschichte – Ethos– Bildung*

Geschichte und Psychologie, Band 14
2008, 228 S., 24 Abb., br.,
ISBN 978-3-8255-0692-6, € 19,90

Das lange 19. Jahrhundert war eine Zeit der hoch fliegenden Fortschritts-aspirationen, die samt und sonders in den Vernichtungszügen des kurzen 20. Jahrhunderts (Weltkriege, Völkermorde) zunichte wurden. Ist damit die geschichtstheoretisch und geschichtsdidaktisch so wichtige Frage nach dem Fortschritt in der Geschichte endgültig erledigt? Nein, aber man muss sie neu stellen und neu durchdenken. Vor allem ist das Verhältnis von technisch-wissenschaftlichem Fortschritt, der nicht zu bezweifeln ist, und menschlich-sozialem Fortschritt, der schon definitorisch unklare Konturen hat, zu untersuchen.

Das Buch geht dem Verlangen nach Fortschritt in der „Substanz" der menschlichen, gesellschaftlichen Beziehungen nach und eröffnet Perspektiven, die den weit verbreiteten, oft gar nicht mehr bewussten Defätismus überwinden. Es bietet Anregungen zur Gestaltung historisch-politischer Bildungsprozesse, sowohl für einzelne Schulstunden als auch für größere Projekte. Es kommt zu Schlussfolgerungen, die eine Integration des Fortschritts als Idee in persönliches Verhalten sowie politisches und pädagogisches Handeln ermöglichen.

# Centaurus Buchtipps

*Jörg van Norden*
**Was machst Du für Geschichten?**
Dialektik eines narrativen Konstruktivismus
Reihe Geschichtsdidaktik, Bd. 13, 2011, 290 S.,
ISBN 978-3-86226-116-1, **€ 24,80**

*Sieghard Liebe*
**Ansprüche eines DDR-Jahrzehnts**
Fotografien im Widerspruch zum Losungsalltag
2011, 320 S.,
ISBN 978-3-86226-119-2, **€ 26,80**

*Deutscher Fotobuchpreis
Nominiert 2012*

*Hans-Georg Hofer, Cay-Rüdiger Prüll, Wolfgang U. Eckart (Hg.)*
**War, Trauma and Medicine in Germany and Central Europe (1914-1939)**
Neuere Medizin- und Wissenschaftsgeschichte, Bd. 26, 2011, 180 S.,
ISBN 978-3-86226-076-8, **€ 24,80**

*Eric A. Leuer*
**Die Mission Hoyos**
Wie österreichisch-ungarische Diplomaten den ersten Weltkrieg begannen
Reihe Geschichtswissenschaften, Bd. 59, 2011, 160 S.,
ISBN 978-3-86226-048-5, **€ 22,80**

*Wolfgang U. Eckart, Philipp Osten (Hrsg.)*
**Schlachtschrecken – Konventionen**
Das rote Kreuz und die Erfindung der Menschlichkeit im Kriege
Neuere Medizin- und Wissenschaftsgeschichte, Bd. 20, 2011, 256 S.,
ISBN 978-3-86226-045-4, **€ 23,80**

*Natalie Bachour*
**Oswaldus Crollius und Daniel Sennert im frühneuzeitlichen Istanbul**
Studien zur Rezeption des Paracelsismus im Werk des osmanischen Arztes Ṣāliḥ b.
Naṣrullāh Ibn Sallūm al-Halabī
Neuere Medizin- und Wissenschaftsgeschichte, Bd. 23, 2011, 320 S.,
ISBN 978-3-86226-052-2, **€ 27,80**

*Prix Carmen Francés 2011*

*Daniel Körner*
**Die Wunderheiler der Weimarer Republik**
Protagonisten, Heilmethoden und Stellung innerhalb des Gesundheitsbetriebs
Neuere Medizin- und Wissenschaftsgeschichte, Bd. 29, 2012, 160 S.,
ISBN 978-3-86226-097-3, **€ 23,80**

*Gabriele Moser*
**Ärzte, Gesundheitswesen und Wohlfahrtsstaat**
Zur Sozialgeschichte des ärztlichen Berufsstandes in Kaiserreich und Weimarer Republik
Neuere Medizin- und Wissenschaftsgeschichte, Bd. 21, 2011, 110 S.,
ISBN 978-3-86226-042-3, **€ 22,80**

Informationen und weitere Titel unter **www.centaurus-verlag.de**

**MIX**
Papier aus verantwortungsvollen Quellen
Paper from responsible sources
**FSC® C105338**

FSC
www.fsc.org

If you have any concerns about our products,
you can contact us on
**ProductSafety@springernature.com**

In case Publisher is established outside the EU,
the EU authorized representative is:
**Springer Nature Customer Service Center GmbH
Europaplatz 3, 69115 Heidelberg, Germany**

Printed by Libri Plureos GmbH
in Hamburg, Germany